中小学音乐
教学的教与思

ZHONG-XIAOXUE YINYUE
JIAOXUE DE JIAO YU SI

张 伟◎主编

安徽师范大学出版社
ANHUI NORMAL UNIVERSITY PRESS
·芜湖·

图书在版编目（CIP）数据

中小学音乐教学的教与思 / 张伟主编. —芜湖：安徽师范大学出版社，2023.7
ISBN 978-7-5676-5327-6

Ⅰ.①中… Ⅱ.①张… Ⅲ.①音乐课－教学研究－中小学 Ⅳ.①G633.951.2

中国国家版本馆CIP数据核字（2023）第071686号

中小学音乐教学的教与思　　　　　　　　　　　张伟◎主编
ZHONG-XIAOXUE YINYUE JIAOXUE DE JIAO YU SI

责任编辑：盛　夏
责任校对：李子旻　赵传慧
装帧设计：张　玲　姚　远
责任印制：桑国磊
出版发行：安徽师范大学出版社
　　　　　芜湖市北京东路1号安徽师范大学赭山校区　　　邮政编码：241000
网　　址：http://www.ahnupress.com/
发 行 部：0553-3883578　5910327　5910310（传真）
印　　刷：安徽新华印刷股份有限公司
版　　次：2023年7月第1版
印　　次：2023年7月第1次印刷
规　　格：787 mm×1092 mm　1/16
印　　张：25.25
字　　数：436千字
书　　号：ISBN 978-7-5676-5327-6
定　　价：68.00元

凡发现图书有质量问题，请与我社联系（联系电话：0553-5910315）

《中小学音乐教学的教与思》
编委会

前 言

在教学改革不断深入的今天，教师扮演着三种角色：教育者、学习者、研究者，成为教育者是教师成长的起点，成为学习者是教师成长的"常规动力"，成为研究者是教师成长的"核心动力"。

为此，教师要让研究、反思成为一种常态，让教育教学过程中遇到的困惑、产生的问题成为自己研究的方向，用心解决这一个个困惑和问题，其专业素养、教学效果也必将随之提高。叶澜教授说过：一个教师写一辈子教案不一定能成为名师，写三年教学反思则可能成为名师。习惯反思、总结自己的教育教学工作，你一定会成长得更快。

但在实际工作中有一种现象，一些教师不善于归纳整理自己的教学成果，提到写作就头疼，导致很多可以转化为优质教育成果的资源都被浪费。学生的能力生长在课堂，教师的专业成长也在课堂。课堂上，教学研究应该是教师的常态，教育科研和教学反思是教师专业发展的助推器，更是学校提高教育教学质量的有力保障。

近年来，在教体局和教育研究部门的领导下，广大音乐教师在教育实践中不断创新课堂教学，不断提升自己的教育理念，丰富自身的育人经验，及时把自己在教育中的心得、经验、感悟、思考写下来，不断提升自己对教育的理解，不断完善教育实践，也不断提高自身的专业素养。在这本由四川省绵阳市涪城区音乐教研员、四川省特级教师张伟主编的《中小学音乐教学的教与思》中，有教师在国家、省、市级获奖的教研论文及教育案例，有教师在实践操作中的教学随笔，有教师基于教学问题撰写的心得体会，虽然算不上鸿篇巨制，但却凝聚了教师们教学研究的点滴心血。鲜活的素材、生动的描述、独到的见解，源自教师们对教学工作的深入研究和创新理念，是教师们实践反思、再创造的真实写照。

教师们在紧张忙碌的工作中，笔耕不辍，将自己的研究和思考汇集成文，此书是他们教育教学智慧的结晶。希望此书能促进中小学音乐教育成果的交流和推广，能给广大的音乐教育者提供些许帮助。诚然，本书中很多文章还存在一定的不足，有的阐述不够细致，有的案例还不够典型，但也许有瑕疵的美更显得自然生动。希望以此书架起我们沟通的桥梁，大家积极、深入地互动，在研究、反思中成长，在碰撞、探讨中共同进步，让我们的音乐教育越来越美，绽放出绚丽多彩的教育之花。

《中小学音乐教学的教与思》编委会

2023 年 1 月

目 录

论 文

浅谈板房教室有效音乐教学策略

绵阳市涪城区教育研究与发展中心　　张　伟

一、背　景

大地震后，校舍严重损坏，地震给学生造成了一些心理问题，也给学校的教育教学工作带来了很多困难。音乐教学由于学科的特性，更是受到严重影响。没有专门的音乐教室，没有基本器材，怎样进行音乐教学？如何开展音乐第二课堂？这些问题成了我们正常开展音乐教学活动亟待解决的问题。

面对困难，我们积极开展了板房教学的研究，努力改变已有的教学方式方法去适应板房教学，积极探索板房教学新策略。

二、措　施

第一，由教研室牵头组织音乐中心教研组老师分别到各个学校开展震后调研工作，了解各学校灾后音乐教学现状，分析板房教学存在的问题，积极探索有效的改进措施。

第二，抓好试点，有针对性地进行震后板房教学研究。积极开展震后音乐教学研讨及集体备课，从理论和实践两个层面切入，加强教师之间的交流和探讨，及时总结、推广和应用适应板房教学的相关经验，有效改进课堂教学现状。

第三，立足课堂，积极开展"震后微型课题研究"。为了有效解决各校震后在教学和管理中存在的问题，尽快恢复震后正常的教学工作，涪城区还提出了以"震后微型课题研究"为突破口，加强校本研修，拓展学校管理的工作思路，试图把微型课题研究和校本研修有机结合在一起。研究内容包括：震后特殊环境下音乐学科教学中的各种问题及困难研究，震后学生的心理调控研究，板房教学环境的美化研究，板房环境下校本研修活动的实施策略研究，震后如何开展音乐第二课堂的探究等。

这些研究成果对学校震后的音乐教学起到了积极的推动作用。

三、教学策略

经过近一年的积极探讨和实践，各校总结出的震后恢复音乐教学的新策略，得到了有效的推广和应用，积极推动了我区震后音乐教学的研究进程，收到了很好的效果。

（一）加强课堂教学研究，增强课堂教学实效

1. 轻声演唱

唱歌教学是以唱为主，板房隔音效果很差，如果声音过大，势必会影响其他班级的教学。因此，唱歌教学时，引导学生运用轻声演唱，体会音乐的情感变化，更深层次地用音乐抒发情感。

第一，强调声音的音质，而不是音量；第二，引导学生用轻声带假声，再以假声找头声，坚持声音高位置演唱；第三，全身放松，唱出最舒服、最自然的声音，体验"微提面颊、打哈欠的口腔动作、唱给远方的人听"等方法，有效地开展唱歌教学，避免课堂和课堂之间的影响。除了轻声演唱之外，教师还积极探索新的教学方法，深化学生对音乐本身的情感体验。

2. 律动参与

律动教学是低段学生根据音乐情绪的起伏做有规律的韵律动作，用身体各部位来感受音乐、理解音乐、表现音乐，从而掌握音乐基础知识和基本技能的主要方式，能有效地训练学生身体的协调能力，培养学生欣赏美、感受美、表现美的能力。律动教学在低段音乐教学中起着重要的作用，不能因为板房环境而中断。

（1）借鉴铃木教学法和奥尔夫教学法，将节奏教学进行得更丰富一些。学生在读、拍节奏时，拍击身体各部位，结合脚的动作，加上捻指等上肢动作和腰部动作，有效地体现身体的韵律。这些动作不用站起来，坐着也可以完成。

（2）利用柯尔文手势，将柯尔文手势舞蹈化，单手变双手，再加上头部、颈部的动作，这样，不仅是对音高音准的教学，还加入了舞蹈表演的元素。

（3）发动有舞蹈特长的学生，让他们作为伴舞小组长，对课堂中的歌曲创编舞蹈动作（仅限上肢动作），并教给组员们，老师可作不定时抽查，以督促每个组顺利完成。

3. 室内外结合

在室内上课的时候组织学生以学唱音乐为主。多采取听唱法学习新歌，教学生从感受音乐的情感、速度、节奏等方面去学习和理解音乐。在此基础上，通过轻声学唱或者对口型的方法学习歌曲，注重演唱的方法和情感的表达。最后，通过小组合作演唱、小组比赛等方式检测歌曲学习的效果。

在室外上课则以创编为主。室外课就是把室内课予以延伸，选取学生比较感兴趣的教学内容让学生快乐地、主动地去创编，集合大家的力量来完成课程，让学生的才艺得到展示，提升学生的表演能力。

4. 美术参与

许多音乐作品运用不同的音色来表现一定的情感，这点与美术作品中运用不同的颜色是极为相似的，音色同样能给人以明朗、鲜明、温暖等感觉。因此，我们可以把音乐与美术联系起来，让学生用色彩表达音乐情感。

5. 特长展示

学生由于受音乐教育的程度和本身特点不同而各具特色，为了最大限度地克服板房音乐教学的弊端，教师可以采用"特长展示"的方式为每个学生的发展提供机会。这样的方式能使学生自信地演唱、演奏及进行综合性艺术表演，发展学生的表演潜能及创造性潜能，使学生能用音乐的形式表达个人的情感并与他人沟通，在音乐实践中使他们感到美的愉悦，受到情感的陶冶。

6. 目标导向

目标的设计以学生现实生活和未来发展作为依据，既要满足学生现实生活的需要，又要立足学生未来发展。目标的设计关注学习者的兴趣、态度和需要，关注学习者的个性发展，关注学习者与自我、与他人、与社会、与自然的关系。目标的制定受制于学生年龄特征，须充分考虑不同年龄阶段学生生理和心理的发展特点。经历过地震的学生身心状况和普通的学生不一样，因此，我们针对这种情况分别设立目标，根据学生的特点和需要进行教学，提高学生在板房教室里学习音乐的兴趣。

7. 多维评价

"教学的艺术不在于传授本领，而在于激励、唤醒、鼓舞。"激励教育是在尊重学生主体性的基础上，通过创造各种优化的外部条件，激发学生的内驱力，从而使学生主动发展。激励教育能激发学生的活力和潜能，培养学生的主体精神。对灾区的学生，我们更应该加强这方面的工作。

8. 生活教育

音乐具有感化人、塑造人、激励人的作用。这也是音乐与我们生活的关系，因此我们结合学生的生活实际，选择贴近学生生活的作品，更能让学生在学习音乐知识的同时得到抚慰。如《让世界充满爱》《北京欢迎你》《生死不离》《感恩的心》《祈祷》等，这些作品使学生感到亲切，能够与他们的心灵沟通，可以舒缓他们的心情。

9. 自制乐器参与

对于学生来说，创新是指学生在学习的过程中所表现出来的探索精神，发现新事物、掌握新方法的强烈愿望，以及运用已有的知识创造性地解决问题的能力。震后各学校的音乐器材严重受损，尤其是打击乐器几乎没有了。为了有效地开展课堂教学，培养学生的创新能力，教师引导学生在课下自制乐器，不但丰富了学生的课内外音乐生活，还能让学生在自制乐器的过程中，舒缓紧张的心理，培养动手能力。在学习的过程中，可以运用自制打击乐器来探索声音的强弱、音色的不同，有效地为歌曲伴奏。

（二）强化音乐育人功能，促进身心健康发展

1. 针对地震对学生造成的心理影响，利用校园电视台、校园广播站策划各种音乐栏目，对学生进行心理疏导。

2. 将心理辅导知识融入音乐课堂，帮助学生走出地震阴影。

3. 针对学生震后不同时间段的心理特征，用不同的音乐作为音乐课的导入，激发学生学习音乐的兴趣并有效地进行心理辅导。

4. 开展丰富的校园文化活动，促进学生人格健全发展。

四、效　果

（一）学校

灾后，我区各学校音乐教学工作严格按照教育部门的相关要求顺利进行，在开足开齐音乐课的同时，努力创造条件开展音乐第二课堂活动，让学生快乐的歌声弥漫在板房中。由于长期的坚持，我区各学校音乐教育成果显著。

（二）教师

1. 教育科研水平得以提高

在区域性的研究过程中，教师通过学习研讨和总结实践，科研水平得到了进一步提升。在全区近200项立项微型课题中，有关震后音乐教学的微型课题成功立项的有10多项。

2. 教学水平得以提升

我区在地震后积极开展了"震后微型课题研究"。在此研究的基础上，教师通过理论学习和实践探索，不断地提高了自身的教学水平。

3. 教师队伍得以凝练

地震虽然造成了人员伤亡和财产损失，但并没有击倒勇敢的涪城音乐教师们，他们以前所未有的热情投入音乐教育教学和研究当中，在工作中团结、协作，形成了一支富有战斗力的音乐教师团队。

（三）学生

音乐教师利用音乐特有的心理治疗功能，在音乐教学和活动中帮助学生走出心理阴影，缓解了学生因地震造成的心理紧张、焦虑、忧郁等不良心理状态，帮助学生重拾了学习生活的快乐，陶冶了学生情操，让学生学会了坚强！

寄 语

灾难已经过去，灾难带来的阴影还将长期存在，孩子们需要心灵的抚慰。作为灾区音乐教育工作者，我们将继续用音乐和他们交流，和他们做朋友，让更多的孩子重拾生活的信心；我们将继续为灾后教育的恢复与重建作出自己应有的贡献。

核心素养导向下音乐课堂教学中"支架式"教学方法的运用

——以《阿细跳月》教学活动为例

绵阳市东辰学校　康　妮

　　以培养学生核心素养为导向的音乐课堂教学，应当根据音乐学科的特点，把核心素养与三维目标加以整合。在实际的教学实践活动中，基于建构主义理论的"支架式"教学方法，是落实音乐学科核心素养培养的一种有效途径。本文结合教学实践，分析"支架式"教学方法在音乐课《阿细跳月》教学中的具体运用。

一、音乐课堂教学中的核心素养培养

　　中国学生发展核心素养以培养"全面发展的人"为核心，分为文化基础、自主发展、社会参与三个方面，综合表现为人文底蕴、科学精神、学会学习、健康生活、责任担当、实践创新六大素养。在音乐课堂教学中，以培养学生核心素养为导向，应当根据音乐学科的特点，把核心素养与三维目标加以整合。音乐课堂教学培养学生的核心素养，就是要让学生注重艺术知识、技能与方法的积累，使得学生能理解和尊重文化艺术的多样性，具有发现、感知、欣赏、评价美的意识和基本能力，帮助学生形成健康的审美价值取向，培养艺术表达和创意表现的兴趣和意识，能在生活中拓展和升华美；呵护学生个性发展，鼓励学生进行音乐创造；指导学生自主学习、小组互助学习。《义务教育音乐课程标准（2011年版）》中提到，"在教学中，要根据学生身心发展规律，以丰富多彩的教学内容和生动活泼的教学形式，激发学生对音乐的兴趣，不断提高音乐素养，丰富精神生活"；"在教学过程中，应设定生动有趣的创造性活动内容、形式和情境，发展学生的想象力，增强学生的创造意识"；"音乐课的全部教学活动应以学生为主体，师生互动，将学生对音乐的感受和音乐活动的参与放在重要的位置"。

二、"支架式"教学方法——核心素养培养的有效途径

在教学实践活动中，基于建构主义理论的"支架式"教学方法是落实音乐学科核心素养培养的一种有效途径。冯忠良在《教育心理学》中提到，"支架式"教学（Scaffolding Instruction）是社会建构论者所提出的主张。"所谓支架式教学，就是指通过支架（教师或有能力的同伴的帮助）的协助，把管理学习的任务逐渐由教师转移给儿童自己，最后撤去支架。"支架式教学是一种以学生为中心，利用情境、协作、会话等学习环境要素充分发挥学生的主动性、积极性和首创精神，最终达到使学生有效地实现对当前所学知识的意义建构目的的教学方法。"支架式教学强调教师指导下的以学生为中心的学习，可以充分发挥学生的主动性，使他们有机会在不同情境中实现知识内化和形成问题解决能力。在实际教学过程中，教师可以根据教材内容和学生的发展水平，搭建不同层次的支架，并给予及时的帮助和指导，以利于学生沿'脚手架'一步步地攀升，从而完成对知识意义的建构。"

三、"支架式"教学方法的运用实例

在实际的教学过程中，支架式教学的构成要素或基本环节一般包含进入情境、搭脚手架、独立探索、协作学习、效果评价五个方面。下面，笔者结合自己的教学实践，谈谈"支架式"教学方法在音乐课《阿细跳月》教学中的具体运用。

《阿细跳月》是人民音乐出版社出版的（以下简称"人音版"）音乐教材六年级下册第二课的内容，该课选编了不同民族和地区的儿歌和乐曲，让学生初步了解不同民族和地区的不同音乐情绪与风格，在多种音乐实践活动中体验和表达"月下踏歌"这一主题。《阿细跳月》根据《跳月歌》改编而成，《跳月歌》流行于云南彝族阿细人之中。在节日或农闲的月夜里，阿细人男女老少喜欢在松林或空旷草坪上举行"跳月"活动。小伙子们手拿彝族乐器，边奏边舞；姑娘们则随着音乐，边拍手边舞，至兴高采烈时唱《跳月歌》。《跳月歌》很有特点，全曲由 do, mi, sol 三个音组成，采用 5/8 节拍，旋律活泼，富于动感，特色鲜明。对学生而言，《阿细跳月》这个作品中的节拍特点和乐器音色听辨会有一定难度，要有效达成教学目标和突破教学重难点，需要根据六年级学生认知能力和个性心理特点，在深挖教材和研究学

生的基础上，精心设计制作视听结合的多媒体课件，合理地创设问题和情景，从听觉入手，将听与想相结合、听与视相结合、听与动相结合，组织多种形式的音乐实践活动，由浅入深，逐步引导学生感知《阿细跳月》的思想内容和音乐形象，体会音乐热烈、欢快的情绪，熟悉音乐的旋律和节拍特点，在轻松愉快的氛围中，不断激发学生感受、体验、探究、参与、创造的热情。在整个教学过程中，力求充分体现"教师为主导、学生为主体、探究练习为主线、创造参与为目的"的教学理念，让学生在多样的音乐实践活动中感受体验、合作探究、模仿创造、快乐表现。

（一）进入情境——将学生引入一定的问题情境，并提供必要的解决问题的工具

组织学生进教室，播放歌曲《彝家娃娃真幸福》，激发学生学习音乐的热情。用学过的歌曲来导入新课，使学生明确本课的学习内容与彝族有关。然后用语言描绘、音乐渲染、播放多媒体视频等手段创设一个生动形象的情境。接下来播放民乐合奏《阿细跳月》，告诉学生要带大家走进热情好客、能歌善舞的彝族。请同学们仔细聆听音乐，边听边想：通过音乐，你能看见彝族同胞在干什么？接着播放影片，请同学们亲眼看一看，彝族同胞究竟在干什么。通过观看影片，讲解《阿细跳月》的含义，简要介绍彝族的风土人情。在该环节，直接从音乐入手，先引导学生完整地聆听音乐作品，让学生对作品有整体的初步印象，将听与想象相结合，让学生自主体会、感知音乐的基本情绪和整体形象。在初听音乐的基础上，让学生观看电影片段，视听结合，再次感受音乐欢快热烈的情绪，同时形象直观地了解《阿细跳月》的含义，明确《阿细跳月》的思想内容和音乐形象。

（二）搭脚手架——教师引导学生探索问题情境

首先，教师帮助学生确立目标，为学生探索问题情境提供方向。听教师演唱《跳月歌》，初步体验、探究击拍方式，轻声击拍为教师伴奏。与教师合作演唱《跳月歌》，学生唱衬词部分，并拍手伴奏。进一步体验、探究击拍特点，感受音乐热烈欢快的情绪。其次，与民乐合奏曲《阿细跳月》进行对比，体会不同的音乐表现形式，加强对旋律和节奏的感受，探究旋律和节拍特点。教师围绕当前的学习内容，为学生提供探索该学习内容所需的概念框架，该概念框架应置于学习者的"最近发展区"。最后，在教师的引导下，模仿教师的击拍方法，为民乐合奏曲《阿细跳月》击拍伴奏，基本掌握3+2式五拍子的击拍方法，并能够自主归纳总结3+2式五拍子的特点。教师通过演示、提供问题解决的原型、为问题的解决过程提供反馈等方法，引导学生探索问题情境，教师的引导应随着学生解决问题能力的增强而逐步减少。

（三）独立探索——教师放手让学生自己决定探索问题的方向，选择自己的方法，独立进行探索

在已经熟练掌握乐曲主题旋律的前提下，以问题模块的方式进行独立探究：乐曲中主题旋律总共出现了多少次？乐曲的速度和力度有什么变化？乐曲中出现的民族乐器有哪些？请模仿乐曲中出现过的民族乐器的演奏姿势。本环节引导学生在乐曲欣赏的过程中，专注于主题旋律的重复次数以及音乐要素的变化，并能够准确地在不同乐器出现的部分模仿相应乐器的演奏姿势。在独立探索的过程中，学生可以用手指数数、用笔在纸上记录、默记等方式，也可以有更多自己的探究方式去完成本环节的问题模块，最后在跟随乐曲模仿乐器演奏姿势的过程中，充分体验音乐的力度、速度、音色变化所带来的丰富的听觉层次感，感受独立探索学习带来的成就感。

（四）协作学习——小组协商、讨论，合作创编与展示

通过学生与学生之间、学生与教师之间的协商讨论，共享独立探索的成就，共同解决独立探索过程中所遇到的问题。引导学生通过视频和教师示范学习彝族的"跳月舞步"，引导学生尝试创编表现五拍子的不同的舞蹈动作，组织学生以"开火车"的方式进行小组展示活动，鼓励学生用自己小组的创意来表现和外化对音乐的理解。在共享集体思维成果的基础上，达到对当前所学知识的比较全面、正确的理解，最终完成对所学知识的意义建构。在该环节，教师引导学生："听，欢快的音乐响起来了，阿细人邀请大家去参加'跳月'活动了。"组织班级"跳月"活动，利用集体协作学习方式将创编内容进行综合展示，在音乐实践活动中进一步提升学生的音乐感受力、表现力，培养他们喜爱少数民族音乐的情感和集体协作意识。师生共同参与展示，使课堂气氛达到高潮。

（五）效果评价——引导学生自我评价和小组相互评价

组织、引导学生对自己的自主学习能力、对小组合作学习所作出的贡献、学习效果等内容加以评价。

在该案例的教学实践中，以培养学生核心素养为导向，根据音乐学科的特点，把核心素养与三维目标加以整合，运用了"支架式"教学方法，设定了生动有趣的创造性活动内容、形式和情境，发展了学生的想象力，增强了学生的创造意识。学生在多样的音乐实践活动中感受体验、合作探究、模仿创造、快乐表现，充分发挥了自主学习能力，相互协作共同提高，完成了对所学知识的意义建构。"支架式"教学方法的运用，有利于在课堂教学实践中体现新课程标准的基本理念；有利于整合在中小学音乐教学中已得到普遍运用的体验式教学、活动式教学、情境教学、小组合作、探究式学习等教学方法；有利于整合核心素养与三维目标，在四十分钟的课堂时间内，环环相扣，发展学生的综合能力。

参考文献：

（1）中华人民共和国教育部，《义务教育音乐课程标准（2011年版）》，北京师范大学出版社2012年出版。

（2）冯忠良等，《教育心理学》，人民教育出版社2010年出版。

"陶"冶情操，笛声增蕴

——初中音乐教学中陶笛推广及陶笛发展现状分析

绵阳市实验中学　麻　莉

研究表明，在音乐课堂上融入器乐教学，其意义是非常积极的。本文立足于初中音乐课堂教学，从陶笛教学的角度出发探究其在课堂教学中的重要性以及当前存在的问题，并具体分析陶笛教学在初中音乐教学中的推广方法，旨在帮助初中生通过增蕴笛声来陶冶情操，提高音乐课堂学习效果。音乐教师可以建立完善的陶笛教学模式，通过示范吹奏来激发学生学习兴趣、用情趣教学打牢基础技能、创设童趣情境巩固节奏训练等方法，有效落实陶笛演奏教学在初中音乐课堂教学中的推广。

一、初中音乐教学中陶笛教学推广的重要性

美国哥伦比亚大学著名的音乐心理学教授莫塞尔曾说："器乐教学可以说是通往更好体验音乐的桥梁。"无疑，器乐教学在音乐教学的地位举足轻重。音乐课堂要求中学生能够主动参与各种乐器的演奏，运用适当的演奏方法表现乐曲情绪，并对自己、他人或者集体演奏作出简单的评价。因此，在初中音乐课堂教学中推广陶笛教学是非常重要的，一方面能够激发学生参与音乐课堂学习的兴趣，另一方面能够促使学生全面发展。

初中生正处于叛逆期，单纯的歌曲理论教学难以使得他们主动集中精力来参与音乐课堂学习。而陶笛教学属于一种新颖的教学方式，能够满足初中生探索新奇事物的好奇心，从而有效激发他们参与音乐课堂学习的兴趣。同时，演奏陶笛时营造的音乐氛围能够带领学生融入音乐教学的情境中，使其更好、更深入地理解和把握音乐课堂教学的内容，提高歌曲演唱的音准、视唱练耳能力、音乐节奏感等音乐基础，以及审美能力和合作能力，从而有效提高音乐课堂教学的效率。

另外，在初中音乐教学中推广陶笛教学，教师可以将陶笛与合唱、合奏有机结

合起来，具体操作如下：在合唱教学中安排陶笛演奏担任二声部或者辅助二声部角色，引导学生根据陶笛吹奏二声部歌曲的旋律来准确把握歌曲演唱的音准、节奏、速度等音乐要素，从而帮助学生有效提高音乐课堂学习的效率和质量。

再者，在音乐课堂上进行陶笛演奏，需要调动口、手、脑等器官的相互配合，这对于学生集中精力参与音乐课堂学习以及提高自身协调能力是非常有帮助的。而长此以往进行陶笛教学，也可以锻炼学生的左右大脑协调平衡发展来开发智力，同时在陶笛演奏和歌曲演唱的音乐课堂熏陶下，学生的身心会得到放松，促进自身记忆力的提升。从某种程度上来分析，在音乐课堂教学中推广陶笛教学，能够促使学生全面发展。

综上所述，在初中音乐教学中推广陶笛教学是非常重要的。但分析初中音乐教学中陶笛教学发展现状，情况却不容乐观。

二、初中音乐教学中陶笛教学发展现状分析

就初中音乐教学中陶笛教学发展现状而言，主要存在以下几个方面的问题。

（一）缺乏教学资源，教育环境较差

尽管推广陶笛教学对初中音乐教学的发展有着非常重要的作用，但就目前情况来看，并非全体初中音乐教师都懂得演奏陶笛，而且并非所有初中学校都有条件进行陶笛教学。从整体上来看，缺乏有效的陶笛教学资源以及相对较差的音乐教学环境，在一定程度上阻碍了陶笛教学在初中音乐教学中的推广。因此，当务之急就是要有效、正规地培训音乐教师学习陶笛。

（二）重视技术，缺失乐感

陶笛教学需要建立在演奏技术和丰富乐感的基础上。而分析当前初中音乐教学中的陶笛教学，发现大部分会演奏陶笛的音乐教师更重视陶笛演奏技术，而忽视了乐感的把握，从而使得学生在陶笛演奏的音乐教学中难以全身心投入，最终甚至会导致在初中音乐教学中推广陶笛演奏的教学方式陷入形式化。因此，在音乐教学中，我们要采取多元化的方式方法，不拘泥于教材音乐，从学生兴趣出发，让学生感受、喜爱陶笛的美。

（三）关注整体，忽略个体

初中音乐教学主要是以班级的形式展开。教师若是在音乐课堂教学中推广陶笛

演奏，则需要在有限的课堂教学中合理安排陶笛演奏和歌曲教学的时间，同时需要关注到每一个学生个体学习情况。因为，教师很容易出现关注整体忽略个体的教学情况，使得陶笛教学在初中音乐课堂教学中的推广意义褪色。在课堂教学中，教师应尽量做到面向全体，因材施教。

（四）强调齐奏，影响效果

初中音乐课堂教学的时间是有限的，因而大部分教师在课堂上推广陶笛演奏，一般采用齐奏的教学方式。在课堂上齐奏陶笛很容易造成音乐表现手法和音响效果相对单一乏味，从而逐步消磨学生参与音乐课堂学习的兴趣，也会使有些学生滥竽充数，最终降低了音乐课堂教学的质量。因此，在课堂以外，可以开设陶笛兴趣班，以高质量、多形式、优美动听的演奏激发更多学生的兴趣。

三、初中音乐教学中推广陶笛教学的方法

针对当前初中音乐教学中陶笛教学存在的问题，教师可以通过以下方法在音乐课堂中推广陶笛教学。

（一）建立完善的陶笛教学模式

分析当前初中音乐教学中陶笛教学存在问题的原因，在于当前初中学校没有建立完善的陶笛教学模式，使得大部分师生忽视陶笛教学的重要性，教师也缺乏正确的教学方式方法。因此，在初中音乐教学中推广陶笛教学，教师就需要结合具体的教学环境、教学情况、学生情况来建立完善的陶笛教学模式。

具体而言，教师首先需要树立正确的陶笛教学观念和规范陶笛教学的流程，使学生端正学习陶笛演奏的态度。其次，教师需要建立完善的陶笛演奏评价制度，对学生的陶笛演奏成果进行科学的评价，通过及时的评价信息反馈来帮助学生提高音乐课堂学习的效果。最后，教师需要严格规范陶笛保护制度，如课前检查学生带陶笛进课堂的具体情况、课后检查学生使用陶笛的具体情况，使得学生更加爱惜陶笛，从而在音乐课堂教学中更好地推广陶笛教学。

（二）示范吹奏，激发学习兴趣

陶笛教学以调动多种感官的优势来吸引初中生对音乐课堂的兴趣。但需要注意的是，若是学生完全不懂陶笛演奏或是陶笛演奏方式过于单一，依旧不能激发初中生的学习兴趣。针对这种情况，教师最好是进行示范性的陶笛演奏来激发初中生的

学习兴趣。

具体而言，教师可以先通过详细的理论讲解给学生介绍陶笛演奏的美妙之处，然后结合教材内容有针对性地选择陶笛演奏内容进行示范性教学，激发学生学习兴趣，同时安排学生演奏陶笛，使得学生始终保持学习的兴趣。需要注意的是，教师在学生演奏学习的过程中需要加以科学的艺术指导，引导学生正确把握陶笛演奏的技巧和增强陶笛演奏的乐感，进而增强陶笛演奏学习的信心，促使学生更加主动地参与音乐课堂的学习。

（三）用情趣教学打牢基础技能

鉴于大部分初中生的陶笛演奏基础相对薄弱，教师在课堂上推广陶笛教学，更需要注重融合技巧学习和乐感训练的基础教学，全面提升陶笛教学在音乐课堂教学中的效果。

一般而言，教师可以采用情趣教学方式来帮助学生学习陶笛演奏的基础技能。在实际音乐课堂教学中，笔者就通过自编的有效控制气息和端正坐姿的顺口溜来落实情趣教学，使学生积极学习，科学把握陶笛演奏的气息和演奏的坐姿要领，从而提升音乐课堂学习的效果。

（四）创设童趣情境，巩固节奏训练

节奏训练是音乐教学的重难点内容。教师在推广陶笛演奏的课堂教学中需要帮助学生巩固节奏训练来提高课堂教学效果。结合初中生的学习特点和初中音乐教学情况，在课堂上教师可以通过创设童趣情境来激发学生的课堂学习兴趣以及帮助学生巩固节奏训练。

例如，在学习乐谱音符的课堂教学中，教师首先引导学生模仿动物的叫声来演奏陶笛；然后利用多媒体播放各种动物的叫声帮助学生规范陶笛模仿演奏效果；再出示不同的动物图片进行绘图演奏教学，让学生根据刚刚所学内容来辨别不同动物叫声的节奏特点，如牛的叫声"哞——"用全音符表示四拍，猫的叫声"喵——喵——"则用两个二分音符表示两拍，鸭的叫声"嘎嘎嘎嘎"则用四个四分音符表示一拍，从而帮助学生快速把握音符学习以及熟悉各种节奏型，为今后音乐课堂学习奠定扎实的基础。

四、结 论

综上所述，陶笛演奏教学在课堂上的推广对于初中音乐教学是非常重要的。尽管当前陶笛演奏教学在初中音乐课堂教学中存在很多问题，但教师可以通过建立完善的陶笛教学模式、示范吹奏激发学习兴趣、用情趣教学打牢基础技能、创设童趣情境巩固节奏训练等方法，在初中音乐课堂教学中推广陶笛教学。

音乐活动中的情感因素和创新教育

绵阳市实验小学 林 玲

通过对音乐课程标准的学习和理解，以及多年的音乐教学实践，笔者认为基础教育阶段的音乐课程日益走向综合。不仅音乐和美术开始交叉融合，戏剧、影视、器乐等也逐渐进入音乐课堂，新的课程更加关注学生人格的健全发展，充分利用学生的生活经验和社会文化资源，用情感作为纽带，鼓励学生进行体验性、探究性和反思性学习，并进行创新教育，促进学生的智力发展，从而达到以美育人的目的。

心理学的研究表明，一个人的聪明才智要得到最大限度的发挥，不仅需要发展智力，还必须有良好的非智力因素的配合。情感在一个人的非智力因素中占据极其重要的位置，它不仅影响一个人的精神状态，还影响一个人的智力发展。一个人的智力如何、聪明与否，关键是看其是否具有创造力和创新意识。音乐是一门以情感为纽带的学科，音乐作品中蕴含着丰富的情感，而情感在一个人的智力发展中又有重要的作用，所以音乐活动中的情感因素对于开发学生的潜能，对学生进行创新教育有独特的功能作用。但音乐教学中的创新并不是一定要学习创作一首曲子，或创编一段舞蹈作品，只要在音乐活动中引导学生在学习的同时结合音乐要素发现一些规律，能随音乐的节奏律动，或通过体验展开想象创编恰当的歌词，就是创新。根据小学生的年龄特征和好动的天性，笔者认为小学音乐教学中情感因素与创新教育关系密切。

一、情感的交流是萌发创新的种子

苏霍姆林斯基认为，学校里的学习并不意味着机械地把知识从一个头脑移到另一个头脑里去，而是师生之间每时每刻都在进行心灵接触，而心灵接触离不开情感的交流。在学生的认知过程中，与教师的情感交流是激发学生创造性学习的催化剂。

（一）拉近距离，便于感情交流

如果让一年级的小朋友直接去欣赏贝多芬的大型交响曲，他们一定欣赏不了。

"交响乐"对他们来说，只是混乱的音响，他们对此不会有太多兴趣，当然也就不会感受到乐曲的内在魅力。因为这些作品与小学低年龄段学生的知识水平、欣赏能力严重不符，所以在音乐活动中教师必须选择一些贴近学生生活实际、易被他们接受的作品供他们欣赏。在欣赏的过程中，学生与作品之间的距离越近，对作品的理解也就越深刻，故而教师需结合音乐要素想方设法地设计音乐活动，拉近学生与作品之间的距离。

我们知道，无论声乐还是器乐作品，主要是通过音乐形象来反映客观现实的。但音乐形象不是可见的实体形象，而是在想象中形成的一种仿佛可见的形象。为了帮助低年龄段学生对音乐进行想象，教师生动的示范或演奏可以让他们通过视觉直接观察，通过听觉直接感知，视觉和听觉紧密结合起来进行想象，从而获得一个比较清晰的音乐形象，帮助他们更确切地理解音乐。

（二）寻找学生闪光点，与他们交流

在音乐活动过程中，教师要努力寻找学生身上的闪光点，尽可能多为他们提供表现的场所和展示才能的机会，让他们在教师的关注和期待中发现、思考和创新，体会到创新所带来的喜悦和欢乐，使每一个学生积极地融入群体中，切身体验到教师真诚的关爱，最终打开他们的心扉，创新的种子得以萌芽。例如，在学习歌曲《春天举行音乐会》的时候，我先带他们到室外感受春天，然后再与他们一道欣赏春风、春雨、春雷的视频录像并播放《春天举行音乐会》的伴奏音乐，让他们身临其境，感受春雷响起声音渐强的变化效果。接着带他们一起利用身边的物品模仿春雷的渐强再延伸到渐弱。充分体验后提出："你们能唱出声音的强弱变化吗？我们来试一试。"带有启发鼓励性的话语激起了学生探究体验的欲望，他们跃跃欲试，想把自己的最新理解和体会表达出来。我抓住时机，趁热打铁，配合学生演唱这首歌曲。结果，学生歌唱的声音出奇的美，渐强渐弱的变化演绎得惟妙惟肖。在得到教师的肯定和表扬后，孩子的喜悦之情自然流露。三年级的小朋友能在音乐活动中通过对声音的观察、模仿、体验、探究学会唱好这首歌曲，再根据歌曲的情绪集体表演，这不正是创新的萌发吗？

二、情感的激发是打开创新之门的钥匙

陶行知先生说过："创造力最能发挥的条件是民主。"可见，民主的方式是促使

学生进行创新的先决条件。在音乐教学中，能带来创新的这种教学民主要求教师要放下架子，走近学生，多给学生一点微笑，激发学生的感情，启迪学生进行创新。音乐教材中每单元的内容都贴近生活而又很有意义，教师要把作品的内涵和美挖掘出来，以声促情，以情带声，以情感人，使学生如临其境，如见其景，在美的氛围中领悟和感受作品的丰富内涵，叩击学生的心弦。教师充分发扬教学民主，创设情境组织教学，与学生一起进行歌舞表演，做音乐游戏。引导学生积极参与，通过调控情感，建立平等和谐的师生关系，让学生树立自信心，激发他们的内心情感，使之融入音乐活动之中，进而打开他们创新的大门。试想，如果学生对所学的内容表现得无动于衷，怎么谈得上再去创新呢？由此可见，情感的激发对于开启创新的大门来说显得尤为重要。例如，在歌唱教学《小乌鸦爱妈妈》时，我根据歌词内容精心制作了优美的教学挂图，激发了学生强烈的学习热情。在学生掌握歌曲后，我又戴上一些自制的乌鸦头饰并随着歌曲忘情地表演，将自己的感受、理解和情感融入活动中，表现乌鸦妈妈爱小乌鸦的情境。在学习歌曲后，我跟学生一起戴上小乌鸦的头饰，最后一起随音乐表演。融洽的、民主的课堂气氛，把学生带进优美的活动意境中，激发了他们强烈的情感和创造欲望，学唱歌曲的环节就非常顺利。在接下来的表演中，孩子们极大地展示了他们的创造才能，尽情地表演，举手投足间把乌鸦的母子之爱表现得淋漓尽致。

又如，欣赏《可爱的小动物》时，我设计了这样一个情境：在一片霞光四射的森林里，伴随着热烈欢快的音乐，小鸟在歌唱，蜜蜂在飞舞，许多可爱的动物纷纷赶着去参加第二届森林音乐会。然后我让学生静静地听，还有哪些动物也要去参加森林音乐会。此时，学生看着栩栩如生的画面，感受着悦耳的音乐，仿佛置身于森林之中和可爱的动物们一起去参加热闹的森林音乐会，学生的注意力完全被吸引到眼前的教学情境中，达到预期的欣赏教学的目的。

同时，音乐课要注重音乐性，教师应努力创设与其他学科不同的情境，使学生随着欢快的音乐律动进教室时，就感到进入了音乐的王国。教师可以放学生演唱歌曲的录音，让学生欣赏自己演唱的歌曲，从而使他们感受成功的喜悦，情不自禁地萌生对音乐的兴趣与参加音乐活动的强烈愿望。由此可见，创设愉快的音乐情境，能诱发学生浓厚的兴趣，极大地提高教学效果。

三、积极的情感是引发创新的关键

孔子说："知之者不如好之者，好之者不如乐之者。"兴趣是最好的老师。积极的、良好的情感体验会使学生产生强大的动力，使他们心情愉快，充满热情，乐于创新。我在教学之余加强自身的艺术修养和业务学习，汲取众家之长，把积累的经验活化为自己的能力，灵活地运用于课堂教学，发挥主导作用，用满腔热情去激发学生产生积极的情感，使他们成为"乐之者"。学生觉得老师总在"变魔术"，对于他们来说老师好像有永远也展示不完的新奇世界，这对唤起和启迪他们的创新思维大有裨益。例如，在做节奏练习 $\frac{2}{4}$ ×× ××| ×× |和 $\frac{2}{4}$ ×× ××| × -|时，我根据低年级小朋友喜爱小动物的心理设计了导语："喜爱音乐的小白兔编了一组节奏练习（同时出示课件），请你们练习打节奏，小白兔相信你们能拍得很准，一起来。"一下子拉近了与学生之间的心理距离。学生看着喜爱的"小白兔"，想着"小白兔"的期望，觉得很有意思。他们纷纷举手，争着要练习这些节奏，仿佛是让可爱的"小白兔"看看："你瞧，我能行吧!"这样的导语设计充分地调动了学生的积极性。他们投入了极大的关注和热情，练得既投入又准确。接下来我趁着孩子们的学习热情把游戏难度加大，请孩子们为节奏填词，结果他们的填词一个比一个棒。这些创造性的发挥、创新性的表现，正是在学生产生了积极情感的基础上引发的。

那么，怎样实现教育创新呢？我认为应从以下几方面入手。

（一）解放头脑求创新

音乐课堂应解放孩子的头脑，鼓励他们敢于"班门弄斧""异想天开"。

小学生虽然不能像成年人那样去创造发明，但是他们对事物或问题具有强烈的好奇心，他们善于观察、善于思考。因此，在课堂教学中，我们要营造愉快和谐的教学氛围，培养学生的学习兴趣，使学生能被一种愉快和谐的气氛所陶冶、感染、激励，激发起他们敢想、敢问、敢表演的自信心，主动地学习，自主地探索。引导学生在思考问题时多角度进行设想，不人云亦云，能提出新问题、新见解，以增强他们的创新意识。

（二）解放双手巧创新

引导学生勤动手、多动手。"手"为人之第二大脑，使学生达到"心灵手巧"与

"手巧心灵"，给学生创造主动参与和表现的机会是解放双手、培养创造力的源泉和途径。

（三）解放空间促创新

教育家陶行知说过："创造需要广博的基础，解放了空间，才能搜集丰富的资料，扩大认识的眼界，以发挥其内在之创造力。"解放学生的创造力，要从解放他们的空间开始。因为只有在民主、平等、自由的环境里，在开放式的课堂教学中，学生才能感受到爱、尊重、乐观和自信，才敢于发表自己的见解，提出自己的观点，才能争辩质疑，标新立异，才能积极主动地表现强烈的求知欲和创造力。只有在开放式的环境中，学生才能迈出创造的步伐。因此，我努力创造开放式的课堂教学，让学生充分发挥自己的想象。学生有时可以到讲台上边唱歌边表演，有时可自由选择合作伙伴，有时可以交头接耳、窃窃私语，有时可以大声争论展示个性，甚至可以将父母也邀请进音乐活动中来。教师要尊重学生的创新活动，不能横加指责或粗暴干涉，对有独到见解的学生要给予表扬，对不完善的意见及时给予补充，对错误的看法要及时引导。这种氛围极大激起了学生的创新思维和热情，学生的思路有时比老师还要深还要广，每当遇到这种情况我都给予他们充分的肯定，并表示向他们学习，从而树立起一种师生平等、勇于探索、不断创新的学习风气，使学生的创新人格得以塑造。

四、良好的情感是创新的基石

著名心理学家托南斯说："我们要想促进创造力，就需要提供一个友善的和有奖赏的环境，以便使之在其中繁荣发展。"因此，教师应做到以生为友，引导学生多思善问，真正创设以学生为主、和谐的课堂氛围，让学生真正体会到学音乐的心理自由和心理安全，最大限度地开发学生的创新潜能；教师要有意识地创设情境，为学生创新开路，使学生形成探索、创新的心理和性格特征，形成一种以创新精神吸取知识、运用知识的心理趋向。

例如，在《我的动物朋友》一课中，我扮演了狮子大王，同学们也都各自扮演了自己喜欢的动物。一开始我就唱出了"我"的决心："不欺负弱小，团结动物……"而后，我就带领大家一起做音乐游戏，同学们在音乐活动中非常高兴。最后每位同学都扮演动物编出了自己的歌，教学效果很好。课后有几个学生对我说，想让我永远都当他们的"大王"，看来孩子们更喜欢在这种友好的环境中学习。有了这样的情感基石，我的音乐课堂总会时不时地诞生出孩子们的奇思妙想。有了这些奇思妙想，加上教师正确引导，我们的音乐课堂教学总会焕发出生命的活力。

　　创新是一个民族的灵魂，是一个国家兴旺发达的不竭动力。21世纪充满竞争，其实质是科技的竞争、人才的竞争，但科技、人才的竞争，说到底是人才的创造力即创新能力的竞争。作为教书育人的教师，应以培养创造思维的人才为己任，在教学与生活中时时处处体现创新，在方方面面进行创造性教学，教会孩子们学习的方法，引导他们创造性地学习，从而达到育人的最终目的。

特殊教育需要儿童行为障碍的音乐干预策略

绵阳市园艺小学　李冬梅

一、社会背景

自《萨拉曼卡宣言》发布以来，人们的残疾人观逐渐从医学模式向社会模式转变，对特殊儿童的认识也由狭义的残疾儿童变为有特殊教育需要的儿童。各国对特殊儿童的教育安置越来越走向融合，教育越来越个别化，服务也越来越专业化，教育安置方式的选择理念是"能够为学生提供最充足的学习机会的环境或安置选择就是最合适的安置方式"。我国在持续推进融合教育的过程中，出台了一系列法律、法规和政策，《残疾人教育条例》（2017修订）和《中国教育现代化2035》中均提到推进适龄残疾儿童、少年教育全覆盖，全面推进融合教育，更是肯定地将融合教育作为今后一段时期内的发展方向。而随着城市进程化的加快，大量的农村劳动力涌入城市，外出务工成为农村家庭主要劳动力提高经济收入的一种重要手段，这已成为一种特定的社会现象。越来越多的农村孩子跟着父母来到城市，进入城市及周边的公办中小学就读，他们接受的教育水平明显提高，综合素质也得到迅速提升。但是，务工人员被"边缘化"的城市生活困境、群体的社会地位，以及自我潜在心理定位，也不可避免地、同质性地在我们的教育对象——流动学生身上完全呈现出来。流动学生大多本质淳朴，但生活的重压、学业的挫折，以及不平等的待遇，使得他们过早地失去了童年应有的欢乐，经常处于紧张、困惑和迷茫之中。久而久之，他们中的有些人的心理、行为便产生了缺陷和偏差。这些孩子如果长期得不到关爱与关注，越到高年级，行为障碍越明显，对我们的课堂挑战就越大！他们会慢慢从问题少年变成问题青年。这一特殊群体的心理问题已经引起国家和社会的高度关注。所以笔者认为，一段时间内身心发展与普通儿童有差异的儿童都是融合教育对象，都存在不同的特殊需求。而这样有着特殊教育需要的儿童在普通学校，特别是城乡接合部的学校不在少数，他们在班级、学校和社会的融合程度直接影响到和谐社会的建设。

二、问题及原因分析

绵阳市园艺小学地处城乡接合部，生源结构也从留守儿童向流动儿童发生着变化。根据学校的统计，该校11%的学生为留守儿童，74.6%的学生为进城务工随迁流动学生。大多数学生家长从事个体服务行业或私营企业流水线生产工作，由于工作和生活环境不稳定、工作时间不固定，以及教育意识不到位，他们对孩子的生活、心理、身体、学习状态均缺少应有的关注与关爱。问卷调查结果表明：园艺小学流动儿童中，25%的学生至少有一到两次的转学经历，5.6%的学生曾有过逃学经历。这种生源的不稳定，导致学校教育目标达成度不高，在教授学生的技、能、习、德的方式与途径，帮助学生建立自信、获得成就感和提高团队融合度等方面，面临重重障碍。分析梳理部分学生的心理、行为障碍，主要有以下几个方面。

（一）自信心不足，缺乏学习成就感，自我认同度低

流动儿童由于常年生活环境简陋、教育资源少、父母文化程度不高，无法得到引领与帮助，他们的能力没有得到充分的开发，加之地区差异、教材不同、环境的变化导致他们听不懂、学得慢，在学习生活中表现出不主动，不积极，不敢表达自己内心真实想法；当他们情绪情感发生变化时，不能及时得到父母的疏导和纠正，无法获取情感的支持，无形中促使其歧视知觉的产生，导致其感情脆弱、自卑敏感、自我封闭、自暴自弃甚至叛逆，自我认同度低。

（二）不懂合适的交往方式，团队融入度较差，缺乏团队合作意识

大部分流动儿童长时间与父母分离，即使生活在一起，由于父母工作时间较长，一个人独处的时间更多，加上与同龄人相处的机会较少，导致他们缺乏社交的知识，不懂适宜的交往方式。由于生活条件的限制，他们与同龄城市孩子缺乏共同话题，容易造成心理封闭，对社会和他人漠不关心，缺乏合作意识，团队融合度较低。

（三）意志力薄弱，抗挫折能力差

由于家长整体素养不高，家庭对学生教育的指导力不够，缺乏教育意识，对孩子疏于陪伴，与孩子交流沟通的机会少，当孩子在学习生活中遇到困难自我无法解决时，得不到家长及时有效的支持，导致孩子遇到困难时容易放弃，抗挫折能力差。

（四）幸福感低，缺乏对生活的热爱

流动儿童从农村搬迁到城市，虽然生活学习条件有所提高，但是他们离开原先

的生活环境，来到新的环境中，要面临很大的生活和习惯差异，他们很难在短时间内得到安全感和归属感。他们的父母大多教育程度较低，难以保证科学的家庭教育，也难以给孩子足够的关心和照顾，更别说对孩子心理健康的关注，所以流动儿童的主观幸福感要显著低于城市儿童，缺乏对生活的热爱。

三、音乐干预策略

《义务教育音乐课程标准（2011年版）》倡导让学生自信地参与音乐活动，培养学生的自信心，这是小学音乐教育的一个重要任务。毋庸置疑，在培养学生自信心等素质方面，音乐教育有其特殊的优越性，是其他教育不可取代的。音乐教育除了培养学生良好的审美情操、提高学生的艺术修养外，对于提高儿童整体的心理发展水平，使其具有稳定而积极的情绪、坚强的意志和信心、良好的性格以及和谐的人际关系等有着独特的意义。音乐治疗的创立者诺道夫·罗宾斯曾经提出，所有孩子都具有创造声音、节奏以及对其他人的声音、节奏作出反应的能力。这一概念的提出形象地概括了儿童与音乐的互动本能以及喜爱音乐的天性，也表明了音乐与儿童之间的密切关系。因此，通过音乐与儿童开展"心灵对话"将是十分必要又非常可行的。

基于以上分析，我们探索能否通过音乐教育的途径、方法与社会特定群体（流动儿童及家长）建立起联系，通过学校教育的微薄力量，改变流动儿童主要心理缺陷，引导家长转变教育意识，增进流动家庭幸福感，最终达到改善流动儿童生存状态的目的。为此，我们提出了"运用自制打击乐器在音乐活动中干预流动儿童心理、行为障碍的音乐策略"的研究方向，旨在利用生活中的废旧物品自制打击乐器，培养流动儿童的动手操作能力、解决问题能力和想象能力，从而提升专注力，获取成就感；在与同伴的配合中，培养合作意识、团队意识，增进同伴间情感；改变家长对学生疏于陪伴的现状，改变他们在城市中的"过客"心态，同时提升他们的社会融入度，增强社会责任感。此研究可为同类学校解决流动儿童心理问题提供可借鉴、可操作推广的经验。

（一）"潜能优先、缺陷其次"，提升学生自信心

其实，孩子有什么问题不重要，重要的是你看待孩子的眼光！这就要求教师得具备一双善于发现学生闪光点的眼睛，本着"潜能优先、缺陷其次"的原则，支持

每个学生个性的发展。我校男生赖某某原本生活在一个富裕的家庭，后因父母离异各自成家在其他城市生活，小小年纪的他不得已只能跟爷爷一起生活，三年级从南山双语学校转入我校，因为生活的重大变故和学习环境改变，该学生变得极度自卑与忧郁，经常看到他环抱双腿，蜷缩在角落里默默流泪，学习成绩更是一落千丈，学校多次与他爷爷沟通其在校情况，老人也多是无奈、哀叹，心有余而力不足，学生情况每况愈下。但在一次打击乐训练中，我发现他有一定的舞蹈天赋，动作标准、表情到位，所以我充分发挥他的特长，让他作为组长教同学们表演，将他创作的动作放在器乐节目《神奇的打击乐》中，代表我校到各地竞演。排练中老师和同学们的一次次认可，练习中一次次的跌倒与爬起，舞蹈动作一次次的重复与改进，让他一点点找回了自信，也渐渐地变得努力上进起来。当他站在领奖台的那一刻，他和其他孩子们一样都露出了自信、灿烂的笑容。

（二）尊重差异、找准定位，提高团队融入度

在打击乐团中，一到六年级学生都有参加，面对这些不同年龄、不同行为障碍、不同能力的学生，我们要尊重每个孩子的差异，帮助他们在团队中找到自己的位置。我根据孩子们的年龄和能力的不同将他们分成不同的小组：动手能力强的为乐器制造组，表演能力强的为舞台表演组。表演组中能力弱一点的学生演奏难度小的部分，能力强一点的学生演奏难度较大的部分，能力超常的孩子可以让他们担任领奏或独奏。相比于其他传统乐器不同的是，学生亲自参与了乐器的制作过程，提高了专注力，拓展了想象空间，动手能力也得到了锻炼；在舞台上使用他们亲自制作的乐器进行演奏，更是让每个孩子都能在乐团中找到自己的定位，觉得自己是乐团中不可或缺的一分子。团体的互动必然形成一个人际交往的学习机会，而"合奏"作为由多人协作完成的音乐活动，要求个人既要保持自身角色的个性特点，又要与人相互配合，学会接纳、适应其他个体以及整个集体的角色特点，最终达到一种和谐统一的状态。在与同伴的配合中，既增进了同伴间情感，增强了孩子们的主人翁意识，又培养了合作意识，提高了团队融入度。

（三）克服困难、反复试验，努力增强意志力

我校杜某某是学校"名人"，全校上至校长下到门卫都认识他。他 2016 年被诊断出患有儿童典型性多动症，上课坐不住，下课撵不到，模拟各种怪声捣乱课堂、欺负同学、翻墙逃课等行为屡禁不止，几乎无法集中精力地做完任何一件事，但他对声音敏感度高、动手能力也强。于是，我把他也"请"进了我的打击乐团。在制作音高乐器的过程中，孩子们在一堆废旧物品中玩耍，通过探索发现酒瓶音色清脆、明亮，装上不同体积的水可呈现不同音高，而且表现力强，可以作为打击乐团的主奏乐器；而PVC管音色低沉通透，可以用长短不一、音高不同的PVC管制作成音筒作为和声乐器。杜某某和同学们一次次反复调试水量，和钢琴认真比对确认音准。在音筒制作过程中，因PVC管材质比较脆，稍不注意管子就会破，一不小心就会切到手指，或切多一点、切少一点音高又不准确了，在一次次的失败、困难面前，有的同学退缩了、放弃了，而他始终没有停下脚步，而是努力克服困难，积极领导组员们一起想办法解决问题。终于，我们的音高乐器制作成功。在乐器制作过程中，杜某某全程参与并坚持了下来，他变得安静了，注意力集中了，抗挫折能力明显增强，意志力得到了提高。自制音高乐器演奏出的一个个美妙音符，正是他学会自律、学会成长的最好见证。

（四）家校合作、加强联系，提升学生幸福感

除了学校之外，家庭是流动儿童寻求归属感的重要地方，我们学校的大多数家长因为文化程度不高，所以在与孩子的交流上也存在一定的问题，他们找不到切入点对孩子进行教育和引领。我就通过打击乐团这个平台和家长们建立联系，父母可以借助学校这个平台学习家庭教育知识，了解孩子在校学习的情况，从而更好地与孩子沟通交流。他们发现孩子们经过打击乐的训练以后，回到家也能找到事情做了，作业做完以后，自己随手拿起家里的废旧物品练习节奏，或者三五个同学聚在一起练习器乐合奏。有的孩子还会在与父母有限的相处时间里，教父母玩打击乐，在这样的交流互动中，不但提高了家长与孩子间的亲密程度，改变了家长对学生疏于陪伴的现状，提升了孩子们的幸福感；同时也改变了家长们在城市中的"过客"心态，提升了他们的社会融入度，增强了他们的社会责任感。

随着研究的不断深入，我校的原创器乐节目《神奇的打击乐》经过一次次的艺术加工、打磨逐渐成形，孩子们也从建团初期坐在地上，面无表情、目光呆滞地演奏，到2018年8月参加四川省第九届中小学生艺术展演活动小学器乐组的现场比赛时自由潇洒地演奏，他们发自内心的阳光、自信深深打动了现场所有专家评委和观众，同时也获得一等奖的好成绩。而这群孩子不但在音乐素养上有所提高，据班主任反映，他们的文化课成绩也进步很大。2019年毕业的学生中，打击乐团的六名成员中五个考上了绵阳七中，一个进入绵阳二中学习，而这六名学生中有四个流动儿童、两个留守儿童。小部分群体的成功蜕变让我思考能不能将此经验辐射到全校学生。于是，我带领音乐组全体成员在音乐课堂上开展打击乐的训练，不仅各班的组织教学得到了改善，学生的音乐素养和能力也得到了提高。在2019年5月21日涪城区特色学校现场研讨会上，我校927名学生参与的打击乐节目《中华鼓韵》中，两个孤独症患者、两名弱听儿童、一名语言障碍者、五名身体残疾者以及上百名行为障碍者全程参与活动而且没有任何一个人出现差错，这让我坚定了信心，这个途径和方法是行之有效的。

融合教育是一场向善的修行，它让尊重、平等成为了可能，为"不一样"孕育了更多的可能性。融合教育不仅对特殊儿童有益，对普通孩子也有很大的帮助。正是特殊儿童行为障碍的存在，让所有教师与学生学会尊重生命、敬畏生命，从小在学生心中种下"友善"的种子，学会接纳、关怀与帮助，感受爱与付出的快乐。融合教育中，特殊儿童学习如何与他人相处、如何适应各种行为规则，而普通儿童也能认识到人与人之间的不同，认识、理解并包容生命的差异性，拥有广阔的胸怀，学会和谐共处。融合教育是一场爱的持久战，让我们永葆爱心，以真挚的爱滋润孩子幼小的心田，最大限度地补偿特殊儿童的缺陷，挖掘其潜力，帮助他们适应社会生活，成为一名自立于社会的人！

参考文献：

（1）茆怡娟，《进城农民工子女心理问题研究及对策》，《当代教育论坛》2010年第22期。

（2）李孟泽，《我国流动儿童主要心理问题及干预策略》，《科教导刊》2013年第15期。

（3）孙丽娟、魏静，《论流动儿童心理健康教育中的音乐治疗》，《重庆大学学报（社会科学版）》2015年第21卷第3期。

信息技术在音乐教学中的有效运用

绵阳市东辰聚星学校　杨　菲

当今世界科技革命愈演愈烈，随着以多媒体、网络技术等为核心的信息技术不断发展，人们的学习、工作和生活方式正在发生深刻转变。在音乐教学中，教师只有把信息技术引入课堂，推动教学与信息技术有效融合，才能积极适应时代的发展和当前课程改革要求。而这种融合，正是通过多媒体技术、网络教学等形式，做到图、文、声并茂，以此来丰富教学手段、营造教学环境、提升教学效益，从而达到提升学生审美意识和审美能力的目的。

一、信息技术在音乐教学中运用的意义

（一）全面多维展示，增强教学魅力

中小学生的求知欲强、善于模仿，但理解力和专注力参差不齐，加之一些教师和学生对音乐教学的认知还停留在会唱歌、会演奏的层次，导致音乐课教学方法单一、枯燥乏味，教师缺乏教学激情，学生缺乏学习动力。音乐是一门通过优美动听的声音来吸引大众的艺术课程，音乐教学更重要的是引导学生用心去体验和感悟音乐。通过信息技术将文字、图像、声音、动画和视频影像结合起来，一是可以广泛收集、充分聆听古今中外音乐佳品，享受天籁之音带来的美好感受；二是可以展示每个作品背后的故事情景，发挥音乐的感染功能，深入学生的内心，调动学生的感官；三是不需要耗费资金去购置全部乐器，只要下载相关软件，就能将学生感兴趣的架子鼓、钢琴、吉他等乐器在课堂呈现，虽然无法真实地接触这些乐器，但是通过信息技术同样也可以学习这些乐器的使用技巧。

（二）打破传统模式，提高教学效益

在传统教学模式中，教师背对学生用粉笔在黑板上写画，耗时又乏味，而使用多媒体技术教师只需课前准备好课件，在有限的时间内，增加了教学信息量，从不同角度让学生更深入地欣赏音乐。课前，教师也不需要费尽周折到处奔走收集教学

资料，只需通过网络便可在家中轻松收集各种资源，可以把最新最好的成果带到课堂。传统教学将教师作为课堂的主体，学生只能被动地接受知识，课后再进行记忆，而利用信息技术可以让学生创造性地开展学习，自主探究音乐天地。

（三）信息反馈及时，架起沟通桥梁

由于音乐不是主要学科，很多时候不像语文、数学、英语一样受到重视，教师与学生上完课后，基本上不会围绕音乐这个话题展开交流。一些学生甚至上了大学都不知道什么是二分音符，什么是三连音，这既不利于音乐学科发展，也不利于学生个人成长。培养德、智、体、美、劳全方面发展的人才，音乐是一项重要的内容。在教学中运用信息技术，一方面有助于学生快速学习理解、做出判断，通过网络及时反馈给教师，学习内容掌握与否一目了然；另一方面，教师可以利用网络进行学习指导，促进师生之间的交流。

二、信息技术在音乐教学中运用的方法

（一）收集整合教学资源

信息技术的不断发展和进步，信息的全球化进程，互联网走进了千家万户，也让音乐课堂变得更加丰富、生动而有趣。

实现教学目标，是所有课堂教学的根本。教学活动是否达到预期，最重要的参考指标便是学生学习目标的完成度。而信息技术的运用，无论是在课前预习的信息收集，还是课中的技术参与，以及课后的整合总结中，都能够极大地激发和促进学生学习效率的提升。

课前预习中，学生可利用信息技术，通过查阅书籍资料和线上资源，找出教学活动中所需的资料，交由教师整理归纳，并将其制作成课堂所需的可听可视文件。《只怕不抵抗》这一课的教学前，对于已经远离战争年代的学生来说，如果没有一定的背景铺垫，是很难理解歌曲表达的真实情感的。通过信息技术，学生们可以提前查阅相关资料，了解时代背景，通过相关历史知识的铺垫，更加入情入境地知晓作品的创作背景，从而在学习之前就进入作者的情感世界，提升学习的效率。

课中的学习过程中，教师可利用信息技术手段，参与指导学生学习的效果评价。如通过现代录播技术，将学生演唱演奏的作品保存并欣赏。演唱的音准、节奏等，都可通过现代信息技术手段予以科学校准，让学生学习的准确率大大提高。教师也可以通过信息技术保存学生优秀演出的片段，作为欣赏和观摩使用，更多的时候可作为纠正学生问题的手段。

课后的复习阶段，学生能够通过现代信息技术，将内容和风格不同的音乐作品进行整合，将内容相同但形式不同的音乐作品进行整合，将主题相同的音乐作品进行整合，将体裁相同但风格不同的音乐作品进行整合，等等，通过整合对比演绎，达到最佳的学习效果。

（二）改进和丰富教学形式

传统音乐课程的教学，更多是教师传授，学生学习和模仿，教学方式比较单一。信息技术的加入，内容丰富，形式多样，极大地丰富了课堂的内涵，学生遨游音乐世界，已经不仅仅拘泥于教师传授这一种方式。如教学歌唱曲目《彝家娃娃真幸福》，需要将人文知识、地理学、气象学、生物学、天文学等各学科知识有机地整合在一起。学生在学习本课时，通过信息技术的加持，能够从知识的含量上丰富自己，视野的宽度上拓宽自己，所感受到的并不单单是歌词所描述的内容，而是一个全方位的、立体的、鲜活的彝族少年。在传统的课堂中，这样的效果就会大打折扣。

同时，运用信息技术，教师还可以指导学生进行各种音乐课外活动，发挥学生特长，发展学生个性。如：在网络上收集、整理音乐家基本的信息；（2）改编、创作简单的歌曲，制作音乐单曲；（3）制作电子音乐贺卡；（4）对影视音乐组织讨论、学习等。这样的综合性学习大大拓宽了学生的知识面，形式丰富多样，学生也兴趣盎然，同时还培养了学生全面发展的综合素质。

（三）提升和完善评价机制

课堂的高效运行，离不开教师的评价激励机制。传统课堂中，主要通过教师的语言进行评价，如：回答正确，你完成得很不错，你是一个善于聆听和总结的学生，你的想法很有创意，等等。这样的语言激励，肯定是有一定效果的，对调动学生的积极性起到了至关重要的作用。

时代的发展、科技的进步，以及信息技术的发展，带动了教育科技的革命。传统语言式的单一评价激励体系，由于信息技术的引入，变得更加高效和丰富起来。如音乐课上，我们利用信息技术，将学生分成小组，利用小组管理的机制，通过教师的操作平台实现任务式的清单项目，教师可轻松通过管理平台实现教学的监管，并将学生的学习情况清晰呈现在管理平台中，学生能够第一时间最直观地了解自身或者小组的学习情况，从而激发学生学习的内驱力，进一步实现更加高效的课堂教学。

同时，管理平台的操作，可以是教师，也可以是学生。充分发挥学生的主观能动性，将课堂还给学生，教师起到一个引导和监管的作用。这样的教学方式，更加符合学生的心智成长，使学生真正成为课堂的主体，挖掘其自身的潜力，培养更多主动性的人才！

三、信息技术在音乐教学中运用的展望

科技发展日新月异，未来的世界将是信息化的世界，相信在音乐教学中运用信息技术也会出现新的教学策略和场景。

（一）虚拟教学

通过相关输入设备、能实现三维图形和三维音效结合的输出设备，使学生处于近似真实的环境之中，能够直接与古今中外的音乐人物面对面接触、碰撞，置身于世界各地著名的音乐殿堂，实现多角度、近距离观察和聆听，打造超乎真实的音乐感受，极大地提升音乐教学的感染力。

（二）智能教学

通过算法软件、传输网络和智能终端，让个人电脑、手机、平板等终端互联互通、形成一体，构建一个未来音乐教室，以电子书、音乐视频播放录制等方式，实现对音乐教学内容和演唱演奏技能的学习。这里，教师与人工智能合作教学，充分融合人的感性和机器的理性优势，以强大的交互功能和精准指导功能，实现传统课堂中难以达到的一对一的教学形式，只要有网络的地方都可以成为学习场地。

时代在不断进步，音乐教师要积极适应形势变化，创新教学方式方法，更好地服务学生的学习。一是来一场头脑风暴，积极更新思维、拥抱科技，打破思维桎梏，主动了解和掌握新技术，探索其在教学中的运用之道；二是要积极推动实践，不盲目跟风搞不切实际的"高大上"，要结合实际在音乐教学中大胆实践，发挥出新技术的独特育人优势；三是应注重系统推进，整合政府、学校和教师队伍各方力量，推动信息时代背景下音乐教育的发展和突破。

情境教学法在中职学前教育专业声乐集体课中的应用探究

绵阳职业技术学校　郭子琪

一、绪　论

情境教学法是指在教学过程中，教师有目的地引入或创设具有一定情绪色彩的、以形象为主体的生动具体的场景，以引起学生一定的态度体验，从而帮助学生理解教材，并使学生的心理机能得到发展的教学方法。情境教学法的核心在于创设激发学生的情感。中职学前教育专业声乐集体课中的情境教学法，是在课堂中通过游戏、影片等多种方式的情境活动来调动学生积极性，帮助学生快速融入声乐集体课堂，在练声以及歌曲学习多个课堂环节结合情境活动引导学生更好地了解作品，增添学习趣味性，以情境创设为前提，以声乐集体课为载体，在学前教育专业开展的教学方法。

二、情境教学法应用于中职学前教育专业声乐集体课中的意义

情境教学法对于中职学前教育专业学生音乐素养的提升，作用明显。结合中职学生有别于普通高中生的心理特征，在课堂中开展教学活动采用的教学方法要贴近中职学生的心理特征，帮助学生树立学习信心，激发学习兴趣，唤起学生积极感悟美好事物的激情，引导学生转变学习姿态，利用非智力的环境因素充分激发学生的智力因素，从而提升教学效果。

在中职学前教育专业声乐集体课中运用情境教学法不仅具有理论意义，更具有一定的实践意义。理论意义方面，情境教学法能对学生声乐理论学习进行引导与启发。声乐是一种较抽象的学科，教师创设一种相似的情境，帮助学生感受正确的发声位置、歌唱状态等，学生能更直观地理解声乐理论知识。在实践意义方面，通过情境教学法的指引，学生能自觉或不自觉地调动自身的有意识与无意识想象、联想、

体验，教师可以将教学内容寓于生动形象的情境当中，帮助学生更好地理解音乐作品情感，从而更好地完成作品演唱。

三、情境教学法应用于中职学前教育专业声乐集体课中的特点

李吉林老师在《情境教育精要》一书中提到情境教学的四大特点："形真""情切""意远""理寓其中"。鲜明生动的形象，丰富有趣的教学内容，真切感人的情义，耐人寻味的哲理，是情境教学课程的鲜明特点。情境教学法应用于中职学前教育专业声乐集体课中，重在自然健康的发声概念、声乐艺术的情感体验，也具有相应的一些特点。

情境教学法应用于中职学前教育专业声乐集体课中的"形真"，是音乐形象的"真"。声乐作品中，有奔流不息的黄河水和生生不息的黄河儿女，有思念故乡的游子和年代久远的历史人物，有春天的森林和冬日的梅香，可以是人可以是物，还可以是山川河流、鸟语花香。通过情境教学，学生仿佛都看到听到了，真切感受到了这些声乐作品中的形象。这些形象的"真"，激发了学生对声乐作品本身的关注度与情感。声乐课堂中要体现的声乐作品中的"形真"，不是对实物进行复刻、还原，而是要抓住神韵、特点，创设相似情境，只要能意会、能想到，让学生能连接到音乐形象本身即可。

情境课程本身就是以情动情，以情为纽带，情是情境课程的起点和回归。情感在课堂中起着积极作用。情境教学法应用于中职学前教育专业声乐集体课中的"情切"，即教师要善于体会，并将这些感受传递给学生，激发起学生的情感，让情感参与到课堂的认知活动中去。教师对作品的生动演绎，上课时的眼神、动作、语言，都传递着"情"。

李吉林老师提出在课堂中"缩短心理距离"，声乐课中缩短的是学生与教师的距离，学生与学生的隔膜以及学生与歌曲的陌生感，让学生带着真挚的情感进入歌曲的学习中，把歌曲的演唱技巧和情感有机结合起来，进入教师创设的教学情境中，造成直接的印象，激起学生的情绪，成为一种需要的推动，成为学生想象的契机。

除了"形真""情切""意远"，情境教学法应用于中职学前教育专业声乐集体课中还有一大特点就是"理寓其中"。声乐集体课中，学生通过情境活动体会音乐形象、体验歌曲情感，再通过歌曲内容抒发自身感情，从中完成歌曲中的技巧学习，

这是一堂课的整体过程。教师从教学歌曲出发，设计情境，围绕着歌曲的内容和演唱要点，激发学生的学习动机，这一过程是理性与感性的相互补充，情感与知识的相互促进，形象与抽象的相互交融。在情感体验中学习声乐技能，声乐技能不脱离情境活动，将几个特点相互融合，便是情境教学在声乐集体课中的"理寓其中"。

四、情境教学法在中职学前教育专业声乐集体课中的优化策略

在掌握了情境教学法应用于中职学前教育专业声乐集体课中的特点及原则的基础上，笔者认为，要加强教学的设计，不能太随意化；要巧设随机情境，发掘适用于情境教学法的歌曲。

（一）教学设计助力情境教学，情境教学优化课堂环节

为了能够达到教学活动预期的目标，减少教学活动中的盲目性与随意性，就必须对教学过程进行科学的教学设计。有趣的情境都离不开教学者的精心设计，一堂优秀的课一定有一个优秀的教学设计。情境教学法在中职学前教育专业声乐集体课堂中的应用，首先需要教学者转变教学观念，多思考，多学习，在多维度创设教学情境。教学者解决教学问题，优化学习的过程，都需要在教学设计中规划并在课堂中实现。情境教学流程如下图所示。

01 情境导入	创设情境导入新课，激发学生兴趣
02 传授新知	体验歌曲情境，在情境中进行歌曲学习和发声练习
03 情境巩固	展示歌曲学习效果，进行情境巩固

情境教学流程

1. 情境导入

叶圣陶先生说过："作者胸有境，入境始与亲。"课堂导入是一堂课的开端，时间是一堂课的前3~5分钟，最直接的作用就是引出新课，也是一堂课的必经阶段。

良好的开端是成功的一半，重要性不言而喻。声乐集体课的常见导入方式多分为直接导入、温故导入和板书导入。直接导入的方式通常是教师直接告知学生本堂课将要学习的歌曲名、作者、背景等。温故导入是通过复习上一堂课歌曲开始本堂课的学习，有一个承上启下、温故知新的作用。板书导入则是教师直接书写板书，告知学生本节课要学习的歌曲的名称。一般来说，这几种导入方式常常结合使用。

应用情境教学法的声乐集体课的课堂导入，更注重学生的情感体验，在一堂课的开始就提升学生学习兴趣，以激发学生学习动力。有效的情境导入可以创设幽默情境、问题情境、故事情境等。幽默情境即教师通过诙谐幽默的语言，根据课题或环境，在一堂课的开端就吸引学生的注意；问题情境即教师通过图片、音频等媒介引发问题导入歌曲学习；而故事情境则是教师根据教学内容讲述相应的有趣故事。这几种情境可以单独使用，也可以结合使用。

总之，在中职声乐集体课中，不可忽略课堂导入的重要性，设计一个能激发学生兴趣的情境导入是优化课堂环节的第一步。

2. 传授新知

有了一个好的课堂导入之后，学生就应该进入了良好的学习状态，这时学习歌曲和技能便依序展开。学习歌曲部分，首先要注重歌曲的情境体验，这样才能产生情感升华。情境体验是学习一首歌曲的重要部分，通过情境体验可以更好地学习声乐技巧，理解歌曲情感，可以通过故事还原角色直接体验，也可通过教师示范演绎间接体验。教师需要以教授的方式串联教学内容，这时可以在传统讲授法的基础上随机创设游戏情境、多维互动情境来进行练声曲教学，让原本枯燥的课堂变得趣味盎然。

声乐课中的歌曲学习，练声曲起着承上启下的作用，能帮助声乐学习者快速提升声音质量和音准，是声乐课中声乐演唱前的必然步骤，也是容易被忽视的部分。练好练声曲，咬字和声音上的问题都能得到解决，但是在中职学前教育专业声乐集体课中，由于上课人数多、学生基础差等原因，练声过于形式化，齐唱的过程中声音问题不能得到很好的解决，在练声曲的教学设计中引入情境教学法能很好地解决这一问题。

发声练习应该与声乐曲目学习相结合，让学生有更好的情境体验。用歌曲中的母音哼唱旋律，不仅进行了发声练习也帮助学生熟悉了歌曲。如学习歌曲《哆来咪》，可以创设游戏情境，将学生分为八组，让每一组的学生扮演一个音符，分别是

do, re, mi, fa, sol, la, si, 以 "a" 为母音，当指到其中某一组，他们就齐声唱出对应音符，不断熟悉后，教师可以让其中几组同时发声，形成和声效果。教师在此过程中不断规范学生发声状态，统一声音位置，让学生不断听不断调整，不断练习音高音准，也可以引导各小组学生与其他组互动，这样原本无聊的学习过程也变得有趣许多。

3. 情境巩固

在歌曲学唱部分结束后，以演唱的形式展示所学习的作品，这一过程就是情境巩固。声乐集体课中的情境巩固，更注重情感体验，教师可以从演唱者的肢体动作、情感投入状态、演唱技巧、发声位置等多个方面进行评价。除了考试以及课堂评价之外，还应该结合多元化的舞台表演和校内比赛，营造本校的声乐学习氛围。

巩固形式可以是独唱、合唱，也可以是与幼儿故事相结合的表演唱。为了不断优化课堂环节，每一堂课的情境巩固也尤为重要。在此过程中，教师不断调整总结，使情境教学法在声乐集体课中的运用不断优化，以达到最佳效果。

（二）巧设随机情境，活跃课堂气氛

教学活动不可能完全按教学设计预期进行，教学活动中往往会生成一些教师事先没有想到的状况。在声乐集体课中，歌曲的学习进度和学生的发声状态都是课堂中难以把控的环节，面对课堂中学生随机出现的问题和质疑等，是回避还是抓住契机巧设随机情境，教师所采取的态度便能显示出一个教师的教学思想和教学水平。课堂中教师如果能巧设随机情境，便能使课堂"活而不乱，动而有序"，也能及时化解课堂中的尴尬，但需要教师掌握一定的技巧。

由于基础薄弱，在声乐及技巧的学习中，学生往往会表现得不尽如人意，也难以理解深奥的理论知识，难以保持积极饱满的状态。教师在面对学生松散的状态和口腔打不开的情况时，随机采用幽默情境："看来大家都有点没休息好呀，想象一下如果这个时候教室门口突然出现你的爸爸妈妈你会是什么表情，出现你的偶像你会是什么心情。"在学生思索的过程中，教师示范惊讶张嘴吸气的表情，引得学生哈哈大笑。通过想象、模仿，学生能快速找到口腔打开和上颚上提的状态，教师继续引导学生用这样的状态去歌唱。如在学唱歌曲《在农场里》时，有一句歌词是"牛儿在农场里哞哞叫"，大多数同学把"mou"唱成了"mu"，教师纠正道："大家家里的牛儿发音有点不标准呀，让老师来示范一下牛儿的标准发音吧。"通过幽默情境的创设，不仅帮助学生快速找到发声位置，还加深了学生的印象。

在面对学习任务不能完成的情况时，教师也需要创设一些随机情境帮助学习有效推进。比如学生在演唱歌曲《摇篮曲》时气息不够连贯，不够柔和，教师随机创设情境：抽四位同学到讲台，拉上教室窗帘，引导班上其余学生趴在桌上静息，被抽到演唱的同学被这样的气氛感染，自然知道摇篮曲应该轻声哼唱，最后，教师大声吆喝"起床啦"，与摇篮曲的情绪形成鲜明对比，学生再次体会到摇篮曲应该用连贯柔和的声音去演唱。

巧设随机情境，不仅能让教师更好地引导课堂，化解课堂中的突发矛盾，营造师生共融的课堂，也是情境教学的优化策略之一。

（三）发掘适用于情境教学法的歌曲

中职学前教育专业的声乐集体课，在教学内容的选取上，不仅有适合初学者的艺术歌曲，也有符合本专业特色的一些幼儿歌曲。在这些歌曲的选取上，需要教师做一些灵活变通和挑选，充分发挥主观能动性，选择更适合情境教学的歌曲。笔者结合自己的教学实践和平常的教学设计，对教学歌曲的选择与情境创设方法做了部分总结归纳，如下表所示。

适用于情境教学法的歌曲

歌曲类型	曲目选择	情境创设方法
幼儿歌曲	《哈巴狗》	导读情境教学：有节奏朗诵歌词"一只哈巴狗，坐在家门口……"学习歌曲节奏
	《小兔子的红雨靴》	故事情境教学：还原小兔子雨天出行故事经过，用讲故事的方式领悟歌曲的盎然童趣
	《在农场里》	生活化情境教学：分组扮演动物，模仿在农场里的动物叫声
	《小雨伞，圆溜溜》	游戏情境教学：几组同学通过两两共打一把雨伞，比赛谁先到终点，感受苗家少年雨中共伞的深厚情谊
	《春天在哪里》	问题情境教学：提出问题"春天在哪里"，通过寻找歌词中对春天的描述，加深对歌词的记忆
艺术歌曲	《踏雪寻梅》	实体情境教学：课前带学生去学校操场外，闻一闻蜡梅花香，再回到教室感受刚才的愉悦心情
	《渔光曲》	表演情境教学：准备教具让学生扮演渔夫，学习撒网动作，通过反复撒网，感知捕鱼人的艰辛
	《送别》	直观情境教学：结合《城南旧事》电影的故事，告知影片中讲的是亲人间的送别，学生对亲情的自主体验能直观感受歌曲情感

（续表）

歌曲类型	曲目选择	情境创设方法
艺术歌曲	《康定情歌》	互动情境教学：编排合唱《康定情歌》，为学生分好声部小组分别练习再进行合唱，在此过程中分组加入发声训练和技巧指导
	《绣红旗》	角色体验情境教学：布置手缝作业绣国旗来学习歌曲《绣红旗》，学生体验江姐和狱友在狱中缝制国旗的真实情境
流行歌曲	《青花瓷》	多维互动情境教学：结合厦门六中合唱团视频，用纸杯、课桌等道具，配合歌曲演唱
	《听我说谢谢你》	网络拓展情境教学：搜集抗疫故事，学习手势舞，表达对医务工作者的感谢
	《梨花又开放》	野外情境教学：春日研学旅行路上，观赏梨花开放，学习歌曲《梨花又开放》

五、总　结

　　受师生配比、学校现状等多方面因素影响，目前声乐集体课是中职学前教育专业声乐课开展的主要方式：一方面声乐课是中职学前教育专业学生必修内容，重要性不言而喻；另一方面，学生对声乐集体课不感兴趣，参与度不高。面对当前的困窘情况，提高教学效果是每一位中职音乐教师的共同目标，在中职学前教育专业声乐集体课中应用情境教学法便是解决这一问题的有效教学手段。情境教学法在中职学前教育专业声乐集体课中的应用探究只是一个起点，笔者将坚持学习，努力将学习成果和日常教学结合，以求课堂效果不断完善。

论声乐教学中"教"与"学"的关系

绵阳市成绵路小学　田明武

教学是教师和学生的共同活动，是教师的教与学生的学的统一。常言说："师傅领进门，修行在个人。"这句话高度概括了在教学中教师与学生的关系。"领"就是教，"修"就是学，一个是教育的主导，一个是教育的主体，教师通过教学实现对学生的教育和培养；学生通过教师的引导和帮助积极学习，让自己得到发展和完善。在声乐教学中多采取个别授课的形式，这是一种特殊的教学活动。由于教学对象、教学内容、教学方法的不同，教师应根据学生个体特质建立起师生间不同的交流渠道，使教学气氛和谐融洽，这样学生才能更加容易地掌握科学的声乐技巧，充分展现声乐艺术的魅力。要做到这些，就要求声乐教师在教学中既要掌握因材施教的原则，又必须遵循具有普遍性、一致性的客观规律，在声乐教学中如何处理好"教"与"学"的关系是一个值得研究的课题。

一、充分发挥教师的主导作用，提高声乐教师的教学能力

提高教学质量的关键是教师，现代教学需要高素质的教师队伍，教师素质的高低将对教学效果产生直接而深远的影响，拥有一支高素质的教师队伍是提高学生声乐水平的关键。声乐教师需要不断学习，不断探索，激发和保持学生的学习兴趣，促进学生自身素质的全面提高。

（一）声乐教师必须具有"量体裁衣、对症下药"的教学能力

声乐教学是一门技巧性极强的学科，教师的教学要面对学生各种不同的嗓音条件，即歌唱发声技巧和歌唱艺术表现上的差异。要做到"量体裁衣"，就要求教师的教学必须具有针对性。声乐教师在平时要多积累教学经验，并且要从学生演唱中证实经验的可靠性。当然，有好的歌唱条件和丰富的演唱经验无疑是成为一名优秀声乐教师的前提。好的声乐教师必须会唱，而会唱的不一定是好的声乐教师，唱与教不能画等号。声乐教师必须经过长期的教学实践，并善于总结经验，根据学生在学

习中出现的不同问题"对症下药"。我们常把教师比喻为医生，学生比喻成患者，教师发现学生学习中的问题就相当于医生为患者诊断病因，再通过有效的训练手段解决问题。在解决问题的过程中教师必须善于了解学生，循序渐进并采取灵活多样的教学手段让学生在学习中感受到教师的亲切和关怀，师生间配合默契，达到最佳的教学效果，切不可太主观、太武断，不可用自己固有的一套模式来框套每一个学生，应做到从实际出发，具体问题具体分析，做到教学具有针对性。

（二）声乐教师应该具备胜任不同声部、不同演唱方法的教学能力

在教学实践中，教师不仅需要承担与本人声部相同的教学任务，有时还需要承担与本人声部不同的教学任务。随着民族和流行唱法的普及，声乐教师不仅需要教唱美声唱法，同时也要教唱民族唱法、流行唱法；既要教传统的歌唱方法，又要掌握民族声乐、流行音乐的特点。作为声乐教学的传授者，教师只有实践和体验大量不同风格的声乐作品，教学才能得心应手。声乐教师必须通过敏感的审美听觉和丰富的教学经验，对学生的演唱做出科学的判断，并采取相应的措施，解决学生学习过程中存在的问题。

（三）声乐教师应该具有较强的舞台演唱能力和一定的钢琴伴奏能力

声乐本身是一门表演艺术，丰富的舞台经验只能从舞台上得来，也只有在舞台上才能学会如何应对身体、环境、服装、灯光等带来的诸多不适，使音乐表演得以自如发挥。第一，教师的舞台实践经验将直接给学生带来益处，学生通过借鉴教师的经验，学会在舞台上如何运用肢体语言和内在情感来演唱；第二，声乐既然是表演艺术，教师就应该教学生如何面对观众、面对舞台，教师只有积累丰富的舞台表演经验，具备良好的示范能力，才能做到"言传"与"声教"的结合，使其教学更具魅力，更令人信服；第三，教师从理论中解放出来，让学生在舞台中大胆实践，提高他们的理解能力和艺术表现能力，达到对作品深层次的理解和把握。钢琴伴奏是声乐教学、声乐艺术实践的有机组成部分，也是声乐教师必备的能力之一。好的伴奏可以帮助学生更好地理解音乐，处理作品，丰富歌声表现力，更忠实地反映作曲家的风格和作品的音乐价值，以保证声乐作品的完整性；同时，钢琴伴奏水平的高低实际上也是一个声乐教师综合专业能力的一种体现。

（四）声乐教师必须具有较高的艺术修养和相关的人文科学知识

声乐教师必须具有渊博的音乐知识和演唱大量曲目的实践经验，充分掌握第一手资料，能在理解教材、解释乐曲等方面给学生提供大量的帮助。近几年，我国的声乐学科进步很快，声乐教育也在不断发展和提高，声乐教师必须不断加强学习，提高各方面的修养。声乐是音乐、诗歌和演唱技巧完美结合的艺术，好的演唱必须建立在科学的发声技巧、丰富的情感体验和浓厚的文化底蕴基础上。因此，作为声乐教师必须具备较高的文学修养、史学修养、语言修养、美学修养和音乐理论修养，并知晓一些姊妹艺术，同时还应具备相关的物理知识、生理解剖知识，并懂得教育学和心理学理论，具有一定的科研能力。所以，声乐教师的文化修养越全面，知识结构越完善，越有助于提高自己的声乐水平，越有助于在声乐教学实践中有所突破和创新。

二、遵循教学规律，充分发挥学生的主体作用

声乐学科的特殊性要求教师教学必须依照声乐的逻辑发展系统和学生认知的发展规律，提高学生歌唱艺术的表现能力。在声乐教学中，学生的演唱是主要的，教师是为学生演唱服务的。教学过程是在教师指导下，学生通过自己的智能活动去探索获得知识技能，并在探索中进一步发展智能的过程。因此，在学习中，学生作为主体应积极主动，用心学习。

（一）声乐教学中的系统性与循序渐进性

声乐教学是一个系统工程，必须按照科学的、系统的模式来对歌唱者的歌唱能力进行全面的开发，歌唱者的技能发展又是一个由易到难，由简到繁，循序渐进的严格过程。歌唱需要生理与心理的协作，歌唱时人体的器官要按照正确的方法来运动，这不是在短时间内能达到要求的，必须通过一次次练习，一次次加深印象，逐渐总结积累。从歌唱生理上讲，歌唱训练必须遵循歌唱生理的自然规律。过早扩大音域、拔高程度都是不明智的。声乐教师应高度认识二者之间的关系，既注重教学的系统规范，又必须循序渐进，若一味地赶进度，求成心切，结果则是"欲速则不达"。

（二）声乐教学中的合作性

声乐教学是教师和学生共同参与的融技术性和艺术性于一体的过程，也是共同造就声乐艺术表现能力的双边活动。声乐教学中，教师是教学的主导因素，在声乐教学中起到传授知识的作用，而学生是教学的主体，是接受声乐知识与技能、创造和表现声乐艺术的主体，教学的双方都具有不同的功能和作用。一方面，教师在教

学中充分调动学生的学习热情和积极性,指导学生接受正确、规范、科学的声乐技能训练和掌握声乐技术;另一方面,学生要努力领会教师的教学意图,并按教师的声乐技术要求大胆地进行实践和尝试,学习教师教授的声乐技术。因此,教学双方的合作和信任,成为教学的先决条件。声乐教学中,教师和学生的合作性与其他的学科相比,显得尤为重要和突出。如果教学双方或某一方背离了合作的原则,教学活动的性质就有所改变,教学演变成徒劳和应付,教学也失去了意义。

(三)学生作为主体,应勤奋多思,刻苦学习

歌唱学习就像在走一条崎岖的小路,在平时训练中会遇到许多问题,在遇到困难时不要被困难所吓倒,不能灰心丧气,一定要有信心,相信"世上无难事,只怕有心人",只要有决心和毅力,就会成功。在学习中要长期坚持练习,不要碰到一点问题就放弃,这样是永远不会成功的;另外,在练习中还要勤于思考。声乐是看不见摸不着的,全凭感觉和悟性,有的学生非常刻苦,在琴房一练就是几个小时,但效果往往不好,严重的还会出现嗓音病变。初学者练习时,不要觉得嗓子有疲劳感才停止,而要在感觉良好还可以唱而且还想唱的时候停止。每次都保持好的状态,合理地安排好练声时间,对声乐学生很重要。另外在平时练习中,要多动脑筋,多回忆一下在课堂上教师是怎样指导的,唱出来会是怎样的声音效果。有的学生靠嗓子,一味地用蛮劲,这样一定没有好效果。学生平时练习是否正确科学,对教学效果影响很大,许多学生上课唱得很好,过了一周后再上课就完全不知道怎么唱了,这就是平时练习时忽视了课堂上的感觉和体会。

三、声乐教学离不开良好的师生关系

师生关系是一种人际关系(即心理关系),是一种发展变化的关系。建立良好的师生关系,可以为师生提供一种心情舒畅、气氛融洽的心理环境。在这样的环境中,教师与学生彼此具有更大的心理相容性、目标一致性,双方的相互作用会更加积极和主动,教与学就能以较高的效率展开。有了这种关系和环境,学生会形成一种完全接纳教师的教学指导和教育措施的心理倾向,教师的一言一行起到了"隐性强化"的作用,教育与教学就能收到预期的效果。

(一)声乐教学的特殊性决定着教学中师生关系的密切性

师生关系一般指的是教师与学生在教学过程中为完成一定的教育任务,以"教"

与"学"为手段建立的一种特殊的关系。声乐教学的方法和措施是根据声乐本身的特点而产生的，与其他学科相比有其自身独特的特点。第一，声乐教学虽有知识的传授，但主要是技能的培养，其训练是一种循环反复的过程。第二，音乐教学是一门音响艺术，其训练过程不是仅靠讲解来进行的。第三，声乐教学的授课形式大多数是单一的一对一或一对多，是小组性和集体性的。第四，歌唱者的自我听觉与客观听觉的途径不同，有的相同相似，有的甚至相反。第五，歌唱者必须有教师指导，像其他学科的"自学成才"的现象寥寥无几。声乐教学的上述特殊性决定了在声乐教学过程中师生关系必须更为密切。例如，在普通学科教学中，教师通常面对的是几十名甚至上百名的学生，而在声乐教学中，多数情况声乐教师面对的是一名或几名学生。声乐课相对于其他学科来说更加个性化，在这种情况下师生沟通和相处的能力显得尤其重要，学生只有信任教师，才愿意听他授课，才会把课堂学习看成是一种精神享受，才能够在学习过程中采取科学的态度；学生要注意了解教师的具体要求和长远意图，把学习中每一阶段的变化看成是达到最终目的的过程，而不是终点，对于学习中遇到的困难，要用敏捷的思维和坚强的毅力去战胜它。

（二）如何建立良好的师生关系

教学从来都是师生共同完成的，离不开师生间良好的互动、密切的配合。师生在声乐教学中更是特殊的"师徒关系"，师生间既是师徒，又是亲密的良友。据有关调查显示，在教学中师生双方不论在课堂还是课外都经常接触，良好的师生关系对学生的学习兴趣和参与积极性有直接影响。传统的声乐教学，过分强调教师的权威性和主导作用，学生始终处于被动地位，没有创造的空间，没有提出自己见解的勇气和能力。要提高声乐学习效率，就要处理好教与学的关系，就必须构建民主、平等、和谐的师生关系。首先，教师与学生的目标是一致的，学生的成功就是老师的成功，师生之间应多交流，使情感更融洽。其次，在教学中，教师不能居高临下，让学生感到压力，在一切可能的教学环节上，都让学生积极参与其中，不能武断。允许学生大胆发言，提出疑问，让学生感受到民主和平等。最后，不管在任何场所、任何时间，教师都要注意自己的言行，加强师德修养，增强服务意识，成为受学生尊重和喜爱的良师益友。

四、结　语

　　综上所述，声乐是教师通过教学活动，培养歌唱人才的一门特殊教育学科，教师应处理好教与学的关系。教学相长，教师与学生应该是紧密合作、互相促进的关系，我们不能过多强调某一方面的重要性，"教"与"学"的密切配合是提高声乐教学质量的有效保证。只有正确地认识到教与学的关系，才能使学生在有效的时间内，挖掘出最大限度的声乐潜能，激发学生的声乐艺术表现能力，从而提高教师的教学水平和学生的歌唱水平，完美地表现声乐艺术。

参考文献:

(1) 赵梅伯，《唱歌的艺术》，上海音乐出版社 1997 年出版。

(2) 俞子正、田晓宝、张晓钟，《声乐教学论》，西南师范大学出版社 2000 年出版。

(3) 赵震民，《声乐理论与教学》，上海音乐出版社 2002 年出版。

构筑科学"四本"模式，提升学生音乐兴趣

绵阳科技城新区玉泉路小学　陈　淼

音乐学科深受孩子们的喜爱和欢迎，在义务教育阶段中发挥着艺术学科的特点，通过不断丰富、提升学生的艺术修为，在"德智体美劳"全面发展过程中有着不可或缺的作用。

音乐之所以有这样的力量，是因为兴趣使然。郭沫若先生曾经说过："兴趣能使我们的注意力高度集中，从而使得人们能完善地完成自己的工作。"兴趣贯穿整个音乐学习过程，能够给学生源源不断的正向反馈。正是兴趣，让学生主动学习了解音乐，喜欢音乐，爱上音乐，在音乐中收获知识，丰盈情感。在我看来，要提升学生学习音乐的兴趣，就要构筑科学"四本"模式。

一、学情为本——注重学前调查

古希腊哲学家亚里士多德认为，古往今来人们的探索活动，都起源于对自然万物的惊异。无疑，兴趣是提升学习动力的关键因素。

任何教学都是教师的教和学生的学的共同体，二者相辅相成。俗话说："工欲善其事，必先利其器。"教师在课堂教学前，应该提前认识和了解学生，根据实际，制订教学计划，写好教学设计。学生喜欢流行乐，用爵士乐引入就难以吸引学生注意。例如，在教学《放牛山歌》一课时，笔者采用方言，运用流行的说唱引入，让孩子们有充分的好奇心进入民族音乐的学习。

教师和学生之间，应该树立起平等合作的课堂关系，教师在教学中应树立民主平等的观念，要尊重学生、信任学生、赞赏学生，营造轻松浓郁的课堂氛围，让学生充分参与学习活动。在课堂上，不能挫伤学生的自尊心，打击学生的积极性，要以民主、平等的态度真诚地关心学生，爱护学生。教师应该进行分层教学，精心辅导，帮助学生树立学习自信心。同时，教师应该在学习上帮助他们，在生活上关心他们，在精神上鼓励他们，充分发挥学生的主人翁责任感，多与学生谈心，让学生

能在亲切的交谈中体会到为师者的风范，从而树立自信，激发潜能，不仅在音乐课堂活力四射，在其他课堂也是信心满满，精神愉悦。

二、习惯为本——激发学中潜能

习惯是日积月累的细节。培养学生良好的学习习惯和高尚的道德情操，应从大处着眼，小处着手，在孩子的一举一动、一言一行中逐渐养成。良好的习惯一旦养成，将会成为他们一生受用的宝贵财富。短期看，养成好习惯的孩子会更快地自主独立，适应学乐并行的校园生活；长期看，就音乐教育而言，有了良好的学习习惯，学生就会将对音乐的热爱传向生活，在曼妙的音乐中塑造积极向上的"三观"。在音乐课里分别从课前、课中、课后给孩子树立规则，让他们在常规课堂中养成聆听的好习惯。简而言之，只有坚持以习惯为本，才能让孩子在好习惯中做好生活和学习中的事情，从而提升整个音乐教学的质量与内涵。

三、合作为本——优化学中过程

艺术教育不是技术教育。艺术教育是要培养学生的审美情趣，提高他们对艺术的鉴赏力。然而，初次踏入小学校园，孩子们对艺术的认识需要教育工作者充当"指路灯"，但这并不是所谓"指哪打哪"式的生搬硬套，而是一种"合作共赢"的新型模式。

兴趣是学习的直接动力，合作是从兴趣开始的。学生对音乐的热爱是朴素而简洁的，教育工作者既要充分尊重学生对音乐的主观热爱，又要帮助学生正确认识音乐，在这个互帮互助、合作共赢的过程中，最需要的，恰恰是那份对教育的兴趣，对艺术的热爱。

小学生天生活泼好动，喜欢做游戏、听故事，教师在教学中如果巧妙地设计趣味情境教学，适当开展一些有趣的学习活动，如听故事、看表演、做游戏，不仅不会影响教学质量，反而能够激发起学生学习的兴趣。通过活动，学生产生疑问，合作探究，从而达到教学目的。例如，在教唱《春天在哪里》这首歌曲时，可以先让学生想象春天的美景，通过多媒体播放春天的景色以及各种声音。在优美的旋律中，学生仿佛看见了鲜艳的花朵、碧绿的小草、自由的小鸟、欢快的蜜蜂，似乎听到了泉水"响叮咚"，感受到了清新的青草气息，进而加深对歌曲内容以及意境的理解。在《猫虎歌》的教学中，利用动物角色的不同让学生感受了音色的变化，通过丰富多样的实践活动让学生充分感受音乐力度的重要性。在小学音乐教学中，开设活动课教学，可以活跃课堂气氛，结合现实生活，大家努力协作，取长补短，相互提升。教师可以尽量选取儿歌教学，儿歌语句简短、音韵和谐，读来朗朗上口，易学易记，深受小学生的喜欢。教学中，借助儿歌形式，充分发挥语言直观作用，使学生形成愉悦表象。

当做到了真正意义上的师生合作，什么是音乐，什么是音乐教育，也就在真情实感、在琴瑟鼓笙中传达到了。

四、主体为本——激发学后兴趣

法国思想家卢梭说："问题不在于教他各种学问，而在于培养他有爱好学问的兴趣，而且在这种兴趣充分增长起来的时候，教他以研究学问的方法。"事实上，正如卢梭所说，在教书育人中，营造宽松和谐的学习氛围，会让学生学得自如，学得轻松。这启示我们，音乐教育需要以人为本，以主体为本，回归到良好师生关系的构建当中。

同一问题，由于学生的生活经历、知识素养、心理状况等的不同，得出的答案可能千差万别，这就是创造力的表现，也正是我们要悉心呵护和着意培养的。在课堂中要时刻关注学生，让学生在知识的殿堂中尽情发挥，去激发自己的活力。有的学生嗓音条件不行，但很有跳舞天分；有的学生协调能力不行，但愿意唱歌；有的学生看似没有突出特长，但有着对音乐的赤诚热爱……身为教育者，我们不应该过多功利地考查孩子的音乐天分。我们要做的，就是一起唱，一起跳，一起感受音乐的朴素美感，奏响师生共进的和谐乐章。

我们教育工作者也应紧跟时代浪潮，积极利用多媒体课件，把课本的文字、图像、声音、动画演绎得形象逼真，给孩子们一个更丰满的音乐世界。那些生动新颖的画面，可以提供给学生多样性的外部刺激，有利于创设良好的情境。例如，在教学《少先队员采茶歌》这首歌曲时，通过多媒体播放采茶画面，让学生根据采茶场景，模仿采茶动作进行表演。这种教学情境，不仅能让学生主动参与到教学活动中，还能提高教学质量。课堂活动是小学音乐教学内容的重要组成部分，对于培养学生的音乐感知、理解、表达和创造能力具有重要的支撑作用。因此，我们可以巧妙地将多元文化渗透进课堂活动，在促进学生音乐素养提升的过程中更好地理解文化的多样性。

总之，音乐是具有较强感染力的艺术形式，是人们精神生活的重要组成部分，在音乐教学中教师应给学生创设一个温馨愉悦的情境，让其全身心放松，唯有在放松的状态下才能激发学生在音乐上的创造能力。正如爱因斯坦所说，兴趣是最好的老师。教师的教学要有活力和乐趣，多一点对智慧的挑战和好奇心的刺激，采取多种多样、行之有效的形式来激发学生的学习兴趣，可以起到事半功倍的效果。

中国传统音乐在中小学音乐教育中的现状及对策

绵阳市全家林学校　胥　洁

中国传统音乐这个概念是近现代才出现的，一般指"历代传承、没有受西方音乐影响的，具有本民族固有形态特征的音乐。其不仅包括在历史上产生的、世代相传至今的古代作品，也包括当代中国人用本民族固有形式创作的、具有民族固有形态特征的音乐作品"。中国传统音乐通常分为民族民间音乐、文人音乐、宫廷音乐和宗教音乐四大类。本文所论的中国传统音乐主要指在中小学音乐教育中所能涉及的民族民间音乐，其大致可划分成民族民间器乐、戏曲音乐、说唱音乐、民歌、歌舞音乐五个类别。民族民间音乐作为我国民族文化的重要组成部分，有着坚定民族信念、增强民族凝聚力与自豪感的重要作用，华夏子孙有义务、有责任承担起其传承和发展的历史重任。

一、学习传统音乐的意义

（一）学习传统音乐有利于了解各地人文风俗

学习传统音乐是了解我国不同地区、民族在不同时期人文风俗的重要途径。中华大地疆域广阔，民俗各异，传统音乐种类也异常丰富，在不同的经济生活、社会结构、宗教信仰、民间风俗及语言等多方面影响下，各地的传统音乐呈现百花齐放的局面。我们除了通过书本、网络等途径了解各地民俗文化，传统音乐也是一个重要途径。例如，就历史而言，我们可以从恢宏多变、色彩缤纷的唐大曲中感受到唐朝的繁荣鼎盛和空前民族大融合；也可以通过明清时期最流行的戏曲和说唱音乐，了解当时的老百姓在劳作之余丰富的娱乐生活。就民族而言，我们可以通过马头琴那深沉悠长的音乐，看到内蒙古高原上辽阔的草原和成群的羊马，也可以通过欢快的新疆歌舞感受到西域民族如火般的热情。就地区而言，江南的丝竹、小调可以让我们看到小桥流水、雨巷青瓦，而陕北的信天游则可以让我们看到千里长坡、风卷黄沙。

（二）学习传统音乐有利于弘扬民族精神

加强传统音乐教育有利于弘扬民族精神，增强民族凝聚力。传统音乐是本民族的传统文化，它与本民族的文化、思想、民俗习惯等有着密切的联系。在基础音乐教育阶段着手传统音乐文化的教学，让学生从小便受到传统音乐文化的濡染，这对于弘扬中华民族的优秀传统文化和民族精神有着非常重要的作用，能有效地激发学生的爱国主义情怀。

（三）学习传统音乐有助于提高国民素质

近些年来，国家在教育领域中提倡"素质教育"，德、智、体、美、劳有机结合，实现知识结构的整体优化，音乐教育作为审美教育的主力军和素质教育的重要成员，被摆到一个重要的位置。加强传统音乐的教育不仅能陶冶学生的情操，还能增强其美学观念，拓宽其知识面。例如，欣赏古琴曲可怡情养性，同时琴曲也涉及我国古代音乐文化悠久的历史，以及与古琴有关的各种传说、典故和诗文，可让学生充分感受到我国传统音乐文化的光辉灿烂、博大精深。

二、传统音乐在中小学音乐教育中的现状

早在两千五百多年前的春秋时期，我国伟大的教育先贤孔子就把音乐列为六艺之一，他认为音乐和诗、礼一样，可以起到让人修身养性的作用。反观今日之教育，学生对中国传统音乐文化知之甚少，由此可见，我们各个学段的音乐教育对我国传统音乐文化的传承没有起到应有的作用。而这种情况在中小学音乐教育中表现得尤为突出，主要有以下几点原因。

（一）学生缺乏对传统音乐的认知

学生缺乏对传统音乐的认知，从而造成了对民族音乐的疏远和民族音乐观念的淡漠，有偏重西方音乐，轻视传统音乐的现象。长此以往，传统音乐文化的传承将陷入青黄不接的境地。

（二）教师缺乏传统音乐素养

有些教师由于对传统音乐不够重视或是自身传统音乐文化修养不足，无法充分发挥现有教材中传统音乐内容的教育作用。在对音乐教育的认知上，我们通常对其审美功能、认识功能和德育益智功能较为重视，却严重忽视了它的文化属性。教师对音乐教育在传统音乐文化传承方面的作用认知不足，导致学生缺乏传统音乐文

知识、对传统音乐存在认识上的误区。

三、如何使传统音乐在中小学音乐教育中得以传承

世界上任何一个民族都不会愿意失去自己本民族的文化精华，所以音乐教育更应该为维持传统音乐文化之生存提供传承与发展的途径。

（一）明确传统音乐文化教育的教学理念

教育部颁布的《义务教育音乐课程标准（2011年版）》中，已明确并强调了传统音乐在学校音乐教育中的地位。因此，我们的基层教学单位应该以此为指导，树立传承与弘扬传统音乐文化的观念，将传统音乐文化教育发展起来。

（二）培养具有传统音乐素养的教师队伍

弘扬民族音乐文化，帮助学生建立对祖国传统音乐文化的感情，是音乐教师义不容辞的责任，但教师自身知识技能的欠缺，会直接影响到学生学习的质量，比如可能会误导学生对中国传统音乐文化的理解，甚至降低学生对传统音乐的兴趣。所以，培养具有传统音乐文化素养的教师队伍刻不容缓，这包括在职教师的进修培训和音乐师范院校学生的培养。前者需要联合教育部门和社会力量，为音乐教师提供学习进修和实践展示的平台。后者可在各音乐师范院校开设传统音乐相关课程，对音乐师范生进行传统音乐知识技能的专业培训。

（三）激发学生学习兴趣，弘扬传统音乐文化

上一轮课改后，在新的教材中加入了比较多的传统音乐课程，但学生对这些内容似乎不怎么感兴趣。俗话说"兴趣是最好的老师"，教师要逐步引导学生对中国的传统音乐文化产生兴趣，并很好地接受这些知识，应该从他们感兴趣的东西入手。

当今的少年儿童大多喜爱流行音乐，而近些年，流行乐潮中的"中国风"可谓是愈吹愈烈，吹遍了歌、舞、乐各个领域。中国风音乐是指结合中国独特乐种，歌词具有中国文化内涵，使用新派唱法和编曲技巧烘托歌曲氛围，歌曲以怀旧的中国背景与现代节奏的结合，产生含蓄、忧愁、幽雅、轻快等具有中国传统美感的歌曲风格。比如在作曲填词方面，周杰伦的《青花瓷》不仅歌词极具中国文化内涵，在调式上也采用了具有中国特色的五声调式，是学生感受我国民族调式魅力的好素材。在唱腔方面，涌现出了许多民歌、戏曲与流行音乐相结合的作品，如李玉刚的《新贵妃醉酒》、徐佳莹的《身骑白马》等。在器乐方面，网络上也掀起了一股用民族乐

器演奏流行歌曲的风潮，让学生对于民族乐器的表现力有了新的认知。这些作品大大拉近了传统音乐与大众之间的距离，使得喜爱流行音乐的学生们对中国传统音乐文化不再陌生与疏离。我们在音乐教育上可以充分利用这一现象。在音乐教材的编写中，可以适量加入一些传统音乐与流行音乐结合较成功的作品，让学生感受传统音乐的多姿多彩，从而提高学生的学习兴趣。在教学中，我们也可以用这类作品作为导入、补充和拓展，加深学生对所学传统音乐的印象，帮助学生分析、判别所学传统音乐的风格和特点。

（四）创造氛围，拓展传承传统音乐文化的广度

音乐教育需要的不只是课堂设计，还需要音乐环境，这环境包括学校、家庭、社会等各方面，其中学校环境尤其具有引领作用。现在很多学校的音乐教育教学开展得丰富多彩，但传统音乐文化的教学氛围还不够浓厚。在课内，教师可充分运用音响、影像、多媒体或实物演奏等方式，结合具体作品，让学生接触并了解传统音乐。在课外，可利用学校广播欣赏名曲或名剧的片段，利用图片海报介绍经典曲目，普及音乐常识和相关知识。在课外还可以开展与传统音乐相关的社团活动，如戏曲社、民乐团等，也可在已有社团活动中加入传统音乐，如合唱团、舞蹈团或其他类别的器乐团，训练时可适当选择与传统音乐相关的作品。这样就可以在丰富校园文化建设的同时，让传统音乐文化融入学生的学习生活中，并得以传承。

四、结　语

中国是四大文明古国之一，有着悠久的历史和绚烂的文化，而传统音乐则是这历史文化长河中经久不衰的一条支流，我们的责任和义务便是让它源源不断、永不干涸。

参考文献：

(1) 杜亚雄、桑海波，《中国传统音乐概论》，首都师范大学出版社2000年出版。

(2) 孟丽，《"风花雪"乐：浅析中国当下流行音乐"中国风"潮》，《时代教育》（教育教学版）2008年第6期。

小学音乐教学中创造能力的培养

绵阳市成绵路小学　欧冬梅

新课改对于各个学科的教学提出了多样的要求。除了基础知识技能的教学，更要注重发展学生的创新创造能力，让其在成长中拥有良好的学科素养。对于音乐而言，创造能力是学生发挥思维潜能和想象力的表现，是学生习得并且迁移知识的重要能力。那么在实际教学中，教师需要深化创造能力的培养过程，并做出有效干预。本文以此为方向，分析小学音乐教学中培养创造能力现状，探究有效培养创新能力的基础和实践策略。

一、小学音乐教学中培养创造能力现状

就小学音乐整体教学而言，对于学生创造能力的培养并没有取得显著效果。一方面，音乐教学更多注重技法和理论知识的学习，课堂多以乐器和歌唱示范为中心，这导致很多学生没有形成创造意识和思维；另一方面，教学模式单一，关于创造性的内容和引导元素很少，学生潜在的创造力无法得到刺激和挖掘，长期依赖教师灌输知识，自身很难在音乐层面形成独立的思考。除此之外，小学音乐教学多处于浅层次状态，实践编创活动较少，学生的创造能力难以得到有效锻炼。部分教师并没有在课堂中设计创造力培养的教学目标，学生缺乏表现想象力和探究音乐情感的空间，对于音乐理解较为狭隘，由此很难在音乐创编方面有所提升。加之音乐教学对于学生的评价单一，忽视学生个性化潜能的深入挖掘，长此以往，很多小学生在音乐方面丧失了兴趣，缺少音乐创新情感的孕育，从而影响了创造能力的培养效果。

二、小学音乐教学中创造能力的培养基础

首先，在培养学生的音乐创造能力之前，教师需要明确学生拥有创造性思维的特征，包括灵活性、独创性、综合性，以及非逻辑性，按照这一特征，对教学方法

和教学计划进行优化，以引入创造性的知识和活动来提升培养效果。其次，要有明确的教学方法。创造能力是由多个部分构成的，这需要学生在细小的方面循序渐进提升，那么教师要对应从不同的层面做好引导。同时，还需要从创造方法、创造思维、创造情感方面进行引领。因为创造能力既要有丰富、扎实的音乐基础知识支持，也要懂得创造技巧，拥有灵活的创造情感。再次，要培养学生的问题意识，只有学生带着开放、探索的欲望，才能更好地汲取音乐营养，提升创造水平。最后，创造能力是一种知识和品格的生成过程，小学音乐教学培养的基础是要有智慧且多元的创新教学模式，同时也要有开放式的教学评价体系，体现学生的主体地位，从情景到启发、示范到模仿、思考到实践，都需要学生主动参与，形成对音乐的积极性和探索欲。只有发扬学生的创造品质，才能更好地通过引导，逐步提升其音乐创造能力。

三、小学音乐教学中创造能力的培养策略

（一）创造愉悦空间，以趣味激励学生创造

创造能力的发展是由多个要素刺激而成的，除了积累一定的知识，还需要有灵活的思维和深刻的感知。音乐属于艺术类学科，创造能力要求学生拥有丰富的想象和充盈的精神思想，如若学生对这一学科存在畏惧和厌恶心理，很难形成积极的创造思维。因此，教师需要从音乐教学空间的构建着手，以学生喜爱的声音来吸引他们的注意力，通过轻松、诙谐的语言打消学生接触新知识的紧张心理。另外，在新课程改革中，教师要运用多元化教学方法，在课堂中融入多种元素，比如播放动画视频，让学生在情景引导下深刻体会音乐作品的情感思想；将多种乐器引入课堂，让学生聆听美妙旋律，领略音乐的美，为个人的创造奠定良好基础。

（二）拓宽教学视野，激活学生的创造思维

对于小学生而言，他们缺乏丰富的生活经验和音乐知识的积累，这在一定程度上限制了个人的创造方向。学生可能喜爱唱歌，但并不懂得如何创造，如何将所学知识进行延伸。那么，在实际教学中，教师需要分析现阶段学生的学习需求，并借助小学生充满好奇心、喜爱表现等心理，拓宽音乐教学视野，让学生去领会音乐在不同层面的表现，由此激活学生的创造思维。比如就某一音乐作品，在课堂中设计多维度的创新探究内容，带领学生从不同视角分析音乐。其中包括歌词的创编、节

奏的创编、舞蹈的创编、旋律的创编，从多个层次挖掘学生的音乐创造潜力，让其在多样创编情景中增强对音乐的理解，深入发展想象能力和审美能力。除此之外，小学音乐教学对于创造能力的培养需要拓展教学评价，不局限于作业和成绩，而要关注学生在整个音乐学习过程中的积极表现。部分学生并没有良好的歌唱水平，却在乐器、创编等方面拥有天赋。那么在创造力培养中，教师要给予学生发展自我的空间，并认识学生在音乐方面的多样创造潜力，及时做出反馈评价，让他们收获自信心，拥有敢于表现和创造音乐的热情。

（三）设置创造活动，锻炼学生的创造能力

传统小学音乐教学多以体验性和语言性教学为主，而实践和探究教学活动并不多，学生没有足够的创造空间，由此限制了自身创造能力的深入发展。加之小学生音乐知识储备有限，形象思维占主导地位，如若没有个人的亲身实践和反思，学生创造能力只能停留在原地。因此，小学音乐要特别强调创造活动的设置，为学生设计多样的音乐表现空间，使其在音乐中的想象力得到展现。在多样的创造实践活动中，一方面可以保证小学生能够得到创造成就感，另一方面可以引导他们在多样的实践中积累创造经验，通过反思、优化来提升音乐创造力。

具体实践中，教师需要结合教材知识、学生当前的音乐水平来设计多种创编任务，要求学生结合自己习得的知识和个人的情感思想进行编创，包括音乐动作、音乐旋律、音乐歌词等，让每一位学生发散思维，通过整合信息资源发展个人的求知欲，积极地编创出自己的音乐作品。然后，教师要与学生进行互动，对学生的音乐作品进行客观的评价，并且在网络平台上展示学生的音乐创编作品，以此来激励学生持续性地在音乐方面有所作为，结合多方面的点评深入发展创造能力。

四、结　语

创造能力是核心素养的重要组成部分，对于学生今后的发展至关重要。音乐教学需要重塑教学观，注重学生创造能力的培养，制定相关教学目标，营造有利的创造发展空间，全方位地提升小学生的音乐创造素养。在培养过程中，要以情景激活学生的创造兴趣，从音乐本身出发，引导他们从多个视角领悟音乐作品，拥有广阔的创造思维，懂得从不同角度创造。更重要的是，课堂需要设置多样创造实践活动，通过学生自主的探究和表现来锻炼音乐创造能力。

参考文献：

（1）林翠红，《基于创新能力培养的小学音乐教学研究与探索》，《北方音乐》2020年第23期。

（2）谭礼兴，《小学音乐教学实践中对学生创新能力培养的方式探析》，《北方音乐》2020年第22期。

（3）孙盛姣，《立足音乐根本　涵泳创编意蕴——浅谈小学音乐教学中创编能力的培养》，《北方音乐》2020年第5期。

（4）何丽娟，《谈小学音乐教育对培养学生创造性思维的作用》，《科技资讯》2020年第18卷第6期。

小学低段音乐课堂中学生即兴创编能力的培养

高水九年一贯制学校　魏玉兵

《义务教育音乐课程标准（2011年版）》中这样阐述："音乐创造包括两类学习内容：其一是与音乐有关的发掘学生潜能的即兴创造活动；其二是运用音乐材料创作音乐。"课堂中的创造，更多地表现为一种即兴的意蕴，在教学过程中，通过设定生动有趣的创造性的内容、形式和情境，引发学生的情感共鸣，并将其外化为即兴的创造性表现。这种即兴的创造性表现就是即兴创编，即兴创编与即兴表演往往是紧密结合在一起的。即兴创编的最大特点是充满期待、情绪自然、气氛热烈，因而学生往往群情激昂，学习热情高涨。

即兴创编必须建立在充分认知的前提下，以情感体验为基础，在音乐实践中依靠集体力量获得成就从而使学生群体意识、合作精神、实践能力、创造能力等得到锻炼和发展。

小学低段正是学生接受教育的初级阶段，此时的学生无论是学习能力、思维能力还是注意力等都不是很完善，音乐的基础也不是很好，所以教师在进行即兴创编能力培养的时候，需要结合小学生的性格特点来设计课堂活动，这样才能将学生的积极性激发出来，提高学生的学习动力和欲望。本文就小学低段音乐课堂中学生即兴创编能力的培养展开分析。

一、即兴创编能力的概述

（一）即兴创编的内涵

即兴创编是新课标下创造板块的一部分，由于具有很强的操作性和实践性，所以很受小学生的欢迎。所谓的即兴创编是音乐创造教学的入门阶段，它是指创作前无须周密酝酿、充分准备，仅就当前的感受而创作的一种简单易行的创作活动。

（二）即兴创编的原则

即兴编创的原则主要包含以下三个方面：第一，学生教学主体原则。传统的教学方法，大大地降低了学生对音乐的学习兴趣和积极性，而发挥学生教学主体地位，就要围绕着学生来展开教学，改变传统的教学现状。第二，正确评价原则。要知道即兴创编过程是学生放飞自我的过程，很多时候学生会出现犯错误的情况，这个时候就需要教师采用正确的评价原则。第三，多元化教学原则。由于即兴创编属于一项综合性强的活动，在学习过程中，会插入很多元素，如美术、舞蹈、文学等，所以需要教师采用多元化教学原则。

二、小学音乐即兴创编教学条件分析

（一）发挥学生主体、教师指导者的身份

在小学音乐课堂教学中，教师的角色和地位是非常重要的，如果教师在教学的过程中没有给学生正确的指导，随意让学生去发挥，学生不但会没有方向，还会对即兴创编产生误解，甚至会让音乐课堂变得非常混乱。虽然新课标要求教师充分发挥学生教学主体地位，但并不意味着教师就可以无所事事、袖手旁观了。只有教师进行有效的组织教学，并在教学的过程中给学生正确的指导，加强与学生之间的沟通和交流，多给学生鼓励，帮助学生解决遇到的问题，才能为即兴创编教学打好基础，才能提高学生的创编自信，促进创编能力的提高。

（二）给学生构建良好的氛围

有效的氛围和环境在小学音乐教学中是非常重要的条件，直接影响着学生参与性和创编能力的培养。音乐教学与其他学科教学是存在差异性的，音乐本身就是趣味性的课堂，如果教师不加以利用和重视的话，不但会降低学生的学习兴趣，还会影响学生的参与性，当然也就会影响到即兴创编能力的培养。

（三）重视合作学习方法的应用

课程标准明确指出，要加强学生合作意识和能力的培养。在即兴创编教学过程中，小组合作学习的方式同样很重要。我们要知道，学生之间是存在差异性的，他们的思维和能力各不相同，而采用小组合作学习方式，能让学生充分发挥自己的优势，提高创编的质量。在这种教学方式下，不但能为创编能力教学提供非常有利的条件，还能实现对学生合作意识的培养。但是在合作学习过程中，教师需要结合学生的能力、兴趣爱好和音乐素质水平等给学生进行科学合理的分组，这样才能让学生在组内发挥出自己的价值，起到互相促进的作用。

三、小学低段音乐课堂中学生即兴创编能力的培养策略分析

（一）即兴创编节奏，激发学生探究欲望

节奏无论是在音乐课堂教学中，还是在即兴创编环节中都是非常重要的内容，加强对学生节奏的培养，不但能提高学生的即兴创编能力，还能将学生的探究欲望激发出来，让学生可以在不知不觉中完成对音乐的创作学习。在音乐课堂教学中，教师可以结合生活知识提高学生对音乐节奏的认识，引导学生寻找节奏规律。

（二）培养旋律认知，促进创新能力的提高

在音乐课堂教学中，旋律可以说是音乐的灵魂，当然也是音乐内涵的外在表现，加强培养学生对音乐旋律的认知，不但能提高学生的编创能力，还能培养和提高学生的乐感和表达能力。对于小学低段学生来说，他们并没有很丰富的音乐基础，所以想要自己创编出有水平的旋律作品，还是有一定困难的。所以在这种情况下，教师需要加强小学生对音乐旋律的认知培养，可以在钢琴、多媒体等辅助下展开教学活动，采用教师演唱学生跟唱的方法，帮助学生慢慢熟悉歌曲旋律，并让学生在多次熟悉以后，加深对旋律的理解，实现对歌曲的创编。

（三）创编歌词，提高学生学习动力

创编歌词在小学音乐课堂教学中是非常重要和常见的学习方法，而且还非常符合小学生的性格特点。小学低段学生具有非常丰富的想象力，所以创编歌词对小学生来说并不是很困难。但是这里需要注意的是，创编歌词不要过于专业，也不要有难度，只要学生可以将自己想要表达的内容创作出来即可。

（四）加强律动教学培养，提高学生的兴趣

小学低段学生最大的特点就是活泼好动，有非常强的节奏律动感，很多时候音乐一旦响起，他们就会开始扭动身体，很自然地跟着音乐跳舞。教师可以以此为教学的切入点，给予学生正确的指导，让他们可以通过肢体动作去表达自己的想法。由于小学生年龄比较小，认知和审美能力都不高，所以教师不能给学生更多的要求，只要学生主动参与，动作不一定要非常规范和优美。而且对于音乐律动来说，肢体动作也是提高创编能力的一部分，而学生也会通过肢体的活动，去更好地理解和感受歌曲中所表达的情感。因此，教师在教学过程中，要引导学生根据歌曲的律动自由发挥，给学生放飞自我的空间，以此来激发学生学习的兴趣和积极性。

（五）情景表演方法

情景表演方法主要应用在有故事、有感情的音乐中，利用学生丰富的想象力，让学生可以通过想象将音乐的内容和节奏结合起来，在自己大脑中构建一幅很美的画面。学生联想以后，教师可以引导学生去设计人物，然后用音乐或者小品的方式表演出来，以此来实现对学生创编能力的培养。

通过对以上几种创编能力培养策略的应用分析可以发现，加强对学生节奏、歌词、旋律、律动等创编能力的培养，不但能够将学生的学习兴趣激发出来，还能提高学生的学习积极性，而且对提高音乐教学质量也有很大的推动作用，小学生也会在创编能力的培养过程中加深对音乐的认识，提高创新和创造能力。而且这样的培养方法也非常符合小学生的学习特点，能推动学生更好地学习和发展。除此之外，学生在以上教学方法的培养中，还重新认识了音乐，对音乐的学习有了不一样的感受和看法，实现了对学生音乐素养的培养。由此我们也可以知道，创编能力的培养在小学音乐教学中是非常重要的，需要音乐教师进一步研究和优化，更好地培养学生的音乐编创能力。

总而言之，在小学音乐课堂教学中实施创编教学，不仅是新课标的要求，还是音乐教学过程中非常重要的环节之一，科学合理地开展编创活动，不仅能够有效活跃课堂氛围，还能将学生的学习兴趣和积极性激发出来，实现对学生创造能力和思维能力的培养。

参考文献：

(1) 杨晨，《论新课标下高师音乐专业学生即兴创编能力的培养》，《音乐创作》2017年第1期。

(2) 陈凡，《即兴创作：让小学音乐课堂更有音乐味——《亲爱的回声》导入环节的实践与思考》，《小学教学研究》2019第2期。

(3) 傅玉，《小学音乐课堂中学生即兴创编能力的培养》，《小学时代》2019第14期。

初中京剧歌唱教学范式

绵阳市第二中学　张蜀仙

中国戏曲文化有着源远流长的历史和独特的民族风韵，它综合了文学、音乐、舞蹈、美术、武术、杂技，以及表演艺术等各种因素，是上千年的艺术实践所形成的意象和形象相结合的表演形式，它是我们中华民族文化艺术的精髓，有着非常强的表现力，吸引着众多的戏迷和票友，同时也享誉海内外，给观众以美的享受。

《义务教育音乐课程标准（2011年版）》中明确提出7~9年级学生应能说出戏曲、曲艺的主要种类和代表人物，每学年能学唱京剧和地方戏曲唱腔1段，旨在引导学生熟悉并热爱祖国的音乐文化，增强民族意识、培养爱国主义情操。在人音版初中教材中就分别编写了《京腔昆韵》《曲苑寻珍》《戏曲撷英》三个单元的戏曲内容。

京剧是我们的国粹，具有丰富的文化内涵和审美特质，在初中音乐教材中比重达百分之九十以上。生、旦、净、丑四大行当，唱、念、做、打四大表演形式，西皮、二黄两大唱腔都彰显出京剧独特的艺术美。京剧的一招一式也都体现了"台上一分钟，台下十年功"的高要求，要让学生体验、感悟到京剧的魅力，仅仅停留在"赏"是不够的，"唱"才是深刻体验京剧魅力的有效途径。怎样进行京剧歌唱教学？笔者通过多年教学总结出以下关于京剧歌唱教学的范式。

一、以艺激趣——赏

戏曲融音乐、舞蹈、美术等多种艺术形式于一体，富有观赏性。引导学生观赏，意图就是发现各角色音乐化的演唱、伴奏，虚拟的舞蹈化动作和表演，以及艺术化的念白等展现出来的丰富的美感。

戏曲演唱的音乐化，集中体现在曲牌和声腔、板式的优美设计和灵活自由的演唱上。京剧演唱追求唱腔饱满圆润、抑扬顿挫、曲折变化和优美动听。京剧的唱段，是诗词与音乐的融合，具有极强的抒情性和表意性，演唱要有心灵的体验和真情的投入，讲究声情并茂,真切传情,完美表达特定情境的独有情韵和人物鲜明的独特个性。器乐伴奏配合演唱,呼应情节的发展和人物情感的变化,渲染情绪,烘托气氛,统率节奏,丰富神韵,使角色塑造得更加鲜明感人。虚拟的舞蹈化动作和表演,是京剧特有的表现手段,演员的眉眼声气、举手投足、一招一式都有相对固定的一整套连贯的舞蹈动作模式;艺术化的念白、对白,是交代剧情、剖析人物内心活动、展示矛盾冲突的重要手段。不同的剧种往往都有自己的地域、语言、文化和表演上的特色,同一剧种还有不同的表演风格和流派。

当然我们的"赏"更侧重以学唱京剧为目的的"听"。艾伦·科普兰在他的《倾听音乐》一书中写道:"如果你要更好地理解音乐,再也没有比倾听音乐更重要的了。什么也代替不了倾听音乐。"音乐是听觉艺术,音乐艺术的一切实践都必须依赖听觉来实现,京剧学习也不例外。重视京剧学习中的听,就是重视学生在听中积累丰富的感性经验,积淀深厚的民族文化情感,在听的基础上展开想象的翅膀,多角度理解京剧,去体验、感受、发现京剧的音乐之美。

二、以疑启思——说

不同剧种的戏曲为什么有各自特点?各唱段为什么各有情绪?戏曲中的音乐要素表现作用是怎样的?……

戏曲往往蕴含着厚重的地方传统文化、民间传说、历史故事,而这些文化往往就是民族魂、民族精神的体现。京剧学习中的很多环节尤其是关于文化的内容仍需要依赖语言交流来完成,即语言性音乐教学法。这种教学法是"以语言传递为主,通过教师和学生口头语言活动以及学生独立阅读书面语言为主的音乐教学法",包括讲授法、谈话法、讨论法、读书指导法。如京剧故事、唱词理解、人物情感、语言特色等皆可通过语言交流,最终达到理解、更好地演唱以及传承的目的。

俗话说"一方水土一方人,一方水土一方艺。"民族差异和地方差异造就了文化上的差异,丰富的地方文化造就了绚丽多姿的地方戏曲,要想更地道地学习戏曲,就要足够多地认识地方文化。由于传统文化传承尤其是戏曲文化的断层,即使是当地土生土长的人也未必能说出地方戏曲背后蕴含的文化。音乐教师应深入查阅资料、多方考证,注重传统文化的正宗和对戏曲演唱教学的价值。

了解相关文化是为了更好地学习、演唱、传承。吴斌老师说:"相关文化的渗透一定要能激发学生的学习兴趣，帮助学生学习音乐。"在京剧演唱教学过程中还可综合多种教学方法，配合文字、图片、视频、道具等，从不同角度向学生传递京剧背后的民族文化、历史文化，以及人物品质，让学生积累感性经验，激发学习兴趣。

戏曲中唱词的语言也需要说一说。这里的"说"除了指了解大意、明白内容，还包括有感情地说，是用特定的语调、语气、节奏、气息来说，是"咏歌之"之前的"嗟叹之"，也可简单理解为诵读。通过诵读唱词，不仅可以理解和把握戏曲的词情曲意和音韵，还可以将演唱前的呼吸、发声一并进行练习，可谓一举两得。

值得提醒的是，"嗟叹"唱词时应注意戏曲对唱词的特殊要求，如京剧中的上口字和尖团字，其他地方戏的方言等。方言是戏曲的基础，方言的声调变化是构成不同地区戏曲以及民歌曲调风格的基本依据。在戏曲、民歌学习中用方言读歌词，模仿当地的发音，不仅可以帮助理解戏曲、民歌风格，地道地展现戏曲、民歌韵味，还可以激发兴趣，丰富人文知识。

戏曲的韵味常常通过虚词来体现，这也是戏曲艺术处理手法之一。虚词一般来说是由方言中具有鲜明地方特色的词汇来充当。在戏曲演唱学习中，可以通过说虚词体验其在句中发挥的不同作用，或加强语气，或描摹情态，或朗朗上口，或使作品更加生动饱满。

三、以法解惑——唱

传统戏曲都是口传心授流传下来的，在京剧演唱教学中，口传心授依然是重要的学习方法，尤其是涉及京剧韵味的唱词、唱腔等的学习。

（一）唱会

理解吴斌老师歌唱教学九字真言之"唱会歌"，就是用最灵活、最快捷、最有效的方式唱会歌曲，如简易的歌曲可以结合识读乐谱学会，较长较难的歌曲可以通过多听、老师教唱等方式学会。京剧歌唱学习也可以借鉴这种方式。

（二）唱好

《义务教育音乐课程标准（2011年版）》中对于演唱教学内容指出，"要重视课程内容中对演唱姿势、呼吸方法、节奏和音准等方面的要求。演唱技能的练习，应结合演唱实践活动进行。创设与歌曲表现内容相适应的教学情境，激发学生富有情感地演唱"。还明确规定了学生每年能学唱京剧和地方戏曲唱腔1段。通过体验京剧唱腔、韵味、意境等达到"唱好"的程度，从而了解中华民族的"国粹"艺术、走近中华民族的传统戏曲文化，最终传承中华民族文化。

戏曲唱腔、韵味、意境等会通过旋律、唱词或者演唱者的声腔表现出来，如在旋律材料中加入的高低升降变化的装饰音调，在节奏中加入的长短缓急的拖腔等。这些是艺术家们在长期的表演实践中，根据语言规律、方言发音、曲牌类型、表演习惯等逐渐修改、整理而形成的色彩丰满、风格独特的音乐表现手段。因此，唱好京剧，应参照京剧乐谱细节，重视装饰音、节奏、速度、力度、方言、腔调和语调变化等，多聆听专业京剧演员录音或老师教唱。

（三）会唱

"会唱"是基于民族认同和文化传承基础之上的高水平的演唱状态和思想意识，是与时俱进的文化包容和文化自信。初中生已经掌握一定的音乐学习方法，对短小简易的京剧唱段可结合识读乐谱、网络音视频观摩等手段开展自主探究式学习。可以分小组或个人在课前结合视听材料和网络查询相关京剧文化，自主对京剧片段进行演唱，课中进行交流、互动、展示和评价。这种学习模式是学生对京剧欣赏、京剧演唱、京剧文化的思考、巩固、拓展和提升，是个性化的展示和深度挖掘。让京剧不仅生长在课堂当中，而且渗透在学生们的生活之中，实现了学习与生活的对接、传统与现代的链接。

四、审美创造——演

戏曲一般都是以叙事为主要目的，故事情节前后连贯，演员通过唱、念、做、打来进行表演，跌宕起伏的情节极具观赏性和吸引力，可以有效激发观众的欣赏欲。京剧表演可以把音乐、舞蹈、表演完美融合在一起，是一项综合性表演艺术，学生可根据角色分配、情节发展，合作进行表演。京剧表演蕴含着丰富的历史文化知识和德育素材，把京剧表演融入音乐课堂，可以更好地呈现音乐的美育价值，让学生在学习音乐知识的同时，提升人文素养和道德素养。

京剧表演也是表演者对于京剧唱段的二次创作，学生可以根据自己对唱段的理解，再根据自己的嗓音特点，设计一些小细节，例如小动作、唱腔的变化、个性化的唱词。京剧综合表演对于中学生来说是一个全新的领域，教师要指导学生对所学唱段进行创新，选取自己擅长的方式进行表演，让学生亲身参与到戏曲表演中，提升学生的音乐创作和表演能力。

信息技术在中小学音乐教学中的应用探究

绵阳市长虹世纪城实验小学　郑文婷

在信息技术飞速发展的今天，计算机及其网络在教学过程中的应用，对传统教学产生了巨大的冲击，多媒体教学的运用有效地优化了课堂教学手段、提高了教学效率。从20世纪90年代起，教育者们一直在探索将多媒体教学应用到一线音乐课堂中。当时受制于各地区间教育水平的不同，信息技术在音乐教学中的应用水平也参差不齐，教育发达地区已建立起非常成熟的多媒体教学系统，但一些经济落后地区甚至都没有相关的硬件设备。现如今，我国已全面进入小康社会，许多乡镇学校面貌焕然一新，音乐教室、电脑、电子白板皆已投入使用，大山里的学生们也有了不出门就能看看外面世界的机会。

信息技术在教育教学中应用的重要性不言而喻，然而在实践中却存在许多误区与困惑：有的教师的信息技术水平不高，没有太多时间和机会学习，教师信息技术水平在教育发达与落后地区存在较大差距；有的教师仅仅将信息技术作为播放音乐、展示内容的工具，没有脱离老式的教学方法——教师讲、学生听，教师主导学、学生被动听。信息技术应与现代先进的教学理念结合，作为激发学生兴趣、营造学习氛围、实施分层教学、拥有多种评价方式的手段与载体，为学生呈现互动生成的多元课堂。

为什么音乐教育需要结合信息技术，笔者认为有以下几个原因。

一、音乐课程性质决定了信息技术的运用非常重要

音乐课要以审美为核心，以兴趣爱好为动力。学生在课堂上的审美是多元的，而音乐仅仅是听觉的艺术，利用信息技术可以让学生对音乐艺术的体验感悟更加立体。兴趣是学习最重要的内驱力，信息技术多样的手段可以为学生构建丰富的音乐欣赏、体验、创造、表现、评价环境，让学生沉浸在轻松愉悦的学习氛围中，激发学习兴趣。

音乐课要突出音乐特点，关注学科综合。利用信息技术，我们可以轻松地将音乐与诗歌、舞蹈、戏剧、影视、美术等不同艺术形式结合起来，不局限于音乐的非语义性，纵向深挖了音乐的表现力，横向拓展了艺术视野与宽度，让学生对音乐艺术有更直观的理解，缩短了音乐艺术与学生的距离，让音乐能更长久地陪伴孩子的成长。

二、中小学生的学情决定了利用信息技术很有必要

义务教育阶段的学生每个学段都有各自的心理特点，低段学生活泼好动，好奇心强，善于模仿，因此利用信息技术营造良好的音乐氛围，创设有趣的学习环境，运用歌曲、舞蹈、图片、游戏等多种方式吸引学生注意力，有利于孩子们专注音乐，提高兴趣；中段学生对音乐的体验与创造能力增强，运用信息技术以生动活泼的教学形式吸引学生，引导学生培养艺术想象力与创造力；高段学生生理、心理日渐成熟，对音乐的人文内涵需求更多，运用信息技术拓展学生的音乐欣赏范围，通过多种手段进行音乐实践，发展学生表现音乐的能力。

那么怎样有效地运用信息技术服务课堂呢？

（一）运用信息技术开阔视野，帮助教师备好每一堂课

预则立，不预则废。备课是教育教学最基本的一环，我们可以在网上找到大量优秀教案课例学习参考，从优秀的教师处汲取经验，为教学设计提供更多的思路；作为传承中华民族民间音乐重要的一环，信息技术也可以在音乐课和我国各地区优秀的民族音乐之间架起桥梁，了解、感受、体验、传承优秀音乐文化；网上海量的资源也可以为我们的课堂增添丰富的内容，开阔学生视野。例如欣赏《孤独的牧羊人》这首歌曲时就可以为学生播放电影《音乐之声》片段，有趣的画面让学生进一步加深对音乐的印象，了解约德尔唱法，感受电影中人们热爱音乐、积极向上的思想感情，让学生对世界音乐文化的多样性和丰富性有更多认识。我们也可以给学生分享音乐大师们的音乐会、歌舞剧，为学生打开一扇艺术之窗，播撒音乐的种子，让学生感受不同的艺术魅力，满足孩子们日益增长的精神文化需求。

（二）运用信息技术丰富教学手段，让教师教得更轻松，学生学得更愉快

利用多媒体创设情景，为学生营造适当的音乐氛围。初次欣赏《波斯市场》时，随着驼铃声一同出现的是画面上远远走来的骆驼商队，滚滚的黄沙带领学生走进古

老神秘的波斯音乐。当我们再次聆听时，课件上动态展示着管弦乐团各种乐器的排列位置，正在主奏的乐器高亮跳跃着，学生跟着音乐模仿音乐家的演奏动作。有了信息技术的加持，我们的课堂更加引人入胜，学生的学习效率大大提高。学生的编创与实践活动也可以借用多媒体来开展，例如编创节奏、旋律，教师可运用编曲软件让学生的作品即刻以音乐的方式呈现，极大地鼓舞学生的创作热情，收集学生的点滴成长与进步。低段创作歌词，中段尝试作曲，高段编创配乐，教师可以借助信息技术创造机会让每位同学都可以参与创作自己班级的"班歌"，用电脑写歌、录音，用手机录制表演，不仅让音乐特长生有展示的舞台，更让所有学生都感受到"创造"不是一件难事，并且乐于创造，乐于分享。

（三）运用信息技术拓展交流途径，加强生生、师生合作学习

疫情期间，各学校纷纷推出了"停课不停学"的网络课程，在极端情况下利用信息技术开展教学。绵阳市涪城区音乐教研室在2020年就曾联合一线音乐教师推出"与你共乐"音乐视频课，带领学生感受音乐的美好，为疫情中隔离在家的同学们送去一份温暖，在省内外音乐教师中引起了广泛好评。在此之前，也有许多"微型课"，即教师为解决某个问题而录制的视频课，不超过五分钟的短视频，让学生能利用碎片时间有针对性地解决学习上遇到的问题。这种方式对于音乐课堂来说大有裨益，我们可以将学生在课堂的演唱、展示活动录制为短视频供学生离校后温习，减小了音乐课后的复习难度，丰富了学生的课余生活。利用多媒体辅助教学，教师在家也可以了解到学生的学习情况，学生用手机可以直观得到反馈，也让本来枯燥的练习更有趣味性。生生、师生之间还可在线上开展音乐会、演奏会等活动，减少了因时间、场地等问题造成的排练、演出困难。

（四）运用信息技术丰富组织教学，建立有趣多元的评价方式

音乐课堂组织教学应该体现音乐的学科特点，例如低段学生课前问好、起立、坐下等都可以用特定的音乐代替口令，让课堂更富有音乐性、趣味性。各班、各小组之间可以用"成长树"的方式体现课堂即时评价：从音乐活动是否积极参与、与同学的合作能力、音乐的体验与感受能力、音乐的表现力等多个维度来进行评价。每个维度都可以为本班的成长树浇一滴水，从开学到期末，学生看着自己班的成长树从小树苗变成枝繁叶茂的大树，这样的评价机制无疑会大大促进学生自觉遵守课堂纪律，积极参与课堂活动，增强班级集体荣誉感。期末音乐会，教师可以利用课件模仿音乐竞技节目，学生可以为自己喜欢的节目投票，评出"最受欢迎的小音乐家""最具艺术感的表演家""最动听的小歌手""最美音乐小组"等称号，独一无二的荣誉，让评价方式更加多元化。这几年四川省也在积极探索用信息技术辅助学生进行期末艺术素质测评，题库中有许多教材内容，比如听辨乐器、听辨音乐表现要素、聆听音乐主题说曲名、分辨音乐风格流派等，用可量化的方式进行测评，同时不失音乐性，也是一种新颖有趣的评价手段。

音乐是人类最美的语言，信息技术的应用大大地消除了生生、师生之间的沟通壁垒，让心与心的距离更进一步。我们作为一线教师，应积极参加信息技术学习培训，提高自己的信息技术教学能力，多研究如何将音乐课堂内容以学生更感兴趣的方式呈现，在课堂中逐渐渗透优秀传统音乐文化。同时，也希望我国各地区音乐教师之间能加强沟通，建立起全国音乐教育共享数据库，涵盖各类音乐、戏剧、舞蹈、影像资源，分享各地优秀教师公开课例、教学资源，推进教育公平，让更多的孩子享受优质素质教育，实现音乐教育可持续发展，为国家培养有着良好审美情趣和人文素养的社会主义接班人。

浅谈小学管乐队的组建与训练

绵阳市东辰学校　蒲春元

当前，很多学校都成立了自己的管乐队，但由于缺乏正确的理论指导，造成了经济上的极大浪费，组建的乐队也不正规；再加上训练方法不得当，不但达不到预期的训练目的，而且严重地影响了学生的学习兴趣，阻碍了学生演奏技能的提高和乐队的进步与发展。从年龄特点及技术难度来说，组建少儿管乐队并非是件容易的事，如何以科学的态度、规范而适用的方法来训练管乐队，就显得十分重要了。笔者在长期的小学管乐队训练中，反复实践、思考，总结出一些经验和方法，现在从以下几方面来谈谈少儿管乐队的组建与训练，供同仁们参考。

一、管乐队的建制与配备

要建立一支编制配备合理的管乐队，首先我们必须了解管乐队各声部的组合及各种管乐器音量上的相互比值，做到有理有据、合理配备。如果乐队的编制配备不合理，会造成乐队的整体音响不平衡，失去乐队的整体和谐与稳定，将会产生不良的演奏效果。

管乐队是由木管乐器、铜管乐器、打击乐器三大部分组成，整个乐队分为四大板块组合，我们将乐队由低到高依次划分为：

第一板块组合：倍低音号、上低音号、次中音号、短号。

第二板块组合：低音长号、次中音长号、小号、圆号。

第三板块组合：bB次中音萨克斯管、bE中音萨克斯管、bB单簧管、长笛、短笛。

第四板块组合：大军鼓、大军镲、小军鼓。

每个板块的乐器组合，都是按一定的比例配备。那么我们怎样才能正确地掌握各种乐器的分配比呢？我们从上面所讲到的四大板块的第一板块说起，一支倍低音号与其他铜管乐器比值应该为1：1：2：2，也就是说一支倍低音号需要配备一支上低音号、两支次中音号、两支短号。第二板块的配备比应为1：2：2：3，就是说一支低音长号需配备两支次中音长号、两支小号、三支圆号。第三板块的配备比应为1：2：3：2，短笛不在编制之内（短笛由长笛演奏员兼吹）。第四板块的配备比应为1：1：2，一面大军鼓需要配备一面大军镲、两面小军鼓。由于某些管乐器不适应室外演奏，因而现代管乐队中已很少使用（如双簧管、大管），室内乐团除外。编制配备可根据学校的实际情况增减。最重要的是根据自己学校和学生的实际情况，给乐队定位——定制乐器的编制。编制可大可小，人数可多可少，并无严格的规定。

通过以上各大板块的乐器配备的比值，我们可以计算出不同编制、不同人数的各种管乐队的编制，比如四十八人的乐器配备比例，如下表所示。

四十八人的管乐队乐器配备比例表

长笛	bB单簧管	bE中音萨克斯管	bB次中音萨克斯管	
四支	六支	四支	二支	16人
F圆号	bB小号	次中音长号	低音长号	
六支	四支	四支	二支	16人
短号	bB次中音号	bB上低音号	倍低音号	
四支	四支	二支	二支	12人
小军鼓	大军鼓	大军镲	指挥	
二面	一面	一面	一人	5人

以上为组建一支四十八人的管乐队所需配备的各种乐器比例明细表（仅供参考）。共计四十九人，指挥一人不在乐队编制内，短笛由长笛一人兼吹（不占编制）。

队列图如下图所示，由下向上依次排为七排，圆圈处为指挥所站的位置，距离乐队的位置1.5米（指挥面向观众）。

第一排1、4号位为小军鼓，2号位为大军擦，3号位为大军鼓。

第二排1、2、3、4号位为长笛，5、6、7、8号位为bE中音萨克斯管。

第三排1、2、3、4、5、6号位为bB单簧管，7、8号为bB次中音萨克斯管。

第四排1、2、3、4、5、6号位为F圆号，7、8号位为次中音长号。

第五排1、2、3、4号位为bB小号，5、6号位为次中音长号，7、8号位为低音长号。

第六排1、2、3、4号位为短号，5、6、7、8号位为bB次中音号。

第七排1、8号位为倍低音号，3、6号位为bB上低音号。

七排	1	2	3	4	5	6	7	8
六排	1	2	3	4	5	6	7	8
五排	1	2	3	4	5	6	7	8
四排	1	2	3	4	5	6	7	8
三排	1	2	3	4	5	6	7	8
二排	1	2	3	4	5	6	7	8
一排			1	2	3	4		

○

四十八人管乐队队列图示

当然还有二十四人、六十八人等管乐的建制，这里就不再一一赘述。各学校可以根据人数的多少或根据乐队和声、配器的需要，增加或减少个别声部，但不可使乐队个别声部配备过多，否则会使乐队失去声部平衡，不利于乐队的进步与提高。

二、管乐队队员的选拔

小学生一般情况下，要到三年级才换完门牙，到六年级就毕业，要在较短的时间内训练出一支出色的乐队，管乐队队员的选拔工作就显得格外重要（一般从三年级开始选拔）。录取各种乐器的演奏者须通过以下几关。

第一关：班主任把关。由于各学校音乐老师任课班级较多，对学生非音乐学科方面的情况不可能了解得很全面，必须请班主任老师协助音乐老师进行队员选拔。首先由班主任宣传动员，强调管乐队训练的意义、特长发展的重要性，促使学生初步认识和了解管乐队，激发学生参加管乐学习的兴趣和积极性。在此基础上再考虑家长是否支持学生特长发展及学校工作。将学习习惯较好、对乐器比较敏感、领悟力强的学生，确定为初选名单。

第二关：专业老师把关。管乐学习对学生的身体条件要求极为严格，不同的乐器对学生的身体条件也有不同的要求。比如：萨克斯、长笛就要求学生要有一定的身高、体格和手指长度，尤其是小指的长短将决定该学生是否可以学习该乐器；小号则要求学生门牙整齐、上嘴唇较薄等。因此，选拔队员时，结合班主任的推荐，在学生及家长个人愿意的前提下，专业老师还要根据学生的先天身体条件进行二次选拔，帮助学生选择适合本人演奏的乐器。另外，还要考虑学生的身体状况是否健康，不能有慢性疾病。

第三关：在专业老师的指导下试吹。因为仅仅凭目测并不一定准确，有些学生从身体条件上看完全符合管乐队队员的要求，但是在演奏实践中却怎么也进入不了状态。为了确保管乐队队员选拔的准确性，学生非常有必要在老师的指导下进行试吹，通过让学生拿着乐器按一按、吹一吹，看看学生的第一感觉和对乐器的敏感性。比如试吹单簧管，有的学生在老师讲解了一些口型、姿势后，很快就能吹出比较正常的声音来，而有些学生却怎么也吹不响。

第四关：乐器购买。由于大件乐器（比如上低音号、长号、圆号等）体积较大，携带很不方便，在乐队中一般演奏副旋律较多，独奏的练习较少，一般建议由学校购买。而小件乐器，比如萨克斯、小号、长笛、单簧管等体积较小，学生携带很方便，可以随时练习，更重要的是清洁卫生，最好动员学生自己购买，这样有利于乐队成员的稳定和乐器的保管。

三、管乐队的训练

（一）乐器的安装与维护

老师讲解示范乐器的安装步骤及拆卸顺序，引导学生养成爱惜乐器的习惯：吹前检查按键是否灵活、是否有螺丝松动或者掉落，训练后把水汽放干，用布擦净，防止硬物刮损乐器的表面，平稳放好；木管类乐器要小心拆卸，每次练完后将笛头和哨片用清水清洗擦干，哨片放入哨盒，不可抓握音键连动杆，以免音键和连动杆弯曲变形损坏乐器；吹奏前要漱口，不要让口内的油腻食屑粘在哨片上；在训练休息时，不准手持乐器打闹。

（二）基本功的训练

为打好管乐吹奏基础，管乐器演奏应坚持基本功练习。基本功练习一般包括耐力训练、长音练习、音阶练习、吐音练习、琶音、模进练习、力度练习等，其中尤其要注重耐力的练习。没有耐力就谈不上掌握力度和音准，更谈不上表现力，提高吹奏耐力的主要途径是练习吹奏长音，长音的吹奏有综合性效果，其中包括在不同音区锻炼气息的延续力与均衡用气的控制力。在此，结合笔者的训练体会，提供几条有效的训练方法：

（1）训练的第一周，直接吹笛头进行呼吸训练并做发音和收音练习。人们正常的呼吸是有节律的，是一种自然生理现象，是用鼻子呼吸，而吹奏管乐器是用鼻子和嘴同时吸气，用胸腹式呼吸，须根据音乐作品的结构要求进行呼吸。正确的呼吸方法是：用嘴和鼻自然平静、快速而无杂声地吸气，吸气时胸腹同时自然扩张，深吸下沉，使吸入的气息控制在腹肌部位，以此作为吹奏时气息的支撑点，气息和支撑点对于发出的音质起着重要的作用。笔者的做法是引导学生把气吸到裤腰带的位置，吹奏时腰腹顶住裤腰带，这样学生更容易理解掌握。呼吸训练后，引导学生掌握正确的吹奏姿势、口型做发音练习。如吹萨克斯发音分以下步骤：吸气→做好口型→用舌触及哨片的顶端并保持住该姿势→将气注入哨片的顶端→收舌。其中收音有两种方法：切断气流，舌接触哨片。

（2）音阶练习。音阶是每个演奏者必须熟练掌握的一种基本技能。刚开始不能教学生吹奏所有的音阶，而是先从最容易记、最容易发声的音入手。如bE中音萨克斯，可以先教B、A、G三个音，再教B、C′音的连接，在正确掌握了这四个音后，就可以吹奏F、E、D、C音了。学生掌握后再扩展音域，用不同的吐音方法或连吐结合的方法进行练习，节奏明快、通顺流畅、阶梯感强，速度酌情掌握。

（3）长音练习。这一点无论是对初学者还是对有一定演奏基础的队员来说都是十分有益的。每天进行15~20分钟的长音训练，可以使唇肌的控制力、气息的控制力延缓衰退，让演奏充满活力。要求保持正确的口型及手型，发音平稳、音头和音尾不要有口型的变化，收尾可做渐弱处理。

（4）吐音练习。正确的吐音动作需要在口型没有任何变化的情况下，独立自由地控制舌的前部。初学者在吹奏练习前可做以下练习：含下巴、自然放松，保持下巴稳定。发汉字"了（le）"的音，体会舌的动作。萨克斯和单簧管的队员在练习吐音时必须防止舌碰到哨片平整的底部，不然就会出现模糊的"嘶——嘶——"的声音。在未掌握动作的要领之前，要用慢速练习，切不可盲目地追求快速度的吐音。成功掌握吐音技术后，奏出的声音短促而优美，在起音和收音时没有任何杂音。

（5）连音练习。吹奏连音时需要有稳定持久的气息支撑，加上手指的协调配合。切忌用气流打拍子，手指用力要均衡，换音时不应有明显的气速和口型的变化。慢速吹奏音阶和三度音程是练习连音极好的基本方法，随后才可逐渐扩展学习范围，加大吹奏的音程。

（6）音程模进练习。通过八度以内的各种自然音程的模拟推进的方式来提高和加深每个队员对音程概念的理解。这其中包含了音准高度的概念、指法技巧的运用、气息的控制运用、唇肌的收缩控制能力等，尤其是铜管乐器的演奏者更要多进行这方面的练习。因为铜管乐器有很多泛音音程可以不换指法，用唇肌收缩直接完成。练习时要注意两音之间的距离，每一个阶梯的推进都不要用力过猛，平稳过渡。低音向高音推进时音量要均衡，可有意识地将低音吹得稍强、高音稍弱，最好保持音量的平衡，做到通畅自如、干净清晰。

（7）两连两吐的练习。把一拍中的四个十六分音符中的前两个用连线连起来，后两个音符不加连线，这种吹奏方法，我们称之为两连两吐。口腔发音为"低呀大大"，发音字母为"diyadada"。发音时第一个音用舌尖轻轻地接触上牙齿，发出"低"的声音，第二个音不用舌尖动作，用气流加上唇肌的收缩力带上去，第三、四个音再用舌尖轻点上牙。四个音符必须绝对均匀平稳，舌尖在轻轻敲击后两个音符时，气流的运动仍在继续。要求节奏准确、均匀，舌尖轻点上牙，后两个音舌尖不可过重，吐音干净、清晰。

（三）兴趣激发

在基本功训练达到一定程度后，必须尽快进行乐曲训练，避免学生感到枯燥、单调。在不同的阶段选择不同的乐曲，如学生掌握基本音阶后，可以练习一些音域较窄、耳熟能详的小曲，如《闪烁的小星》《欢乐颂》等；在具有一定的演奏基础后再进行多声部的合奏练习，如《欢迎曲》《拉德斯基进行曲》等，以保持学生浓厚的学习兴趣。

（四）合奏练习

合奏训练的目的在于培养乐队成员的整体合作意识，使乐队的整体演奏在音准、速度、力度、音量平衡等诸多方面，达到全面的协调与均衡。管乐队是以管乐器为主的吹奏乐团，主要由三大声部组成：木管声部、铜管声部、打击声部。在三大声部的组合下，每个声部还要具体分成小声部，例如长笛声部、单簧管声部、小号声部或长号声部等，并且每个小声部都有它独特的声音色彩和效果。各个声部经过分练之后可进行合练。在合练中既要解决技术上遇到的各种问题，又要解决艺术处理上的问题。要达到音准、节奏的统一，音色的融合，力度、速度的要求，还要正确使用旋律声部的表情及表现手段。可采用如下方法：

（1）同旋律的声部放在一起练习。

（2）副旋律的声部放在一起练习。

（3）担任伴奏的声部、节奏型相同的声部可放在一起练习。

（4）低音声部不同节奏、具有和声效果的声部可放在一起练习。

各个声部的问题解决后，遇到有困难的地方或乐段，则可专门练习，突破重点，解决难点，不要一遍遍走过场，否则容易使队员感到疲劳。难点解决后，再把全曲连起来进行完整的排练，使队员能完整熟练地演奏整个作品。在合奏谱的配器上要注意难度的把握，根据小学生的特点可以对乐谱进行适当改编，不可照搬演奏成人的合奏谱，否则学生演奏起来困难。

四、搭建展示才能的舞台

努力为学生创造各种表演机会，可以激发学生的表演欲望，提高学生的演奏技巧。如参加各级各类的表演、比赛，学校可以举行课间才艺展示、"管乐之夜"音乐会、家长汇报表演等。在表演中提高学生的演奏技巧，让学生体验到成功的喜悦，增强学生的学习兴趣，以提高乐队的水平。

另外，乐队的列队在室外演奏时会受到场地条件的限制，尽量做到乐队人员之间的距离为1.25米，这样列队方式有利于整个乐队声部音响的传播。如果队员之间的距离过小，各种声部音响会相互干扰抵消，不利于乐队音响通畅、传播。

总之，学生乐队的训练、管理工作是非常繁重的。一定要严格要求，细致入微，要有计划、有层次地展开训练，又要有目的、有侧重地及时总结，让学生明白自己的缺点和技术上的不足。只要教师擅于管理，学生刻苦学习，少儿管乐队的培训工作会取得很好的效果。另外还要结合学校实际，激发学生爱好音乐、学习乐器的兴趣，培养学生的积极性和主动性，让学生享受到学习乐器的快乐。

愿我们的少儿管乐队更加蓬勃发展，成为艺术教育中的一朵奇葩。

参考文献：

苗振民，《管乐队整体训练基础教程》，湖南文艺出版社2002年出版。

小学音乐快乐教学模式分析

绵阳市西山路小学　杨　敏

优质的教学模式往往能够产生事半功倍的效果，使学生在学习中获得良好的体验，形成长久学习的动力。所以，教师需要不断地探索高效且科学的教学模式来提升教学质量。当前，快乐教学模式对于小学音乐课堂具有极为重要的应用意义，它既符合学生的成长特性，又提升了教学的效率，很好地激发了学生的学习兴趣。所以，教师要通过分析音乐学科的特征，创设快乐学习氛围，帮助学生在有益的学习环境中提升音乐综合素养。

一、小学音乐快乐教学模式应用价值

作为一门艺术性学科，音乐关系到学生艺术思维、感知能力的发展，所以它更强调在轻松的环境中唤醒个人的思维意识和良好的体验，通过聆听、欣赏、演唱等多个环节来感受音乐的魅力，掌握相关的知识和技巧。那么在情感的渲染下，快乐教学模式的应用则能够满足现实的教学需求，在轻松、愉悦的学习空间中学生更易于欣赏音乐，调动个人的感官去领悟，提升理解能力。而且快乐教学模式可以活跃课堂氛围，多种元素的引入丰富了教学过程，使学生更乐于主动了解学科知识，与教师进行积极的沟通，以此从根本上提升教学质量。对于学生们来说，学习知识的过程，也是提升自身技能的过程，能够让自身的认知更加完善，同时也能树立起正确的学习情感和态度，以此为优良学习习惯的养成打下较为坚实的基础。

二、小学音乐快乐教学模式实践策略

（一）以学生为主体营造快乐的学习氛围

与其他学科不同，音乐能够通过美妙的声音来调动学生的感官，使学生全身心地投入其中。教师要把握音乐的优势来应用快乐教学模式，同时，也要重视学生的个体差异性。在具体的教学活动中，教师应把握好教学的全部内容，做好细致的划分，将重点与难点凸显出来，有目的地开展教学活动，确保学生们可以更积极地面对所学习的内容。小学生在成长中积累了一定的知识经验，如若僵硬地按照教材结构和统一的方式实施教学，忽视学生的兴趣偏好和个性需求，很容易打击他们的学习积极性。所以，快乐教学模式的应用首先要遵循以学生为主体的原则，创设快乐学习的音乐氛围。一方面，教师要通过和善的语言、积极的态度来与学生快乐相处。在学生聆听音乐的过程中进行平等的沟通和交流，了解学生在聆听音乐的过程中的感受和思考，并给予鼓励和肯定，使学生可以在学习音乐的过程中建立积极的态度和自信心。另一方面，教师可以放宽课堂限制，在学生掌握课堂内容的基础上，播放他们日常喜欢的音乐，通过共享的方式拓宽学生的音乐视野，使学生可以在音乐方面实现个性化的成长。要创设多元化的快乐情景，帮助学生在丰富的情景中聆听多种多样的声音，增强音乐的感知力。比如教师可以为学生创设自然情景，播放流水声、风声、鸟叫声，拉近学生与音乐的距离，在聆听中通过自身的经验进行准确的判断，以此发现音乐的魅力，激发自身的学习热情。

（二）应用现代信息教育技术优化教学过程

传统的音乐教学基本采用教师讲解和示范领唱的方式进行，整个过程单一且枯燥，缺乏快乐愉悦的体验，学生无法在音乐学习中获得聆听的享受，同时也限制了学生音乐潜能的发展。当前，在现代信息技术的支持下，教学方式逐步创新，视频、音频等要素的融入，使学习的过程有了更美好的体验，同时也增强了学生的理解和认知能力。所以，在小学音乐教学中实践快乐教学模式，要通过信息技术的辅助来优化教学过程，为学生营造极致的音乐空间，让他们倾听优质、专业的音乐，并在细节上进行判断，从旋律、情感等方面准确把握，提升自身的音乐素养。

在具体实践中，教师可以借助多媒体的功能，将音乐与动画结合，播放趣味性的动态视频，吸引学生的注意力，活跃课堂的氛围。同时将所学的音乐内容引入，让学生结合动画视频了解音乐的内涵，形成画面意识。然后在学习中，教师可以引导学生就脑海中构建的图像进行演唱，更好地把握音准，提升学习的效率。为了让学生深入感受音乐的魅力，增强教学的快乐气息，教师可以就同样的视频画面搭配不同的音乐，让学生通过对比来体验。借此学生可以发现音乐的独特功能，在不同的领域应用会产生意想不到的效果，使自身构建开放性的音乐思维，从中提升想象力和创造力。整堂课中，学生会对所学的内容意犹未尽，一堂课结束，学生们甚至不愿意下课，这就是快乐教学模式的魅力所在。

（三）以多元化活动增强学生的音乐体验感

音乐快乐教学模式离不开丰富多彩的创意性实践活动的支持，它可以为学生搭建自主实践和参与的平台，让学生尽情地聆听音乐，自由快乐地发展个人的兴趣爱好，从中获得愉悦的音乐体验感。在具体实践中，教师要设计多元化的课堂音乐活动，及时更新学生的音乐认知，使学生对音乐保持长期浓厚的兴趣。首先，教师可以将音乐教学和游戏结合，满足学生好玩、互动的发展需求，使学生在玩中学，在学中玩，体验学习的快乐。比如组织小组猜歌名的游戏活动，教师弹奏不同类型的乐曲，让学生通过聆听来抢答，一方面考验学生的音乐积累量，另一方面训练学生的聆听和鉴赏水平。其次，可以引入多种类型的乐器展开教学。小学生天性好奇，不同音律和形状的乐器可以激发他们强烈的好奇心，且能够在身心上给予不同的体验。因此，初步教学中可以引入多种多样的乐器图片或者实物供学生了解，比如电子琴、琵琶、古筝、吉他等，以此拓展学生的音乐视域，真正实现快乐教学。在学生了解相关乐器的基础上进行弹奏讲解，使学生了解并且学习不同乐器的弹奏技巧，感受音乐的美妙。同时，教师要给予学生一定的表演空间，让学生的才能得到展示，提升学习的自信心。

三、结　语

快乐教学是新课改深入推行中所广泛倡导的一种新型教学模式，在具体实践中，教师要充分围绕学生的主体特征来创设快乐的学习氛围，使学生乐于学习，全身心地投入课堂中。同时，要不断地优化教学过程，利用现代信息技术来引导学生，丰富学生的音乐视野。另外，快乐教学模式还需要组织多样的音乐实践活动，让学生以愉悦的身心主动体验，掌握鉴赏音乐的方法和演唱的技巧，在快乐的学习环境中提升音乐水平。

参考文献：

(1) 李婷婷，《乐享音乐 快乐课堂——小学音乐快乐教学》，《黄河之声》2020年第9期。

(2) 刘旭，《让快乐教学法成为音乐课堂的主旋律》，《北方音乐》2019年第39卷第

23 期。

（3）赵艳辉，《乐享音乐 快乐课堂——小学音乐快乐教学漫谈》，《中国校外教育》2018 年第 18 期。

（4）马丹丹，《小学音乐课堂教学中实施快乐教学》，《才智》2017 年第 4 期。

信息技术与小学音乐课堂的融合实施策略

绵阳市警钟街小学　张　雯

从 2018 年教育部办公厅印发的《2018 年教育信息化和网络安全工作要点》到 2021 年教育部等六部门印发的《关于推进教育新型基础设施建设构建高质量教育支撑体系的指导意见》等一系列文件中可以看出，推进信息技术在教学中的深入普遍使用势在必行。小学音乐课作为基础音乐教育的一个重要阶段，主要培养学生对音乐的持久兴趣，涵养美感，和谐身心，陶冶情操，健全人格，促进学生音乐核心素养的形成。随着"双减"政策的提出和落实，将现代技术手段和音乐课堂相互融合，能够提高音乐课堂教学质量，丰富形式，生动课堂，这为小学音乐教学组织形式的开发提供了更多的思路，也使得小学音乐课堂的实践教学有了更强的操作性。本文依据新课程标准理念，力求探讨信息技术与小学音乐课堂的融合实施策略。

一、现阶段我国小学音乐课堂应用信息技术的现状

信息技术手段有效应用于教学，可以让许多教育信息资源得到开发与利用，实现"人机共教""人机共育"，促进学生个性化发展。在部分小学音乐课堂上，教师对信息技术的使用缺乏规划，没有熟练掌握信息技术的能力，反而让教师在课堂上丧失了主导作用，出现了喧宾夺主的现象。另外，由于"双减"政策出台，教学场景转变，这就需要音乐教师在使用智慧教育产品上有足够的技术底蕴。但是在目前的音乐课堂上，部分音乐教师缺乏信息技术理论和实践能力，无法合理利用信息资源，创设课堂情境，导致信息技术资源分散了学生对音乐课堂的注意力，使得学科知识技能教学变成了完全的兴趣教学，违背了教学的初衷和本质。此外，教师主导作用的缺失使得课堂活动缺乏规划，师生之间的交流受到阻碍，使信息技术教法与音乐课程理念相悖，难以落实音乐学科核心素养。

二、信息技术与小学音乐课堂的融合实施策略

（一）运用信息技术，创新音乐教学模式

课程标准中提倡教师可以开发多媒体教学辅助软件，是因为信息技术具有创设教学情境、提供新的教学模式、超越时空限制等多方面的优点，而这些优点可以为音乐教学服务，提高教学效率。教师在课堂中可以使用动画、音乐、图片等辅助学生的听、唱等音乐实践活动，使学生感受音乐线条之美、旋律之美、韵律之美，让学生深入感受音乐本体，以听觉、视觉先行，凸显信息技术在音乐学科教学中的应用。

1. 利用微课进行课前预习教学

相对于文字而言，丰富的、动态的视频画面更能吸引学生的眼球，更能得到立体的学习体验。在预习教学中，教师可以采用格式工厂、会声会影等软件针对教学目标、教学重难点进行微课录制，并在微课视频中添加课堂教学的曲目，让学生在视听结合的效果下进行预习。比如，在人音版音乐教材三年级上册第九单元"丰收歌舞"这一单元的预习教学中，教师在制作微课预习教学视频时，要明确掌握不同课时的教学内容。在制作第一课时的预习教学视频时，教师提出问题："如何演唱切分节奏？"让学生明确学习重点是"唱好切分节奏"。之后，在视频中采用体态律动教学法，让同学们跟着音乐节拍进行律动，以训练自己的节奏感。通过视听练三合一的微课预习教学，同学们能够运用简单的体态节奏对重点切分节奏进行哼唱，并进行后面的歌唱学习。

2. 利用信息技术手段翻转课堂，创新教学模式

小学阶段的音乐教学主要是以音乐实践为主，音乐实践又必须依靠练习获得。所以，教师可以利用一些教学资源让学生在"课前"对教学部分的主体内容进行预习，形成知识认知架构后，在"课中"检查学习效果、巩固练习、进行作品深化处理。这种新型教学模式使得教师在教学中的任务转变为引导学生学习，学生学习的方法转变为自主学习，课堂教学的结构发生变化，使师生的互动性增强。

基于微课的翻转课堂反馈模式

微课课题	《阿细跳月》	年级	六年级
教材版本	《音乐》（人民教育出版社六年级下册）	课程类型	欣赏课
学习目标	情感·态度·价值观：聆听乐曲《阿细跳月》，引导学生在音乐的探索、感悟、联想的过程中，从彝族音乐中进一步了解彝族的音乐文化知识和民俗风情，热爱中华民族音乐文化。 过程与方法：通过聆听、感受《阿细跳月》，引导学生体验作品的风格，根据自己对乐曲的理解，用各种不同的形式表现乐曲的内容。 知识与技能：能够听出主题重复了几次，并能够用动作表现弹拨乐器的力度、速度的变化		
课前学生自主学习	课前主要是以微课的形式完成任务单上基础知识传授的目标，主要是通过乐曲视频、图形谱旋律教学等，初步感知乐曲中的基本音乐要素，激发学生的学习兴趣		
课中知识内化	课堂教学过程中通过师生之间、生生之间合作探究的形式唱、奏歌曲，发现彝族音乐文化的特点。例如：加强小组之间的合作练习，对音乐要素、主题旋律的节奏编创处理，如强弱、力度、节奏等，加强表现力，解决课前发现的问题		
课后反思与总结	教师以抽样检查的方式考查学生对本节课知识点的掌握情况，并对学生的整个学习过程进行课后总结，包括课前的学习状况、课上的表现、知识点的归纳等，并反思音乐教学过程存在的问题，使课堂气氛活跃，达成"技术引领，情境互动，愉快参与，育人无声"的教育实效		

（二）利用信息技术，提高学生的探究学习能力

在教育信息化和"双减"政策的大环境下，音乐课堂中师生角色的互换催生了许多新的教学模式。教育信息化下的小学音乐课堂，教师是学生学习活动的促进者和引导者，要引领学生走进音乐作品，将音乐教学过程中的教学环节与音乐作品相联系，以实际的听辨将新旧知识与实践体验相互结合、迁移强化，提高学生在学习的过程中自我探究、自我实践、自我体验的能力，培养学生对音乐本身的直接感受，真正挖掘音乐美，关注学生学习的有效性、长效性，把学生放在主体地位，发挥学生的积极性、主动性，让课堂真正成为学生学习的阵地。音乐是一种审美教育，无论是学生的自主探究、多元互动、互评互助，还是分组表演，利用信息技术自主解决问题，都能让学生更好地体验、感知、内化、迁移和应用，使学生听有所思、思有所学、学有所用。让信息技术渗透到音乐课堂的各环节，与传统教学相互碰撞，在碰撞中逐步融合，在融合中不断补充和完善，从动态上把握教学过程的每个环节，使全体学生真正参与到音乐课堂中来。

（三）利用信息技术，丰富音乐教学评价方式

信息技术环境下教师的评价和学生的评价是一种动态的、交互性的评价。教师要找准信息技术与教学内容的整合点，利用信息技术的"隐性交互"和"显性交互"手段，为学生架构适宜的音乐课堂学习空间，并基于学生已有的认知发展水平，有效利用数字化资源设计知识概念的呈现方式。从音乐的节拍特点、结构特点、乐句特点、节奏特点、旋律特点、和声特点等进行评价和分析，结合深度学习理念的"体验"与"活动"，让学生在学习音乐的同时，学会客观准确评价同伴和自己的表现。利用线上、线下两种渠道，让师生共学、共情、共思，使师生得到有效互动，比如可以运用投票软件，共同参与评价；根据答题游戏或者软件，评估教学成果；探索试行规模化在线考试、无纸化考试等。

（四）利用信息技术，开拓音乐教学内容

《义务教育音乐课程标准（2011年版）》提出："音乐教学的学科综合，包括音乐课程不同教学领域之间的综合。"并且小学音乐中，包括唱歌课、欣赏课、综合课、乐理知识课等多种课型，而每种课型又与其他学科有着千丝万缕的联系。所以，在音乐课堂教学中，教师要以音乐为本，利用信息技术拓展音乐教学内容，使得小学音乐课堂更加丰富、有趣。所谓"拓展"，也就是将与音乐教学内容密切相关的各种音乐知识进行有机整合，并及时采取适当的教学形式来促使学生积极参与从而达到有效巩固。教师可以利用信息技术，在较短的时间内高度精练有效的音乐知识，从多种视角、多个方向来展示唱、奏、演等技能知识。例如，在人音版音乐教材五年级下册第六单元"京韵"这一单元中有《我是中国人》这首歌，在我们教学这首歌之前，教师可以给学生简单普及一下关于京剧的一些知识，紧接着可以介绍一些关于京剧的演变历史、行当、代表人物、经典剧目等，让同学们深刻体会到音乐课堂上学到的不仅仅只有歌曲，还有歌曲以外的其他知识，学音乐可以提升我们的音乐素养，传承民族音乐文化。

三、结　语

综上所述，随着教育信息化的不断深入开展，小学音乐课堂也要与时俱进，这样才能落实学生音乐核心素养的培养，让学生在音乐学习中形成适应现代社会发展的能力与品格。教师要根据不同学段学生的生理、心理发展差异和音乐学习认知特点，设计生动活泼的教学形式，以多种方式、从多种角度将信息展现给学生，把学习者放在学习的主体地位，帮助学生分辨、掌握、运用信息技术来进行音乐学习。同时，为了引导学生开展深度音乐学习，达到以美育人、以美化人的目标，信息化时代也要求教师必须要具备"双专"多能、"双语"技能，以及"多角色"应变能力，学做"联网"的老师，将信息技术与音乐教学相互融合，多捕捉学生课堂上生成的精彩片段，引导学生在教学中感受、体验、创造，最终呈现给学生一个交互化、全新化的音乐课堂，让学习真正发生。

参考文献：

（1）谢嘉幸、张媚，《如何当一名"未来"的音乐教师》，《中小学数字化教学》2021年第6期。

（2）刘鸽，《信息技术与小学音乐欣赏课程融合策略》，《吉林省教育学院学报》2021年第37卷第2期。

（3）中华人民共和国教育部，《义务教育音乐课程标准（2011年版）》，北京师范大学出版社2012年出版。

（4）张慧君，《信息技术在小学音乐课堂教学中的应用探讨》，《中国信息技术教育》2015年第A1期。

浅析音乐描绘性特征的运用

四川省绵阳中学　朱　岚

　　音乐是听觉的艺术，它总体包含声乐类和器乐类作品，包罗万象、体裁丰富，以音乐的"语言"要素（旋律、节奏、和声、节拍、调式、调性、速度、力度、音量、音色等）来刻画、塑造不同的音乐形象，欣赏者在体会感受音乐各要素组合时个人情感和作品产生相对应的反应，旋律的起伏和感情运动的起伏相对应，节奏的舒缓与感情活动节奏的张弛相对应，音乐运动的力度与感情活动的强度相对应，音乐运动的速度和感情活动的内心律动相对应。欣赏者在心理上会产成不同强度、深度且不同情感的共鸣，于是便有了审美情趣和审美体验。

　　音乐具有描绘客观现实的功能。音乐的描绘性指的是运用音乐音响的特有运动形态来进行艺术造型，其本质是对于客观世界的艺术再现。简单来说，就是音乐中的音响音效来源于现实的社会生活，比如风声、雨声、雷声、水声这四种来自大自然的音响可以直接经录音采集、音效剪辑，复合处理到音乐中，真切而且原生，这一类音效我们把它称之为"具体音乐"。例如，在《铁路练习曲》中，舍佛尔将火车声响用电子技术进行加工合成，舍佛尔又将动物的嚎叫、男女私语、呼吸声、钟声、铃声、汽笛声等各种喧闹嘈杂的音响收集加工处理制成了《唱片练习曲》《炒菜锅练习曲》《墨西哥的笛子》《单人交响曲》。又如，张惠妹的《听海》，听过的朋友一定会对歌曲前奏中海浪拍岸的音效印象深刻吧！再如，20世纪90年代风靡欧洲的"钢鼓乐队"利用扫帚、拖把、塑料盆完成了具体音乐的演奏。

　　儿童歌曲《听妈妈讲那过去的事情》曲式结构为单三部曲式：A-B-A，分别表现的是现在—过去（回忆）—现在。作品A与B之间的间奏，旋律运用了木管乐器长笛和弦乐组提琴类乐器的半音阶下行，音乐此时起到了预示的作用："妈妈"即将展开痛苦的回忆，间奏的半音阶从高音区快速下行到低音区时，欣赏者的情绪随之产生微妙的变化，能够体会到冬天的寒风刺骨，和"妈妈"产生的"冷"的共鸣，与"旧社会，鞭子抽我身"有了同工之妙；作品中这种模拟的"风声"不是写实而是利用音乐及乐器的运动形态和特有的音色等来模拟客观有声世界，效果逼真，欣赏者能简单地从声音所依附的客观事物形象产生丰富的想象与联想，于是产生共鸣，完成音乐艺术审美。

流行于我国山东、河南、河北、安徽等地的唢呐独奏曲《百鸟朝凤》中，不同形制的锁呐模拟不同种类鸟的鸣叫，表现的是生机勃勃的大自然景象，充满清新、浓郁的生活气息。唢呐的模拟毕竟不是写实的，它何以能达到完美演绎的呢？笔者认为有这么几点原因：（1）作品为标意类作品，也就是从作品名称上来看就知道作品的大致目标与内容，它把我们指向了百鸟都去朝贺百鸟之王——"凤凰"；（2）用不同形制唢呐的音色来模拟不同种类的鸟；（3）运用大量的装饰音、不同鸟叫的旋律与节奏来增加多样性；（4）合理运用和声效果完成呼应。于是百鸟之宴拉开了帷幕。

需要说明的是这种对自然界音效的逼真模拟绝不是纯自然主义的模拟，而是将生活中自然的音响经过音乐化的再现，饱含了浓郁的生活气息与生命不可抑制的情感力量，正好印证名人所说"艺术来源于生活，但高于生活"。

但是有些事物是无声的，音乐如何完成描绘呢？比如月亮、太阳的升起落下，春夏秋冬四季的变换，于是便有了类比法，这是一种将客观无声世界予以艺术描绘再现的方法。这种方法运用音乐各大要素和运动的形态与客观事物和现象的典型特征或形态进行类比，从而暗示和启发欣赏者对审美对象（音乐作品）进行情感体验和审美想象。这种类比主要是通过联觉来实现的，比如民乐合奏《春江花月夜》，乐曲以优美的旋律，流畅多变的节奏，精巧细腻的配器，以及动与静、远与近、景与情的结合等精湛的艺术处理，塑造了鲜明生动的音乐形象，展开了一幅色彩柔和、清新淡雅、如诗如画的春江夜色画卷，美不胜收。作品中第一段"江楼钟声"就用琵琶的弹、挑模拟远处的江楼敲钟声（模拟手法），继而用箫筝奏出轻微的波音，描绘的是夕阳西下、余晖未尽、小舟泛江、微风涟漪的江上动人意境（类比手法）。作品第二段"月上东山"中将乐曲第一段的主题音调整体移高了四度，然后开始自由模进，旋律开始向上引发，造就了一种徐徐上升的动感，描绘了夜色朦胧、明月升空的景象。此处巧妙运用了旋律主题音调提高给人月亮爬升的感觉。之后的"风回曲水""花影层叠""水深云际""渔歌唱晚""回澜拍岸""桡鸣远濑""欸乃归舟"都主要运用了类比的描绘手法来对不同场景进行音乐化的描绘刻画，我们看到的犹如一幅国画江山图，意境浓浓，气势磅礴。

我们可以发现声音同画面、听觉、视觉以及其他感觉是互通的，于是就有了

"这个女孩的声音好甜","这个作品具有大调色彩"的"通感"说法。这种互通主要是因为构成声音的整体动力结构与视、听、味觉形象结构形成了同构联系,但是音乐的类比手法并不是一种简单的等同和取代,由于听觉意向所形成的是对于客观事物本质或大体特征的把握,具有较大的不稳定和不确定性,因此转化而成的视觉意象就具有这一特点。总体音乐形象与个人的生活经验、智慧、情商、文化修养息息相关。一般情况下,作者为指引欣赏者对作品准确定位,会让作品的名称起到画龙点睛的作用,直接用标意名称如《荒山之夜》《彼得与狼》《图画展览会》,有的作品还会添加副标题注释,其目的是为欣赏者提供方向和范围,使其更加准确捕捉作品更多信息,在想象和理解的广阔空间自由翱翔。

当然还有一部分作品是标名的,就像以前农村给孩子取名,老大叫"大娃",老二叫"二娃",老三叫"幺儿",音乐作品的命名也可以用作品号等直接命名。

对于主要目的在于表现感情的音乐艺术来说,描绘性特征并不是必不可少的,同一乐曲的描绘所引起的欣赏者的听觉意向也不尽相同,但是每个乐曲本身所表现的感情特征是相对稳定的。音乐的描绘手法是音乐感情表现和体验的直观形式,一种恒定的音乐感情可以寓于不同的音乐描绘之中,用心聆听才会发现玄机,展开音乐欣赏的两个翅膀——想象与联想,才能飞得更高。

参考文献:

(1) 周世斌,《音乐欣赏·声乐》,西南师范大学出版社2005年出版。

(2) 人民音乐出版社编辑部,《西洋音乐的风格与流派》,人民音乐出版社1990年出版。

(3)(美)伦纳德·迈尔著,何乾三译,《音乐的情感与意义》,北京大学出版社1991年出版。

(4) 滕守尧,《审美心理描述》,四川人民出版社1998年出版。

实施"四大整合"，赋能社团发展

——石塘小学芭蕾社团的实践与阶段成效

绵阳市石塘小学　鲁　庆

绵阳市石塘小学是一所城乡接合部学校，在读学生多为进城务工子弟，学生来源广，素质良莠不齐，总体水平偏低，学生家长又忙于上班，没有时间或者很少有时间能陪伴孩子，所谓的亲子教育难以指望，所以孩子们缺乏审美意识和情趣，上过舞蹈特长班的更是凤毛麟角。

为了提高学生的综合素养，提升学生的审美情趣，学校在以前舞蹈队的基础上于2019年初引入了芭蕾舞的专业课程，希望通过以点带面，逐步从外提升孩子的气质，自内增强孩子的自信心。通过三年的实践与探索，我们形成了整合校内外师资力量，提升社团专业技能；整合课内外教学资源，挖掘学生自身潜能；整合线上和线下路径，增强学生发展动能；整合常训和艺展内容，培养学生艺术才能的"四大整合"策略与模块，赋能社团的各项发展，并取得了一定的成果。

一、整合校内外师资力量，提升社团专业技能

2019年初，芭蕾班刚刚开班时，第一批学员是一年级的20个喜欢跳舞的女孩子。因为芭蕾舞是专业性较强的舞蹈，学校的舞蹈老师虽也有舞蹈的基础，但对于专业芭蕾舞的教授还是有一些不足。为了让孩子们学习到专业的芭蕾，我校积极引进校外专家团队为孩子们学习芭蕾护航。

一方面，学校请来专业芭蕾老师定期给孩子们上专业芭蕾基训课，如软开度、力量、身体协调性、趣味小组合等方面训练。经过一年半的基础训练，为了孩子能更好地适应脚尖鞋，专业老师有针对性地对孩子进行了腿部、脚踝力量的训练。经过半学期的训练，孩子们腿部、脚踝力量达到一定程度，终于穿上了梦寐以求的脚尖鞋。此后，孩子们除了要进行擦地、压腿等稍微有一定难度的基本功训练外，还

要进行脚尖鞋的练习，趣味小组合也变成了舞蹈作品的排练，为各类比赛做准备。

另一方面，学校的舞蹈老师根据专业老师的教法对孩子们进行巩固训练，加强学生常规的基本功训练以及舞蹈作品的熟悉度排练等，为后面芭蕾作品的完美呈现打牢基础。

我校请来的是毕业于四川省舞蹈学校（芭蕾民族民间舞专业）、中央民族大学舞蹈学院（古典舞民族民间舞专业），曾就职于四川音乐学院绵阳艺术学院的专业芭蕾舞老师。专业老师更了解孩子训练芭蕾可能会出现的一些问题，在平时的训练中能避免孩子因基本功训练受伤等意外的发生，同时专业老师在教学过程中也总结出一套少儿芭蕾训练的方法，既能兼顾专业性又能让孩子感觉到趣味性。与此同时，校内老师在专业老师教学的基础上对孩子进行巩固、加强，弥补专业老师教学时间不足的缺陷。在整合了校内外师资力量后，孩子们的专业技能有了很大程度的提升。

二、整合课内外教学资源，挖掘学生自身潜能

我们遵循"以音乐审美为核心，以兴趣爱好为动力"这一音乐教育的基本理念，为了进一步激发孩子们学习芭蕾舞的兴趣，老师们会给孩子们分享一些经典的芭蕾视频，如《天鹅湖》《胡桃夹子》《红色娘子军》等，用美的舞姿、美的音乐去感染孩子。当孩子们看到那些穿着脚尖鞋、穿着"tutu裙"翩翩起舞的芭蕾舞演员时，脸上无不流露出羡慕的神色，激发了孩子们学习芭蕾的兴趣。有的孩子还情不自禁地走到镜子前模仿视频里的动作，相信这时的她们一定也想站在那样的舞台上展现自己美丽的舞姿。

视频里的舞台离现实世界总还有一定的距离，为了缩短孩子们和舞台的距离，学校尽可能为孩子们创造表演、交流的机会，参加市、区级校园文化艺术节比赛，参加舞协举办的优秀舞蹈展演，参加地方上的各种文艺演出。当看到这一群踮起脚尖起舞的孩子们，在场的人们都会给予他们热烈的掌声和赞美。

在一次次舞台表演中，孩子们增加了舞台经验，变得越来越自信了，离梦想的舞台也更近了一些。通过课内外教学资源的有机整合，更好地挖掘了学生的自身潜能。

三、整合线上和线下路径，增强学生发展动能

学校的学习时间终究是有限的，芭蕾是一门需要长期训练的艺术，为了更好地督促孩子在家里练习，学校采用了线上、线下相结合的形式开展教学，这种方式在疫情期间得到了印证。

在学校上学期间，教师的教学都是线下完成，并录制好训练视频发至家长微信群供学生在家里练习，学生也需要将自己在家里练习的视频发至群里进行展示，老师再通过线上指导的方式对学生的训练视频进行评价。疫情期间，老师没办法在线下教学，就通过线上发学习视频，学生再通过录练习视频进行反馈。因此，即使在疫情期间，孩子们的芭蕾训练也没有懈怠，反而成为了孩子在家里最好的娱乐方式，有的家长也加入了基本功训练，进一步加大了学生的学习兴趣。

学校通过整合线上、线下学习路径的方式，提高了学生学习芭蕾的兴趣，有效形成了家校一体的局面。

四、整合常训和艺展内容，培养学生艺术才能

常规训练是舞台表现的有力支撑，只有长期、有效的常规训练才能夯实基本功，学生在基本功扎实的条件下才能将芭蕾舞作品完美表达。而舞蹈作品的排练也需要时间，为了让常训与作品排练不冲突，学校采用了化整为零的方式，在基本功训练的同时加入舞蹈作品的片段、组合的训练，临近比赛时，再将这些舞蹈片段拼接在一起，组成一个完整的作品进行排练。

这种化整为零的训练模式，既节约了排练时间，又加快了学习进程，让学生常训、比赛两不误。学生也取得了一定的成绩，多次参加区舞协的优秀舞蹈作品的展演，芭蕾作品在区校园歌手大赛的颁奖典礼上首次亮相便震惊四座，在随后的市、区校园文化艺术节取得了一等奖和特等奖的好成绩，还参加了区艺术节颁奖典礼等。

石塘小学的芭蕾舞培养模式在取得成功的同时，组建了二、三梯队的训练，为芭蕾舞社团注入了新的血液，助力舞团向更高、更广阔的空间发展。

浅析合作学习在高中音乐教学中的应用

绵阳市第三中学　陈　健

音乐作为一种听觉艺术的表现形式，可以通过动人心弦的声音打动人的心灵。在如今的高中教育体系中，音乐教育作为重要的科目和教学内容，同样是落实素质教育的主要途径，对于实现高中学生全面健康成长有着巨大的推动作用。在音乐课上，学生能够掌握和习得基本的音乐知识，对自身审美素质进行重构，提升审美能力，推动身心协调发展。然而，高中音乐的实际教学，并没有取得理想的教学效果。对此，本文对合作学习在高中音乐教学中的应用策略进行了分析。

一、合作学习概述

在当今社会经济发展的变化过程中，合作精神越来越多地得到了人们的认可和重视，在教育领域也逐渐形成了一种新型的学习方式——合作与交流。合作学习主要是指老师将自己设计好的学习任务合理地分配给每个学生，为每个学生都创造和提供一个展示自我的平台和机会，在充分发挥每个学生自身优势的同时，对每个学生都进行针对性的指导和引导，最终共同完成学习任务。在如今的课堂教学系统中，合作学习这样的教学模式已经得到了广泛的探索和应用，不仅有效地调动了教师和学生的主动性，还有利于激发和培养学生的团队合作精神，这对于学生今后的发展有着积极的意义。

二、高中音乐教学中的不足

（一）重视程度不够

音乐学科中包含着丰富的文化内涵，不仅可以通过动人的声音愉悦身心，还能够提升人的审美水平，对于实现人身心协调发展有着积极的作用。在我国高中音乐课堂的教学中，优美的声音可以有效地缓解大多数学生的心理和学习压力，保持学生身心健康的发展。然而，现如今，音乐这门学科，并没有得到学校和教师的过多关注，甚至经常被占用，严重影响了音乐教学的效果。

（二）教学方式单一

第一，在高中的音乐课上，教师一般都是教授基础音乐知识，引导学生欣赏和分析。在整个音乐课的教学过程中，学生之间互动不多，这就很容易导致音乐课堂变得枯燥乏味，影响学生的自主性和学习积极性，限制学生音乐素质的发展。第二，在音乐课上，教师布置的学习任务一般是学生独立完成的，在课下学生也不会对音乐学习任务进行过多的交流，在这种学习模式下，学生学习效果的好坏完全归结于个人能力，导致一些学习不太理想的学生消极对待音乐课。

（三）师资力量不足

在我国高中音乐课程实施过程中，教师是直接的参与主体，教师的人数以及素质会直接影响教学效果。受高考制度的影响，学校对于音乐课程的关注不多，音乐教师的数量也不多，这影响了音乐教学的顺利开展。同时，一般来说一个音乐教师都需要带很多个班级，教师会疲于讲授，没有太多的精力和时间去进修，直接导致教师难以提高自身的课堂教学能力，最终影响到音乐课堂教学的实施效果。

三、合作学习在高中音乐教学中的应用策略

（一）引入音乐合作学习模式

在我国高中音乐教学中，教师被认为是教学活动的组织者、领导者，所以教师必须发挥自身的作用，引导学生进行有效的学习。从音乐教学现状来看，目前若想实现音乐教学质量的提升，就需要转变教学模式。首先，作为一名音乐教师，必须培养和具备与时俱进的观念和思维，不断更新音乐课堂教学理念，关注学生主体作用的发挥，开展有针对性的课堂教学。其次，在音乐课堂教学的过程中，教师一定要创设开放的自主学习环境，引入合作互助学习的模式，使得学生能够在小组合作交流学习的过程中，掌握更多的知识。

（二）强化高中生的参与意识

在高中音乐课程的教学中，对于合作学习模式的运用，教师有必要鼓励和支持学生，引导他们积极地参与到这种合作式的学习中，引起学生的兴趣，使学生在相互请教问题、探索解决方法的过程中，提升对于合作式学习的热情。首先，培养学

生的语言表达技巧和倾听技能。从我国高中音乐教学内容上看，有很多音乐是需要教师引导学生倾听才有可能更好地完成学习任务，所以在教学中，教师就更需要引导学生倾听，并清晰地表达自己的观点，才能够达成实质性的合作。例如，通过欣赏《草原放牧》《第六悲怆交响曲》《长江之歌》，引导学生在聆听音乐的过程中，了解音乐要素和音乐语言。其次，强化高中生的参与意识。例如，在教学《非洲歌舞音乐》时，让学生明白合作互助可以帮助他们表演得更好。因此，作为音乐教师，必须充分利用学生之间的合作互助，对学生进行鼓励。

（三）合理安排音乐教学任务

在现阶段的高中音乐课程教学中，合作学习模式的运用，一般只是流于形式，教师安排给学生的学习任务，一般不用通过合作也可以独立完成。因此，教师必须精心地设计学习任务，并将这些学习任务合理地安排给每个学生，才能够促进学生之间的合作，保证学生顺利完成任务，实现音乐教学质量的提升。在教学《祖国颂歌》时，教师就可以引导学生欣赏《忆秦娥·娄关山》《谁不说俺家乡好》《我和我的祖国》《祝酒歌》这几个作品，再合理地为学生安排合作学习任务，激发学生的合作意识，让学生在合作学习中探讨分析群众歌曲和艺术歌曲，从而达成学习目标。

（四）打造音乐合作学习平台

在高中音乐课上，实施小组合作学习的目的，不仅仅是增强学生对于音乐知识的理解，还是对学生创造力、合作能力、沟通能力等方面的培养，所以在整个教学的过程中，教师需要为学生提供一个能够展示学习成果的平台。高中生在经过小组合作学习后，会形成自己的观点和看法，此时需要教师为学生提供展示自我成果的平台，对学生进行客观的评价，对学生进行鼓励。同时还需要让学生参与到评价中，使学生认清自己的优点和不足，然后教师对学生进行有效的引导，发挥学生的优势，提升学生的音乐热情。

四、结束语

总而言之，在课程改革不断深化和推进的大背景之下，国家对于高中音乐课程教学提出了更高的要求。高中教育中，教师不仅要关注学生的成绩，还需要关注学生情感与合作能力的培养。音乐作为一门调节学生身心的学科，对于培养学生的情操与合作能力有着重要的作用。因此，在高中音乐教学的过程中，教师则需要合理运用合作学习模式，引导学生在合作探究的过程中，共同完成学习任务，共同实现成长。

参考文献：

(1) 潘林、魏晨晖，《浅析小组合作学习在高中教学中的应用》，《2019年中小学素质教育创新研究大会论文集》，2019年。

(2) 袁小超，《浅谈合作学习在高中音乐教学中的应用》，《黄河之声》2019年第7期。

(3) 张甲，《合作学习在高中音乐教学中的应用》，《北方音乐》2017年第37卷第2期。

例谈义务教育阶段的音乐感受与欣赏和普通高中的音乐鉴赏之区别

绵阳市涪城区教育研究与发展中心　张　伟

根据普通高中教育的培养目标和音乐课程性质，体现对音乐学科核心素养的培育要求，以及《普通高中音乐课程标准（2017年版）》课程设置和课程内容要求，满足学生对音乐的不同兴趣爱好和特长需求，修订后的普通高中音乐课程由必修、选择性必修和选修课程构成，其中音乐鉴赏就是必修课程的重要内容。义务教育阶段的课程内容包括感受与欣赏、表现、创造、音乐与相关文化四大领域，其中感受与欣赏是音乐学习领域的重要内容，是整个音乐教学活动的基础，是培养学生音乐审美感知和文化理解核心素养的重要途径。

音乐是听觉艺术。通过聆听丰富多彩的音乐，丰富情感体验与审美体验，掌握音乐欣赏的基本方法，养成听赏音乐的习惯，提高人文素养和审美情趣，促进身心健康发展，是义务教育阶段和普通高中阶段共同的任务。

义务教育阶段的音乐感受与欣赏和普通高中的音乐鉴赏既相互交融，又具有各自的范围和层次。从内容上看，都包含了音乐表现要素、音乐情绪与情感、音乐题材与形式、音乐风格与流派，但在意义和内涵、范围、程度、水平、学习方式和对音乐作品主题的要求上又有区别。

一、义务教育阶段的音乐感受与欣赏和普通高中的音乐鉴赏意义和内涵不同

义务教育阶段的"欣赏"常常以其感性直观引起的精神愉悦令人产生美感，高中阶段的"鉴赏"则兼具感性和理性，带有品鉴、判断、反思的意思，所以鉴赏含有品味、品评的成分，是比欣赏更多些主观成分的一种审美态度。这是因为高中生在文化水平、认知能力方面有了长足的发展，有了义务教育阶段中音乐感受、辨别能力的学习基础，可以在普通高中阶段更熟练地运用音乐欣赏的基本方法，聆听中外丰富多彩的音乐；能综合运用各类知识，从音乐要素、创作技法等方面理解音乐的表现作用；能运用历史的和辩证的思维方法，展开对音乐的价值判断，对作品的

艺术性、思想性、人文性做出判断和反思，形成个性化的审美趣味；能对音乐作品或社会音乐生活现象做出恰当的评价及选择。由义务教育阶段的"感受与欣赏"层面进入到普通高中阶段"鉴赏"层面，是音乐学习层次的提高、深化，是音乐学习范围的拓展。

如《流水》和《广陵散》，这两首古琴乐曲在八年级学段的教学目标是：（1）了解古琴，以及乐曲《流水》和《广陵散》背后的故事，提高学生对古琴的认识及对古琴音乐的兴趣；（2）欣赏、感受古琴曲《流水》《广陵散》，初步了解古琴的滚拂演奏技巧，感受古琴音色美。

同样的教学内容，在普通高中阶段音乐鉴赏中的教学目标是：（1）初步了解古琴的起源、形制和寓意，能说出古琴三种音色的基本特点，理解古琴所承载的雅乐精神；（2）能从音色、音量、音韵等方面分析《流水》中古琴清、微、淡、雅的悠远气质；听出《广陵散》中运用"滚、打"等演奏手法所表现的"干戈杀伐"的战斗气氛；（3）能用自己的语言总结出古琴音乐的文化内涵，理解"琴非艺术，乃载道之器"的本质特征。

从这个案例中我们可以看出，普通高中阶段对音乐作品的学习不再是浅显的感知，而是通过故事了解乐曲，在探究音乐美的基础上深层次理解音乐所蕴含的文化内涵，彰显音乐的立德树人功能。

二、义务教育阶段的音乐感受与欣赏和普通高中的音乐鉴赏有着范围、程度和水平的区别

在音乐表现要素、音乐情绪与情感、音乐题材与形式、音乐风格与流派这四个内容的要求上，义务教育阶段侧重于聆听、体验、感受、感知、辨别及简单地描述或评价，而在普通高中阶段则进一步提出认识、了解、理解、评价和选择的要求。例如，在义务教育阶段应注重音乐表现要素的听觉感受和辨别，使学生在感受与辨别的基础上，结合自身的音乐体验，体会力度、速度、音色、节奏、节拍、旋律、调式、和声等音乐要素的表现作用；而普通高中则提出"理解音乐表现要素在音乐情感和思想内涵表达中的作用"。上例中义务教育阶段对古琴音色的教学目标仅仅是"初步了解古琴的滚拂演奏技巧，感受古琴音色美"，而普通高中阶段则是"能从音色、音量、音韵等方面分析《流水》中古琴清、微、淡、雅的悠远气质"。

三、义务教育阶段的音乐感受与欣赏和普通高中的音乐鉴赏学习方式有所不同

普通高中阶段除了同义务教育阶段一样"应坚持以聆听音乐为主的教学原则，倡导学生对音乐作品整体性的审美感知和亲身体验"外，还强调"在教学中，可以根据音乐作品的特点，引导学生在听赏环节中唱、奏音乐主题或随乐律动，并适当穿插相同题材歌曲演唱或综合艺术表演等实践活动，激发学生音乐听赏参与感，体验作品的音乐情感，加深音乐理解"，"聆听音乐时，可设计具有探究性和启发性的问题，采用集体讨论的方式，沟通和交流对音乐的感受与理解"，"引导学生运用现代信息技术，围绕指定专题或自选专题搜集相关文字、乐谱、图片、音视频等资料进行研究性学习，开展互动交流"等学习方法上的要求，突出了高中生学习的自主性和探究性特点。如前例高中阶段可以提出"能用自己的语言总结出古琴音乐的文化内涵，理解'琴非艺术，乃载道之器'的本质特征"的要求，而义务教育阶段则不能提出此要求。

四、义务教育阶段的音乐感受与欣赏和普通高中的音乐鉴赏对音乐作品主题的要求不同

《普通高中音乐课程标准（2017年版）》在"音乐鉴赏"模块中特别提出了"借助乐谱和音响，演唱和熟悉音乐作品的主题"的内容要求，并在"学业质量水平"中提出了"听辨和背唱所学作品的部分音乐主题"的要求。而义务教育阶段仅仅是要求"能够随着乐声哼唱音乐主题"。

随着学生年龄、知识面、理解力的增长，义务教育阶段和普通高中阶段的音乐学习形成了自然的衔接关系。普通高中阶段以音乐鉴赏的方式进行学习，是对义务教育阶段音乐聆听领域、数量、篇幅的扩大和对音乐辨别、理解、价值判断能力的提升，是适应高中生在文化水平、认知能力上的发展需要，满足高中生在艺术兴趣、专业技能和个性特长上的发展需求。义务教育阶段的音乐教师在进行音乐欣赏教学时应当以普通高中阶段的鉴赏能力培养为导向；普通高中阶段的音乐教师在进行音乐鉴赏教学时则应当尊重学生在义务教育阶段形成和掌握的音乐欣赏能力和习惯，共同服务于审美创造、立德树人音乐课程终极目标。

浅析创编教学在小学音乐课堂上的应用

绵阳市青义小学　仰文艺

音乐是一门极富创造性的艺术，音乐的创编教学是义务教育阶段音乐课程标准基本理念中第二条"强调音乐实践，鼓励音乐创造"的具体体现。创编教学也需要系统地学习与探索，如何将其运用在实际的音乐课堂中也是一个需要反复讨论的问题。同时在课堂教学中，教师的引导、启发，师生的双向交流，成果的反馈也显得尤其重要，在整个过程中，音乐的创造都应以音乐审美为核心，培养学生的审美与创造能力。

一、创编教学的含义

在音乐的创编中，包含了"创"和"编"。"创"是指创作，学生利用已有的音乐知识创作出新的音乐，或者不同音乐形式的作品。"编"是指改编，学生利用不同的方法手段在教师的引导帮助下改编。在一堂完整的音乐课中，在拓展巩固的环节一般可进行创编，学生根据已经学习的旋律、节奏、歌词，在教师的引导下进行自由创编。

创新本就是一种概念，一种精神，一种机制，一个系统，涉及一系列的理论和实践，等待着教师们不断地探索与发现。

二、小学音乐创编教学工作的特点及基本原则

（一）特点

根据学生的基本素养与实际情况，加强理论与实践相结合的同时也要加强学科间横向的联系及渗透。根据《义务教育音乐课程标准（2011年版）》中"创造是发挥学生想象力和思维潜能的音乐学习领域"，音乐的创造包括：

1. 以开发学生的潜能为目的的即兴音乐创编活动。如创编表现你此时此刻心情

的简单的节奏或者旋律。

2. 运用音乐材料进行音乐创作尝试与练习。如创作一首歌曲或者排练小音乐剧、创编音乐故事等。在教学过程中，教师需要根据学生的生理特征、音乐素养能力，以及音乐创编题材等方面选择不同的方法，引导和帮助学生，但不能禁锢、影响学生的思维，让学生发挥自己的想象，独立地进行音乐编创，所以小学音乐创编教学过程的特点主要表现为教学过程的既相互统一又相互独立。

（二）基本原则

在创编教学的实施过程中需遵循层次性、基础性、示范性、开放性、民主性、启发性等教育实践原则，同时音乐创编还要注意其音乐性。

三、音乐创编教学的方法及类型

（一）音乐创编教学的方法

1. 实践性创编教学法

以音乐实践为主，在反复聆听音乐的基础上，反复练习，用游戏律动的方式感受音乐的段落、节拍的特点、旋律走向等。根据小学生的生理特点，选择合适的律动方式。

例如《愉快的梦》这首歌曲，它是一首优美抒情的歌曲，拥有二段体结构，描绘了儿童梦境中的特点，速度较慢，节奏平稳。第一乐段的旋律具有下行的倾向，使音乐显得神秘，第二乐段旋律转为上行，音区移高，产生了明亮的色彩。四年级的学生基本具备正确的歌唱能力，能听辨旋律的高低、快慢、强弱，能感受不同的音乐情绪。所以在聆听的同时，可以加入手势律动，如第一乐段胸前拍手、捻指，第二乐段头顶拍手、捻指。感受节拍强弱规律特点，手势律动声音的强弱表现拍的强弱规律；拍手位置高低的不同表现出旋律音区的变化，以及段落的划分。同时还可以提问："像这样的节奏、旋律特点，还可以用怎样的方式来律动？"通过这样的方式让学生更直观明了地听懂音乐，感受音乐。

2. 语言性创编教学法

主要以语言传递为主，以教师与学生、学生与学生口头语言交流为基础，有研讨法、讨论法等。在语言性的创编上，除了用浅显易懂的语言跟学生沟通之外，在音乐课堂上，我们还可以用有节奏地朗读歌词的方式，带领学生熟悉歌词，也解决了某些节奏难点。

例如，人音版音乐教材四年级上册第五单元第二首歌唱课《童心是小鸟》，节奏欢乐，旋律易上口，但容易出现节奏问题。在本课的教学过程中，在第三次聆听了歌曲过后，教师提出："你都听到了什么？"学生回答后，一起有节奏地朗读歌词，并且用有强弱对比的声音来朗读歌词，解决了节奏问题的同时，也为三拍子强弱规律的学习做准备，在潜移默化中激发学生的学习兴趣。

3. 探讨性创编教学法

以探究发现为主，学生在观察、分析、对比的基础上，多角度地看待问题，教师在一旁引导、启发，让学生主动发现问题。

（二）音乐创编教学的类型

音乐课堂中的创新促使学生能够更全面地发展，使课堂更具新意。根据《义务教育音乐课程标准（2011年版）》，音乐创编教学的类型主要包括：

1. 探索音响与音乐

在教学过程中，能够用人声、乐器声模仿自然界或者生活中的声音，能够用打击乐或者发声材料探索声音的强弱、音长及音色。

2. 即兴编创

将歌曲用不同节奏、速度、力度表现出来；或者即兴创编同歌曲情绪一致的舞蹈动作；或者根据声音材料的不同，创编旋律，用不同的音乐表现形式即兴创编音乐故事。

（1）演唱形式的创编

在教学过程中，教师可引导学生进行轮唱、对唱、合唱等不同的形式演唱，让学生获得对音乐不同的感受。在人音版的音乐教材中，小学阶段的歌曲已经出现了独唱、齐唱、轮唱、合唱等多种形式。不同演唱形式的创编能让学生更好地掌握各演唱形式的特点。

（2）节奏、节拍的创编

节奏是音乐的灵魂，准确的节奏、节拍能够更准确地帮助学生学习理解歌曲。在课堂教学中，可运用打击乐器带领学生直观地感受节奏，比如使用鼓、双响筒；另外拍手、捻指、拍腿等方式也可以有效地运用在课堂中。

在节奏创编中，首先让学生们试着从简单的节奏出发，通过模仿节奏的形式让学生自己去创编节奏。

例如，人音版音乐教材四年级上册第三单元第二课《乒乓变奏曲》的课后练习：

谱例1

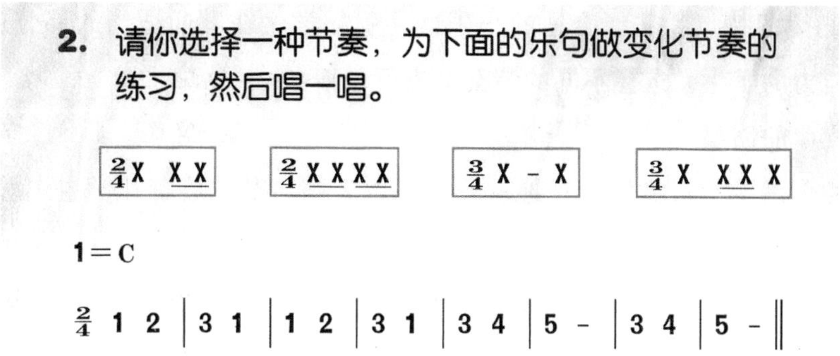

2. 请你选择一种节奏，为下面的乐句做变化节奏的练习，然后唱一唱。

$\frac{2}{4}$ X　X X　　$\frac{2}{4}$ X X X X　　$\frac{3}{4}$ X － X　　$\frac{3}{4}$ X　X X X

1 = C

$\frac{2}{4}$ 1 2 | 3 1 | 1 2 | 3 1 | 3 4 | 5 － | 3 4 | 5 － ‖

体会节奏以及拍号的改变、音乐节奏和强弱规律的变化带来的音乐感受的变化。

又如，人音版音乐教材四年级上册第二单元第二课《大雁湖》的课后练习：

谱例2

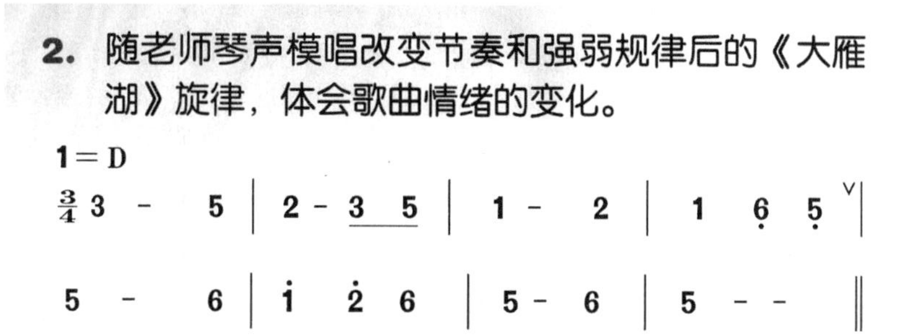

2. 随老师琴声模唱改变节奏和强弱规律后的《大雁湖》旋律，体会歌曲情绪的变化。

1 = D

$\frac{3}{4}$ 3 － 5 | 2 － 3 5 | 1 － 2 | 1 6̣ 5̣ ︿

5 － 6 | 1̇ 2̇ 6 | 5 － 6 | 5 － － ‖

这首歌曲原曲为2/4拍，曲调优美动听，通过改变拍号，变为3/4拍，体会旋律带来的不同的音乐感受，激发学生的想象能力和语言表达能力。

（3）歌词的创编

创编歌词是音乐创造教学中的一项不可缺少的内容。一般来说，歌词的创编会放在学习完歌曲，熟悉旋律之后进行。在进行歌词创编过程中，选择旋律时应尽量选择具有代表性、有特色、典型的歌曲，引导学生自主改编。一般让学生对少量的歌词进行富有想象的改编即可。

例如，人音版音乐教材四年级上册第五单元第三课《童心是小鸟》这首歌曲，在学生熟悉歌词后，教师引导学生对歌曲中四季的特征进行歌词创编。学生唱出了这样的歌词："我把种子撒在，春天的田野里；我把小青蛙送回，夏天的池塘里；我把枫叶染红，在秋天的树林里；我把梅花栽到，冬天的雪地里。"

（4）前奏、间奏、用小乐器为歌曲伴奏的创编

在音乐教材中，为没有前奏或者间奏的歌曲创编合适的前奏、间奏，根据音乐的风格、旋律的特点，选择合适的小乐器，引导学生在歌曲适当的部分进行伴奏，面对不同能力的学生，选择不同的节奏型进行创编。

（5）旋律的创编

旋律的创编一般可循序渐进地展开，可以先固定节奏型，让学生选择填充，组成新的旋律片段。

例如，人音版音乐教材四年级上册第一单元第一课《中华人民共和国国歌》的课后练习：

谱例3

4. 用"5、6、7、1、2、3、4、5"为下面的节奏编创上行旋律，唱一唱。

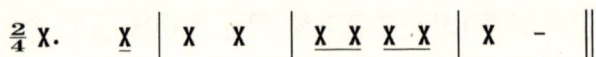

$\frac{2}{4}$ X.　X ｜ X　X ｜ X X X X ｜ X　- ‖

学生在了解旋律上行的含义后，再进行旋律创编，加深理解了旋律上行的特征的同时也发挥了他们的创造力，提升了他们的兴趣与成就感。

四、音乐创编教学过程的注意事项及成果展示

在音乐教学过程中，创编教学的实施还应该注重题材、难度的选择，教师应给予学生支持和鼓励，但不应干预学生的想法，让他们发挥自己的想象力创编，并展示他们的成果。

1. 音乐元素的选择

音乐的基本要素是构成音乐的各种元素，包括音的高低、长短，音的强弱和音色，如节奏、曲调、和声、力度、速度、调式、曲式、织体等。根据实际的教学情况，选择最贴切的内容进行创编。

2. 创编形式的选择

根据学生的情况，从音响、演唱形式、节奏、节拍、旋律、歌词等多个方面进行选择，可以把学生分成多个小组，选择其中一种或两种进行创编。

3. 分组讨论，教师引导

选定内容、题材后，教师让学生自主独立创作，给予学生帮助和鼓励，但不影响学生的思维，让他们发挥自己的想象力，给他们及时的评价和建议，还可以让他们进行二次完善。

4. 成果展示

创编结束后，让学生按照自己的方式进行展示，之后及时进行自评、他评，以及师评。及时的评价能让学生产生成就感，更容易关注到自己的不足，且让他们感受到创作的乐趣，培养他们的创编能力和音乐审美能力。

五、结　语

创编教学使音乐课堂更加生动有趣，持续的探索和研究就会有不同的发现，作为音乐教师的我们，在音乐教育中应与时偕行，用音乐去感染学生，用不同的方式去提高他们的兴趣，挖掘他们的创造力，构建创新的教学模式，培养他们的艺术审美能力。

竖笛教学之我见

绵阳市实验小学　易虹宇

　　竖笛是欧洲一种历史悠久的木管乐器，从中世纪开始使用，起源于十五世纪的意大利，十六世纪到十八世纪盛行于欧洲，它简单易学，音色温润淳朴具有田园风味，是一种易于广泛普及的乐器之一。教育部制定的《义务教育音乐课程标准（2011年版）》中提到："课堂器乐被视为重要的学具，是提升学生艺术表现能力的重要教学内容，器乐演奏对于激发学生学习音乐的兴趣，提高对音乐的理解、表达和创造能力都有十分重要的作用。"

　　从教至今，我一直坚持器乐进课堂教学，通过这几年竖笛教学的应用与实践，我深刻地感受到了器乐演奏对提升学生的音乐学习兴趣、丰富学生体验音乐的途径、提升学生的综合音乐能力等方面，有着非常显著的作用。经研究发现，与从未学过器乐的学生相比，学习器乐3年以上的学生在音准节奏、听觉辩识度、手指灵活度等方面的表现更加突出，长期进行器乐训练的孩子手、眼、耳、脑的协调能力都能得到提高。随着新课改的不断深入，作为一线的音乐教师，我们有责任有义务去进行器乐教学的研究。经过十多年器乐教学进课堂的经验积累，我深刻地体会到了器乐进课堂的优势，现将我的感受分享给大家。

一、培养学生扎实的基本功

　　1. 保持正确的音高，培养音准

　　音乐课程标准明确强调，三年级起应有固定音高的乐器训练，有效地提高学生对音准节奏的掌握和运用。我校每周开设两节音乐课，每天有5—10分钟课前歌声，有了竖笛教学的介入，课余课间学生都能吹奏竖笛，这对建立准确的音高，培养学生音准节奏的运用，有很大的帮助。

　　2. 加强乐理学习，培养学生识谱能力

　　音乐中的乐理学习相对比较枯燥，借助竖笛教学大大地提高了学生识谱的能力。

在新课教学中我将乐曲拆分成几个乐句，用竖笛学习乐句的吹奏，既解决了重难点，又简单明确地区分了相似乐句。演奏过程中听准了音，演唱自然就不会出错了，轻松地学会了整首歌曲，同时也增强了学生的识谱能力。

3. 培养学生合奏能力

中高年级的课本歌曲大多为二声部教学，演唱的过程中因为缺少固定音高的训练，往往会出现高低声部"串场"的现象。自从学生学习了竖笛，用竖笛进行二声部的演奏，所遇到的问题便迎刃而解了。经过合奏后再去尝试演唱二声部的歌曲，同学们明显掌握得更好了。有效地进行器乐合奏，对学生有效地演唱双声部歌曲有很大的帮助。

学习竖笛不是一朝一夕就能完成的，要收获一个竖笛演奏技巧纯熟的班，需要教师在每一堂课上踏实地做好教学的每一个环节。

二、创设良好学习氛围，增强学生学习兴趣

1. 抓好每节课前五分钟

我的每堂课课前五分钟都会进行基本练习，例如：气息练习、长音练习、音节练习、指法练习等，我也会因为课程中需要用到某种技巧，增加一条相应的练习。器乐教学最难的就是坚持。如果每堂课都将基本练习落到实处，那么有扎实的基本功、娴熟的技巧，再加上熟练的乐理知识，演奏课本歌曲时就更加游刃有余。

2. 小乐曲与课本歌曲相结合

有一些课本歌曲相对较难，为了加强学生指法的练习，我偶尔也会布置一些小乐曲，例如：低年级的《玛丽有只小羊羔》《小星星》，中高年级的《希望》《青花瓷》等，有了这些小乐曲的辅助练习，学生学习兴趣越来越浓厚，有了兴趣便有了更好的学习动力。

3. 小组督促以点带面促进学习

将班级学生分成比例相等的小组，由竖笛演奏技巧纯熟的学生担任组长，利用课余时间对自己的组员进行摸底。为竖笛水平较差的学生指定一位小老师，互帮互助地学习竖笛。在期末考试时，小组的进步也会纳入考核之中，这样既进行了辅差，又督促了孩子们有效的学习。我们教学面向的是全体学生，关注全体学生的成长是我们长期坚持的任务，除了合理利用课堂时间以外，还要有效地利用课余时间，只

要课堂课后有效结合了，就能真正提高学生的音乐素养。

4.利用竖笛演奏训练学生双向听力

唱歌教学我们注重双向演唱的训练，对学生音程关系的建立往往会因为某个学生音不够准而出现偏差，造成教学效果不理想。竖笛教学的介入，对学生固定音程听觉训练、双向和声训练，以及多个声部乐曲的演奏，都有非常显著的成效。特别是有变音记号的乐谱，以及出现转调的乐谱，学生更能直观地感受到多声部乐曲的魅力。

音乐是极富有创造性的艺术，器乐演奏与演唱占有同等的比例，是教学中表现领域的重要内容之一。美国著名音乐教育家詹姆士曾经说过："器乐教学可以说是通往更好体验音乐的桥梁。"作为一名音乐教师，能够用更丰富的手段，打开学生的心灵，开启欣赏美的大门，用音乐表达内心的情感，用音乐去演奏美妙的旋律，这是我的荣幸，也是我的职责。教学没有固定的教法，应该追求的是得当的教法，对于学生来说，合适的学习方式才是难能可贵的。所以在教学中，我们要多思考，结合学科特色和学生情况，利用一切资源调动学生的积极性，这样我们的教学才不会枯燥，丰富的教学手段会让我们的课堂更加生机盎然。

浅谈音乐教学中合作学习方式的教学策略

绵阳市实验中学　聂孟君

《基础教育课程改革纲要（试行）》提出：倡导学生主动参与、乐于探究、勤于动手，培养学生搜集和处理信息的能力、获取新知识的能力、分析和解决问题的能力，以及交流与合作的能力。因此，转变学生的学习方式，成为我们新课程改革的重点之一。在这个新理念的指导下，我们结合教学实践，对合作学习的方式进行了不断的探索，并有了一定的收获，其实施操作的基本策略如下。

一、建立现代师生关系，优化教学环境

新课程改革强调，教学是师生交往、共同发展的互动过程，在此过程中，师生分享彼此的情感、观念，丰富教学内容，求得新发展。由此可见，建立良好的师生关系是保证教学顺利进行的首要条件。周小山主编的《教师教学究竟靠什么》一书中提到，"真正建立良好的现代师生关系：一要了解每一位学生，二要相信每一位学生，三要尊重每一位学生，四要友爱每一位学生，五要学习每一位学生，六要教好每一位学生，七要依靠每一位学生"。这给我们建立现代师生关系起到了提示的作用。

因此，教师应在课堂上创设平等、民主的学习氛围。如用语言、动作、眼神来肯定和鼓励学生，宽容他们在学习中的错误；像朋友一样，和他们一起参与到学习过程中，承担活动中的某一角色；提倡学生自由发表自己的见解；学生看表演时可以任意找一个能看清楚的位置；课后多与学生交流，倾听他们对教学活动的意见和建议；尊重他们的选择，各小组的座位由他们自行编排，分组方式由师生共同商议；等等。总之，教师要摆正自己的位置，要立足于师生相互尊重、信任和平等的关系。

二、采用多种类型的分组方式，构建良好的合作学习氛围

在教学活动中，学生需要与他人友好相处，亲密交往，得到肯定与尊重。通过合作，相互接受和相互认同，增强自豪感和自尊心，从而使学生的心理和生理得到健康发展。教师应顺应学生的这一内在需要，给予他们足够的空间和自由，帮助他们建立团结、协作的合作关系。

（一）组合型分组

组合型分组方式就是相同或不同层次的学生组合在一起。采用这种交往方式让良好的舆论与规范对小组成员的心理和行为产生影响，他们能相互尊重，集思广益，取长补短，展开互动和竞争，达到共同进步的目的。

（二）爱好型分组

爱好型分组方式就是让兴趣、爱好相投的学生组合在一起。采用这种方式使小组产生极大的凝聚力，小组成员互相倾听，互相配合，默契合作，为了共同的目标去探讨、去研究。

（三）流动型分组

在教学中，教师要善待学生的差异，兼顾优、中、差三个层次的学生，让他们都参与到学习活动中。采用流动型的分组，为学生提供自由、宽松的学习环境，学生根据自己的需要，自由进行跨座位、跨组的交流。在交往中，让优、中层次的学生在讲解中完善自我，让中、差层次的学生在请教中提高水平。

三、逐步培养和锻炼学生的合作意识与合作技能

学生的合作意识和合作技能不是与生俱来的，而是通过后天的培养锻炼出来的。根据学生的年龄特点可分为倾听、交流、合作、分享四个循序渐进的过程。在这一过程中，教师应指导学生发现自我，学会有效地表达自己；增进人与人之间的尊重与信任，学会与他人合作；掌握处理人际关系的技能，消除以自我为中心；学会经验分享，成果共享；等等。教师千万不能急于求成，要通过开展多种活动，给学生以心理暗示，促进他们能力的形成和提高。

以下就是培养学生合作意识的一个案例：有一天上音乐课，我教学生跳集体舞，

每个孩子都很兴奋，很认真。有一个男孩坐着不动，我就走过去悄悄问他："你为什么不跟大家一起跳舞呢？"他低下头，不好意思地说："我不喜欢跳舞。"我知道这时不能强迫他，于是我鼓励他说："那你帮大家看看他们的动作对不对，好吗？"他点点头。在后来的排练中，他不仅看得很仔细，而且还帮一些同学纠正动作，遇到个别手脚不协调的男生，他着急地大声喊："左手，右脚，转圈……"我看了看，没有发表意见，我发现他有了参与意识，就差最后一把劲了。这时，被他喊得发毛的学生生气了："那你跳给我看嘛！"他一急，被迫站起来做示范，我看准时机，走过去说："你看你比他跳得还好，干脆你负责教会他，好吗？"我没有等他回答，把他俩的手拉在一起就走开了，继续教大家跳。没想到，他竟然能坚持到最后。课后，我找他谈心，了解到他性格内向、怕羞，不敢表现自己。于是，我就和他一起回忆、体会刚才成功的快乐，不断地鼓励他："你不是做得很好吗？你以后一定会做得更好！"从此，他慢慢地大方起来，逐渐有了合作意识，合作能力也不断提高。

四、合理运用合作学习方式，帮助学生有效学习

（一）解决疑难问题

学生面对疑难问题时，往往一个人的力量是不够的，教师这时更不能包办代替，把结论直接告诉学生。最好的办法就是让学生采用合作学习的方式进行探究，解决困难，得出结论。学生合作探究的过程就是学习的过程，这样得出的结果印象才会更深刻。

（二）提高综合能力

学生的综合能力需要教师在教学中不断地培养。例如在培养学生探究精神和创新能力时，自制打击乐器、设计音乐及音响场景、5分钟课前音乐欣赏等环节，都采用合作学习方式，要求小组成员群策群力，不断地磨合与协调，共同完成任务。

（三）面向全体参与

在教学中，有新技能、新技巧需要学生巩固的，全面参与体验的，可以采用合作学习的方式来进行。如学唱新课、处理新歌等。学生在合作中互帮互学，在不经意间就掌握了学习的方法，学习能力不断得到提高。

（四）平衡学生差异

在教学中，教师提出一个问题，有的学生反应快，有的学生反应慢。为了平衡

学生的差异，可以采用合作学习的方式来学习，让反应快的学生来帮助反应慢的学生。如在"问题悄悄话"活动中，请每组反应慢或不认真听讲的学生代表该组悄悄给老师说答案，答对了奖励他，答错了请该组重新商议，再请学生上来补充，促进学生主动学习。

五、拓展课堂评价，促进学生全面发展

课堂评价要以学生是否有长进或发展作为指标，来衡量教师引导、维持或促进学生学习的所有行为是否得当。这就要求教师在课堂评价中要全面、公平、公正地评价学生，促进学生全面发展。

（一）强调良性评价

教师在进行随机性评价和终点性评价时，强调良性、积极的评价，淡化消极评价，给学生做好示范，潜移默化地影响他们，形成良好的班级舆论。

例如，教师的语言应做出一定的调整，不要说"你……方面不行""你……地方做得不好"……应多看到学生的长处，多用诸如"你……方面很有进步""你很聪明，别的小朋友没想到的你都想到了"此类的语言，不但可以拉近师生间的距离，更能增强学生的自信，促进他们更好地展现自我。

（二）制定多层次评价标准，尊重差异

在一个班级中，学生的学习基础和学习能力参差不齐，如果用相同的标准来衡量学生，势必会挫伤某些学生的积极性。因此，教师在悉心探明学生实际的基础上，制定多层次的评价标准，使每一位学生都有自己的目标。

例如在学新歌时，制定几个评价标准：识谱唱5分，唱歌词3分，哼唱2分。学生根据自己的能力自由组合，随意选择自己的目标，只要认真练习，得了满分，可以越级达标。这样，学生在每一次达标过程中都享受到成功的快乐，其能力也得到了提高和发展。

（三）提倡评价者与被评价者之间的对话

每一个人对同一件事情都有自己不同的观点和看法，如果在课堂评价中只听取评价者的意见，而忽略了对被评价者的尊重，得到的结果肯定是片面的、不完整的。因此，要全面地掌握情况，必须提倡评价者与被评价者之间的对话。评价者可以随意提出疑点、困惑，如"你为什么要这样设计？""你这样做表现了什么？"让被评者给予合理的解释，讲解其思路、意图，促进双方相互理解，相互认可，相互学习。

（四）制作"小组档案夹"，进行综合评价

教师要全面地了解和考查学生，仅仅通过期末考评是不够的，因为期末考评往往受到时间和空间的限制，学生在这短短的时间里只能展现自己单方面的才能，这对他们很不公平。针对这一情况，我和学生一起商议，一致同意采用"小组档案夹"的方式来进行考评。

所谓"小组档案夹"，就是记录每一个小组中的学生在整个学期中的成长过程的资料夹。它包括每一个学生的课前准备、教学常规、思想品德、技能技巧、努力程度、创作过程、成功作品、合作成果、个人评价、意见建议等。教师能在"小组档案夹"中对每一个学生有一个较全面的认识和了解，能公正、公平、综合地评价学生。

1.制作过程

（1）学生自由组合分成若干小组。

（2）教师根据学生情况进行必要的调整，让每一组学生的能力水平基本一致。

（3）每组选出一位组长，协调组内关系。

（4）小组成员共同制作"小组档案夹"。

2.制作内容及目的

（1）内容：①课堂歌唱技能展示；②课堂器乐技能展示；③音乐小组活动展示。

（2）目的：①培养小组成员团结协作以及创作能力；②以学生为主体，有效开展音乐创编活动。

3.实际效果

通过对"小组档案夹"的运用，发现学生有如下变化：

（1）主动探究、合作学习的兴趣大大提高。

（2）个人自律性、小组责任感不断增强。

（3）合作精神和竞争意识不断增强。

（4）创新精神和实践能力不断增强。

（5）开放自我、解决疑难的自信心不断增强。

（6）个性、能力、情感体验得到充分发展。

综上所述，在教学中巧用合作学习的方式，有利于调动教学中各种积极的因素，有利于优化教学环境，有利于学生有效学习，有利于学生全面发展，使教学达到良好的效果。

民族地区初中音乐课堂合唱教学对策

绵阳市实验中学　何江涛

随着合唱教学在初中音乐课堂教学中的重要性不断提高，初中音乐课堂合唱教学的价值和意义也得到了更深入的认识。《义务教育音乐课程标准（2011年版）》在第四部分实施建议中指出，演唱教学"要更加重视并着力加强合唱教学，使学生感受多声部音乐的丰富表现力，尽早积累与他人合作演唱的经验，培养集体意识及协调、合作能力，使他们在演唱表现中享受到美的愉悦，受到美的熏陶"。

长期以来，民族地区的经济和教育发展水平相对落后，缺乏师资，音乐教育总体上还处于比较落后的状态，导致音乐课堂合唱教学不能有效地落实和开展，不能发挥其应有的作用。《国家中长期教育改革和发展纲要（2010—2020年）》提出要重视和支持民族教育事业，加快民族教育事业发展，要加强对民族教育工作的领导，全面贯彻党的民族政策，切实解决少数民族和民族地区教育事业发展面临的特殊困难和突出问题。

为了深入调查合唱教学在民族地区初中音乐课堂的实施情况，探讨民族地区初中音乐课堂合唱教学现状和面临的问题，笔者首先对民族地区初中音乐教师和学生进行访谈，对民族地区初中音乐课堂合唱教学现状进行一系列的调查，分析访谈调查中反映出的教学层面的问题。深入样本学校音乐课堂听课、讲课，了解民族地区音乐课堂合唱教学实际情况。笔者对民族地区初中音乐课堂合唱教学现状进行一系列的调查研究，提出一些解决问题的策略。

一、提高民族地区初中音乐教师音乐课堂合唱教学综合能力

音乐课堂是音乐教师的主要教学空间。初中音乐课堂合唱教学过程的有效实施，需要音乐教师具有扎实的教学功底。扎实的教学功底包括语言表达能力、教学组织能力、较强的演唱示范能力、即兴伴奏能力、合唱指挥能力、对合唱曲目的理解分析能力等。音乐教师只有将音乐专业素养学习和教学实践相结合，才能逐步具备扎

实的教学功底。

笔者通过对民族地区师生的访谈调查得知，民族地区缺乏音乐师资，音乐教师教学水平有待提高。如何有效改善民族地区初中音乐课堂合唱教学不容乐观的现状，笔者认为相关部门应该加大力度对音乐教师进行培训，着力提高民族地区音乐教师的音乐课堂合唱教学综合能力。

教师培训学习内容包括：音阶、音程、和弦、节奏、速度与力度、旋律、调式等音乐理论知识；常见拍子的指挥、起拍、演唱、收束，以及复杂节拍的指挥等基础的合唱指挥技巧技能；初中生声音特点介绍、合唱队声音处理方法、合唱队形排列、合唱作品现场排练。学习方式有讲座、示范、研讨、交流、观摩等。笔者认为对民族地区的音乐教师采取这样的培训是行之有效的，而且这样的培训可以每年多组织几次，让音乐教师进行阶段性的学习，培训与教学相结合，逐步提高民族地区音乐教师的音乐课堂合唱教学综合能力。

二、提升民族地区初中音乐教师的本土音乐整合创编能力

中国的民族音乐是一笔丰厚的文化遗产，在丰富的民族音乐作品中，一些形式简单、短小的民族音乐作品，往往是经过口头传唱、老幼皆知、雅俗共赏、堪称千锤百炼的"经典"作品。对于音乐教育者来说，这些"经典"作品具有很高的应用价值。

《义务教育音乐课程标准（2011年版）》中强调："各学校和教师应结合本地、本民族和本校的具体情况，充分利用当地的课程资源，营造良好的校内外音乐环境，丰富具有区域文化和民族文化特色的教学内容，因地制宜地把握各教学领域课程内容的弹性尺度。"音乐课堂教学进行课程资源开发有政策依据和创新空间，音乐课堂教学在使用音乐教材的同时，还应结合当地民族音乐文化，开发具有地区民族特色的音乐课程资源。民族地区音乐学科教育应该贯彻音乐"课标"精神，积极整合本地民族音乐资源进课堂。

结合多年的教学实践，笔者认为民族地区的音乐教师应该深入民族地区的文化生活，了解本地区的历史、文学、地理等知识，对当地的民族音乐有深刻的理解。通过培训、采风等方式提高自身的民族音乐素养，能说能唱，有较强的民族音乐教学能力，甄选当地优秀的民族音乐，对其进行整合编创后引进音乐课堂成为合唱教

学的有效资源。

本土音乐产生和发展于本地区，在本地区的人民群众中具有很高的认可度。民族地区学生能歌善舞，有很好的音乐素质潜能，长期受到本土音乐的熏陶。音乐教师把本土音乐整合创编成合唱教学资源，结合本民族音乐文化特点充分挖掘学生的音乐潜力，因材施教，创编有民族和地域特色的合唱教学教材，有计划、有步骤地开展合唱教学，可以充分调动学生学习的主动性和积极性，有效降低音乐课堂合唱教学难度。

三、民族地区本土音乐资源与国内外优秀合唱教学法相结合，对学生进行音乐素养的提升训练

（一）气息训练

歌唱的四大要素：呼吸、发声、共鸣、语言。"善歌者必先调其气也"，呼吸作为声带震动的原动力，尤为重要。有了正确的呼吸方法才能达到比较理想的声音效果。从生理上来说，初中生处于变声期，科学的呼吸技巧对变声期的初中生能够起到保护嗓子的作用，教师要引导学生用良好的气息支撑，减少声带和声门负荷。民族地区初中生没有任何声乐基础，如果用音乐专业语言阐述歌唱呼吸的方式方法，学生不一定能理解，教师可以用生活化的方式引导学生体会歌唱气息的状态，比如：躺在草地上看蓝天白云体会慢吸—慢呼，山间闻花香体会快吸—慢呼，翻越大山急急忙忙赶路体会快吸—快呼。用学生熟悉的生活经历感受、体会慢吸—慢呼、快吸—慢呼、快吸—快呼等呼吸方法，学生更容易理解、掌握。通过循序渐进的训练，学生对呼吸技巧有了一定了解，教师可以把以上练习方法与合唱教学相关研究中很多值得借鉴的气息练习方法相结合。

（二）发声训练

从发声练习开始就要让学生体会合唱和声，感受二声部，教师可以把一些简短的民族音乐改编成二声部发声练习曲，培养学生和声的协调能力，提高学生的学习兴趣。例如《啊拉依萨》：

发声练习曲《啊拉依萨》

注意气息平稳以及声部间的和谐统一。

（三）音准和节奏训练

学生在合唱教学过程中容易出现跑调、节奏不准等现象，学生的音准、节奏将直接影响到音乐课堂的合唱教学效果。为了让学生理解音高概念，要让学生多听，听音阶、听和弦、听音程，听唱结合，慢慢培养学生的听觉能力和准确演唱能力。教师可先在钢琴上弹奏单音，让学生跟着小声模唱，可以用"啊、啦"等字代替唱名，提醒学生仔细听音高，唱准每一个音。学生对每一个音有了音高概念，再用唱名唱大小调音阶，唱简短的曲目，从单声部过渡到二声部。节奏训练亦可用同样的方法，由简单到复杂，单一节奏、两小节节奏、四小节节奏、一个乐句的节奏、一首歌曲的节奏、单声部节奏升级为多声部节奏，这样一步一步逐渐加大难度，既可以提高学生的节奏训练水平，又培养了学生在合唱学习中的声部意识，逐渐培养和建立学生的多声部节奏体验。针对民族地区初中生音乐知识缺乏但具有擅长演唱本民族歌曲的特殊音乐才能，教师在教学过程中把学生熟悉的本土音乐旋律作一些创编，让学生在熟悉的旋律中逐步掌握音准与节奏。例如《索起杨中拉拉》这首歌曲，学生都会唱歌词，教师就可以让学生先唱歌词后唱旋律，再把这首歌曲的旋律拆成一个一个的单音在钢琴上弹奏，学生再把一个一个的单音唱准，经过多次类似的训练，学生的识谱能力增强，教师可以在此基础上训练学生听唱音阶、音程、和弦。音乐基础知识在日常的音乐课堂中慢慢渗透，学生的音准和节奏问题就会得到有效解决。

四、利用民族地区学生的舞蹈潜能创编律动，丰富音乐课堂合唱教学

音乐教师在进行音乐课堂合唱教学中，不能采取固定不变的教学形式。笔者在工作实践中了解到民族地区中小学生有一个特别的优势，就是肢体语言丰富，只要有音乐，他们就能跳出一段舞蹈。在民族地区的音乐课堂合唱教学中，教师应该借助学生能歌善舞的独特优势，用简单的舞蹈动作结合创编的本土多声部音乐，编排一种以合唱为主的律动活动，这样的音乐课堂合唱教学必定会激发学生的学习兴趣，达到事半功倍的教学效果。

五、民族地区教育主管部门转变观念，重视素质教育，促进民族地区学生的全面发展

音乐教育是审美教育的重要组成部分，对学生的全面发展和音乐素养的形成起着重要作用。受地理环境、经济、历史文化等诸多因素的制约，民族地区的学校大多办学规模小而且办学条件相对较差，师资力量比较薄弱，学校音乐教育发展停滞不前。民族地区很多学校的办学理念受到传统的升学率的影响，音乐课得不到应有的重视，教师配置、课程安排、业绩考核等，都是把语数外等学科放在重要位置，音乐学科成了可有可无的"副课"。

民族地区学校教育的目的不仅仅是看有多少学生升入高一级学校，更重要的是要提高民族地区的人民素质。主管部门必须更新观念，充分认识到音乐教育在促进学生全面发展过程中的作用。音乐课堂教学是学校育人文化的生长之地，是体现学校素质教育优劣的核心之地。音乐课堂合唱教学的落实不仅可以达成学科教学目标，还可以改善学校的文化氛围，提升学校办学品质。

民族地区教育主管部门转变观念，全面贯彻党的民族政策，切实解决民族地区教育事业发展面临的特殊困难和突出问题，在中小学加大力度落实素质教育，全面提高学生的思想道德、文化科学、劳动技能和身体心理素质。

六、结　语

民族地区初中音乐课堂合唱教学可以培养学生团结协作能力，使他们在演唱表

现中受到美的熏陶。通过合唱教学，可以为民族地区初中学生营造一个良好的成长环境，促进学生身心健康发展，提高民族地区文化艺术品质，促进民族地区教育事业全面发展。

由于笔者能力有限，所做的研究是结合自己多年的工作经验，关注教学过程中遇到的实际问题，对民族地区音乐课堂合唱教学问题的理论及更深层次的研究还不够全面。但笔者希望所做的研究能为从事相关工作的同仁提供一些思路，也希望更多的音乐教育工作者为推动民族地区音乐课堂合唱教学的发展做出自己应有的贡献。

浅析葫芦丝教学促进学生音乐素质的提高与实践

绵阳市成绵路小学　　何显玲

一、器乐教学的意义

1.国内研究的状况

新中国成立以后，我国的器乐教学及其研究在国内基本上是空白。进入21世纪，在新的音乐课程标准、艺术课程标准里面，器乐教学都成为极其重要的教学内容和教学手段。毋庸置疑，"课标"已经提出了通过器乐教学提高学生的音乐素质与创造思维的重要课题。我校选择葫芦丝作为研究乐器是因为葫芦丝的音域较窄，发音较容易，指法简单，嘴上技巧简练，无类似笛箫的超吹技巧，学生学习时比较容易上手。葫芦丝的学习周期相对较短，整体技巧难度小于竖笛等乐器。根据教学的密度，安排一年或者两年，只要教学得法，就一定会让学生愉快地掌握这一门乐器。

2.国外研究的状况

产生于德国的奥尔夫教学法大量采用音条打击乐器，综合歌谣、舞蹈等因素，并吸收了瑞士的雅各·达尔克罗斯教学法中在钢琴上进行即兴创作教学的长处，形成了一种有效提高学生音乐素质和创造性思维的教学法。此法成为国际上最重要的音乐教学方法之一。

美国很重视器乐教学，在实践的基础上，一些音乐教育家也提出了颇有见地的器乐教学理念。如美国音乐教育家詹姆士·L.穆塞尔和梅贝尔·格连在他们合著的《学校音乐教学心理学》一书中提到："只要有可能，我们就应当在器乐领域里采取创造性教学的计划的程序。"这对于我们开展本课题研究有着重要的意义。

民族的就是世界的，世界的音乐文化就是世界上各民族音乐文化的总和，没有各民族各具特色的音乐文化，世界的音乐文化就成为无源之水；反之，没有本民族特色的民族音乐文化，在世界上就没有立足之地。葫芦丝作为我国的民族乐器，把它引进音乐课堂教学，对弘扬我国优秀的民族文化有着不可估量的作用，也是进行民族自豪感和爱国主义教育的需要。选择葫芦丝进行器乐教学是考虑到我校学生的实际以及葫芦丝音色优美，易于引起学生兴趣，简单易学，没有复杂及高难度的技术负担，方便携带，能够快速有效地培养学生的实践能力，适合小学各年级学生的学习。

二、葫芦丝教学的实践

根据新课程改革的精神，依据新课标的新理念，音乐教育的目的已不是狭义的"技艺性"教育，它的最终目的是培养学生成为具有完善和谐个性的人。随着课改的推进，采用民族乐器葫芦丝进行器乐教学，是实现此目的的有效手段。

1. 要营造氛围，激发情趣

利用音乐课和少年宫兴趣小组活动课时间播放葫芦丝的经典名曲，让学生感受葫芦丝的音色美；在音乐课堂上，老师介绍葫芦丝的构件和演奏特色，让学生充分认识葫芦丝，引起学生对葫芦丝的兴趣。学生有了兴趣就有了求学的欲望，就会认真学练并积极参加音乐实践活动。学校刚开设葫芦丝兴趣小组时，只有为数不多的学生参与。但星星之火，可以燎原，从2010年开办葫芦丝兴趣班到现在，以点带面，从一个兴趣小组的开展，到一个班的实验，再到一个年级的推广，最后发展到现在全校普及，葫芦丝已经成为了我校学生的一个玩伴，玩出了兴趣，玩出了精彩。

2. 要压缩教材，优化教程

葫芦丝教学是一个全新的课题。最初没有现成的教材，我们就用买来的专业书籍辅导学生，但教材编著者是以自己的认知和实践编写教材的，不适合小学生使用。因此，我们编写了葫芦丝校本教材，以及本校学生的葫芦丝演奏标准。在乐曲的选择上，多选用学生熟悉的歌曲和音乐教材上的歌曲。而且，每次备课时，我都要反复琢磨，用简洁、通俗、易懂的语言，便于学生掌握。

3. 要循序渐进，夯实基础

台上一分钟，台下十年功。葫芦丝教学，首先要训练学生的基本功，夯实基础，如呼吸方法、指法、气息的运用等，不能急功近利，必须循序渐进，逐步提高。气是所有管乐演奏的内动力，学生最终演奏水平的高低取决于气，而练气是学生学习中最难的。人们在日常生活中的呼吸，只是一种维持生命的自然的呼吸，而器乐演奏的呼吸甚至会用到全部的肺活量，学生很难做到。所以，刚开始学习时，我要求他们只使用部分肺活量练习，不先练习过长的音，以免学生既要考虑手指的动作，又要考虑呼吸的方式，而导致动作失调。在学生掌握基本指法之后，再引导他们用模仿和想象来自然形成正确的呼吸方式。在掌握了正确的呼吸方法之后再讲解横膈膜的运动等原理。学生从感性到理性，自我感悟，不断提高呼吸的技术。同时鼓励学生积极参加体育锻炼，增强体质，为演奏葫芦丝练气奠定良好的基础。

指法是器乐演奏的重要因素。低年级学生指力差，易疲劳，一般练习4—5分钟就让他们停下来，听听乐曲，活动活动手指、手腕，避免手指受损。同时，每堂辅导课前让学生们先做手指操，指导学生掌握正确的演奏姿势，用最轻松的方式持住葫芦丝，使手指的灵活度、灵敏度能够充分发挥。对中高年级的学生要求他们在长音上多练习，在速度上提出快速、慢速、由慢渐快、由快渐慢等各种序列练习要求，让他们渐进有序地感受不同音的美感。

4.要分层施教，帮带互促

参加葫芦丝兴趣小组的学生音乐基础有高有低，接受能力有强有弱，到班时间有先有后，学生个体之间差异较大。我采用了生本教育的小组合作探究方式，使每个学习者都得到应有的发展。对尖子生既让他们带领其他学生，又对他们提出更高的要求，单独给他们安排专门的训练；对基础薄弱、接受能力不强的学生安排简单易学的曲目，认真帮助他们树立学习信心，让他们在激励的环境中学习。我把学生分成几个小组，每组安排一个尖子生，由他们组织"帮带"教学，在老师的指导下，"一帮一""少带多"，互学互促。各组之间开展竞赛、评优，互相过关。对共性问题进行集体辅导，对个性的偏差进行单独纠正。这样，既使学生各有所学、各有所得，又培养了集体荣誉感和团结协作精神。

5.要重视引导，自主学习

阿恩海姆说过："在艺术及其教育中，最出色的教师并不是将自己的所知倾囊相授，也不是滴水不漏，而是凭着一个优秀园丁的智慧、观察、判断，在需要帮助的时候，给予帮助。"

在学习葫芦丝吹奏指法的教学环节中，教师先教授低音sol的指法与吹奏，接着学习低音la的指法与吹奏，do、re、mi三个音则让学生参照葫芦丝常用指法表进行自主学习。教师引导学生总结在吹奏这三个音与前面学的低音sol、低音la时在气息上的区别，培养他们在学习中善于发现问题、解决问题的能力，增强他们学习的主动性。在熟悉了这五个音之后，教师给出固定节奏型，学生从低音sol和低音la、do、 re、mi 中任选 3 个音填充到节奏中并在教师的伴奏下以小组为单位继续演奏。通过做游戏的方式，学生的学习兴趣得到提高，他们在游戏中能更加熟悉几个音的吹奏，同时学生的创作体验也得以满足，合作意识也得到提高，可谓一举多得。

6. 要重视实践，学以致用

学校的升旗仪式暨班级特色展示活动上，葫芦丝作为专项表演全员参与；每年的"12·9"，是我校"铭记历史，'丝'绪飞扬"暨校园葫芦丝节，通过竞赛的方式，让学生的学习成果得以呈现；区级的课堂器乐比赛，我校以葫芦丝参赛，连续多年获得一等奖；在各级部门以及兄弟学校来校参观学习时，葫芦丝作为我校的特色节目向来宾现场展示。

三、开展葫芦丝教学的效果

1. 增强了学生的自信心

我校一位同学在学习上非常吃力，在生活方面也不能处理好自己的内务，刚接触葫芦丝时，他非常抵触，认为自己肯定学不会。可是通过一段时间的学习，这位同学说："以前我总是感到很自卑，别的同学什么都行，我处处不如别人。现在，我经常在音乐课上独奏。我可以自豪地说，我演奏的葫芦丝最棒！"他的自信心增强了，在学习上有劲头了，在老师们夸他学习有进步时，他的脸上也有了灿烂的笑容。

2. 增强了学生的民族文化意识

在没有进行葫芦丝教学之前，学生中会演奏民族乐器并对民族乐器感兴趣的人少之又少，学生对我国的民族乐器及民族音乐的了解可以说是一片空白。通过学习葫芦丝，增强了学生的民族文化意识。曾有学生这样说："我一般喜欢听听流行音乐，很少听其他的乐曲。自从我开始接触葫芦丝，就被它独特的外观和特有的音色所吸引。随着学习的深入，我渐渐喜欢上它，就像我的玩具一样令我爱不释手。"

3. 陶冶了学生情操

在学习的过程中，通过对乐曲的感受和理解，学生的情感世界受到感染和熏陶，在潜移默化中陶冶了情操，培养了健康高尚的审美情趣和积极乐观的生活态度。

孩子们不仅在学校里吹奏，而且在家里也不由自主地练习，有的同学喜欢将学习的曲子吹给自己的爸爸妈妈、爷爷奶奶听，更有有心的父母和孩子一起学习。

4. 活跃了校园文化生活

利用校园广播播放葫芦丝的经典名曲，以及孩子们自己演奏的作品，让学生感受到葫芦丝的音乐美，体会成功的幸福；在活动室内开辟专栏介绍葫芦丝的构件和演奏特色，让学生充分认识乐器，引起学生对葫芦丝的兴趣。学生有了兴趣就有了求学的欲望，就会认真学练并积极参加音乐的实践活动。学校开设器乐兴趣小组时，很多同学踊跃报名参加了葫芦丝学习小组。开课辅导时，我认真为学生示范演奏每一首练习曲。学生们受到优美的葫芦丝乐声的感染，个个跃跃欲试。在课余时间，学生们不再追逐打闹，而是吹奏自己熟悉的乐曲，并且你帮我、我帮你进行吹奏练习，形成了良好互助的学习氛围。

5. 增强了学生集体合作意识

器乐教学面对的是全体学生，要培养学生合作精神，最有效的方法是合奏训练。在教师引导下，学生认识到合奏就是众人划桨开大船，要听从指挥，相互配合。在相互配合的合奏排练中，音乐的情境美也会在优美的和声中体现出来，给学生带来集体合作成功的喜悦。

葫芦丝的学习周期相对较短，整体技巧难度小于其他乐器。通俗易懂的语言使学生在较短的时间就可以掌握基本指法。通过不断的学习，孩子们逐渐接触了更多的经典乐曲和自己喜欢的歌曲，如《婚誓》《康定情歌》《甜蜜蜜》《希望》《荷塘月色》《月光下的凤尾竹》等一些难度不等的乐曲。

实施音乐美育是为了追求舒展、愉快、自由、和谐，使学生从音乐审美中获得极大的精神愉悦和满足，在潜移默化中受到美的熏陶。实践证明，通过葫芦丝教学，这一教育目的已得到实现。现在学生对音乐课兴趣越来越浓，从课内到课外，回响着悠扬动听的葫芦丝声音。

在该项教学活动中，我们不但注重教授演奏技艺，还注重开发学生的智力，增强学生民族文化意识，培养学生的高尚情操，最终实现学生的审美心理结构的建构，从而使其身心获得健康的发展。

展示中学习，展示中提升

绵阳市南街小学　崔　娟

自"三环四步"大课堂建设的新课改实施以来，我们构建了"构建模块，学教练多站循环"子模式，音乐教学也随之发生了一系列变化。音乐课堂中的有效展示显得尤为重要。展示是有效课堂教学的一大亮点，展示是解决学习内驱力的金钥匙，在音乐课中有效的展示能够让学生在活动中感受到成功、自信，从而轻松掌握音乐课堂中的音乐知识，达成知识、能力、情感目标的同时还得到音乐学习的快乐。

那么，如何把握音乐课堂有效展示的操作要点呢？我想谈谈自己的看法。

一、创设情境，激发学生内在的展示欲望

情境教学是把儿童的认知活动和情感活动结合起来，将儿童带入一种情境，以便充分发挥学生的主体性、积极性、创造性，使学生在探究的乐趣中激起学习兴趣的一种教育教学方法。情境教学法在音乐教学中运用较多，在课堂上创设一种音乐情景，一种激发孩子们表演的氛围，这样易于激发孩子们去表演展示。

在教学《小乌鸦爱妈妈》时，通过投影展示图片，引导学生发现乌鸦妈妈哺育小乌鸦的艰辛和乌鸦妈妈老了不能外出觅食的无奈，在这样一种音乐氛围内，学生很自觉地就两两结合，一个表演乌鸦妈妈，一个表演乌鸦娃娃。学生在这种音乐情景中自然而然地就把自己创编的动作展示给大家。

二、多种展示形式相结合，引导学生全面展示

在音乐课上，针对音乐学科的特点，让学生在创编、表演、展示中学会知识。为了这一目标，我在课堂中运用多种形式让学生进行展示，有时候多种形式结合起来进行展示。唱歌课中通过引导学生对创编动作、表演动作进行展示；有时候也引导学生对歌曲进行歌词创编，并让学生把自己创编的歌词进行展示；也有时候让学

生为歌曲选择合适的打击乐器，编创伴奏，并以小组为单位进行展示，巩固歌曲节奏的同时，培养学生的节奏创编能力。根据歌曲内容的不同让学生选择这三种展示方式进行创编，或者鼓励学生将三种方式结合创编后展示。

三、展示方式多样化，引导学生大胆展示

有的孩子比较胆小，在音乐课上不敢大胆发言，更不敢展示。针对这一情况，在教学中，尤其是表演动作展示时，我先让学生集体表演展示，然后让学生以小组为单位进行展示，在学生有一定的展示经验之后，再让学生单独展示。尽量让每个孩子都有展示的机会，让每个孩子都敢于展示。

四、多媒体辅助展示

多媒体课件的运用为我的教学提供了有利的条件。在课堂中创编动作时，学生的动作比较单一、贫乏，针对这一问题，我借助多媒体课件，为学生播放一些具有代表性的动作，让孩子模仿。这样经过长时间练习后，孩子们自己也会创编表演了，不再畏惧展示。如：在教学《新疆是个好地方》这一单元时，对于新疆舞蹈动作，学生知道的很少，会做的也很少，在为歌曲创编动作时，几乎没有几个动作是维吾尔族的舞蹈动作，这时，动作表演也就失去了它应有的意义。为了提高学生表演展示水平，也为了让学生更进一步了解维吾尔族的歌曲特点，课前我播放了一段简单易学的新疆舞律动，让孩子们跟着做了做，结果在上课时，很多孩子进行创编动作展示时就利用了课前学习的律动动作。

五、有效展示要与评价、激励体制相结合

1. 自我评价

发展性评价强调学生的主体地位，音乐课堂上评价的目的就是让学生通过评价，形成积极的学习态度，帮助他们认识自我，树立信心，提供表现能力和展示成果的机会，同时创造宽松的学习氛围，鼓励学生提出学习过程中的困难和疑惑。在音乐课堂上开展的自我评价，对于评价和事实是否有距离，不必强求，只要学生能讲清

自己为什么这么评价就可以了。

2. 自主参与

全面发展的学生评价是纵向、横向交错，动静结合的评价活动。

3. 小组内评价

音乐课堂教学中，在小组内互评时，能使学生懂得互相商量，探讨着去评价，培养了他们与人合作的能力。同时，在小组内互评，还可以通过组内同学的鼓励，把那些在课堂上表现不太积极的同学有效地组织起来。

4. 师生互评，营造和谐氛围

只有评价、激励体制相结合才能使学生的展示得到充分的肯定与认可，学生才能在活动中感受到成功、自信，才能使学生展示活动更加有效。

以上是我总结的音乐课堂如何进行有效展示的几点看法。一堂有效、完美的音乐课堂，不仅需要一个精彩的有效展示环节，同时还要有效导入、焕发激情，有效提问、画龙点睛，有效互动、水到渠成，有效拓展、感受真实等环节来补充。这些都需要我们全体音乐老师共同研究和探讨，只有我们有效地思考、有效地设计、有效地组织，才能真正实现音乐课堂的有效。

浅谈小学音乐期末检测 "班级音乐会" 的实践与反思

绵阳市涪城区教育研究与发展中心　张　伟

《义务教育音乐课程标准（2011年版）》提出：音乐课程评价应充分体现全面推进素质教育的精神，贯彻本标准所阐述的课程理念，着眼于评价的诊断、激励与改善的功能。通过科学的课程评价，有利于学生了解自己的进步，增强学习的信心和动力，促进课程教学质量的不断提高。"班级音乐会"是音乐课程特有的一种生动活泼的评价方式，能充分体现音乐课程的特点和课程评价的民主性，营造和谐、团结的评价氛围。通过"班级音乐会"或其他活动，展示学生的演唱作品、演奏作品、音乐作品、音乐小评论、演出照片、录音录像等，达到相互交流和相互激励的目的。

多年来我区部分学校在小学中高年级音乐学科期末检测中践行"班级音乐会"评价方式，将学生跟着教师指挥棒转的传统评价方式来了一个大变革——变为教师跟着学生的主动编创表演转。

绝大数地区和学校对于学生音乐技能的检测常常仅凭着做一张试卷、唱一首歌曲、吹奏一首乐曲来判定。这样是能体现音乐教学理念中的"面向全体学生"，但学生也容易陷入被动应付，音乐教育的终极目标难以实现。"班级音乐会"以开放式的考试内容、自助式的点评方式、过程化的展示体验，全面践行课程标准中提出的主动关注学生学习音乐的兴趣爱好与情感反应；积极引导学生在音乐实践活动中的参与态度、参与程度、合作愿望和协调能力，不断提升学生对音乐的体验与模仿能力、表现能力；充分体现出了课程标准中评价的民主性，营造出了和谐、宽松的评价气氛，达到相互交流和激励的目的，是一种生动活泼的评价方式。"班级音乐会"是学生相互展示、相互评价的有效途径，是鼓励学生创造、培养合作能力的有效途径，是培养学生的自信心、激发并保持学生学习音乐的兴趣的有效途径，是营造轻松愉悦学习环境的有效途径。

这种实践变革让教师与学生们都收获了前所未有的大惊喜。

一、一个大标准，激发出学生无限创造力

当音乐教师提前一到两周向学生宣布本学期音乐期末检测由过去一板一眼的考试，变为有声有色的表演时，学生们顿时像被松了紧箍咒的孙悟空一样，欢呼雀跃起来。

我区的石塘小学和成绵路小学就率先实行了以"班级音乐会"为主的音乐评价检测方式。教师必须给兴奋之中的学生定下一个以演代考的标准：表演内容以本学期在音乐课中所学内容为主，表演形式不限（演唱、演奏、舞蹈），自己擅长或喜爱就行。低年级以演唱和律动为主，让学生每个月定时在班级把课后自己准备的歌曲完整演唱一首，形式可以是独唱，也可以是几个人合作演唱；律动表演可以随音乐自由表现，也可以是课后同学间的合作表演，如简短的歌伴舞等；对于器乐演奏则以携带方便的小型乐器为主。必须做到人人参与，让班级小主持人来主持班级音乐会。高年级考虑到学生年龄和对社会流行音乐的热情，则让学生课内外结合，可以适当把街舞、拉丁舞等课外热门的流行舞蹈在班级展示，给学生一片天地，让小组长带领大家一起准备，等准备好了再把所有表演的节目整理成比较规范的节目单，让他们自己编写好节目串词，再让学生推选出班级主持人。教师可以准备些小奖品来激发学生表演的热情。在期末音乐成绩的检测中，这项活动是每位学生必须要作为课后才艺类计分的。经过近10年的实践，学生在音乐课上的积极性大大地提高了。每位学生每次的表现累计计分，优秀的还可以获得额外加分。这也充分体现出了课程标准中评价的民主性，营造出了和谐、宽松的评价气氛，达到相互交流和激励的目的，是一种生动活泼的评价方式。

自宣布以演代考的新规后，学生们三个一群，五个一组，课余时间凑在一起，从网上下载音乐素材，在教材中翻找歌曲，主动跑到办公室向教师请教……这种学习的热情，是学生发自内心的，让教师和家长颇为吃惊。看着学生们为备演"班级音乐会"紧张忙碌着，教师为学生各自排演的节目保密的前提下，还得发挥自己的"总导演"作用。教师应尊重学生们的原创精神，只对节目的表现形式提出一些建议，让其在现场展示时更具观赏性。同时，教师利用指导学生们排练节目的时机，对中等生与后进生给予重点指导与鼓励。

没有条条框框的束缚，获得自主选题、自由排练、自信展示机会的学生把从社

交媒体中耳濡目染的流行音乐，把在社区少年宫、乡村少年宫和社会音乐培训机构学到的一技之长，把从课堂中系统学习的音乐知识和技能，把从思维碰撞中闪现的艺术火花，全部投入节目中。大家都奔着在"班级音乐会"上给老师与同学一个惊艳的展示而去。教师始终对学生们拥有的无限创造力充满信心，他们与众不同，必定创造不同。

二、一场班级音乐会，激发出学生强烈表现欲

同一间音乐教室，过去是考场，现在是释放个性、展示审美情趣的音乐会现场。

教师以音乐会"总导演"与观众的双重身份，坐在台下，电子白板或者教学投影上播放着由电脑和美术设计特长的学生制作的关于音乐才艺展示会节目单。尽管教师对每个节目已略知一二，但真当学生们上台展示时，才知道蕴藏在学生身上的艺术细胞是多么丰富，创造力是多么强大。刚开始表演的时候学生们还有些放不开，认为是考试多少有些紧张，可几个节目过后，同学们慢慢适应了这场"音乐期末检测"，个个都像小明星似的，应邀和音乐教师一起观看节目的班主任老师和科任老师也是喜出望外，这时孩子们的表现是平时难以看到的。

音乐会上的节目非常丰富：有教材歌曲演唱，也有教材音乐作品创编的舞蹈；有课堂乐器演奏，也有非课堂乐器的演奏；有配乐朗诵，有根据教材里的音乐作品改编的音乐剧，还有学生把街舞这种动感的流行文化恰到好处地运用到节目中；等等。学生在演唱课本上的歌曲时也不像我们预料的那样中规中矩地站在那里静态地演唱，而是加入了相应的表演，让人眼前一亮。让老师刮目相看的是那些平日不显山露水、言行内向的学生，在节目中犹如脱胎换骨一般，自信大方地和同伴手拉手地演唱，甚至有同学明星范十足地走下台来和"观众"们握手……就连在节目演出中出现的小意外，也被力争拿到好成绩的学生们稳妥处置。比如表演小合唱的孩子，因为伴奏音乐出现了问题，不得不冷了场。不过，不愿放弃的孩子们现场下载了一首伴奏音乐，短短一分半钟，孩子们的精彩表演得以继续，真有临危不乱的风范啊。

在五年级的一场班级音乐会中，前半场的音乐会都显得很平静，因为从三年级就开始用班级音乐会的形式对孩子们进行音乐技能的检测，孩子们已经习惯了音乐会的表现形式，哪些同学有哪些特长，在音乐会中会表演或展示什么节目，可以说每个孩子心中都很有数，表演后更多的是惊叹：某某同学的舞跳得真好、某某同学

的钢琴弹得很不错、某某同学的相声表演得太棒了、某某同学的进步可真大……当小主持人宣布"请大家欣赏由某某同学带来的街舞表演，掌声有请"时，教室里顿时沸腾了起来，响起了稀稀拉拉的掌声，从大家的表情里我隐约感觉到了不友善，心中多了很多顾虑，接下来会是一个怎样的"车祸"现场呢？我心里很没有数。因为这是一个捣蛋鬼男生，以前的音乐会从来都不敢上台。在一阵沸腾之后，这位"捣蛋鬼"走了出来，很不好意思地站到了舞台上，朝播放音乐的同学点了点头，动感的音乐瞬间弥漫了整个教室，没想到这个胖小子的身体是那么灵活，完全不是我以前认识的那个"捣蛋鬼"了，随着有节奏的音乐全班同学都拍手为他伴奏，就这样，他像一个小明星一样在班级音乐会的舞台中舞蹈着、享受着……表演结束后，教室里响起了雷鸣般的掌声……音乐会结束，我主动找到这个同学跟他交流，他说第一次班级音乐会结束后他就下定决心一定要在将来的某一天让所有人对他刮目相看！我给他竖起了大拇指，给了他一个大大的拥抱，兴奋地说："孩子，你做到了，老师真为你感到骄傲！"从那以后，他简直就像变了一个人似的，学习和行为习惯也有了一定的进步。我想：这就是音乐给他的力量，是音乐改变了他，是班级音乐会让他找到了自信和展示的舞台！

教师如痴如醉地欣赏着孩子们真诚的表演，根本不用担心有"南郭先生"在节目里滥竽充数，因为每一个节目都不是为了应付检测而成的。节目中艺术特长生带领组内的艺术"发烧友"，竭尽所能将舞台变成展示才艺的快乐园地。

三、一次小转变，变出学生主动参与感

音乐期末检测变成了"班级音乐会"，教师从讲台上严肃的考官变成了台前幕后的和孩子们打成一片的"导演"，和孩子们一同打磨节目，让节目个个都尽善尽美；同时，教师也变成了演出现场为孩子们的真情演出热烈鼓掌的观众。学生们成了期末检测的主角，从选题到排练再到最后的节目呈现，全都由他们一手操办。

孩子们在排练节目过程中，不分校内校外，有些甚至还动用了家长，让其帮忙在网上找素材资源，让其当观众提意见。平日学习音乐不太积极的学生，居然都成了活跃分子，他们一上场，举手投足都成了台上的焦点。

这在传统的期末检测模式中，简直是不敢想象的。传统的检测模式过于注重分数，忽视了培养学生其他方面的能力。现在，教师从学生内心蕴藏的表演冲动出发，结合期末检测这一契机，为他们搭建展示音乐才艺的舞台，让他们尽情展示。这是一个宽容的舞台，只要敢于上台表演，就是成功。这是一个交流的舞台，只要能带给他们艺术享受，就是快乐。亲临"班级音乐会"的现场，会忘了这是在给学生们进行学期音乐期末检测，甚至还以为自己在参加校园艺术节的演出。

2012年，我在北京参加"全国音乐名师大讲堂"培训时，一位专家特别讲到"班级音乐会"有一举两得的功效，既可以看到学生经过一个阶段的系统学习在音乐方面的才艺素养，又可以看到学生在下一个阶段的学习兴趣点与需求，即诊断性评价。

通过近几年我区部分学校在音乐期末检测中的实践，我们更加明确了在下一阶段音乐教育的重点与促进学生主动学习音乐的方法。音乐教育的重点便是通过搭建舞台让学生把学到的音乐知识与技能展示出来，让学生在自己主动参与体验的活动中感受到音乐的美。促使学生主动学习音乐的方法便是在音乐课堂中引入学生在课外所获取的音乐知识与技能，把课堂中的音乐知识引入学生的课外生活中，这种双向引入的方式会进一步增加学生学习音乐的兴趣与目标感。

"班级音乐会"仅仅是学期音乐期末检测的一种形式，对学生音乐素养的提升仍然离不开过程性评价奠定的基础。没有科学系统的过程性评价，任何形式的终结性评价只能是空中楼阁、无根之木。学生在班级音乐会上的主动参与精神也来源于平时过程性评价的培养。在过程性评价上，有学校的音乐教师还给在音乐课上能积极回答问题、表现突出的学生发教师自制的音乐五星，在小组活动中表现好的小组的组员每人都将得到一枚音乐五星。即使个别学生自己表现的时候可能不是很出众，也能在小组合作时得到音乐五星，十颗音乐五星便可换取教师准备的学习用品，还能在期末评价表上加上一定的分数，这样极大地调动了学生们的合作意识，增强了团队凝聚力。

期末"班级音乐会"后，教师将评价表发到每个孩子手中，再结合平时"活页练习"、音乐五星数、音乐会上的表现等自评和互评，最后音乐教师做出评价，这样就更能够全面系统地将孩子在音乐课的表现情况展示出来。

在过程性评价中，我区还合理运用课本资源。将这些活页习题在上课时发到每个学生手里，做完题后同座之间交换。如果觉得对方的答案你也是认同的就可以给他的习题加上评价。这样既让学生们掌握了相关知识，也没有约束学生们的思维，同时巧妙使用活页习题也能在过程性评价中起到调动学生主动参与音乐学习的作用。

有了平日对学生主动参与意识与合作意识的强化培养，才有了学生们在"班级音乐会"上的精彩表现。

　　在评价的过程中，也有一些小的瑕疵需要改进。比如：有时，个别班级音乐会注重形式而忽略了音乐性和艺术性；音乐五星有遗失的情况；在"活页习题"的互评中，学生有相互作弊的现象；将所有评价完成后，容易混淆在一起，特别是对年龄稍小的孩子。这些都需要我在后续的工作中做好相应的改进。

音乐日常教学中的养成教育

绵阳市实验小学　胡　玲

日常教学即持续、自然、常态的教育学习。而教育中的养成教育应从教育的最初始阶段开始，并贯穿整个小学阶段，经历养成、反复、巩固、固化四个阶段。今天我们从养成教育最初始的阶段探讨，从哪些方面入手，可以落实并促成音乐教育中养成意识的常态化。

一、养成教育中规则意识的形成——"静"入音乐功能室

首先让孩子明白，音乐功能室是学习音乐之地，应轻踏脚步进入教室，静享音乐，针对"静"则需要制定相应细则。落实到每个学生、每个小组、每个班，在每堂课前设立课前分，老师时刻关注学生进入教室的状态，对于"静"入教室的学生给予表扬，反之则提出批评，并令其重入教室。这一制度设定应实施于班与班之间的评比机制，在班内实行小组与小组的评比，学生与学生之间相互监督，老师实时跟进，奖惩分明，步步落实。习惯的养成有21天效应，只要落实并坚持执行，学生"静"入教室的习惯就会逐步形成，这也为快速"静"入教室打下良好基础，实施"静"享音乐学习的第一步。

二、养成教育中规则意识的形成——"静"心倾听

在音乐课之初，老师有意识地轻声说话，培养学生的静心倾听习惯。现实教学中，部分老师因担心孩子们错过了知识点与要求而使用扩音器，教室中充斥着电流声和学生的窃窃私语声，其实这恰恰是老师放弃了训练学生的倾听习惯的契机。而作为音乐老师，在授课时应轻声细语，在课中提出聆听的具体要求，并请孩子们在适当的时候进行复述，在每一次孩子的复述中，提醒他们说话的声音也应是轻柔的，对于复述正确的孩子给予表扬。老师在课中用美的声音表达，感染着学生，把课中

的情感体验带入美的享受中！相信在教学中，经过轻声教学、实践与反复训练，孩子们会慢慢地养成"静心"倾听的习惯。

三、养成教育中专注意识的培养

音乐课堂中，首先要培养学生学会"察言观色"。教学中我们会发现有趣的一幕：有的老师往讲台上一站，原本喧闹的教室顿时鸦雀无声，而部分教师面红耳赤，大声地呵斥，却只能换来片刻的宁静，这两种状况大相径庭，是什么原因导致的呢？其实在养成教育之初，要让学生学会"察言"，课堂中老师有条不紊、声情并茂地授课，却在某一处声音戛然而止，而这时学生应警觉并知道，老师言语停止是什么原因造成的，是否是因为自己的不专注或其他孩子违反课堂纪律吗，这就是"察言"，老师最初应有意识地以"静"制动。多训练、多引导，在反复的训练过程中形成学生"察言"意识。

其次，在"察言"的同时，让学生注意老师的表情即"观色"。音乐课中，老师时刻用"手"指挥孩子的眼睛，用眼神与孩子的眼神交流，培养学生眼神的关注与思维专注。老师切忌多用语言，有时老师"静默"与"眼神"就是最好的方法。课堂中老师的一切表情都与学生的活动息息相关，在养成教育最初，老师有意识地去训练，对于课堂中学生的专注能力的培养、班级的教学管理等各个层面都有所帮助，老师的这种反复训练提高了管理的效率，从而也固化为学生的一种日常习惯。

四、养成教育中的底线意识——育人为本，让学生心悦诚服

"底线"即不能触碰的最后规则。音乐老师教授的班级多，会接触到各个班的"调皮"学生。经常课中批评教育之后，在课后不了了之，而在接下来的课堂，这些孩子又重蹈覆辙或者变本加厉地扰乱课堂。在学生最初的养成教育中，每堂课后，首先要让学生知道老师为什么会批评他，让其意识到自己错在哪儿，绝不让学生带着怨气出教室，使其"口服心更服"。其次，让学生明白，没有规矩不成方圆，老师的要求底线是什么。对于特别调皮的孩子，给他一个小目标，让他觉得自己能做到的小目标，比如：坐姿端正、眼睛亮、耳朵灵、思维活跃。逐步训练学生，并培养学生自信，养成集体意识与规则意识，最重要的是老师要对学生持续关注，适当地

"夸大"学生的进步及闪光点，真正做到育人为本。

五、养成教育中自觉意识的培养

在养成教育初始阶段，上完课，要求学生摆放桌椅，整理教室，让学生从"要求"到"自觉"，建立责任意识。让学生爱护自己的学习环境，建立小组责任制，监督本组学生的行为，先进行小组评比，再进行班级评比，养成学生的自觉意识，给下一个班的学生留下干净整洁的教室。

日常教学中，养成教育需慢慢浸润，实时渗透在"小"与"细"的训练中，转化为学生的自觉意识，从而实现在养成教育中育生命自觉，润物无声。

巧用多媒体，丰富音乐情境

绵阳市东辰学校　田婉琳

情境教学的形式多样，但其目的都是激发学生的积极性、主动性，将知识化繁为简、化难为易，利于学生理解。

通过多年的音乐教学，本人发现我们的音乐课堂对于情境教学的运用还需要注意以下几个问题：一是创设方式的丰富性、新颖性，教师设计的情境一定要多变与新颖，这样才能达到不断激发学生兴趣的作用。二是创设方法的启发性，设计的内容一定要注重激发学生的想象，以达到拓宽视野、活跃思维的目的，使之更好地为教学目标服务。三是创设方法的实用性，设计的内容一定要结合学生当下身心发展的特征，使创设的情境与教学目标一致，做到合情合理。通过反复研究，本人就如何在课堂教学中巧妙运用多媒体这一点进行了如下思考。

一、运用多媒体，创设教学意境

在音乐欣赏教学中，使用多媒体设计生动新颖的动画，能迅速吸引孩子们的眼球，激发他们的兴趣。对于低段学生，在创设情境时，我们只需要给出能帮助他们理解音乐形象的画面，在重点部分加以引导，就能达到教学目的了。下表是运用多媒体设计《狮王进行曲》的教学案例。

运用多媒体设计《狮王进行曲》教学案例

教学内容	教学环节	教师活动	学生活动	设计意图
《狮王进行曲》	新课教学	同学们，今天老师为大家带来一位朋友，来听一听它的音乐形象是什么	通过乐曲中厚重低沉的旋律说出音乐形象是狮子	通过音高与速度想象音乐形象，激发学生探索的欲望
		狮子在干什么呢？（教师通过多媒体播放A段乐曲，并出示一只狮子正在行走的动态画面）	由画面联想，比如：狮子正在捕食猎物，正在巡视森林	通过多媒体出示，激发学生想象

（续表）

教学内容	教学环节	教师活动	学生活动	设计意图
《狮王进行曲》	新课教学	再次播放这一乐段	一边体会一边模仿狮王的动作	这时就把抽象的知识形象化，学生在轻松愉快的氛围中，理解了狮王的音乐形象
		引导聆听乐曲的其他片段	脑海中自然地形成整体故事画面	既让学生成为课堂的主体，也让他们的思维一直沉浸于音乐的情境之中，主动思考、主动参与，达成良好的教学效果

二、运用多媒体，将抽象具体化，加深对音乐的理解

音乐作品是一种抽象的艺术形象，它是作曲家通过各种音乐要素传达自己的所感所想。而小学生对事物的理解是由具象到抽象的，因此我们在引导学生欣赏音乐作品时，也应该由浅入深。对于一些音乐作品，我们可以适当通过多媒体的介入，降低它的理解难度，通过视频再现作品内容，让学生身临其境，更易于理解作品所要传达的思想。

例如，在教学四年级欣赏课《彼得与狼》时，由于学生有了一定的生活阅历，想象力也更为丰富。因此，我们可以让学生先聆听乐曲，通过乐曲中乐器的不断交替，自发联想音乐形象，叙述出一个完整的音乐故事。通过学生创设的音乐情境，教师利用多媒体将他们所听辨出的乐器逐一呈现，并聆听这一乐器在乐曲中表现的音乐片段，再呈现每种乐器所代表的音乐人物形象。最后，教师利用多媒体播放动画版《彼得与狼》，学生通过听觉与视觉的双重感受，对作品的理解由感性认识上升为理性认识，使学生的情感与音乐意义达到统一。不仅加深了对作品的理解，更让他们明白这部音乐作品的育人道理：勇敢机智、团结友爱。通过动画所创设的音乐情境，培养他们高尚的道德情操，启迪智慧，获取积极进取的生活态度。

三、运用多媒体，收集大量信息，拓宽视野

高学段的学生，视野更加开阔，想象力与创造思维进一步提高，在进行欣赏教

学时，可以通过多媒体，向学生拓展更多的相关音乐知识，开阔他们的视野。学生利用课余时间通过多媒体收集相关信息，在课堂之中分享自身对音乐内容的所感所想。有了大量的音乐知识积累，学生在欣赏音乐时更容易进入情境之中，从而激发求知探索的欲望。

例如，五年级歌曲《铃儿响叮当的变迁》，这是一首根据《铃儿响叮当》改编的歌曲，通过牧歌、华尔兹、狐步舞、爵士、摇滚这五种不同的音乐风格分别演绎。对于原曲，学生都是非常熟悉的，所以本课的教学重点也放在了对这几种音乐风格的感受上。课前，我们可以让学生搜集一些自己喜欢的音乐类型，并互相分享交流。教师对学生搜集到的音乐类型再加以补充，归纳总结，在拓展部分以多媒体形式逐一呈现，拓宽视野。通过这样的方式，既能激发学生的兴趣，又能持续保持他们对课堂内容的关注度。教师还可以通过多媒体向学生展示更多类似变奏的歌曲，激发他们的创作欲望。

总之，在具体的教学实践中，我们通过对多媒体技术和音乐欣赏教学两者进行有机的结合，收到了良好的教学效果，从理论上更加深刻地认识两者结合的重要性。多媒体的运用有助于创设符合作品内容的音乐情境，更好地帮助学生参与到作品中，调动学生的积极性；促进学生的发散性思维，培养学生对美好事物的想象；引导学生进行艺术创新，培养学生对美好事物的创造美。

现代化的教育越来越普及，在音乐教学中信息技术将会在更广泛的范围内得到应用，具体体现在其技术的先进性、优越性，而智能化也将得到充分的体现。事实证明，多媒体这一技术，不仅能辅助课堂教学，还能使课堂教学达到最优的效果。

论流行唱法技巧能否在童声演唱中运用

绵阳市先锋路小学　代　雨

音乐在我们的生活中无处不在，甚至成为了许多孩子成长路上最亲密的伙伴。随着各类少儿歌唱类电视节目的走红，越来越多的孩子喜欢上了唱歌并开始学习声乐。作为一名小学一线教师，笔者深刻地感受到，学生对于书本上的歌曲兴味索然，尤其是高年级（4—6年级）学生；那些非常经典、流传甚广的儿童歌曲已不能满足他们对歌唱的需求。用什么方法能让学生始终保持对于歌唱的学习热情呢？相信这是所有从事音乐教学的老师时常思考的问题。

兴趣是最好的老师。那么，学生喜欢什么音乐呢？必然是"流行音乐"。

小学生可以唱流行歌曲吗？答案是肯定的，但需要老师们在选曲时多花费心思，在他们的音域范围内选择积极向上且富有正能量的曲目。少年儿童无论是生理还是心理都与成人有着巨大的差异，所以，无论是选曲还是歌唱技巧，都不能盲目选择和套用。根据笔者多年从教经验发现，童声训练的科学理论依据、方法等与成人基本一致，所以流行唱法技巧为什么不能运用在童声演唱中呢？今天，我将针对流行唱法技巧能否在童声演唱中运用提出以下几点思考。

一、什么是"流行音乐"

首先，我们得知道什么是流行音乐。流行音乐是根据英语（Popular Music）翻译过来的，19世纪末20世纪初起源于美国，其风格多样，形态丰富。中国流行音乐于20世纪20年代诞生于上海，于20世纪30年代形成了具有中国特色的流行音乐风格。流行音乐因其结构短小、内容通俗易懂、形式活泼多变、易于传唱而被广大群众所热爱，因此，又有"大众音乐"之称。

二、流行唱法的技巧

在当今这个流行音乐蓬勃发展的时代，许多高校专门开设了流行唱法专业，越来越多的人去研究中外的流行唱法技巧。通过汇总，目前国内的流行唱法主要有以下几种。

1.轻声唱法

轻声唱法应用符合演唱曲目情绪的气流振动声带产生基音，基音声波通过口腔形成一定的共鸣，在口、齿、舌的控制下唱出近似呢喃的声音，使听者有贴近和神秘感。

2.气声唱法

说到气声唱法就一定要说到李谷一老师，她最早将气声唱法带到大众面前，且反响空前。气声唱法是以气带声的歌唱技巧，歌者有意不让声带闭合，让气流通过未完全振动的声带时发声，这种发声方式因具有明显的气流声，从而使音色暗淡、婉转，甚至会有一点嘶哑。气声唱法一般运用于抒情慢歌中的轻吟浅唱，特别是感叹、如泣如诉或是窃窃私语的音乐段落，使感情表达更为真切，更具有感染性。但气声唱法如果控制得不好，就会变成"真漏气、假气声"，简单来说，气声唱法就是有控制地漏气。

3.假声唱法

假音唱法属于高位置发声，发出来的声音高于普通人的正常音域。将声带拉紧，气流振动声带边缘发声，就是通常我们说的捏着嗓子唱歌。这种演唱方式多见于中国传统戏曲，在流行唱法中的运用通常是为追求某种特殊效果而用在歌曲的某一部分，或者是作为修饰音出现。在运用假声时要注意真假声的过渡，衔接时要流畅，不能出现声音断层的现象。假声唱法需要长时间训练才能做到运用自如。

4.喊声唱法

用强气流振动声带，发出豪放、高亢、有力的喊叫声，给人以热烈、激动、爆发的感觉。喊声唱法多运用于摇滚乐，大声撕裂的喊唱让人热血沸腾，但控制不好会失声且喊声唱法非常不利于嗓子的保护，因此不建议在没有指导的情况下盲目尝试。

5.直声唱法

直声唱法区别于喊声唱法，直声唱法需要声带完全闭合，彻底阻挡气流，听不到一丝气流声。直声唱法对声带的发声负担很重，对歌者的声带机能要求很高。

6.柔声唱法

柔声唱法是古典唱法的范畴，是科学的演唱技巧，因此它早早地被流行唱法所吸收并运用。柔声唱法要求我们用轻柔的气息好像抚摸声带一样发声，这需要充分的气息支撑，并且做好声带闭合，嗓子和咽喉呈放松状态。运用柔声唱法配合高位置发声可帮助我们打通头腔，找到高音的状态，从而唱出我们想要的泛音及甜美动听的声音。

7.甜声唱法

甜声唱法音色甜美、纯真，采用头声共鸣，混声位置在鼻咽部，声音像是从眉心处发出一样，音质透亮、细腻。

8.哑声唱法

哑声唱法就是人们通常说的"破锣嗓"，这种唱法需要下压喉头，胸腔共鸣，突出喉音，唱出一种沙哑、野性的音色。

9.低吟唱法

这种唱法多运用于男低音和男中音抒情类曲风，采用胸腔共鸣，唱出低沉、圆润、浑厚的音色。

10.全混声

这是近年来很流行的一种演唱技巧，它的理念是"全音域"，就是从低音到高音不受任何阻碍的或者破坏的一个完整的声区，找到同频道的音色、音质和共鸣，能有效解决高音拉扯、共鸣不统一的问题。

三、流行唱法在童声演唱中的运用

将流行唱法运用在童声演唱中的这个想法萌芽于2009年，那时候笔者还是一名在校的大学生，机缘巧合下观看了国外的一档少儿歌唱类节目，大为震惊。多种演唱技巧无缝衔接，非常惊艳，声音松弛，音域宽广，完全颠覆了我心中对童声唱法的认知，那时候很懵懂，遗憾没有深思。直到2013年，国内各大平台陆续推出了少儿歌唱类电视节目，从那些节目中我看到了时隔四年我国童声演唱发展的新突破，孩子们一首首作品的精彩演绎让我看到了他们稚嫩的童声正在与各种流行演唱技巧完美融合。这也令我萌生了在童声合唱团里结合流行唱法技巧完成作品的想法，但是又有一点畏首畏尾，因为我们每一年都有合唱比赛，如果不成功，就意味着可能要放弃当年的比赛。于是我暂时按捺住想法，从《中国新声代》里面的几位小朋友的唱法开始研究这一想法实施的可行性。

看过《中国新声代》这个节目的观众应该对这几位选手都不陌生，"音乐核武器"张钰琪，号称被"天使吻过"的嗓音的钱正昊，还有混血萝莉"小烟嗓"爱新觉罗·媚、汤晶锦等，其中我特别喜欢的是"音乐核武器"张钰琪。张钰琪参加比赛的时候只有十岁，一首汪峰的《像梦一样自由》征服了无数人。我细分了一下她在这首歌曲中所用到的流行唱法，全曲多采用直声唱法，同时融入了气声、道白、转音、喊唱等，在这首作品的演唱过程中她的歌唱状态从头到尾非常松弛，甚至还尝试了很多成人都不敢尝试的怒音唱法。很多观众都在担心，这个嗓音条件如此好的小姑娘，总是唱流行歌曲而且还难度那么大，会不会不科学？会不会把嗓子唱坏？为了解答这个问题，我需要给大家捋一捋她的成长历程。

2013年参加《中国新声代》第一季。

2014年凭借高人气再次登上《中国新声代》第二季的舞台。

2015年《中国新声代》第三季助力汤晶锦，两人共同演绎摇滚作品《给所有知道我名字的人》。

2016年参加《澳牧宝贝迎新春》，演唱"Flashlight"。

2017年参加为爱而唱"超级童声公益演唱会"，一首《生如夏花》震撼全场。同年到韩国参加集训。

2018年《中国新声代》第五季助力张恒瑞，共同演唱《我是一只小小鸟》。同年考入伯克利音乐学院，并获得奖学金。

2019年参加《明日之子之水晶时代》夺得"最强厂牌"，并为美国国家航空航天局（NASA）太空总署美国科学突破奖的颁奖晚会典礼献唱"Outside"。

2020年发行个人首张原创迷你专辑《ZHANG》。

她从未离开大众的视线，从她的成长历程我们可以得到一些经验和思考。其实在2013年参加《中国新声代》第一季时她还在变声前期，音色清脆、明亮、纤细，那个时候她主要以口腔共鸣、鼻咽腔共鸣和部分头腔共鸣为主。2014年参加《中国新声代》第二季她进入了变声期，音色开始逐渐变得低沉、宽厚，有少量胸腔共鸣出现。到了2015年参加《中国新声代》第三季对比就更明显了，她与汤晶锦合作的歌曲《给所有知道我名字的人》正好是她第二季的参赛作品，对比她在不同时期演唱的同一首作品我发现，她这个时期的音色更加低沉、宽厚，胸腔共鸣明显加强，表演更具有张力和感染力，但音色有一点嘶哑，高音时有点扯嗓子，这一度让我很担心，所以一直持续关注。到了2016年她演唱"Flashlight"时我放心了一些，此刻她应该处在变声后期，我想她应该是有了新的声乐老师，喉头位置明显放低了，唱腔有了明显变化（这个又是另一个话题了，我们暂且不论）。2017年她演唱《生如夏花》时，声音扎实有力，声音位置稳定，全音域声音统一，压力的收缩和释放自如，这与我了解到的流行唱法中"全混声"相符合。所以，她的嗓子并没有坏。不仅如此，她今年还出版了个人首张原创迷你专辑，与同龄人相比她早早地形成了自己独特的流行演唱风格，唱腔非常国际化，自信也使她越来越优秀。

在《中国新声代》中还有一个与张钰琪同龄的小姑娘，她叫爱新觉罗·媚，她的妈妈也是歌手，因此她从小耳濡目染，早早就接触到了流行唱法。她目前就读于英国现代音乐学院，并于2019年参加《中国好声音》重回大众视线，对比她在《中国新声代》和《中国好声音》两个时期的作品不难发现，她的唱腔在《中国新声代》时期就已经形成了，只是现在音色更成人化，共鸣腔体更好了。还有，例如钱正昊等很具有代表意义的孩子，在这里我就不一一列举了。通过几年的研究，我认为只要有科学的训练方法和教学理念为支撑，那么流行唱法中的技巧是完全可以在童声演唱中去运用的，它不仅可以让童声唱法不再单调，还可以调和童声的音色。近年来，我们合唱团每年的比赛都会选择一首具有流行音乐元素的歌曲来演唱，孩子们知道了一些流行演唱的技巧，积极性特别高，还经常给我推荐作品。

随着时代的发展、音乐风格类型的多元化，现在的孩子们接触到的音乐跟我们小时候听到的已经完全不一样了。爱学生之所爱，与时俱进，让他们找到歌唱的乐趣和自信才是音乐教育良性发展的真谛。

情境教学法在小学唱歌教学中的应用研究

绵阳市先锋路小学　叶子瑞

音乐作为一种重要的艺术形式，对于情感的表达具有独特的优势。唱歌作为音乐中一种比较直接的表现形式，对于情感的表达比较直白。在目前的经济文化背景下，唱歌教学已经成了小学艺术教育中的重要组成部分，对于提升小学生的音乐审美、音乐情感体验、情感表达具有重要的作用。情境创设能激发学生学习唱歌的兴趣，提高学生的注意力，形成良好的师生关系与和谐的课堂氛围；情境创设能培养学生的感知、想象、记忆、思维、情感理解与创造能力；情境创设能为学生唱歌学习提供充足的学习资源，辅助学生进行音乐作品分析，帮助学生选择合适的方法唱歌，从而解决唱歌学习中遇到的各种问题。

一、小学唱歌教学的重要性

（一）小学唱歌教学对于学生发展的重要性

小学课程改革之后，音乐课的标准也随之发生了一定的变化。目前的新课程要求小学的音乐教育应该坚持以学生的兴趣为主，重在培养学生的音乐审美以及学生对于音乐的热爱。唱歌教学作为音乐教学中的重要内容，对于学生声乐基础的奠定具有重要的作用。唱歌教学为学生以后的发展奠定了一定的基础，做好了长远的准备。通过唱歌教学，可以让学生感受音乐的魅力，体会音乐教学的重要意义。

对于学生的发展来说，唱歌教学可以愉悦学生的身心，让学生在学习过程中感受音乐的美好，培养积极乐观的生活态度，对学生情感、情绪、节奏感、韵律感等方面的发展具有重要的意义。

（二）小学唱歌教学对于音乐审美培养的重要性

唱歌教学对于学生来说，是抒发情感、培养音乐审美的重要途径。学生在唱歌的过程中，体会了各种情感，同时也是自我情感的抒发，例如小学唱歌教学中的名曲目《国旗国旗真美丽》，歌词美好又充满童真，其中也运用了重复的手法，更适合低年级学生的审美，"我愿变朵小红云，飞上蓝天亲亲你"将爱国的情感寄托在其中。学生通过歌曲的演唱，可以感受其中爱国情感的美好，也可以在演唱中抒发自己的爱国之情。

对于音乐审美的培养来说，学生在具体的演唱中，更容易仔细品味歌曲中的歌词、节奏、情感等，唱歌教学对于学生音乐审美的培养具有重要的意义。音乐审美是学生审美的具体部分，良好的音乐审美可以延伸到学生总体的艺术审美中。

二、情境教学法的内涵价值和意义

（一）情境教学法的内涵

情境教学法是相对于传统教学法的一种新型教学方式，强调在具体的教学过程中营造和教学内容相关的生活情景，以提高学生对于知识的理解能力和综合应用能力。情境教学法相对于传统的教学方式，更有助于将课堂和生活联系起来。对于音乐教学来说，情境教学法真正让学生在生活中体验唱歌，在唱歌中抒发真情实感。由此看来，情境教学法不仅仅是一种简单的教学模式，更是一种教育理念的更新，不仅有助于激发学生的学习热情，更有助于提升学生音乐审美能力。

（二）情境教学法的价值和意义

首先，从教师的角度来看，情境教学法是教师教学能力提升的重要体现，是教师教学设计能力和教学理念提升的重要体现。情境教学法的运用，需要教师在具体的生活实践中对教学资源有一定的把握，对课堂知识有深刻的理解，同时对课堂知识的实践性有很好的把握。情境教学法的实施，是教师综合素质的重要体现，也是教师教学理念和教学价值倾向的重要体现。在情境教学中，教师将课程取向转换为生活取向，在这个过程中提升学生对于知识的理解能力和运用能力。

其次，对于学生来说，情境教学法的实施，可以让学生在具体的情境中理解和掌握知识，这样的过程符合学生学习的规律，在具体的经验中将知识内化为自己的实践经验，这样在调动知识为实践服务的时候，能更快捷、更方便。情境教学还有助于提升学生的学习兴趣。兴趣是学生最好的老师，情境教学将生活中的具体情境和教学结合在一起，使学生充分体验了学习的乐趣，将学习和生活紧密结合。

三、情境教学法在小学唱歌教学中的应用

从情境教学法的价值和意义来看，结合小学唱歌教学的重要性，在目前的小学唱歌教学中引入情境教学的形式具有一定的必要性。

（一）结合教学目标，制定情境教学具体策略

对于小学的唱歌教学来说，主要的教学目标有两个方面，第一是培养学生的音乐技能，包括发音、用嗓等方面的具体内容；第二是培养学生的音乐情感，主要包括情感的体验和情感的表现两个重要方面。结合情境教学在小学唱歌教学中的具体应用来说，不同教学目标的制定，需要采用不同的情境教学策略。例如在小学唱歌教学中的六年级曲目《滑雪歌》，主要有三个方面的教学目标，首先是引导学生简单了解雪花的形成，其次在情感方面感受自然的美好，最后在审美方面感受冬天的美景，同时学会有技巧地演唱这首歌曲，使得歌曲有一定的音乐艺术美。针对这样的教学目标，首先要确定情境教学在教学过程中的使用。在教学的导入环节，使用《雪孩子》动画片中关于雪孩子最后变成云朵的画面，向学生展示雪花的来源，让学生对于雪有简单的认识和了解。这节课是六年级下册的内容，教学场地可以选择冬天的室外，让孩子们切实接触雪花、欣赏雪花的美，在银装素裹的校园中演唱美妙的歌曲，使他们印象更加深刻。

（二）紧扣教学环节，实施情境教学

一般来说，具体的教学环节包括组织教学、检查复习、学习新教材、巩固新教材、布置课外作业等。不同的教学环节，对于情境教学的要求也不同。例如，在组织教学的环节，教师可以营造相应的生活情境，在这样的环境中进行具体的教学实践。在巩固新教材和布置课外作业环节中，教师可以就现实的生活环境展开情境教学，这样的环境不是教师营造的，而是具体的、切实的生活环境。在不同的环节渗透情境教学，对于学生知识的巩固以及具体的运用都有重要的作用。例如，三年级上册音乐课本中的《我们多么幸福》这首曲子的教学活动，主要的教学目标是引导学生体会现在生活的幸福与不易，学会珍惜生活，感受幸福。在教学开始之前，教师简单介绍歌曲创作的时代背景，使得学生对于当时的生活有一定的了解。在具体的教学过程中，很多学生对于"晨风吹拂五星红旗，彩霞染红万里山河，不论在城市还是乡村，家家的孩子都去上学"这一句歌词体会得不够深刻，教师可以采用多

媒体教学等形式将当时农村学生的上课情景进行展示，以直观的形象向学生展现当年和现在上学条件的区别，使学生的情感更加浓厚，对于情感的把握也更加到位。学生的唱歌教学也是这样，学生在教师营造的生活情境中学习之后，在现实的情境中练习，既提升了学习的兴趣，也巩固了学习的成果。

（三）深入课后反省，提升情境教学策略

课后的反省是教师教学能力提升的重要手段。课后的反省，有助于教师对课堂教学策略、学生反馈等方面进行具体的总结。例如，情境营造的适当性、及时性、趣味性等，还有学生对于课堂情境表现出来的兴趣、要求等，除此之外，还包括教师对于学生掌握情况的反省。例如，在四年级的唱歌曲目《愉快的梦》的唱歌教学中，教师营造了美好的外太空的景色，利用多媒体视频等让学生感受到梦的多种可能和五彩斑斓，但是教师在反省的过程中发现，学生虽然对于歌曲的情感和兴趣比较浓厚，但是落实到具体的唱歌环节中，"可爱的小矮人，正在岸上快乐跳舞歌唱"断句的过程中总是有一定的问题，因而这一句也总是影响总体的唱歌节奏。通过深刻的反省，教师认识到唱歌教学的首要任务是表现节奏的韵律和美感，任何情境的营造是为了让学生更好地体验情感、更好地表达情感。之后，教师结合相应的呼吸节奏，在欣赏的时候采用了鼓、钢琴等多种乐器辅助学生学会换气和断句。教师只有在具体的情境教学中对于自己的教学策略以及教学成果有很好的反思，才能更好地提升情境教学的策略。

唱歌教学对于提升学生的音乐审美和情感表达具有重要的作用，情境教学在唱歌教学中的运用，可以很好地提升唱歌教学的效果，同时也有助于教师教学能力的提升。在目前的唱歌教学中，结合教学目标制定情境教学的策略，在具体的教学环节中把握情境教学，在课后的反省中提升情境教学策略，对于情境教学和唱歌教学的结合具有重要的意义。

让民族音乐之花在孩子心中绽放

绵阳市成绵路小学　欧冬梅

在全面发展素质教育背景下，国家对小学音乐教学也提出了更高要求，除了要侧重学生音乐基础知识教授以外，还要注重培养学生综合素养。而民族音乐作为小学音乐重要组成部分，可以助力知识、能力和素养协同培养目标更好达成。但是受到民族音乐内容较少、学生感受体验不足等因素影响，民族音乐在小学音乐教学中渗透的重要作用没有充分发挥出来，整个小学音乐教学质量也无法得到有力保障。本文联系小学音乐教学中注重民族音乐渗透的重要性，对当前小学音乐教学存在的问题进行细致分析，并从深化民族音乐认识、精心设计课堂教学、增强学生感受体验、开展丰富多彩活动等方面入手，提出几点在小学音乐教学中融入民族音乐的有效策略，以供参考。

一、小学音乐教学中注重民族音乐渗透的重要性

在小学音乐教学中，注重向学生渗透民族音乐，可以起到以下作用：（1）增强学生文化素养。民族音乐所蕴含的人文知识非常多，在课堂教学中注重引入民族音乐，可以使课堂教学内容变得更加丰富，学生在深刻理解民族音乐知识内容后，还可以进一步了解蕴含其中的文化内涵，自身文化素养能得到进一步增强。（2）提高学生艺术鉴赏审美能力。在小学教育体系中，对学生开展小学音乐学科教学，其主要目的是培养学生音乐鉴赏审美能力，而在教学中注重向学生渗透民族音乐，除了能够让学生感受到民族音乐之美以外，还能通过对不同类型民族音乐的学习和品味分析，让学生更加客观正确地认识我们自己的民族音乐，审美鉴赏能力也能进一步得到提高。（3）培养学生民族意识和爱国情怀。民族音乐是我国优秀历史文化之一，在小学音乐教学中注重向学生渗透民族音乐，可以让学生在接触民族音乐过程中爱上民族文化，并在品味鉴赏中感到骄傲自豪，培养他们的民族意识和爱国情怀，并助力知识、能力和素养教学目标更快更好达成。

二、当前小学音乐教学存在的问题

现阶段，开展小学音乐教学，还存在以下问题：（1）不够重视民族音乐。小学音乐学科涵盖知识内容众多，涉及的民族音乐知识也有很多，然而实际教学却对民族音乐教学不够重视，不仅无法保证小学音乐教学质量，还不利于学生素质教育目标顺利达成。（2）课堂教学设计不够。在开展小学音乐教学时，教学设计不够精心和合理，特别是在选择民族音乐内容、找准课堂教学切入点等方面，实际教学还存在诸多不足，无法实现民族音乐与小学音乐教学深入融合，实际教学效果也无法得到有力保障。（3）教学方法过于单一。在小学音乐教学中渗透民族音乐，要想取得较好教学效果，还需要根据课堂教学实际和学生学习需求，对多样化教学手段进行灵活选择及应用，在充分调动学生参与积极性的基础上，整个教学效率和质量也能得到提高，但是实际教学中教学方法单一，不利于民族音乐融入小学音乐教学中。（4）实践体验机会较少。在小学音乐教学中渗透民族音乐，其主要目的是提高课堂教学效果和实现学生综合素养发展。然而要达成这一目标，仅依赖课堂上教师传授民族音乐知识还不够，需要围绕民族音乐开展多种多样的活动，让学生在实际参与中感受和欣赏民族音乐，并实现文化素养、品味鉴赏能力等的提高，结合实际可以发现学生在音乐课堂中获得的民族音乐实践体验机会还比较少，相应教学目标也无法达成。

三、小学音乐教学中融入民族音乐的有效策略

（一）深化民族音乐认识

只有思想上充分认识到民族音乐融入小学音乐教学的重要性以后，在实际行动中才能真正体现出来，这时候就要老师深入了解小学音乐教材蕴含的知识内容，并对潜藏的民族音乐内容进行充分挖掘，甚至可以利用现代信息网络技术，搜索、整理与书本教材贴近的民族音乐素材，然后将其融入实际音乐教学中，既能够丰富课堂教学内容，又能够吸引学生极大关注。以《国旗国旗真美丽》为例，教学中老师就可以深挖教材知识内容，并将与之相关的民族音乐结合起来，让学生在深刻认识五星红旗的同时，感受到音乐对国旗的赞美，并激发学生民族意识和爱国情感，这

样实际教学效果也能得到有效保障。

（二）精心设计课堂教学

在小学音乐教学中渗透民族音乐，需要老师精心设计课堂教学，找准民族音乐切入点，使课堂教学内容与民族音乐联系更加紧密，并促进整个教学活动顺利展开，相应教学效率与质量也能有所提高。以《彝家娃娃真幸福》为例，老师就可以通过彝家娃娃在喜庆佳节时欢快歌舞这一生活场景的描写，采用奏、唱、舞等音乐形式，向学生渗透彝族民俗，既能够扩大学生知识面，又能够激发学生深入了解少数民族音乐的兴趣，整个教学效果也能得到提高。

（三）增强学生感受体验

在深化学生对民族音乐的感受以后，才能够产生思想情感共鸣，并真正喜欢上民族音乐，涉及的文化素养、鉴赏能力也才能得到有效培养。实践中老师要根据学生音乐学习实际状况，遵循由浅入深原则，引导学生通过小学音乐学习循序渐进地感受民族音乐的知识和魅力，并促进学生主动学习和体验民族音乐。以《民族的节日》为例，老师可以引入傣族泼水节、内蒙古那达慕、白族火把节等庆典活动，利用多媒体以图片、视频等方式直观形象展现出来，可以帮助学生更好领会民族音乐魅力，并主动参与到课堂教学活动中。

（四）开展丰富多彩活动

小学阶段学生具有活泼好动、喜欢新鲜事物等特点，在小学音乐教学中渗透民族音乐，也要考虑到学生这些特点，最好可以结合课堂教学内容，为学生开展各种各样的实践活动，让学生尽情参与其中，掌握更多民族音乐知识，充分感受民族音乐魅力。在确保最终教学效果的基础上，学生音乐鉴赏能力、人文素养等也能有所提升。以《音乐中的故事》为例，老师可以引入《小白杨》《在那遥远的地方》《梁祝》等民族音乐作品，开展故事了解、音乐欣赏、演唱比赛、感悟分享等活动，让学生自主选择参与，既能够增强学生实践体验，又能够更好达成教学目标。

在小学音乐教学中，要让民族音乐之花在学生心中绽放，就要在教学中有意识地向学生渗透民族音乐。为确保最终教学效果，还要对民族音乐渗透教学进行精心设计，除了要找准民族音乐切入点以外，还要根据教学实际采用学生喜闻乐见的教学方法，并开展丰富多彩的活动，让学生在亲身参与中感受到民族音乐的魅力，进而真正喜欢上民族音乐，小学音乐知识、能力和素养培养目标也能更好达成。

参考文献：

（1）潘佳佳、孙小会，《新课程背景下小学民族音乐教育的策略探究》，《小学生（中旬刊）》2021年第11期。

（2）王涓，《民族音乐在小学音乐教学中的融入策略》，《基础教育论坛》2021年第28期。

（3）何周蓉，《民族音乐融入小学音乐课堂的途径分析》，《课堂内外（高中版）》2021年第35期。

（4）王俊琪，《如何将民族传统文化引入小学音乐教学》，《学周刊》2021年第30期。

（5）王晓婧，《基于民族音乐文化传承的小学音乐教学途径新探》，《天津教育》2021年第29期。

初中管乐团的组建与训练

绵阳市东辰学校　杨善亚

近些年来，我国对于音乐教育事业的发展给予了高度重视，伴随着素质教育的不断推进，为了实现校园文化的全面建设，艺术教育成了提高学生综合素养的重要手段，多样化的文艺团体如雨后春笋一般涌现在校园中，从而丰富了学生的学习与生活。其中，管乐团因其气势磅礴、音色华美的优势备受学生青睐，越来越多的学校都会采用组建管乐团的形式来彰显自身浓厚的校园文化氛围。管乐团的组建不但有利于学校塑造良好的形象，还能够促进学生全面发展。

管乐团的组建对于中学生综合素养的提高有着重要作用，但是，在校园艺术教育中呈现出这种艺术形式绝非易事，大部分学校管乐团的组织与管理水平较低，训练方法不科学，无法引领管乐团走向正轨，不仅无法达到预期目标，还可能会将团队的发展带向歧途。笔者结合多年的音乐教学经验，认为校园管乐团的组建与训练需从以下几方面进行综合考量。

一、管乐团的组建方案

（一）乐器的配置

乐器配置是管乐团组建应最先考虑的问题。管乐团中，乐器主要分为木管乐、铜管乐和打击乐三大部分，因此，要创建三个不同的小组来负责。管乐团创建初期，对于乐器的种类与数量要进行合理的分配，需结合学校自身条件与参与人数，在保障声部平衡的基础上，进行科学合理的配备，不可随意采购，否则不但会破坏声部平衡，影响演奏效果，还会造成大量的经费开销，出现浪费和损失的情况。

（二）团员的甄选

团员的选择将会直接影响到管乐团的训练进度与演奏效果，因此，团员的选择必须足够严格。要求团员一方面要对音乐有浓厚的兴趣，并愿意在乐器训练中付出努力，不怕苦、有耐心；另一方面，自身生理条件能够符合乐团的标准，例如，节奏感、音准、手指灵活度、肺活量等。这些都是团员甄选中需要注意的问题。当然，乐团组别的分配还是要建立在学生个人意愿的基础上，使其在自己擅长的组别中发挥出最大的价值。

（三）精心的管理

乐团组建以后，需要有精心的管理为其保驾护航，可见，管理水平对于管乐团的长远发展有着至关重要的作用。打造一支高水准的管乐团，需要有高水准的组织管理制度，确保团员能够规范自己在团队中的行为，提高团员的团队意识。公正、严明的纪律能够起到一定程度的约束作用，合理的激励机制能够提高团员的积极性，提升团员的荣誉感。因此，精心的管理能够使管乐团保持良好的风气，带动学生在学习与训练中的上进心。

二、管乐团的训练要点

（一）明确训练方式

由于管乐团中有三个不同的部分，因此，在训练中需要对其训练方式进行明确。第一，单一乐器训练。单一乐器训练是让学生在乐器的吹奏方法与演奏姿势上进行充分的学习，提高自己的个人能力。第二，单一乐器小组合奏训练。小组合奏训练是让学生在掌握乐器演奏的方法以后，在小组中尝试合奏，例如，单簧管小组就可以采用小组内合奏的方式，提高对乐谱的熟悉程度，锻炼自己在合奏中的能力。第三，合奏训练。合奏训练需建立在上述两个阶段训练的基础上，合奏训练分为两种不同的形式，一种是木管组、铜管组和打击乐组每个小组进行组别内合奏，另一种是全乐团进行合奏。

（二）合理安排训练时间

训练时间对于管乐团的训练效果有着直接的影响，管乐团的训练一定要确保连贯性。所以，选择正确的训练时间非常重要。首先，要确保学生的正常学习不受干扰，不能占用学生学习文化课的时间，每周一节单技课、一节小组课、一节合奏课最佳。其次，要采用自主学习与集体学习相结合的方式，既锻炼了学生的自主学习能力，又提高学生的合作演奏能力。最后，要结合学生的实际情况，因材施教，适当调整学生的训练时间，使学生的演奏水平迈向更高的台阶。

（三）正确挑选训练内容

管乐团训练过程中，需要对训练内容进行科学的选择，因为这将直接影响到演奏的质量。首先，在常规训练中，以学生的基础练习为主，包括长音训练、吐音训练和练习曲训练，这些训练能够锻炼学生的唇齿应用、气息、节奏感，让学生掌握更多的演奏技巧。其次，在乐曲选择上，要结合学生的实际情况进行选择，管乐团初建时期，训练的乐曲不宜太难，由浅入深、化繁为简的训练最适合学生的成长。最后，客观、正确地评估排练效果，排练是对学生训练成果的检验，在评估排练效果时，要注意到学生是否真正发挥出自己的能力，乐团是否实现了默契的配合等，通过准确的评估，对需要改进之处进行完善，逐步提高管乐团的整体水平。

三、管乐团在校园文化发展中的作用

（一）展现良好精神风貌，塑造良好社会形象

管乐团在演奏上气势恢宏，听众能够充分感受到震撼，并受到鼓舞，在一些大型场合中应用管乐团进行演奏，不仅能够使氛围更浓厚，还能充分展示校园良好的文化风气。例如，在校园运动会开幕式中，管乐演奏能够带动学生们的热情，使学生感受到比赛氛围的浓烈；在十一国庆节期间，管乐团奏响国歌，使全校师生热血沸腾，爱国之情油然而生，这不但起到了烘托氛围的作用，更是在客观上起到了教育的作用。管乐团的演奏能够使学生呈现出良好的精神风貌，对于学校也起到了一定的宣传作用。

（二）提高学生素质，丰富校园文化生活

素质教育下，一定要重视学生的艺术教育，一些学校在艺术教育上选择了国学、舞蹈等形式，但是这些形式与管乐团相比还是有一定的区别与差距。管乐团在演奏时，带来的不仅仅是艺术，更是高雅和震撼，学生受到这样的艺术熏陶能够在情感和精神上都受到极大的鼓舞。校园文化生活是学生的第二课堂，让学生在管乐艺术的熏陶下提升综合素养有重大意义。

（三）强化学生团队意识，提高组织纪律性

管乐团组建与训练的过程中，还有一点重要作用是其他形式的艺术教育难以企及的，那就是纪律性。管乐演奏中，需要所有团员之间默契配合，需要整个团队为了一个目标共同奋斗。所以，各个声部的人员必须在明确自己责任的基础上，进行

团队合作。要求在团队合作中，一切以团队为先。当然，在管乐团组建的时候，也要有明确的标准，制定好管乐团的相关规矩制度，做到纪律严明，公正、公开。

（四）提升学生情趣，提高艺术美感

现阶段，学生的学习压力比较大，管乐能够使学生放松心情，在音乐的熏陶中体会快乐。悠扬的管乐演奏能够令人排除烦恼，缓解压力；热情奔放的管乐演奏能够令人精神焕发，心胸开阔；宏伟壮阔的管乐演奏能够令人振奋，激发人们内心中坚强刚毅的品格；气势磅礴的管乐演奏能够令人积极向上，勇攀高峰。这是管乐的魅力，更是音乐的魅力，学生在管乐训练中，不仅学会了音乐方面的知识技能，感受到音乐艺术的魅力，还能够在学习中认识到团结互助的力量，使自身的素养得到升华，这与素质教育的初衷不谋而合。由此可见，管乐团在愉快的教学中，以美辅德，以美益智，以美促体，以美怡情，其独特的优势和显著的作用，让校园文化建设有了更进一步的发展。

管乐团的组建与训练在素质教育中扮演着重要的角色，对于提高国民素质，加强精神文明建设有重要作用。"没有艺术的教育不是完整的教育"，管乐能够使学生的心灵受到洗礼，使学生的个人素养得到提升。管乐团的组建与训练能够带给学生强烈的集体主义观念，教会学生团结合作，培养学生吃苦耐劳、坚韧不拔的高尚品质，在丰富学生校园文化生活的同时，陶冶学生的艺术情操。

聚焦创新教育，点亮多彩小学音乐课堂

绵阳市成绵路小学　王　城

在传统教育的影响下，学校和学生以及教师普遍形成了"语数外是主科，其余都是副科，学好主科是小学阶段的重中之重"的观念，音乐课教师很少受到专业的教育培训，所以教师的教学理念停滞不前，采用的教学方法仍然是一言堂，不注重学生的发展。但是随着素质教育的开展，逐渐重视音乐教育，音乐学科不仅有利于提高学生的审美能力，还有利于培养学生的创新品质。

一、音乐教学对创新能力培养的价值

首先，音乐教学有利于建立学生的创新意识。创新的主要特点就是独特性，由于每个学生都具有独特性，所以他们对每首曲子都有不同的感悟。这正是创新独特性的体现。其次，音乐教学有利于创新环境的创设。音乐课的特点就是放松学生的身心，让学生处于无压力的心境之下。这为学生畅所欲言提供了条件支持。音乐教室的活动空间比较大，有利于开展各种活动或者游戏，为学生创新能力的发展提供了物质基础。最后，音乐教学有利于学生右脑的开发。根据研究表明：左脑主要负责学术，右脑主要负责艺术。小学生的身心还未完全发展，在小学设立音乐课，极大地推动学生双脑的开发，有利于促进学生创新能力的培养。

二、转变教学模式，增强学生的课堂参与度

由于传统教育的根深蒂固，小学音乐教师主要教授乐理知识和音乐技能，是主导者，导致学生的兴趣和热情逐步消减，限制学生的思维发展。随着素质教育的大力倡导，教师应该转变教学模式，增强学生的主体地位，尊重学生，让学生自由表达，这样不仅可以营造和谐无压力的课堂氛围，而且有利于师生关系的发展，增加学生的课堂参与度，促进学生思维发展，从而为学生创新能力的培养奠定基础。教

师可以采用问题驱动、任务引导等方式，引发学生的课堂探究和思考。

例如，在学习一年级上册中《声音的长短》时，教师可以这样设计教学：教师在多媒体上呈现不同的动物，并让学生仔细听这些动物的声音。这个时候教师可以提出问题："这些动物的叫声有什么区别呢？"（问题驱动法，引发学生的探究与思考）有的同学说："有的动物声音要长一点，有的短一点。"接着教师引入今天的课题——二分音符、四分音符和八分音符，教师解释这些音符的不同后，引领学生练习。接着教师提出："将班上同学分为三组，每一组都代表了这三个音符的其中一个，我说出某一音符，能够快速回答出来的小组可以获得小礼物。"（增强学生的参与度）学生熟悉音符长短后，教师让学生学习《两只小象》这一课，让学生讨论如何拍打节奏（任务型教学法），然后请每个小组的代表上台展示小组的讨论结果，教师对展示的同学都应持鼓励的态度，尊重每组学生的讨论结果，这样可以提高学生的学习热情。通过学生合作讨论的方式，可以增加学生思维的开放性，提高学生的主体地位。总之，音乐教师转变教学模式，推动了教学改革，改变了传统的教学方法，培养了学生的创新意识，推动了学生创新能力的发展。

三、采用多种教学手段，培养学生的创新思维

传统的教学方式，不注重学生思想的表达，限制了学生的思维，导致学生学习的被动化。所以教师应该采用多种教学手段，增强学生的主体意识，开阔学生的思维。教师可以采用对比的教学手段，激发学生的想象力；讲故事描述情景，增强学生音乐的体验感；采用多媒体教学，开阔学生眼界，引发学生深度思考；将音乐和画画结合起来，发挥学生的创造力；等等。教师采用合理化的教学手段，会受到学生的喜爱，从而维持学生的注意力，培养学生的创新思维能力。

例如，在学习二年级上册中《洋娃娃和小熊跳舞》这一课时，教师可以这样进行教学设计。首先教师可以让学生听这首曲子，整体感受曲调。然后教师询问学生："这首歌里面出现了几个主人公？"有的同学说："两个，洋娃娃和小熊。"教师又问学生："他们在做什么呢？"有的同学说："洋娃娃和小熊在跳圆圈舞，最后我们也加入了。"老师接着问："你能随着音乐和同伴合作跳一跳'圆圈舞'吗？"随后教师让同学分组。通过这样的方式，可以充分激发学生的想象力，活跃学生的思维能力，培养学生的创作能力。此外，在学习五年级上册中《赶圩归来啊哩哩》的时候，教

师可以选择有背景音乐和无背景音乐两个版本在课堂上播放，让学生体会不同的音乐，进行对比，刺激学生的听觉。随后，教师提出问题："各位同学，你们觉得哪个版本更好呢？这首歌表达了什么感情？"教师这个开放性问题的提出，每个学生都想表达自己的感受，课堂的活跃性增加。有的同学说："我更加喜欢有背景音乐的，有背景音乐的《赶圩归来啊哩哩》让我感受到彝区的热闹和彝族人民的热情。"有的同学说："我喜欢没有背景音乐的，因为这个版本可以让我感受到内心的宁静。"通过这样的教学方式，可以让学生自由发散思维，自由表达自己的想法，可以开阔学生的思维，对于培养学生的创新思维有重要的作用。

四、开展音乐教学活动，提高学生的创新能力

学生的天性就喜欢玩。音乐教学活动的开展不仅有利于吸引同学的注意力，而且有利于无压力课堂氛围的营造，促使学生产生主动学习的行为。音乐教学活动的开展，增加学生的课堂参与度，让学生在活动中思考、探究，提高各方面能力，从而开发学生的潜能，为学生的创新能力的提高奠定基础。音乐教学活动有根据音乐创编舞蹈、自制乐器、进行合唱编排等，这些教学活动都很大程度上激发了学生的创造能力，提高了学生的综合素养。

例如，在学习《我是草原小牧民》时，教师首先可以把音乐播放一遍，让学生进行整体欣赏。然后教师教给学生基本的动作，让学生在这些动作的基础上进行再创造，并结合对这首歌曲的理解去发挥自己的想象力，编排出一支舞蹈，每个小组的同学都需要编排舞蹈，教师给予学生一周的时间准备。此外教师还可以让学生根据这首歌进行歌词改编。这样可以激发学生的想象力，增加学生对音乐的理解，提高学生的音乐创作能力。教师开展这些音乐实践活动，不仅可以发挥学生的主观能动性，还可以促进班级学生的个性发展，开发学生的潜能，从而提高学生的创新能力。

五、结　语

音乐教师应该挖掘音乐教学的价值，将创新教育理念贯穿在教学全过程，采用正确的教学策略，转变教学模式，采用灵活多变的教学方法开展教学活动，增强学

生的课堂参与度，激发学生的学习热情，从而培养学生的创新能力。

参考文献：

(1) 林文华，《浅谈小学音乐教学中进行创新教育的方法与效果》，《音乐大观》2014年第13期。

(2) 贾佳桃，《小学音乐教学中进行创新教育的方法与效果》，《天津教育》2019年第4期。

(3) 叶茂兰，《试论小学音乐教学中进行创新教育的意义与策略》，《教师》2013年第32期。

体验式教学在中小学音乐课堂中的应用

高水九年一贯制学校　魏玉兵

《义务教育音乐课程标准（2011年版）》指出："音乐教学应该是师生共同体验、发现、创造、表现和享受美的过程……音乐课的全部教学活动应以学生为主体，师生互动，将学生对音乐的感受和音乐活动的参与放在重要的位置。"而在平时听课、教学调研中我们发现，传统的教学方式仍然在中小学音乐教学中占主导地位，音乐课堂缺乏生趣，体验式教学并没有在音乐课堂中真正有效地运用起来。基于此，如何在音乐教学实践中发挥学生主体作用，如何积极引导学生主动参与、体验音乐，就成为我们应该思考的问题。本文主要从声势活动、互动背唱、随音乐简笔画三种体验方式出发，分别对三个课堂案例进行描述，并对其分析和思考。

一、音乐体验教学的内涵

音乐是体验的艺术，音乐创作、表现和鉴赏都离不开人的亲身参与和体验。因此，音乐教育和教学用传统的讲授方式是行不通的。音乐教学过程应是一个在教师的启发和指导下，学生主动参与体验音乐的过程。没有参与和体验，就不会有真正意义上的音乐教学。

音乐体验教学又称课堂音乐活动，是以学生为主体的教学导向，通过学习音乐要素，主导活动体验，促进创造力思维发展的一种有目的、有组织，鼓励学生亲身参与感受和感知的音乐课堂教学形式。其目的是通过对音乐学科中基础音乐要素的学习，帮助学生带着思考聆听音乐，带着情感律动肢体，带着想象力去创编及构建。体验是在教学过程中实现的，没有过程就谈不上体验。良好的音乐教学过程应体现为各种有利于学生参与的音乐活动。

二、案例分析

（一）声势活动——稳定节拍、感知节奏，提高学生课堂参与度

"声势"的概念是国际上著名的音乐教育家卡尔·奥尔夫对音乐与舞蹈进行思考和探索后，发现学习者可以通过节奏与身体各个部位的结合而发出不同音色，表达不同节奏音响效果而提出的。这种通过探索身体部位以击打、捻搓、跺脚、拍手等方式发出声响的教学方式，不仅能较好地帮助学习者建立节奏的感知和稳定性，同时也加强了舞台效果，让原本无音高的节奏型通过视觉化和听觉化的方式表达出来。声势不仅是简单的拍打，还有方向、力度、路线的变化及动作的不同组合方式。音乐和声势动作的吻合、协调，既能提升学生对音乐的感知，也能使学生身体的协调性得到训练。

案例片段 1

案例背景：

2021 年 3 月 10 日，在绵阳市城北小学三年级六班开展教学。案例选自人音版三年级上册第二单元第一课时《草原上》。

案例描述：

在学唱《草原上》后，教师范唱并演示手持纸杯配合歌唱。

教师问："你们观察到老师刚刚演示的持杯声势是怎样做的吗？"

生：略。

接着老师对动作进行了解密。

师："孩子们，你们记住了吗？想不想一起试一试呢？拿出你们的小手和老师一起做一做吧！"

师生一起体验。

师："你们做得很准确，下面让我们一起来挑战边唱歌边做声势律动，你们有信心吗？"

生："有。"

师生跟伴奏一起练习两次后。

师："接下来，谁愿意上台和老师一起合作演示一次呢？"

师生演示完毕后。

师："你们想不想也找个同伴一起拍一拍、做一做呢？请你和你同桌的小伙伴一起跟着音乐试一试吧。"

案例分析：

通过这个片段，我们可以看到，在这个环节中学生的参与度非常高。活泼好动、模仿能力强、想象力丰富、注意力难以集中是小学阶段学生的特点。当音乐课能引起他们的兴趣时，学生才会配合、投入。老师在教学中运用了声势活动将游戏融入课堂，迅速地把全部学生的积极性调动起来，让学生在玩中学，使学生的肢体也得到充分运用。不仅让学生在最简单的声势活动中充分感受到歌曲《草原上》4/4拍稳定的节拍规律，同时结合歌曲的演唱，也锻炼了学生的协调能力。师生合作、生生合作，使学习氛围也变得更加轻松愉悦，更能引起学生的情感共鸣。整个教学过程由浅入深，遵循了从个人到合作分层渐进的原则，同时也在合作与探索中加强、稳定了学生的身体记忆，在合作体验中提升了学生对音乐的感知力、表现力。

教学建议：

教师在常规的音乐教学中，拍手、拍腿、跺脚等动作是比较常用的。而声势的创编与选择要不断变化，才能让学生有新鲜感和积极性。在学生充分体验声势律动后，老师紧接着可以拓展教学，给学生出示几种简单易行的不同形式的声势律动，引导学生主动探索和选择自己喜欢的、能快速掌握的声势进行律动，或者是让学生编创自己喜欢的声势律动。学生的参与热情可能会更高，同时也能提升学生的创造性思维。

（二）互动背唱——快速记忆歌词，解决背唱难题

互动背唱是受美国音乐教育家埃温·戈登的音乐教育书籍《音乐教学理论与实践》中的听想能力概念的启发，又结合国内音乐课堂的要求探索出的背唱歌曲的教学方法。互动背唱能循序渐进地让学生在理解音乐的基础上逐步完成对歌曲的背唱，具体操作方法包括唱问唱答和听想背唱两类。

案例片段 2

案例背景：

2021 年 9 月 20 日，在绵阳市实验中学七年级八班开展教学。案例选自人音版七年级下册第一单元第一课时《游击队歌》。

案例描述：

活动二：问答互动

教师标注部分歌词，针对歌词设置问答式互动，帮助学生记忆歌词。

问答设定：教师分句问唱，学生用歌词唱答。

师：我们都是什么手？每一颗子弹消灭一个敌人。

生：我们都是神枪手，每一颗子弹消灭一个敌人。

师：我们都是什么军？哪怕那山高水又深。

生：我们都是飞行军，哪怕那山高水又深。

翻转问题，如唱问唱答。

师：我们都是神枪手，多少颗子弹消灭一个敌人？

生：（略）

师：我们都是飞行军，怕不怕山高水又深？

生：（略）

师：在密密的森林里，到处都安排什么人的宿营地？

生：（略）

师：在高高的山岗上，有我们多少好兄弟？

生：（略）

接着教师将乐谱的部分歌词去掉，让学生在演唱中填词，再次帮助学生快速记忆歌词。

教学分析：

唱问唱答活动备课的关键在于活动内容的设置，即教师在引导中将哪个词或哪一句作为唱问唱答的关键词。通过以上片段，我们可以看出，老师在设计互动问答的时候，充分抓住了歌曲的关键词，帮助了学生理解前后的歌词。通过一问一答的形式互动演唱，充分引起学生对歌词的思考，不仅加深了学生对歌词的理解，也帮助了学生快速记忆歌词。紧接着将乐谱的部分歌词去掉，让学生在演唱中填词，再次帮助学生强化记忆歌词，一步一步完成背唱。

教学建议：

整个互动问唱的环节设计的都是教师和学生的互动，如果设计互动时再加上分组、分男女生的生生互动环节，学生就可以找到自己合适的小伙伴共同完成活动，他们能够互相学习，增进彼此的交流与合作，会收获更好的学习效果，同时也能增强学生的合作意识和团队精神。相信学生的积极性会更高，能更快地完成歌曲背唱。

（三）随音乐简笔画——稳定歌曲速度与节奏，提高课堂教学的趣味性

简笔画的方法结合了心理学科音乐治疗中的"符号系统转换与创造力"这一概念。在音乐课堂中随音乐简笔画是以音乐的基本要素节拍和乐句为单位，由音乐与分步骤简笔画结合而成。随音乐简笔画恰好给了学生学习的空间，也让教师有意识地对孩子进行多维符号转换的训练，帮助孩子培养多元智能。教学中，教师对照音乐和乐谱，在规定的节拍内完成简笔画，学生便能在形象的简笔画中感受音乐的速度与节奏，与画结合产生联觉，在音乐聆听中连接主题画面，提高教学的趣味性。

案例片段3

案例背景：

2021年10月17日，在先锋路小学三年级三班开展教学。案例选自人音版三年级上册第四单元《放牧》中的《放牛山歌》。

案例描述：

初听歌曲后，师："请你们竖起小耳朵仔细听听歌曲的演唱，老师想随音乐画一幅画。"教师随着音乐的节奏变化、音的高低，用简笔画的形式在黑板上画出蓝天白云、牧童放牛的画面。

师："老师画了什么景物？你也想画吗？"

师："伸出你的小手指，随音乐跟老师在空中一起画一画吧。"

接着，学生边唱歌边作画。

案例分析：

在音乐课堂上有一个普遍的现象：学生唱歌会越唱越快，或有节奏拖拉的问题，解决这些问题需要学生内心有稳定的节拍感觉。从这个教学片段我们可以看到，教师一步一步引导学生用简笔画的形式感受歌曲的节奏和旋律的高低起伏变化，每一笔都跟随着歌曲的一个乐句出现，给学生耳目一新的体验。解决了唱歌时快时慢、节拍不稳定的问题，整个教学环节从视听入手，最后落实到动手操作，不仅增强了学生的形象记忆、丰富了学生的审美体验与多感官体验、激发了学生课堂学习的积极性、调动了学习的主动性，还有助于发散学生的形象思维、引起学生的心理共鸣、整合不同学科的知识和技能。

教学建议：

简笔画适用于歌词形象具体、词义直观，乐思、乐句简单，篇幅较短的儿童歌曲，在设计歌曲的简笔画时应简洁生动，本课设计的简笔画稍显复杂。

　　通过对以上教学案例的分析以及基于自身的课堂教学实践,我深知运用体验式教学的策略在音乐课堂教学中颇有益处。这种由老师引导,学生主动跟随的,极具趣味性和新颖性的方式不仅能吸引学生的注意力,还能有效地让学生对课堂教学产生新鲜感,让学生产生无法抗拒的参与欲望。同时也进一步促进了学生与老师、学生与学生之间的合作交流,也让学生的学习变得更加多样,使学习中的重点和难点知识在音乐体验活动中得到掌握,最终达到让学生在快乐中学习、在音乐体验活动中获得知识的目的。

参考文献:

(1) 周又佳,《小学音乐创编教学案例分析》,《民族音乐》2020年第6期。

(2) 王瑶琪,《浅谈体验性活动在小学音乐课堂中的开展》,《新课程导学》2020年第32期。

让音乐课堂"流行"起来
——谈流行音乐在初中音乐教育中的引入

绵阳市第五中学　胡　琴

随着素质教育改革工作的深入开展，初中音乐课堂教学工作逐渐引起了人们的重视，如何强化初中音乐课堂教学效果及教学质量，成为初中音乐教师关注的一个重要议题。在初中音乐课堂教学过程中，教师要立足于学生的身心发展，把握好流行音乐元素，结合初中生耳熟能详的流行音乐知识，激发初中生的音乐学习兴趣，打造一个气氛活跃、高效有趣的音乐课堂。这样一来，通过充分地发挥初中生学习音乐知识的积极性和主动性，能够更加有效地提升初中音乐课堂教学效果及教学质量，为初中生全面发展及进步打下坚实基础。

一、突出初中生主体地位，做好流行音乐选择

流行音乐在初中音乐课堂教学中的应用，要注重结合初中生的实际情况，突出初中生的主体地位，引导学生积极、主动地参与到音乐课堂学习中，实现对音乐知识点的有效理解及掌握。流行音乐是一种大众化的音乐形式，与初中音乐教学内容相比，文化深度上存在着一定的差距。在课堂教学中，教师需要对流行音乐的独特性做好把握，使之与古典音乐、民族音乐做好区分。这样一来，通过联系流行音乐的特点，把握流行音乐与音乐课堂教学的关联性，从而激发初中生的学习兴趣，以提升初中音乐课堂教学效果及教学质量。因此，将流行音乐引入初中音乐课堂教学，教师要注重把握适度原则，并做好流行音乐的正确筛选，选择一些积极的音乐，从而促进初中生身心健康发展。

这样一来，通过积极、有效的引导，使初中生接受流行音乐，并提升初中音乐课堂教学质量。如选择《志忑》一曲，其神韵与技巧的运用，对于初中生学习音乐知识、掌握歌曲唱法起到了重要的影响。通过把握《志忑》一曲，加强音乐教学与

歌曲特点的结合，引导初中生学习和思考音乐知识，有助于提升音乐课堂教学效果及教学质量，进一步培养初中生音乐核心素养。

二、把握流行音乐引入事项，突出课堂教学有效性

在初中音乐课堂教学过程中，对流行音乐的选择及应用，应注重结合初中教育教学发展形势，突出音乐引入的针对性和有效性，以发挥流行音乐的功能及作用，有效地提升课堂教学效果及教学质量。在对流行音乐融入初中音乐课堂教学问题研究过程中，联系"立德树人"教育理念，使音乐课堂教学的德育功能得到有效发挥。这一过程中，加强流行音乐与初中音乐课堂教学的结合，能够有效地激发初中生的学习兴趣，使初中生由被动学习向主动学习转变，对于提升初中生音乐演唱技巧来说，发挥了重要的作用。因此，教师要把握好音乐教学的重点，从而引导初中生有效地掌握音乐知识。

例如，在开展初中音乐教学中，在《爱我中华》一课教学时，把握"立德树人"的教育理念，进一步提升学生的爱国热情。为了使课堂教学更加有趣，可以联系流行歌曲《精忠报国》《黄种人》这两首学生耳熟能详的流行歌曲。通过将流行音乐带入音乐课堂，提高学生的歌唱兴趣，引导学生积极与教师进行沟通和交流，使音乐课堂教学更加有效。同时，将流行音乐引入初中音乐课堂当中，能够有效地培养初中生民族自豪感，更好地适应当下初中教育教学发展形势，有效地践行"立德树人"教育理念。

三、注重联系初中生生活实际，突出音乐教学的针对性

初中音乐教育教学工作的开展，要注重把握流行音乐的特点，发挥流行音乐的教学作用，从而指引初中生主动地学习流行音乐，使音乐课堂教学效果及教学质量得到进一步的提高。在音乐教学中，教师可以结合青春期学生的特点，注重对学生道德情操进行有效的陶冶，以激发初中生的学习兴趣。通过这一方式，能够引导初中生自主学习、自主探究音乐知识，促进音乐知识的内化，为初中生长远发展及进步打下坚实基础。同时，要筛选初中生感兴趣的流行音乐，拉近初中音乐教学与学生之间的距离，以发挥流行音乐的教学引导作用，进一步提升音乐课堂教学效果及

教学质量。

　　例如，结合当前学生对流行音乐的喜爱程度以及学生的社交情况，在音乐课堂教学中，教师可以结合网络上的热门歌曲进行课堂教学引导，从而激发初中生的学习兴趣，拉近初中生与音乐学习的距离。如在网络上，一些怀旧歌曲引起了初中生的广泛关注，这些歌曲的节奏感较强，旋律欢快，对初中生的成长及发展起到了一定的积极意义。如周杰伦的《听妈妈的话》、汪峰的《怒放的生命》，通过联系学生的生活实际，做好音乐教学引导，以激发初中生的学习兴趣，提升课堂教学质量。又如，随着德育教育工作的深入发展，教师可以结合一些古风歌曲，如《红昭愿》《叹云兮》《琵琶行》等，借助古风歌曲，弘扬传统文化，以提升音乐德育教育效果及质量。

　　又如，在流行音乐与初中音乐课堂教学结合的过程中，要注重对传统的教学方法进行创新，将信息技术与初中音乐教学工作紧密地结合。这样一来，借助信息技术丰富课堂教学内容，为初中生营造一个良好的音乐教学氛围，有助于强化初中生对音乐知识点的学习及理解，使音乐课堂教学效果及教学质量得到更加有效的提升。通过这一方式，有效地提升初中音乐课堂教学实效性，培养初中生音乐核心素养，为初中生更加长远的发展及进步打下坚实基础。

四、结束语

　　总之，在开展初中音乐课堂教学过程中，教师要立足于时代发展形势，对传统音乐教学方法进行创新发展，把握现代流行元素，丰富音乐课堂教学内容。这样一来，能够有效地吸引初中生的注意力，使初中生能够积极、主动地参与到音乐知识学习当中，强化对音乐知识点的学习及理解，进一步提升初中音乐课堂教学效果及教学质量，为初中生的全面发展及进步打下坚实基础。

小学音乐欣赏教学的方法与策略

绵阳市成绵路小学　欧冬梅

　　新课标就小学音乐提出了新的教学理念，在原有知识技能的基础上，增强学生情感与学科思维的培育，由此，音乐欣赏教学成为至关重要的活动。它可以引导学生深入音乐作品的内核，在精神和人文等层次感受音乐，提升个人的艺术认知，形成良好的审美思维。但音乐欣赏对于积累薄弱、经验不足的小学生而言具有一定难度，教师需要明确欣赏引导目标，并运用适宜方法和策略进行强化，使得学生在循序渐进中生成欣赏意识，掌握欣赏方法，锻炼自身的音乐欣赏能力。

一、小学音乐欣赏教学的方法

（一）运用多元引导方法

　　音乐的欣赏考验个体知识的积累和自身的审美品位，但小学生缺乏足够的音乐基础，他们基本以形象和浅层视角来认识事物。因而教师采取的引导方法至关重要，它影响学生在音乐中的感知和想象。在新的教育环境中，教师要打破单一引导模式的束缚，依据学生的个体差异与个性需求，在教学中引入多种趣味且生动的方法，从不同角度来启发学生感知并且分析音乐作品，提高欣赏质量。首先，审视教材结构，按照主题进行引导。通常，小学音乐教材中会在特定篇章设置欣赏曲目，它们以鲜明的主题来表现音乐情感和形象。那么，以此为教学导向，教师带领学生感悟不同主题乐曲的表现方式和基本特质，品味乐曲中的深刻内涵，从而对某一类主题音乐建立更加系统的认知，提升音乐感知力。其次，围绕小学生的成长规律采用媒介引导法。小学阶段是学生系统接触音乐学科的开端，为了更好地开发音乐智慧，使其构建深刻的音乐思维体系，并且满足他们成长需求，教材中的欣赏曲目多融入了其他的艺术形式元素，比如绘画、文字、故事、舞蹈等，目的是让学生调动各个感官来体验音乐作品。而在现代的教学环境中，教师要充分发挥信息技术的应用价值，展现音乐中描绘的生动画面，让学生领会音乐的魅力，从而在视觉和听觉协作下增强欣赏感知力，对音乐作品形成更深入的理解，充分发展个人的人文艺术素养。

（二）开展体态律动活动

音乐属于一种听觉艺术，但在欣赏教学过程中，并不能仅仅依靠聆听指导学生品味。单一地聆听不仅会分散学生注意力，还会降低他们的探索兴趣，因此，教师需要采用体态律动的方法来唤醒小学生的艺术潜能，在身体的辅助下逐步走近音乐情景。从学生发展规律来说，在音乐旋律和节奏的感染下，学生的身体会本能地晃动起来。所以，教师要充分尊重学生的成长特征，在欣赏教学中融入肢体活动。比如在一些乐器演奏的音乐作品中，小学生由于很少接触大提琴、口琴等乐器，不了解其乐曲风格。那么，教师可以借助肢体上的体态律动进行启发，使学生在形象情景感知中认识乐器主题旋律的线条。如以搭肩、环绕、伸展等模式表现音乐的旋律，指导学生自己尝试，降低理解难度。另外，在音准的欣赏方面同样可以采用体态律动的方式。教师鼓励学生大胆舒展自己的身体，积极参与节拍训练活动，以拍腿、拍手等趣味性的动作区分节拍强弱，从而构建高音位和低音位的认知，为个人有效欣赏音乐作品奠定良好基础。

二、小学音乐欣赏教学的策略

（一）构建欣赏情景，激活学生的欣赏意趣

学生对音乐作品的欣赏需要多元情景支持，教师需要为学生构建具体且生动的音乐情景，带领学生进入情境去聆听、辨析，感受旋律、节奏、情感等元素的变化，从而激活学生的欣赏意趣，让其主动去品味音乐中的生动画面。在小学音乐欣赏曲目中，多带有角色的叙事性音乐作品，那么对于音乐作品的欣赏需要从不同视角展开，除了让学生聆听节奏、声调，还需要了解歌曲的故事情节，达到情感的共鸣，让音乐欣赏教学能够实现美育和德育目的。因此，课堂所构建的情景需要具有丰富性，整合故事、游戏、动画等情景，活跃欣赏氛围，凝聚学生注意力，让其全身心投入音乐作品的感知中。在学生进入情景的过程中，教师需要启发他们去辨析和感受各个音乐片段中所刻画的不同角色，理解各个音色乐器的表现特征与作用，以此通过跌宕起伏的音乐叙述在思想和知识上获益，拓宽自身的音乐认知视野。

（二）补充音乐资源，培养学生的欣赏思维

要促使学生懂得从多个维度来欣赏音乐，能够深刻理解音乐作品的内涵，则需

要更多的知识做补充。比如一些音乐作品是在特定时代下创造，那么学生要能够了解与之相关的信息，在这一基础上才能形成深刻体会。所以，在欣赏教学中，教师要注重思维的启发，使得小学生拥有方向意识。即在个人欣赏的过程中，主动去搜集更多的信息，比如乐曲曲式结构、作曲家的背景等，让自身能够更加全面、准确地感受音乐作品的演奏技巧和情感思想。之后，制订层次性的欣赏教学计划，使学生在反复、多样的聆听活动中习得有效的音乐欣赏方法。比如在某一类音乐作品中，初步以聆听的方式让学生感受音乐整体的基调和情景，唤醒创造性思维；紧接着在过程中以肢体和图形谱等手段去感知、表现整个乐曲中出现的重音和乐句；然后通过音色、旋律分析等方式，指导学生去辨别不同乐器的音色，认识它们独特的声音，让学生不断地完善音乐欣赏思维体系，最终达到准确且深刻的欣赏效果。

（三）组织欣赏活动，提高学生的欣赏素养

小学音乐欣赏教学最终目的是提高学生的音乐欣赏素养，那么在整个教学过程中，需要突出学生的主体地位，让学生拥有充分的机会表达个人对音乐的理解。所以，教师需要设计欣赏探究活动，引导学生以个体和小组的方式分析音乐作品，并且融入开放性的教学理念，不管学生从旋律、情感，还是音色、创造背景等方面进行赏析，教师都需要耐心聆听学生个人对音乐的理解，培养学生的欣赏习惯，让学生在欣赏中发散想象力，注入个人的情感体验和表达。然后，教师在学生综合性的欣赏成果上具体评价，做出正向反馈和相应合理指导，让学生可以优化个人的认知，修正在欣赏中的错误理解，最终整合个人的思考与教师启发的内容，不断地在反思优化中提升音乐欣赏水平。

三、结　语

丰富情感体验，提升音乐欣赏能力是现代小学音乐学科所强调的重要培育目标，这要求在整个教学中，教师要构建丰富多样的欣赏引导情景，使学生拥有自主欣赏意识，愿意探索隐藏在音乐中的要素。在具体实践中，一方面，要打破单一的指导模式，课堂中融入多元启发模式，让学生以体态律动形式深刻感受音乐作品；另一方面，补充丰富的音乐资源，拓宽学生的认知视野，使其懂得以灵活思维来分析音乐作品。同时，更要组织趣味的欣赏活动，锻炼小学生的音乐欣赏品质，在反思总结中发展他们的音乐素养。

参考文献：

（1）王薇，《"欣"有灵犀 情感为引——小学音乐欣赏教学的情感体验探究》，《艺术评鉴》2020年第23期。

（2）黄圣宇，《"立体欣赏"新定义：小学音乐欣赏教学的策略研究》，《北方音乐》2018年第38卷第21期。

（3）廖润莲，《小学音乐欣赏教学中提升学生核心素养的措施》，《北方音乐》2019年第39卷第20期。

（4）张璟，《关于提高小学音乐欣赏教学效率的策略探析》，《北方音乐》2019年第39卷第19期。

浅谈如何让音乐在体育课堂中发挥作用

绵阳市园艺小学　江　挺

音乐对人的心理有很大影响，有调节情绪、促进心理健康的作用。近年来，随着教育改革的不断深化，小学体育教学中的一些问题也逐渐凸显出来，这也对教师的教学能力提出了更高的要求。以课程融合为视角探讨小学体育教育新路径能够提升体育教育效果，同时也能促进学生终身体育意识的培养。

一、音乐在不同体育教学内容中的应用

（一）音乐在走步类教学内容中的应用

在小学体育走步类教学内容中，要求学生在走的过程中，保持轻松、自然、协调的状态，并帮助学生逐步养成良好的走步习惯。小学阶段走步类教学主要为自然走以及在此基础上衍生而出的模仿动物走等。随着走步姿势的调整与变化，学生的思维方式、想象能力也会得到相应的拓展。而在此过程中，音乐的融入对于学生走步类训练的开展有着重要的促进作用。配合相应的音乐，学生可以更好地把握走步的节奏，保持动作的协调性，从而更有利于学生正确走路姿势的养成。如在进行自然走的训练时，学生需要保持抬头挺胸、目视前方的姿态，这时教师便可以选择如《闪闪的红星》《运动员进行曲》等此类充满活力、振奋人心的音乐；而在教学需要学生做出手臂动作变化的相关内容时，可以选择《爱我你就抱抱我》等小学生耳熟能详的儿童歌曲进行辅助教学，当出现"抱抱我""夸夸我"等歌词时，可以引导学生做出手臂侧平举、手臂前平举、竖起大拇指等相应的动作，让学生在甜美、动听的音乐中，得到肢体协调能力的锻炼。

（二）音乐在跑步类教学内容中的应用

适量的跑步锻炼能够促进学生的身体发育，增强学生的心肺功能，提高学生的下肢运动能力。在进行跑步训练时，教师需要引导学生注意把握跑步步幅以及调整呼吸节奏。因此教师可以选择节奏相符的音乐来帮助学生进行步幅与呼吸的调整。

此外，对于小学生来说，重复、单调的跑步训练难免会让他们感觉枯燥、乏味，进而逐渐对跑步失去兴趣，甚至放弃。而如果教师在跑步训练中能够加入鼓舞学生斗志的音乐，有效刺激学生的中枢神经，提高学生的兴奋度，便能够有效帮助学生克服其在跑步过程中的不良情绪，以更加积极、投入的状态完成跑步训练。例如，在教学"三步一呼"时，教师便可选择《新年好》《小白船》等比较适合开展呼吸训练的三拍子的歌曲，引导学生在原地踏步的基础上进行呼吸练习。而在长跑训练中，教师便可为学生播放《运动员进行曲》等节奏欢快、激昂的歌曲来鼓舞学生斗志，为学生加油、鼓劲。

（三）音乐在跳跃类教学内容中的应用

跳跃练习同样是小学体育教学中的一项重要内容。跳远练习能够有效锻炼学生的弹跳能力，培养学生的目测力与时空感。小学阶段的学生好蹦爱跳，音乐在跳跃训练中的应用，需要教师选择节奏相符的音乐。如在跳绳训练中，教师便可为学生选择《起立敬礼坐下》《蓝皮鼠和大脸猫》等130拍/分左右的曲目来配合学生的徒手节奏跳、模仿跳等。

二、如何让音乐在体育课堂中发挥作用

（一）合理选择音乐，调动学生的运动积极性

在体育教学过程中，我们要结合实际教学内容选择特定的音乐，让学生跟着音乐的节拍舞动，达到锻炼的效果。以武术教学为例，我们可以选择与武术相关的音乐，如《男儿当自强》，通过音乐点燃学生心中的热血，使其积极参与到体育训练中。在长跑训练过程中，我们可以引入一些具有能量的歌曲，如《阳光体育之歌》，能够增强学生的运动信心，同时也能激发学生的潜能。对于一些障碍跑项目，我们可以引入《超越梦想》这一歌曲，激励学生不断奋发，向终点进发。

（二）把握节奏变化，发展肢体力量

不同音乐的节奏不同，对学生的体育锻炼效果影响也不同。在实际教学过程中，我们要把握各种音乐的节奏变化特征，在此基础上将其恰如其分地导入到体育教学中，辅助体育教学。以跳跃类活动为例，通过跳跃练习能够发展学生的下肢力量，也能促进学生时空感的培养。以跳远为例，学生在跳跃过程中脚与地面会有一定距离，同时也有一定的腾空时间，有一定的节奏性。在跳跃教学过程中，我们可以引

入不同的体育游戏，如"开火车"，让学生四五人为一组，勾肩搭背跳跃，模仿火车行驶的动作。这一过程中，我们也可引入《火车开了》这一歌曲，学生在节奏的引导下开始跳跃练习，默契地完成集体合作，通过这种方式也能发展其下肢力量，使其掌握跳跃的技巧。

（三）助力分组对抗，提升竞赛信心

分组对抗是小学体育的重要教学活动，在分组对抗活动中引入一些积极向上、振奋人心的歌曲，能够提升学生的竞赛信心、激发学生的拼搏斗志。例如，在投篮分组对抗活动中，我们可引入《蓝精灵之歌》《加油歌》等，通过音乐能够激发学生的竞赛信心，也能达到以乐促练的目的，提升体育锻炼效果。

三、结束语

综上所述，将音乐渗透到小学体育教学中能够丰富体育教育内容，同时也能助力学生体育能力的提升。在小学体育教学过程中，教师要合理选择音乐，同时还要把握音乐的节奏变化，通过多元化的方式提升体育教育效果，增强体育教育活力。

浅谈小学音乐课堂中的互动生成

绵阳市实验小学　林　玲

　　小学音乐教育是艺术教育教学的基础阶段。新课标指出教师应在教学过程中与学生建立民主平等、互动交流的师生关系。而课堂互动则是新课标指导下成功课堂的基础。新课程背景下的音乐课堂教学是开放的，在教师和学生的相互碰撞中不断以互动式教学模式生成。所谓"互动式"教学模式，就是把教育活动看作是师生进行一种生命与生命的交往、沟通，把教学过程看作是一个动态发展着的教与学统一的交互过程。在这个过程中，通过优化"教学互动"的方式，即通过调节师生关系及其相互作用，形成和谐的师生互动、生生互动、学习个体与教学中介的互动，强化人与环境的交互影响，以产生教学共振，达到提高教学效果的一种教学结构模式。

　　一堂音乐课生动与否，要看教与学之间的互动与配合。如果只有教或者只有学就没有默契可言，没有生动可言，更没有效率可言。那么，怎么样才能做到在教与学的互动中自然地生成呢？可以从以下几个方面入手。

一、采用开放式导入，激发学生互动生成的兴趣

　　教学是预设与生成、封闭与开放的矛盾统一体。一方面只有生成没有预设的课堂教学是不可思议的，另一方面只有预设没有生成的课堂教学是死气沉沉的。真实的音乐课必然存在偶然性、随机性，而这些特点正是音乐课的生命活力所在。教学目标是课堂教学的航标灯，好的教学目标不仅在三维上对学习主题有良好的设计，而且能体现其可以随时变化和修正的弹性设计理念。在预设目标时教师要考虑学生够不着目标的情况，可以随时根据目标的达成度和学生的参与度再进行目标的二度分解或调整。例如：在欣赏器乐合奏曲《森林的歌声》时我先让孩子们想象夜晚的各种声响，孩子们说出了自己的想法后我没有肯定也没否定，而是给他们播放了引子部分的声音，让他们仔细听里面的声音，听完后让他们说说这是在哪儿。根据学情我又出示了一幅森林月夜图，美丽的画面让孩子们如临其境。这时我便趁热打铁

请孩子们利用身边的物品模拟声响和场景。孩子们的兴趣很高，都积极地参与了进来，当然效果也很好。

二、互动中教师适时点拨，拓宽生成范围

在不断即时生成的课堂中，教师只有充满睿智地调控、引导学生用他们全部的理智、经验和情感去感受、领悟、欣赏歌曲的内涵，才能让课堂充满智慧，才能让课堂焕发出生命的活力。课堂教学是千变万化的，课堂上学生的问题也是不可预测的，当学生的问题在理解歌曲之外时，教师如何加以点拨和引导，我想下面这个案例是值得借鉴的。例如：在学习歌曲《新疆是个好地方》时，我先请同学们聆听歌曲，然后提问。师："这首歌曲歌唱了什么？"生（齐声）："新疆是个好地方。"师："那你们知道为什么说新疆是个好地方吗？"生："因为那里有许多水果，还有牛羊……"师："大家都说得很好。那歌曲里又是怎样唱的呢？现在请大家再一起来仔细聆听。"学生听完后一一回答。师："大家听得真仔细。今天我们要走进新疆，去了解那里的一个美丽的民族——维吾尔族。"接着我便展开资源共享，通过向学生介绍维吾尔族风俗、跳维吾尔族舞等方式加深学生对维吾尔族的了解，并引导学生感受维吾尔族音乐的风格，这样也为学习歌曲作了铺垫。后来再加上我的及时点拨，生成的面就很宽了，最主要的是学生的学习兴趣一直很浓。

三、运用情感作为课堂教学的主线，促进生成

音乐教学是师生情感流动的过程。这个过程始终以情感为动力，因此课堂上是一幅流动的、变化的、起伏的、曲折的、美丽的生成图。在课堂上，教师的情绪应该是非常富有感染力的，不同的教学情绪收到的教学效果是截然不同的。在我看来学习应该是非常快乐的，所以作为教师的我，时常提醒自己要把快乐带到课堂上，带给我的每一位学生。教师快乐地教学，学生才会快乐地学习，以审美为核心的音乐课更应如此。如欣赏打击乐曲《鸭子拌嘴》时，我就化身成了一只可爱的小鸭子，说话也变得卡通，整节课我结合音乐课的音乐要素设计活动，和孩子们一起探究不同打击乐曲模仿鸭子不同时期不同情绪的声音。孩子们和我没了距离，个个都大胆探究，最后生成的作品也让我惊讶。

　　当然，我们在平时的教学中也要注意，不能为了追求"创新"而把原本不属于学生的理解强加给学生，这样就会使学生产生不真实、被动的无奈情绪。为追求生成亮点而忽视学生现状的教学，无助于学生思维的碰撞、真情的交流。师生互动，应该建立在师生间相互理解的基础上。教学过程中，师生互动，看到的是一种多边交往活动，教师提问，学生回答；教师指点，学生思考；学生提问，教师回答；共同探讨问题，互相交流，互相倾听、感悟、期待。这些活动的实质，是师生间相互的沟通，而实现这种沟通，理解是基础。

　　除了以上所讲，我认为在教学中教师还必须最大限度挖掘文本内涵，并结合学生实际，选好文本与学生实际相联系的切入点，寻找学生的兴奋点，厘清应该掌握的知识点，找准拓展延伸的发散点。在备课时，教师一定要设计好各个环节：如何说上课的第一句话、如何安排课堂提问、如何用自然的教态去抓住学生的心，为学生创设情景、营造宽松和谐的课堂氛围，让学生驰骋在音乐的天地里，去探讨和领悟作品的深刻内涵，去享受音乐带给他们的快乐。因为只有这样，"互动"才有意义，"生成"才有价值。

浅谈合唱队的呼吸训练

绵阳市南街小学　余建秋

常言道：万丈高楼平地起。呼吸在歌唱中的地位，就像房屋的根基一样重要，没有好的呼吸的合唱是无源之水、无本之木。因此，合唱训练的重中之重就是呼吸训练。

一、叹　气

我们常说"吐故纳新"，只有将原来的气排出，才有重新吸入的空间，所以训练叹气是呼吸训练的第一步。我们可以想象自己在爬一座很高的山，非常劳累。终于登顶了，可以休息了，"唉"地长长叹一口气，这口气沉得越低越解乏，沉到脚下，甚至像树根一样，沉到地底下，很深很深的地方。有的孩子只是象征性地说一个"唉"字，气息只沉到胸腔位置，根本没有沉下去，老师可以作示范。气息分别沉到胸、腹、脚三个不同的位置，然后让学生来分辨哪一次气息沉得最低，并让学生模仿。这里要特别提醒学生一定要放松，如果不会放松，气息就不可能沉下来。那么，怎样才能放松呢？想一想沉睡的感觉，抑或观察手在睡着时放松的状态，以及和老虎打斗爪子紧张的状态作对比，通过比较，学生就能领悟到放松的感觉了。

二、吸　气

我们的肚子像一个气球，叹气是将"气球"中的气排出，吸气则是往"气球"中输入空气。而吸气最关键也是最难做到的是"气沉丹田"。"气沉丹田"是指气息吸入后要下沉到肚脐周围。我们可以想象用吸管吸饮料，将空气往里"抽"的感觉。空气通过口腔、鼻腔吸入，再经过喉、胸吸至肚脐、腰部周围（实际是吸到肺里）。初学者往往吸得很浅，沉不下来，最明显的标志是：一吸气就耸肩或挺胸。要告诉同学们，正确的吸气动作是只有肚子、腰周膨胀起来，就像气球鼓入了空气，膨胀起来一样，其他部位都维持原状不动，一定不耸肩，不挺胸。

根据歌曲的不同，吸气的种类也有所不同：一般抒情、较缓慢的歌曲需要缓吸，可以想象像闻花香一样，享受地、慢慢地吸入。一般活泼欢快、跳跃、速度较快的歌曲需要急吸，即一下子吸到位，可以想象像猛然间被什么东西吓到了，"啊"的一声叫时那种吸气的感觉。

另外，要特别强调两点：一是歌唱时气不能吸得太满，如果吸得太满，整个人的状态就会变得僵硬，声音就会发直，所以，只能吸入总容量的一半，至多四分之三即可。二是越是唱到高音，气息越要往下沉，沉到膝盖下面，甚至脚下面。告诉孩子们，气息是个"乖娃娃"，你想它到哪里去它就会到哪里去，就怕你不想！所以，想的位置越低，气息就会沉得越低。

三、憋　气

歌唱时，并不是吸入空气后马上就呼气演唱，正确的呼吸流程应该是：叹气—吸气—憋气—呼气。这里说的憋气，是指气息由吸入到呼出两个不同的运动方向的一个转换过程，具体地说就是吸气之后，要用极快的速度憋一下气，不吸入也不呼出，就像游泳时潜水的状态一样。

初学者往往一憋气就会使劲，感觉要用很大的劲捏住气球（肚子）的出入口一样，生怕气球里的气跑了，以致整个人处于紧张的状态。实际上憋气时，只需要轻轻地停止往肚子里吸的动作即可。可以让同学们观察老师憋气的动作：吸气时肚子周围膨胀，这是可以看见的。但是憋气的动作是非常自然而放松的，不露声色，不易察觉的。如果憋气时紧张，一眼就能看出来，往往是脸红脖子粗，气息都浮起来了。另外憋气的过程是极短的，在一瞬间完成。

四、呼　气

这里的呼气，实际上就是张开嘴巴发声的过程了。因为发声要张开嘴巴，就像气球的出入口被打开了一样，肚子的气息就会跑出来。呼气的重点是尽量让气息少跑出去一些，或者说尽量让气息向外输出得慢一点。为了达到此目的，我们要尽量保持吸气的状态，要努力使我们的肚子、腰周处于膨胀状态，节约着用气。可以让同学们一边双手叉腰，一边发声，一边检查自己的肚子，看腰周是否处于膨胀状态，是否一下子瘪下去了。还可以找一找吹去桌子上灰尘时，嘴向外呼气，肚子也向外扩张的感觉。呼气时一方面气息自然地要向外跑，另一方面要人为地将气"拽住"，让气留在肚子里。

根据歌曲的不同，呼气也有不同的类型，一般抒情、优美、速度较缓慢的歌曲需要缓呼，气息要平稳，流动慢一点。可以拿一张薄纸，嘴对着纸呼气，让纸飘起来，飘的角度不变，证明气息平稳，纸片上下起伏，则气息不均匀。另外，飘的时间越长，气息也就越悠长。一般情绪欢快活泼、速度较快的歌曲，需要气息流动快一些，需要用"急呼"的方法。

另外，呼气训练需要注意以下两点：第一，唱完一个乐句，不能把气息全部呼出来，肚子里始终要保留一定的气息，这样我们的气息就会源源不断，演唱才会更轻松流畅。第二，我们演唱时不能拖得过满，必须留一点时间吸气，为演唱下一个乐句做好气息上的准备。这样，再难的歌曲我们也能轻松驾驭，游刃有余。

在疫情背景下的音乐教学中渗透心理健康教育

绵阳市第二中学　张蜀仙

随着年龄的增长以及生理的成熟，中学生的心理已经发展到一个非常重要的时期，因为这一时期的心理健康将直接影响他们的一生，许多心理学家称这个时期为"危险期"。在这一时期他们不仅面临着来自家庭长辈的期望压力，还面临着学校社会的多重竞争压力，这两年在多重压力不减的情况下又面临着突如其来的疫情考验。长期宅家足不出户，即使是认知力及自控力都很强的成人也极易出现焦虑恐惧、意志力薄弱、偏激冲动、自由散漫、觉得生活枯燥乏味、无所事事等消极负面心理，更何况是处于青春期的孩子？

那么，怎样缓解中学生在疫情期间产生的消极负面心理？如何活泼健康、乐观向上地面对疫情？笔者通过线上音乐课堂教学做了如下尝试，得到了积极的反馈，一定程度上缓解了疫情下学生的消极情绪，调节了心理。

一、放声高唱，营造健康情感氛围

《义务教育音乐课程标准（2011年版）》指出："义务教育阶段的音乐课，应当面向全体学生，使每一个学生的音乐潜能得到开发并从中受益。"尊重学生的个性，鼓励学生积极参与各种音乐活动，以自己的方式表达情致。其实学生都有希望获得成功的心理需求，都有获得个性展示的权利，但我们不得不承认在面对面的正常课堂教学中，那些自信、外向、爱表现的孩子更有机会，而那些胆小、怕羞、性格内向、不爱表露自己的学生在众目睽睽之下是很难获得这种成功体验的。我们何不利用疫情下非正常的线上课堂教学"偏爱"一下这些孩子，帮助其建立歌唱自信呢？

小M同学上课时总爱静静地望着我，不时地在笔记本上记着她认为很重要的话，每当全班齐唱的时候她总是忽闪着那双大眼睛很动情的样子，但当我请她单独起来演唱的时候她又红着脸、耷拉着头，嘴一张一翕地就是不闻其声。在《以歌战疫》线上教学中轮到单独连麦小M同学的时候我惊呆了，她演唱了《我和我的祖国》A

段，声音清亮优美，唱得真挚感人。当我争得她的同意将演唱录音分享到班级群里时，同学们纷纷为她送上了小红花，她腼腆地笑了。还有小C，因为声音嘶哑，平时怯于表现自己，在这次线上教学中，他的《军民大生产》唱得铿锵有力，唱出了劳动号子该有的特点，我表扬了他，他也很开心。

在线上教学中我们如果更多地关注这些机会不多的孩子，把最深的关怀留给他们，让他们也感受到老师对自己的偏爱，得到同学们的认同，让他们也从心理上得到满足，并在这种满足中增加信心，从而热爱歌唱，热爱生活，这效果岂不比面对面课堂教学更好？

二、尽情演奏，释放心中激情

《义务教育音乐课程标准（2011年版）》还指出："学生通过音乐课程学习和参与丰富多样的艺术实践活动，探究、发现、领略音乐的艺术魅力，培养学生对音乐的持久兴趣，涵养美感，和谐身心，陶冶情操，健全人格。"在线上音乐课教学中选择音乐欣赏内容时，可根据学生的年龄、生理、性别、兴趣爱好和当前的心理、情绪状态等特点，选择一些欢快活泼的或者优美抒情的、容易理解的音乐，尽量避免那些令人过度兴奋的音乐，切勿选择那些会增加悲哀绝望情感的哀怨音乐。

我在进行第二次线上音乐课堂教学时选择了《卡门序曲》，该乐曲生动地表现了斗士入场时英武潇洒的形象和斗牛场中兴奋活跃的气氛，尤其是主部主题在大镲的演奏下更显热烈欢腾。这首乐曲多次在我校朝会的颁奖环节播放，全校学生都很熟悉。在主部主题的音乐活动中，我要求学生找出家中能发出与镲相似音色的器具按照节奏随音乐演奏，也收到了与面对面课堂教学不同且意想不到的积极反馈。孩子们有的拿来了厨房用具，有的拿来了塑料板凳，有的则拿来了家里的饮水桶，这比正常面对面课堂教学中只能听到拍手、拍桌子、拍板凳的声音可要丰富多了。而且更让我没想到的是，孩子们宅家演奏还吸引了家人，家人也共同参与到音乐活动中来，一家人其乐融融，孩子们学习音乐的兴趣就更浓厚了。当C主题出现的时候我又请孩子们拿出斗牛士的"披风"有节奏地律动，在这样别开生面的音乐课中孩子们既感受到了音乐的美感，又释放了压力、调节了心理。

在这个特殊时期进行线上欣赏教学时，我们还应塑造良好的音乐欣赏环境，选择符合学生心理特点的音乐欣赏内容来帮助学生协调心理。学生宅家抗疫，聆听音乐的环境我们不能保证，但教师与学生线上交流的环境要安静无外界干扰杂音，另外教师语气语调要柔和优美，力争最大程度缓解学生情绪。

中小学生音乐课程中的创造，目的在于通过音乐丰富学生的形象思维，开发学生的创造性潜质。在教学中，应设定生动有趣的创造性活动内容、形式和情境，发展学生的想象力，增强学生的创造意识。在前面《卡门序曲》线上教学中，学生创造性地模仿了大镲的音色正是遵循了上述课标理念。

三、聆听公益歌曲，唤醒真善美初心

现今传媒时代，公益歌曲以其正确的舆论导向、丰富的人文内涵、时尚的音乐表现、快捷的传播方式、广泛的受众群体等优势，起着引领风尚、服务社会、感召大众、传递爱心的作用，具有明显的社会效益和传播意义。公益歌曲可以激励心灵，给人以无穷的精神力量。迈克尔·杰克逊的"We Are The World"、郭峰的《让世界充满爱》都是公益歌曲中的经典作品。在疫情下更是产生了大量新作，如央视展播的《白衣长城》《歌声战疫》，四川蜀少年战疫歌曲《草》《我想拥抱你》等，这些歌曲或抒情、或颂赞，都表达了对医护人员医者仁心高尚品格的赞美。

在《公益歌曲的力量》这一课中我分享了网络上的战疫歌曲，目的是让同学们在音乐的感召下能激励精神，净化心灵。同学们很有感触，有同学听了后说，我们也可以给白衣天使写歌，于是一节公益歌曲分享课拓展到了课后创作。我们知道歌曲创作需要专业的作曲知识和作曲技法，因此我也没有抱什么希望，但是同学们发给我的演唱录音再次给了我一个又一个惊喜，其中 Y 同学自己作词作曲并演唱的《愿做光》还在家长的帮助下制作成了单曲放在了网络音乐平台上。

我鼓励他们去创作歌曲也并非把他们往音乐专业道路上培养，而是让他们通过这个创作过程去尝试发现自己的创造潜力，学习一种情感表达的方式，从而达到宣泄情绪、调节心理的目的。

苏霍姆林斯基曾说："音乐教育并不是音乐家的教育，而首先是人的教育。"只有我们在开展线上教学时做有心人，关注学生的心理健康，不断探索学生心理发展规律，充分发挥线上教学的优势，完善音乐课堂教学，才能实现课程标准所强调的"促进每个学生身心健康发展，培养良好品德，满足每个学生终身发展的要求"的艰巨任务。

课程思政在小学音乐课中渗透实施的策略探究

绵阳市西山路小学　唐　静

《义务教育音乐课程标准（2011年版）》强调，"坚持在音乐课中渗透社会主义核心价值观"。小学音乐课秉承这一理念，充分发挥音乐独特的德育功能，高度重视思想政治教育渗透贯穿音乐课程教学的各个环节，全员、全程、全方位以美育人，让学生在音乐中陶冶情操、启迪心灵、升华情感，实现立德树人这一教育根本任务。课程思政在小学音乐课中渗透实施的策略有哪些？这是一个值得深入研究和实践的课题。

一、确立育人目标，彰显立德树人价值

义务教育音乐课程总目标之一涵盖学科与思政教育，它指出：学生通过音乐课程学习和参与丰富多样的艺术实践活动，探究、发现、领略音乐的艺术魅力，培养学生对音乐的持久兴趣，涵养美感，和谐身心，陶冶情操，健全人格。根据第一学段（1~2年级）、第二学段（3~5年级）、第三学段（6~7年级）、第四学段（8~9年级）的学生生理、心理发展差异和音乐学习认知特点，在课程总目标统领下，明确各学段目标，以此作为不同学段、不同课程思政内容设计的基本依据，有效达到前后衔接、逐段递进、完整有序的内在联系这一育人结果。下表以一、三、五年级两个学段教学内容为例（均以人音版教材为例），将音乐作品蕴含的思政教育进行分类，侧重学段教育重点，在教学中逐步渗透，在音乐作品学习中强化育人目标。

一、三、五年级的教学内容及育人目标

年级	学段	课次	教学内容	育人目标
一下	第一学段	第5课 游戏	火车开啦 火车波尔卡 拍皮球 跳绳	让学生在音乐游戏作品中了解社会、学会生活，在游戏中成长，在唱唱、玩玩中学习音乐，学会相互合作

（续表）

年级	学段	课次	教学内容	育人目标
三上	第二学段	第1课 童年	捉迷藏 我们多么幸福 摇啊摇 小酒窝	学生在歌唱、表演、欣赏中，感受并体验童年生活的幸福和快乐，表达对美好生活的热爱之情
五上	第二学段	第2课 足迹	雨花石 嘎达梅林 我这样长大	让学生循着历史的足迹，随着时间的流淌，一起回到音乐作品的那个年代、那段历史，了解属于那个时代的音乐、那个时代的英雄，增进学生的爱国主义情怀

其实，不同学段、每一个单元、每一首音乐作品都能挖掘出不同的"思政"内容，落实"立德树人，培根铸魂"的思政要求。比如：小学音乐人音版五年级的欣赏课《打猪草》，学生通过竹筒胡琴与三弦分饰两角的乐器对话，除了感受黄梅戏的独特之美外，更颂扬了音乐作品中金小毛真诚待人、宽容大度的品质。在潜移默化中给学生树立榜样，涵养情操，以做像金小毛一样的人为荣。

二、巧设教学活动，凸显以美育人特点

音乐思政课程并不是思想品德课，学生在音乐"动之以情"审美中丰富情感体验，建立起对人类、对自然、对一切美好事物的关爱之情。在润物细无声中"晓之以理"，进而养成对生活的积极乐观态度和对美好生活的向往和追求。同时，在音乐实践活动中，培养学生良好的行为习惯和宽容理解、互相尊重、共同合作的意识，增强集体主义精神。

例如，在教授一年级歌曲《火车开啦》时，渗透学生相互包容、相互合作的思政设计意图。在游戏中循序渐进完成三个声部的节奏练习，具体如下：在学生学会歌曲后，教师问学生："火车启动时会发出什么声音？"学生回答："wu——wu——""那我们一起模仿火车启动的声音。"教师指导学生有趣而准确地发声，合作体验二分音符的节奏时值。教师继续问："火车启动由慢到快声音会发生什么变化？"学生说："那我们一起来模仿。"教师和学生一起有节奏地练习"honglong honglong honglong honglong"，感受模仿四分音符节奏时值。教师第三次提问："火车正常行驶会发出'kacha kacha kacha kacha'的声势，谁来表演？"抽生模仿、生生模仿、师生共同模仿。教师最后指挥，让学生分三个声部表现火车启动、正常速度行驶、

到站后速度减慢的声响场景，每个学生根据自己扮演的声部角色，眼看教师指挥手势，嘴念自己声部节奏，耳听各个音响效果，脑中想象画面感。在层层递进的学习中，学生全程、全方位模仿、体验、表现火车开动时的声音场景，大家彼此宽容理解、互相尊重、共同合作。音乐知识技能与音乐育人在整个教学过程中同向同行，形成协同效应，凸显音乐"以美育人"的独特德育功能。

三、挖掘活动内涵，坚定中国自信

小学音乐课程思政始终贯穿于音乐实践的各个领域，学生参与课内课外的演唱、演奏、聆听、综合性艺术表演和即兴编创等各项音乐活动。以丰富多彩的活动为载体，围绕加强和改进小学生思想道德建设，坚持积极向上、健康情趣的主旨导向，挖掘活动的思政内涵，立足有效提高学生音乐素养，增强学生的自信心，培养学生良好的合作意识、团队精神及爱国主义热情，坚定中国自信。

活动一，以音乐课五分钟表演展示环节为例。学生既可单独也可组合或组队表演，表演形式可以是演唱、乐器演奏、舞蹈、小品、相声、音乐剧、课本剧等。表演的学生相互配合，彼此尊重，展现自身特长，逐步养成良好的合作意识及团队合作精神；同时，大部分学生在欣赏过程中，懂得尊重表演同学，安静聆听观看，在适当时候鼓掌以示赞美和鼓励。在润物细无声中让他们体悟到艺术魅力和基本审美价值，进而引导他们发现美、感受和创造美，并在追寻美的过程中懂得付出与坚持的意义；同时，作为观众的伙伴在审美过程中达成思政教育：作为我国小公民，养成文明的倾听习惯和鼓掌礼仪。

活动二，以学校开展"童心向党　辉煌100年"庆祝中国共产党百年华诞歌咏比赛活动为例。以全国全民庆祝活动为契机，师生全员参与。精选比赛曲目，挖掘歌曲内涵，重温党的历史、感悟伟大力量、汲取奋进力量。一方面将《中国少年先锋队队歌》《学习雷锋好榜样》列为规定曲目，在富有朝气与坚定的旋律里赞美时代英雄，传承革命精神，唤起学生好好学习、建设祖国的使命感，涵养对祖国最丰沛、最纯真的爱；另一方面自选红色爱国主义歌曲，如《红星歌》《祖国祖国我们爱您》《共产主义儿童团团歌》《卖报歌》《只怕不抵抗》《我们走在大路上》《雨花石》《在灿烂阳光下》《妈妈教我一支歌》《井冈山下种南瓜》《今天是您的生日》《龙的传人》《半屏山》等经典爱国歌曲，在歌曲传唱中融入红色文化，推动课程思政教育在音乐实践活动中的有效渗透实施。让学生在红色经典旋律里提升意识境界，增进艺术情趣与品位；让学生在红色经典旋律里落细落实社会主义核心价值观教育，持续加强爱国主义、集体主义、社会主义教育，启智润心，铸魂育人，坚定中国自信。

参考文献：

中华人民共和国教育部，《义务教育音乐课程标准（2011年版）》，北京师范大学出版社2012年出版。

以艺术素质测评为抓手　创新区域美育评价机制

绵阳市涪城区教育研究与发展中心　张　伟

积极探索与实践艺术素质测评的方式，涪城教育多年来孜孜不倦。通过艺术素质测评，全面提升我区艺术教学质量，丰富和拓展艺术教育的内容和形式，提高艺术教师队伍的教育教学理念及专业能力，全面革新师生、家长、社会对艺术教育的重视程度。在探索实践中形成的区测+校测的操作方式、多样化的艺术学科实践能力测试方式，对学生艺术素养的培养起到重要作用。作为全省艺术教育改革试点县，涪城的艺术素质测评方式和经验在全省的重大活动中进行示范和推广。

一、案例背景

学校艺术教育是素质教育不可或缺的重要内容，在青少年提高审美修养，丰富精神世界，培养创新意识，实现德、智、体、美、劳全面发展等方面，具有其他学科不可替代的作用。2014年，教育部贯彻落实中央精神和有关部署，发布了以实施素质教育、改进美育教学、提高学生审美和人文素养、促进学生健康成长为目的的《关于推进学校艺术教育发展的若干意见》；2015年教育部又颁发了《中小学生艺术素质测评办法》《中小学校艺术教育工作自评办法》《中小学校艺术教育发展年度报告办法》。四川省教育厅迅速落实教育部精神，2015年将涪城区确定为"四川省学校艺术区域整体推进改革试点县"，并作为省级中小学艺术素质测评实验县。

早在2013年，涪城区就已经在音乐素质测评方面开始了探索。音乐素质测评目的一方面是提高学生的音乐素养，为孩子的全面发展打下坚实的基础，另一方面就是促进学校把音乐教育工作落到实处，提高音乐课堂教学质量。2013年至今，我们在音乐素质测评方面做了实实在在的工作，积累了一定经验，形成了具有区域特色的评价体系。

二、过程与方法

作为四川省中小学生艺术素质测评实验县，涪城区中小学生艺术素质评价体系从重视顶层设计，优化测评方案；立足核心素养，构建测评工具；重视学生发展，关注个体差异；创新督控机制，区测校测结合四个维度对学校区域艺术教育工作进行评价和管理。重点是关注学生艺术素质阶梯性成长和学校艺术教育质量提升，实现区域学校艺术教育均衡发展，促进学生的全面成长，落实立德树人的根本任务。

（一）重视顶层设计，优化测评方案

艺术素质测评是系统工程，需要教育局重视，教研室的落实，学校和艺术教师、学生、家长的参与，而这一切的源头推动力都来自于决策者的执行力。为保障艺术素质测评能高质量展开，涪城区教体局出台了《涪城区中小学生艺术素质测评实施方案》，并多方收集意见进行优化整改，形成一套完善的监测方案。

该实施方案由区委分管领导牵头，对师资保障、经费保障提出了严格要求，定下了全区统一进行音乐基础知识检测、学校自主进行技能检测，最后区域抽查的艺术素质测评方针；学校自评、研修协作体复测和全区抽查结果将作为学生、教师、学校评优的重要条件和考核依据，各学校的考务工作将作为考核学校艺术教育的重要依据。此方案为各学校进行艺术素质测评提供了强有力的制度保障。

（二）立足核心素养，构建测评工具

学校艺术教育以"美"为核心，能够在启智、树德方面起到"润物细无声"的作用，被公认为是落实"立德树人"根本任务的重要路径和抓手。正如教育部在《关于推进学校艺术教育发展的若干意见》中指出："艺术教育对于立德树人具有独特而重要的作用。艺术教育能够培养学生感受美、表现美、鉴赏美、创造美的能力，引领学生树立正确的审美观念，陶冶高尚的道德情操，培养深厚的民族情感，激发想象力和创新意识，促进学生的全面发展和健康成长。"

但在长期"应试教育"制约下，仍有不少学生会把艺术课程当作一种放松和调整，甚至把艺术课程看作是一种可有可无的附属品。此外，艺术教学理念的落后，教学方法创新的滞后等，都是制约艺术课堂教学向"立德树人"目标发展的障碍。

因此，通过测评首先要解决的就是学生零起点艺术水平问题。在四川省教育厅的工作部署下，我区作为四川省学校艺术区域整体推进改革试点县和四川省中小学生艺术素质测评实验县，承担了四川省中小学生艺术素质网络题库建设命题任务。对于涪城区来说，这不仅仅是一次全面革新艺术教育理念，更是全方位升级艺术教育工作管理、监测、评价的重要契机。通过参与题库建设，将归纳、梳理、总结涪城区一线中小学在艺术素质测评过程中已经开展的十来年实践与研究经验，要求学校进一步落实艺术教育师资、设备设施、教学研究，全面提升区域艺术教育水平，实现培养德智体美劳全面发展的学生的目的。在命题过程中，我们反复强调的就是题干表述的再学习，让零起点的孩子通过检测过程达到学习的目的，提升音乐素养；更可喜的是在传统笔试这一领域中，我们又多了一样值得信赖的测评工具。

（三）重视学生发展，关注个体差异

注重个性发展，这是音乐课程基本理念，是以承认和尊重学生的个体差异为基础的。因为不同的学生个体生活在不同的自然环境中，有着不同的文化背景、生活经验、性格素养和天赋秉性，所以在音乐审美爱好、音乐知识技能、音乐情趣等方面都形成了不同的个性，在对音乐的感受、认知过程中表现出各自不同的差异性。在音乐课程教学中，应当根据学生的志趣、才能、资质、特长和爱好，因势利导，促进其和谐完美地发展。通过培养个性健全、人格独立、富有创造性和开拓性的人才来满足社会的多个方面需求。因此，在艺术素质测评中，我们特别重视城区学校和农村学校的差异，重视学生的发展，充分尊重学生的个体差异。比如：城市学校学生在技能测评中结合"班级音乐会"可以充分地展示自己艺术学习的成果，尤其是演奏项目，学生除课堂小乐器合奏以外，还可以选择各种乐器参加测评，丰富多样的乐器能充分展示学生学习的多样性、自主性和较高的演奏水平；对于农村学生我们鼓励他们演奏自制的打击乐器参与测评。

图1　我区农村学校学生自制打击乐从课堂搬上了舞台

　　同时，在教育部颁发的学生艺术素质测评指标体系基础上，优化了"校外艺术学习"和"艺术特长"的界定，将学生参加学校艺术团、社会与学校联办社团学习都认定为"校外艺术学习"；将学生参加各级各类艺术比赛、展演作为艺术特长，并按参与级别及效果记入学生艺术素质成长档案。涪城区教体局为此项评价的落地生根还专门设置了器乐独奏比赛、校园歌唱比赛、班级器乐比赛、班级合唱比赛、经典诵读等系列活动。

图2　我区歌唱比赛、器乐比赛活动获奖小选手

　　"班级音乐会"也是我区的特色测评形式。班级音乐会能体现评价的民主性，营造和谐、团结的评价气氛，是一种生动活泼的评价方式。通过班级音乐会，人人参与音乐演唱、演奏、综合性艺术表演进行实践性测评，更强调不同特长、不同特点、不同情况的学生用不同的形式参与到班级音乐会中来。如：主持、演唱、演奏、舞蹈、配乐朗诵、舞台监督、音乐会教室布置、节目串词撰稿等，学生从多个角度参与其中，既注重个性差异又强调面向全体。在音乐测评活动中还培养了学生的组织能力、协作能力，扬长个性，提升综合素养全面发展。

图3　我区某校正在进行班级音乐会形式的检测

（四）创新督控机制，区测校测结合

2013年以前，在教体局及教研室的指导下，区内不少学校已经自发开展音乐学科期末检测。2013年教体局正式对部分学校进行了试点检测：中小学各抽取两所学校，由各学校音乐教师交叉出题，进行音乐基本知识试卷检测，以及教材歌曲演唱能力检测。经过两次试点，我们制定了音乐检测内容及评价指标，并于2014年在全区落实。其中基础指标包括课程学习25分、参与课外活动15分；学业指标包括基础知识和基本技能各25分；发展指标包括校外学习和艺术特长各10分。总成绩划分为优秀、良好、合格、不合格四个等级。音乐基础知识检测采取笔试方法，与语数外等其他学科一起由教体局统一安排考试。2015年在教体局的领导下又成立了音乐素质监测专家组，由体卫艺股带队下校，对个别学校音乐素质检测进行监测。专家组由区内优秀教师组成，中小学各3人，采取中小学学段交叉监测制。监测标准统一参照我区相关检测要求，规范检测过程、检测内容及客观评价。这样既避免同学段教师之间的徇私舞弊，又促进教师相互了解各学段目标的异同，形成义务教育阶段音乐教学目标的整体意识。

经过多年实践探索，区测校测相结合的方式逐步得到完善和优化，具体做法如下。

1.中小学音乐学科素质测评包括基础知识部分的命题原则、题库建设方法、实践操作能力测评的内容与方式、行政组织管理形式、业务指导监测形式、学生艺术成长档案的建设、艺术测评工作考核评价体系等。

2.教体局主导—教研室组织、监测—学校具体实施—艺术教师具体执行—教体局抽测、评价。

根据教育部和省教育厅的文件精神，涪城区教体局经过前期试点，于2016年6月，印发了《涪城区中小学生艺术素质测评实施方案（试行）》（涪教体函〔2016〕86号）。确定我区艺术测评分为基础知识检测与专业技能检测两项。

基础知识检测由涪城区教体局委托区教研室组织，统一制卷（音乐、美术合卷，各25分，共50分），与其他学科一起统一纳入期末质量检测安排，要求监考教师必须是非艺术教师，教研室派驻蹲点联系人进行巡考。专业技能检测由各校按全区统一标准自行组织，再由区教体局和教研室组织优秀教师组建成7—10人考核专家组进行抽测督查，一是观摩各校教师自测情况，二是考核小组直接抽测，抽测方式是先抽年级，再抽班级。音乐技能部分由任课教师自行检测，检测内容有歌曲演唱、课堂器乐演奏（中高段一般是竖笛，低段一般是打击乐器）。各学校将这两项成绩和学生的特长发展指标（课外音乐学习情况）汇总之后，进行总结评估，作为安排下年度的教学、教研活动的重要参考依据，并将艺术素质测评的结果纳入学校教育教学质量的评价和考核。

图4 教体局组织专家进行音乐素质检测演唱技能抽测

3.除了期末统一检测，从2014年开始，我们还开展了涪城区班级器乐合奏比赛暨音乐教学（演奏）质量抽测活动，通过班级抽测整体提高学生的音乐表现能力。抽测班级由教体局组成的活动组委会在比赛前一周指定。演奏曲目为必选曲目一首和自选教材曲目一首。参与态度和抽测成绩都要纳入教体局对学校的年度考核。

班级演奏质量抽测至今已连续举办8年，学生的演奏能力一届比一届精进，器乐种类也越来越丰富，第一年只有竖笛，到现在各学校根据自己的实际情况又增加了口琴、口风琴、葫芦丝、陶笛、尤克里里等乐器。器乐教学在整个涪城区学校普及率达到百分之百，区内的器乐教学开展得有声有色，孩子们也真正享受到了音乐学习带来的快乐。

图5　我区连续开展六届班级器乐合奏比赛暨音乐教学（演奏）质量抽测

三、取得的成效

（一）提高了学生的艺术素质

各学校严格规范执行区测与校测相结合，建立学生艺术素质成长档案，使用"四川省中小学生艺术素质网络测评平台"等，初步实现全区学生线上线下艺术素质成长的跟踪管理，明确了学生艺术素质阶梯性成长目标。2017年四川省艺术工作现场会及四川省艺术测评推进会在我区召开，更表明了我区测评试点工作领先于其他区县，2019年我区应四川省教育厅邀请在广元召开的四川省艺术工作现场会上作了艺术测评经验交流，向全省各地市州分享推广我区区测+校测的测评模式，受到全省各地市的一致好评。

图6　2017年我区为四川省艺术测评推进会
与会代表现场模拟测评

图7　我区在2019年四川省艺术工作现场
会议中作测评经验交流

（二）改变了我区艺术学科薄弱现象

区域性的专项督导、测评的刚性化管理，我区各校都严格按照要求开足开齐了艺术课程；2019年艺术进中考的率先实行，将测评成绩记入学生学业水平考试成绩，实现了测与评双轨运行机制，推进了我区艺术学科教育教学的制度化管理，改变了艺术学科薄弱现象。

（三）全面提升教师业务能力，提高艺术教育质量

在区域测评及艺术进中考双面推动下，我区艺术教师业务水平大大提高。到2021年我区有20多名音乐教师获得省级优质课一等奖，4位教师获得国家级一等奖。在四川省及全国中小学生艺术展演中，我区先后选送了舞蹈、朗诵、合唱、器乐等项目，并获得优异成绩。

图 8　涪城区课堂器乐教学赛课活动获奖教师

学校严格配备专职音乐教师，有音乐教学专用教室以及相关教学设备，这是进行音乐素质测评的重要保障；全区音乐教师必须参加音乐教研活动以及协作体活动，鼓励参加省市区以及全国优质课活动，以提高课堂教学水平；45 岁以下音乐教师必须参加一年一度的说课、声乐、器乐比赛，音乐教师技能比赛，区内相关演出活动，以提升音乐专业能力；各学校学生必须参加校园艺术节、校园歌手比赛、班级器乐合奏等活动。我们还不定期组织区内优秀教师下校听推门课，指导督促音乐课堂教学。

（四）推动了我区艺术教育的发展

区测与校测相结合的测评制度、艺术进中考的改革、发展指标与基础指标相结合、线上线下管理监控、测评纳入学校绩效考核等制度的建立，使得我区各校音乐教学设备齐备、师资队伍强大、区域艺术活动丰富多彩、教研活动高效，推动了我区艺术教育的发展。

四、反思及总结

（一）客观看待艺术素质测评，体现美育应有的功能

对艺术学科进行素质测评，应当站在是否有利于学生成长的角度思考，避免艺术学科教学走向"应试教育"之路。测评的重点建议放在学生审美素养的培养上，测评的内容与方式可以重体验、重感受、重二次学习，手段多样，形式多元，体现艺术学科独有的特性。

（二）科学探究艺术测评体系，稳步推进艺术教育工作

艺术测评是手段，以美育人是目的。艺术素质测评的管理机制、运行体制、评价体系务必建立在遵循教育规律、研究学生身心特点和综合素养培养的基础之上。同时，艺术素质测评的实施与推进，是助推学校艺术教育工作深入落实的重要抓手。专业艺术教师队伍的配备与培养，专业艺术功能室、活动场地等设施设备，艺术教师工作评价考核标准，学校艺术教育工作的考核与管理都将与艺术素质测评相匹配。可以说，艺术素质测评的实施将是学校美育工作实现重大突破的一扇窗口。

（三）正面宣传艺术素质测评，构建家校社共建机制

长久以来，社会各层面对艺术教育看法褒贬不一。学生低幼阶段极度重视艺术教育，中高阶段极度不重视艺术教育，将艺术教育与教育隔离，片面认识美育的育人价值。在艺术测评实施过程中，正向的分析解读和舆论引导极为重要。当观念彻底变革，构建家校社共建机制，良好的艺术教育氛围才会相应产生。

艺术素质测评是一项长期而艰巨的工程，在探索与实践的过程中难免有困难和阻碍，我们应当在国家教育方针政策的导向下，深入研究、积极落实，将实施过程中的经验及时总结反思，让此项工作立足于学生成长，立足于培养"德智体美劳"全面发展的社会主义接班人，在立德树人的过程中实现以美育人，以文化人。

参考文献：

（1）王耀华、王安国、吴斌，《义务教育音乐课程标准解读（2011年版）》，北京师范大学出版社2012年出版。

（2）《教育部关于推进学校艺术教育发展的若干意见》，教体艺〔2014〕1号。

（3）陈艺，《艺术教育是素质教育的重要内容》，《人民日报》2014年4月29日07版。

论中学音乐学科的育人功能

绵阳市实验中学城北校区　　赵丽杰

从2000年开始，我国进行了一系列的新课程改革，课程目的变更为"促进学生身心全面以及和谐的发展"，所有学科教学（包括音乐学科在内）都必须要加强学科育人功能。中学实施美育主要是通过音乐教育，音乐课对学生们的三观树立、情感培养以及审美能力等产生重要影响。那么，想要将学科育人运用于中学音乐课堂上，我们就必须要知道什么是学科育人、学科育人的重要性、如何将学科育人与中学音乐课堂相结合。只有弄明白这些基本问题，才不会迷失了方向，才能使学科育人正确地运用于中学音乐课堂。

一、音乐学科育人的理念

学科育人指的是，通过学科知识的学习，进而使同学们深入探究学科本身的内在价值。每一门学科都有其独特的一套语言，但这仅仅是各个学科最表层想要表达的东西，例如语文是通过文字来表达，数学是通过数字以及几何图形来表达，而音乐则是通过旋律音高以及节奏来表达。学科育人则更加强调教师通过每个学科最表层含义的教学，指引学生去深入挖掘其内在的思想观念以及精神，促进学生的全面发展，而不仅仅是课程内容本身。新课改后教育根本的目的是培育学生，学校里的所有课程都是以育人为本，都应该具有育人的基本价值。叶澜先生曾经谈过什么是"教育"，什么是"好教育"，它们之间看似相似实则却有着些许差别。教育就是"教天地人事，育生命自觉"，教好了天地人事，教出了有生命自觉的人，就是"好教育"，"教"和"育"是不可分割的。

在音乐课堂上实施学科育人这一观点，最早是在20世纪90年代欧洲以及日本的新课改中提出的。音乐学科不应该单单是记住一个音符，唱会几首歌曲，而是需要从这些内容中学会做人、树立正确的三观、了解文化历史、增强情感领悟能力、提高审美能力等。我国新课改后，音乐课的课程标准变为"以审美为核心"，并且将它作为最重要的基本教学理念。课程三维目标随之也做了相应的调整，变为三点：第一点是情感态度与价值观，第二点是过程与方法，第三点是知识与技能。教师通过音乐课堂教学开发挖掘学生的潜能，将学生培养得全面却又不失个性。在学生完整人格的培养上，在发展想象、感受、领悟、直觉以及交流和表达的特有过程中，逐步让学生丰富他们的文化修养。这样才是音乐学科教育应该做到的。

二、音乐学科育人功能的重要性

音乐教育对学科育人具有重要性，我们从以下三点来详细解析音乐学科育人的重要性。

（一）音乐学科在提升学生们的思想道德品质以及综合素质上具有特殊的久远性

音乐课程不是一门单一的学科课程而是一门综合性的学科课程，它与各科之间都有所关联。特别与学校的思想政治、道德品质方面挂钩，相互渗透，互相配合，一起塑造学生的身心，并对学生的身心发展起到了推动作用。重视音乐课程的育人作用，才能够大幅度提升学生的审美能力，熏陶学生的心灵，让学生形成良好的道德情操。这样才符合新课改的最终目的——促进学生的全面发展。

（二）音乐学科可以提升学生的智力以及创新能力

经科学研究显示，音乐教育促进大脑开发与使用（尤其是右脑）。人的左、右脑各司其职，左脑分管逻辑，右脑操控我们聆听欣赏艺术。学生在课堂中的聆听及演唱的同时他们的左右脑和谐地运转，将感性与理性思维相互交融，充分结合，进而刺激学生大脑，提高他们的智力。随着时代的进步，创新精神对于学生和社会来说越来越重要，音乐引导学生去领悟想象，这样一来音乐教育就不仅仅能培养学生形成想象、思考的习惯，还能激发他们的自身创新潜力，让他们发挥主观能动性，以达到创新人才必备的素质。所以说音乐教育能提高孩子们的创造以及创新能力。

（三）音乐学科可以培养学生的爱国主义精神、团结意识以及文化自信

音乐通过旋律、歌词、节奏、调式、调性等方面相互结合，可以直抵学生的内心深处，让学生内心波澜起伏，领悟到作者想要通过音乐表达的思想情感。所以说音乐能够丰富学生情感、增强学生对情感的感知能力、涵养美感、提升人文修养、增强学生的爱国情怀。用音乐来育人，借助它的独特性，可以使学生提高团结意识，培养爱国主义情怀，坚定学生的文化自信以及让学生用正确的价值观去理解世界音乐文化的多样性，领略各国的文化风情。

以上皆是音乐学科育人功能的价值，可以看出是非常重要的。叶澜先生曾经讲过："学科育人价值是学校教育育人价值的基础性构成。学科是最基础、有组织、浓缩的人类文化精华。什么时候基础教育都不能丢学科教育，不要忘记学科教育的重要性。"

三、音乐学科的育人功能在中学音乐课堂中的具体体现

（一）中学音乐课堂中学科育人应该立足于音乐学科的核心素养以及核心任务

中学是一个较为独特的阶段，学生的身、心都在成长，不再幼稚却也不够成熟，具有一定的叛逆心理。这样一来如何顺利地在音乐课堂中实施育人功能，就需要教师下一番功夫了。

音乐学科的"核心任务"确立为："人文积淀""审美情趣""批判质疑""勇于探究""乐学善学""勤于反思""健全人格""自我管理"八项，要求在每节音乐课程中都有所体现。核心素养是音乐学科育人的具体回答、集中体现，以及目标的总体要求。只有立足于核心素养以及核心人物，学科育人才能正确运用于课堂中，把学生作为音乐课堂的主体，学生才能从课堂中获得全面的成长提升。

1.欣赏聆听音乐，树立正确审美观

新课改后中学音乐课堂就是"以审美为核心"的，所以要让学生形成正确的审美观。教师可以通过给学生播放音频或视频让学生从音乐的体裁、曲式、调性、节拍、节奏、和声、旋律、音色、音区、力度、速度以及表演形式上欣赏音乐的美，去体验乐曲想要表达的情感。引导学生勇于探究，发现音乐里蕴藏的美，提高审美认知能力，树立正确的审美观念。中学音乐课程必须坚持正确的音乐审美价值标准，因为这个时候学生的审美标准正处于发展期。教师需引导学生去判断音乐的美，最终学生才能形成一种正确、理性的审美价值观。在这个过程中教师需要适时地引导学生，给他们一个方向，并和他们一起讨论解析一些较为复杂的乐段，不能只播放乐曲总结后就结束了，要学会和学生讨论交流。

2.注重课堂教学活动以学生为主，促使学生思维发散，促进学生智慧发展

前文提到过音乐对于大脑的开发具有辅助作用，能促进人类提升智力。想要达到这一效果就需要让学生成为中学音乐课堂的主体，多让他们交流讨论，碰撞出火

花，然后再实践得真知，这样一来才会促进学生思维以及智商、情商的发展。例如：我们可以通过对一段音乐作品的赏析，让学生分小组进行交流讨论，这样能为学生的逻辑思维、跳跃性思维、想象力提供无限空间，也能让他们勇于探究、乐学善学并且进行自我管理。最后再对各小组的发言进行汇总。（切记：在学生表达自己观点时，教师一定要鼓励，处于反叛期的学生，教师不能一味地批评教育，要站在他的角度去思考；若有想法不一样时，学生可以质疑，教师可以与他交流，但一定要尊重学生的想法，不能把教师的个人观点强加在学生身上，毕竟每个人对音乐的感知与欣赏是不同的。）或者是让学生通过演奏或演唱音乐作品来对大脑进行各个方面的开发与训练，比如通过让学生分组排节目，然后上台表演，这样不仅可以训练左、右脑与手的配合以及身体的律动协调，还可以看出他们对这首作品到底是怎么理解的。这样的艺术表现也能够促进学生的文化理解和审美感知。这样一来中学音乐课堂不仅仅能学到音乐课本上的知识，还能使学生智商得到发展，情商得到提高，也反向促进了学生的文化理解和三观树立。

3.理解音乐的主旨，树立正确三观

中学音乐课程的学习能够培养学生高尚的伦理道德情操，健全学生人格。这一点是最重要的，因为中学生的不稳定性，所以学科育人首先要树立的就是中学生的三观。从古至今音乐都与社会、政治都脱不开关系，对学生的德育有着重要的影响，音乐的学习会陶冶学生的心灵。教师一定要尊重学生的想法。这一做法的前提是教师在教学时需要时刻引导学生朝着正确的三观道路迈进，引导他们理解音乐文化想要表达的主旨，不能完全放任他们生长，可以有不同答案但大方向必须正确。如果学生大方向不对，教师就需要通过交流谈话让他们勤于反思，最终要让学生拥有正确的政治认识、社会认识，这样才能使学生拥有正确的三观价值。说到底就是需要把握好"学生为主，教师为辅"的度。

4.深入解析音乐背景文化，提高文化修养

中学的音乐课堂不仅要学唱歌曲，还要深入了解作者的创作背景、作品本身的时代背景和相关事件、音乐风格的演变，以及歌曲在音乐史的地位等，这样才能有相应的人文积淀。任何事物的发展与演变都在历史的轨道里，每一首音乐作品都会有它自身的历史背景，所以说音乐是记录历史重要的艺术形式。只有了解清楚以上信息后你才能真正领悟作者通过音乐向你表达的情感。教师需要将学生必须要知道的历史知识或歌曲背景传授给他们，或者是组织教学活动，让学生们自己来说说他们所了解的一些背景知识，大家一起探讨，这样不仅可以调动学生的积极性与兴趣，还可以让他们的知识互通。又或是通过节目的编排表演以及评选，让他们自己去挖掘背景文化，调整节目形式，因为审美感知和艺术表现也是文化理解的路径。以上方法皆可提高他们的文化修养以及养成随时学习、终生学习的习惯。

5.民族音乐紧跟时代潮流的步伐，学习传统音乐增强文化自信，树立爱国主义精神

民族文化是音乐必不可少的部分。我中国有56个民族，民族音乐更是丰富多彩。但是现在的学生受时代和网络的影响，很多都喜欢流行歌曲，不喜欢民歌。基于这种现象我们可以对民族音乐进行创新，与现代元素相结合，调动学生学习民族音乐的兴趣。但一定要注意不能动摇民族音乐的根本，我们需要保留它独特的民族特色与韵味。这样一来学生会乐意学习民族音乐，也能在学习中从民族音乐的歌词、旋律、背景以及题材得知它所带有的民族文化特点，了解到一个民族乃至国家的本质特征。教师需要和学生一起对我国优秀的传统音乐进行传承（去其糟粕，取其精华），让学生树立绝对的文化自信以及培养爱国主义精神。随后教师还需将眼界放置国外，世界上有众多国家、众多民族，学生也需要对不同国家的音乐文化进行学习和借鉴。让他们理解世界文化的多样性，不能故步自封，需要吸收借鉴外来优秀的音乐文化用来丰富自身。这样中学音乐课堂才能让学生树立成熟的民族文化目标，传播、弘扬与发展我国的传统民族音乐。

（二）中学音乐课堂中实施学科育人功能的关键

1.学科育人与学科知识的合理分配

一堂课中学科育人与学科知识该如何分配呢？学科知识讲多了，会忽视育人是教育的基本准则；学科育人讲多了，又怕失去音乐的本质，失去学科性。所以我去学习了余文森教授的《核心素养导向的课堂教学》，然后联系新课标，得出结论："学科是学科教育的手段，人才是学科教育的目的"。也就是说学科育人靠学科知识支撑，学科活动的载体是学科知识，而学科活动又是学科素养的渠道，最终形成学科素养的桥梁是过程与方法。音乐教学绝对依赖于音乐知识，否则会失去音乐的学科性。因此就需要根据学生的具体情况来决定学科知识在中学音乐课堂中的比例。但是我们不能仅仅止于音乐学科知识的学习，更关键的是需要把音乐知识转化为"通过知识而获得的教育"，也就是学科育人通过音乐课堂实践中对音乐学科知识进行转化与升华而达成。

2.重视教学设计、教案的编写

将学科育人运用到中学音乐课堂中，那么相应的教学设计与教案也需要调整。我们先来看看教学设计的定义："根据音乐学科的特点从系统的整体出发，综合考虑教师、学习者、教学目标、教材、媒体、评价等各方面因素，分析音乐教学问题和需求，设计解决他们的教学策略、教学方法和教学步骤，加以实施并由此进行评价和修改，直至获得解决问题的最优方案的计划过程和操作程序。"从这个定义里我们可以分析出教学设计需要对学生自身情况以及教学内容进行深入挖掘，那么教案也需要注重三维目标的分析以及理论与实践的沟通结合。由于中学生具有特殊性，教师在教学设计以及教案编写时需要抓住学生的心理特征，以此来将学生的积极性调动起来。只有这样才有利于将学科育人正确地运用于中学音乐课堂中。

3.注重课堂教学活动

中学音乐课堂的教学活动，就是让学生与教师、学生与学生有一个良好的互动交流，这样能够吸引学生的注意力，调动积极性，促进学生交流各自领悟的音乐情感，提升各自的智商情商，展现音乐的特殊魅力，树立正确的三观以及突出学生的课堂主体地位。音乐课是众多学科里最容易让学生产生情感共鸣的课程，在中学音乐课堂的教学活动中，教师不是只教学生音乐知识，而是要带领学生去感受音乐风格与魅力，最重要的是要与学生进行及时沟通，知道他们的感受与体会，引导他们感受到作者想要表达的情感与三观，这样就可以使学生树立正确的三观。对于课堂的教学活动策划我觉得需要注意：构建的情景要与教学内容相关、创新活动模式要积极有效。比如可以借助多媒体创设情境来开展教学活动、组织"课堂歌友会"来开展活动甚至以寻找"课堂好声音"为由来开展教学活动等。开展有效的课堂教学活动满足了新课改的要求，有利于促进学生全面成长。

只有这样，我们才能将学科育人正确地运用于中学音乐课堂中，达到新课改的目标，实现学生素质全面均衡的发展。

参考文献：

(1) 叶澜，《重建课堂教学价值观》，《教育研究》2002年第23卷第5期。

(2) 高维、郝林玉，《教育隐喻与理论创新——叶澜先生教育思想中的隐喻研究》，《基础教育》2019年第16卷第1期。

(3) 李政涛，《深度开发与转化学科教学的"育人价值"》，《课程·教材·教法》

2019年第39卷第3期。

（4）马俊燕，《基于核心素养的高中音乐课堂教学策略》，《中小学音乐教育》2018年第8期。

（5）余文森，《核心素养导向的课堂教学》，上海教育出版社2017年出版。

（6）曹理、崔学荣，《音乐教学设计》，上海教育出版社2002年出版。

（7）刘天龙，《中国学生发展核心素养与基础教育音乐课程的衔接研究》，中国音乐学院硕士学位论文，2017年。

（8）中华人民共和国教育部，《关于全面深化课程改革 落实立德树人根本任务的意见》，教基二〔2014〕4号。

浅谈小学音乐教学中的情境创设

绵阳市丰谷小学　胡琬彬

　　情境教学已经被广泛应用于小学音乐课堂，无论是理论体系还是实践策略都取得了丰硕的成果，为当前小学音乐教育进一步充实和丰富情景教学研究成果提供了非常有益的指导和借鉴。笔者以音乐教育从业者的身份对小学音乐课堂上的情境教学进行了观摩、总结和思考，并参与了小学音乐课堂情境教学实践。归纳了小学音乐课堂上情境创设过程中容易出现的问题，最后提出了对小学音乐课堂情境教学创设策略的理解和做法。

一、对情境教学的认识

　　情境教学实践具有激发学生学习动机、提高课堂有效性、培养学生创造力与想象力、增进师生交流等积极意义。情境教学的作用机制在于教师在学生已有认知的基础上，创设出一种新的情境体验，借此唤醒或启迪学生去认识或产生新的认知结构。教师有针对性创设出来的情境起到的只是催化剂作用，发挥作用的则是教师和学生在特定情境中的情感代入和认识升华。人们对于情境教学的认识有不同的表述，但是普遍都认为，有效情境教学离不开教师的精心创设。我国著名儿童教学家李吉林老师认为："情境教学就是从'情'与'境'，'情'与'辞'，'情'与'理'，'情'与'全面发展'的辩证关系出发，创设典型的场景，激起儿童热烈的情绪，把情感活动和认知活动结合起来所创建的一种教学模式。不少优秀音乐教师的案例和经验都证明，成功的情境教学能够训练学生的艺术思维，提升学生在艺术体验的情感升华，拓展学生综合思维空间。各个学科一线的教学老师在实践中采用不同的情境教学模式：问题情境、仿生情境、模拟情境、类比情境、冥想情境……根据教学条件和教学需要，采用多媒体观看、现场表演、剧本创作、演评结合等手段，不断创新、不断探索，情境教学的理论认识和实践案例取得了丰硕的成果。

　　新课程教改中的音乐课教材对教学的结构形式和实践要求做了较大程度的改进，

情境教学强调根据学生的生活经验和兴趣爱好来设计情境教学单元。由于这些情境主题贴近学生的日常生活和日常经验，因此在启迪学生心智、丰富学生情感体验、激发学生创新创造能力等方面发挥了不可忽视的作用。这一切都离不开教师对情境的创设。教材和课堂是教师为了实现教学目标而使用的工具和平台，教师通过设计和引导，情境教学更好地被学生所接受和理解。在具体的小学生音乐课堂情境教学实践中，教师以教学内容为主体，有意识地再次创作出具有特定情感和特定形象的生动场景，在特定的音乐环境中启发学生，激发他们的学习兴趣，帮助学生更好地理解教学内容和学习方法。音乐课情境教学过程中重点关注教师如何带领学生借助情境创设的元素把音乐课程中的节奏、歌词、力度、速度、音乐记号等科学内容中的意境、情感、认知和技能等展示出来。为此，选择合适的情境创设策略就显得至关重要。

二、情境创设容易出现的问题

（一）情境创设目标不明

在情境创设的过程中，一些教师重视形式，导致情境与教学目标分离，与教学内容脱节。例如，音乐教师在教唱人音版二年级上册教材的歌曲《蜗牛与黄鹂鸟》时，先是创设问题情境，了解学生有没有见过蜗牛，接着让学生把印象中的蜗牛通过画画、文字描述和模仿蜗牛的动作等形式表现出来。课堂上学生兴致很高，有的讨论蜗牛的外貌特征，有的模仿蜗牛的动作，等画画的同学差不多画好了，老师选了一些画贴在黑板上进行展示。随后教师展示课件，介绍蜗牛与黄鹂鸟。这样的情境内容很丰富也很活泼，但是这一教学片段显然弱化了音乐审美这一教学目的的主体地位。像这样离开音乐的导入，对相关知识的拓展没有把握好度而将音乐课上成了自然课或语文课的例子还有很多。这样的导入看似新颖也创设了情境，实际偏离了音乐课应该以音乐为本、以育人为本的原则。

（二）情境创设情感不真

在教学观摩中我们发现，很多教师在情境创设中很重视个性化场景的和针对性情感的诱发，也学习到了很多成功的案例。这充分说明了，我们创设的教学情境既要有"境"也要有"情"。也就是说，老师既要像优秀的编剧一样精心构思为教学服务的场景，同时也要像一名优秀导演，引导他的演员（也就是学生）带着充沛的感情进入情境教学的实践环节。情境教学课堂如果没有教师对教学场景的精心设计，情境教学会流于形式；如果没有教师对情感精心酝酿和引导，情境教学就会空洞枯燥，甚至让学生觉得虚假、虚伪，不但导致教学功能受损，也影响了教师在学生心目中的形象。人们常说"人是感情动物"，情景交融的教学活动总能让教师和学生的情绪发生共鸣，往往能收到令人满意的教学效果。这是需要长期培养和学习才能做到的，这也是入职不久的教师需要努力提升的地方。

（三）情境创设内容不当

现实生活和已有艺术作品可以为我们的情境创设提供大量具有代表性和针对性的素材。如果不精挑细选、精心取舍就容易陷入为了创设而创设的尴尬境地。在学习观摩中，我们发现一些教师为了使课堂内容呈现出生动活泼的互动氛围，对教学情境进行了大量的堆积。以致于在教学课堂上，一些教师不会删减或重新编辑所选材料，导致材料内容烦琐乏味，教师说得天花乱坠，学生听得云里雾里，上课伊始调动起来的学习积极性也逐渐消失殆尽。有些教师在制作教学视频时，没有考虑到设备、器材的意外情况，在教室里投影出来的画面范围太小，导致后排听课的学生和观摩的教师根本看不清视频内容。有的教师在课堂上准备了"十八般兵器"，一会儿展示文献材料，一会儿又把视频切换到文字，一会儿又欣赏一段歌舞……看起来精彩纷呈，但同时会让人觉得主题多、主线多、情境多。如果老师在设计一组问题的情境时，不考虑问题之间的顺序和内在联系，不考虑学生的接受和理解能力，这些都是对情境教学的误解和对学生学习积极性的打击。

三、小学音乐课堂情境教学创设策略

（一）巧设疑问，创设目的明确的音乐情境

音乐课堂语言艺术离不开课堂提问。我们发现，有经验的音乐教师善于在课堂上巧妙地提问，有意识地去增加教学过程中的信息交流，借助不同的艺术语言和艺术形象，多角度、多层面去启发、调动学生的艺术思维。比如在《小雨沙沙》一课中，音乐教师先用谜语"千条线，万条线，掉到水里看不见"进行问题导入，一下子吸引了学生的注意力。学生跃跃欲试、纷纷发言，虽然最后每个人的谜底都是"雨"，但是每个人在教师的启发下都认可了艺术来源于生活、生活中发现艺术的道理。老师趁热打铁带领学生很快地进入歌曲情境之中，借助谜语树立起来的雨的形象特征，加深了学生对歌曲内容的掌握。因此，老师在课堂上除了要给予学生明确

的有针对性、目的性和启发性的提问，还要注意抛出问题的节奏要有铺垫、有递进，循序渐进地激活、引导学生去探索、发现，发挥好教师引导学生思考，呵护学生的主体性思维的作用。

（二）巧用图画，创设内容恰当的音乐情境

利用图画把歌曲内容形象化，将情境再现出来，以帮助学生理解、接受歌曲内容是情境教学的重要手段。在《踏雪寻梅》一课中，教师先出示一幅描绘大雪纷飞、蜡梅凌寒而开的图片，指导学生观察图片后提问："今天老师带大家来到了什么季节？雪地里都有哪些景物？"学生纷纷发表意见后，教师用描述性的语言进行小结："寒冷的冬天，大雪纷飞，一枝枝梅花在大雪中开放，宝剑锋从磨砺出，梅花香自苦寒来。今天，我们一起学习《踏雪寻梅》这首歌。"这种导入形式使学生身临其境，拓宽了学生的视野、丰富了知识，培养了学生的观察力和想象力，为学生准确把握歌曲内容、实现教学目标奠定了良好的基础。

（三）巧用表演，创设情感真实的音乐情境

好动、好玩、好表现是学生的天性。音乐教师在创设情境时，要紧紧围绕教材内容与教学目标来设计、安排情境，有效发挥情境在音乐课堂中的作用，让学生通过表演对歌曲内容产生设身处地、感同身受的体会与思考，从而加深学生对歌曲内容、情节的了解，激发学生对歌曲的学习欲望。在《歌唱二小放牛郎》一课中，教师可以利用一节课的最后十分钟组织学生按照不同的角色进行表演、展示，鼓励学生组内设计不同的剧情，最后每组表演一段，将故事情节完整再现。学生不仅"设身处地"地理解、感知了歌曲，产生了真实的情感体验，同时通过小组展示充分发挥了学生的主体作用，让学生有更多机会展示自己。

参考文献

(1) 安小玲，《情境教学在小学语文教学中的实施》，《教育现代化》2017年第15期。

(2) 杨娟，《基于小学生心理发展特点的音乐情境教学研究》，福建师范大学硕士论文，2010年。

(3) 赵高银，《浅谈初中英语中的情景教学》，《赢未来》2018年第3期。

(4) 阚延俊，《"音乐情境教学"实践与研究：以"唱游"教学为例》，上海师范大学硕士论文，2013年。

浅议在音乐教学中如何培养学生的学习习惯

绵阳市成绵路小学　田明武

"习惯好比种子，它既能长成香花，也可长成毒草。"所谓习惯，指由无数次的重复或者练习而逐步巩固下来，变成自动化的行为方式。良好的习惯养成对人们工作、学习及生活都有着重要的影响。艺术教育因其独特的审美教育功能，对学生心灵熏染、情操陶冶、性格塑造都起到了无可替代的作用。为了更好地发挥艺术教育的育人功能，在课堂教学过程中首先应该让学生养成良好的学习习惯，有了良好的学习习惯，学生对课程中的内容、规则的约束不会抵触排斥，在学习方法上会有序可循，在学习效果上会精益求精，最终在好习惯的作用下获得扎实的知识。作为教师，在课堂教学中应该给予积极的引导、必要的监督、有序的奖惩，使学生明确要求、懂得规矩、习惯约束、掌握方法，最终形成良好的学习方法、做人原则、做事习惯，这样，计划的教育教学内容才能事半功倍、水到渠成。

作为一名音乐教育工作者，十多年的专业训练和教学经历告诉我，好习惯、好气质、好品德都是可以培养出来的，而这需要耐心的老师、有效的方法、及时的监督及评价。下面笔者结合在课堂实践中的经验，浅议在音乐教学中对学生音乐学习习惯培养的一些心得。

一、养成良好的歌唱习惯

音乐是人类共通的语言，而歌唱是人们直抒胸臆的最好表达方式之一，运用好这一方式，不仅能让人们通过优美的旋律表达情感，而且能在运用气息、体腔共鸣的同时增加肺活量，达到很好的健体怡情的效果。培养学生良好的歌唱状态和技能，使之掌握要领、形成习惯，会对学生形成良好的歌唱气质起到重要作用。

（一）培养正确的歌唱姿势

正确的歌唱姿势，不仅是歌唱者良好心态的表现，而且还关系到气息的运用、共鸣的调节、情感的抒发。因此，歌唱时应该让学生保持正确的歌唱姿势，养成良好的演唱习惯。如站立歌唱时做到两眼平视有神，下颚内收，颈直不紧张，脊柱挺直，小腹微收，腰部稳定；坐着歌唱时上身及头部端正，两手平放在膝上，或双手曲肘拿正歌谱，高度以不影响头部端正为准，两腿不可伸直，应自然支撑坐姿，胸部微挺，但不可耸肩，颈部、下颌及面部肌肉自然放松，保持发声器官正常自如的活动，精神饱满、集中，表情自然等。在课堂实践中，教师应做到良好的示范，督促学生长期坚持，使学生在模仿与自我约束中形成正确的演唱姿势和状态。

（二）恰当的呼吸及清晰的咬字吐字

"善歌者必先调其气。"正确的吸气、呼气对歌唱的音准、音质、共鸣、艺术表现都产生重要影响。为了让学生养成歌唱时正确呼吸的习惯，教师应将歌唱时的"深呼吸"与平时的"浅呼吸"做对比，通过慢吸慢呼练习，帮助学生建立深吸气的习惯和培养歌唱时保持气息的能力。要求学生从容地、像闻花一样地适量地深吸一口气，稍保持一下，再缓慢均匀而流畅地呼出来，并且要吸至腰间，尽量做到唱到句尾时，仍有足够的气息来支持声音。纠正学生吸气耸肩、呼吸不沉不深的不良习惯，提倡卫生用嗓和呼吸。

我们知道，歌唱是用音乐化的语言来打动听众的，只有优美动听的旋律还不够，还要有清晰准确的歌唱语言，这样才能更好地体现歌曲作品的内涵。而清晰的咬字吐字、归韵收声则是演唱中语言处理的基础，是非常重要的。我们在教学中应首先让学生明确歌唱时咬字吐字与平时说话时咬字吐字是有区别的。有了这一明确的意识，教师可采用多种教学手段帮助学生掌握咬字吐字的规律和技巧，在此基础上，经过多次的技巧运用，反复练唱，学生自然就形成了歌唱需要"夸张"的咬字吐字方法和口型，也就形成了自然的良好咬字吐字习惯。

（三）培养学生良好的发声习惯

我们在强调习惯养成的过程中应明确，好习惯的形成需要过程，同样，坏习惯的克服也是一个不断努力的过程。小学高段和初中学生处于从童声到成人声音的变声期，往往会出现声音沙哑低沉、高音不易控制等现象。因此，引导学生注意变声期用嗓卫生，养成良好的歌唱方法。如何养成良好的歌唱发声习惯呢？首先要教师重视。每次歌唱都要强调声音的美感、音量的控制，用轻声歌唱，使声音自然流畅。咽喉、口腔要放松，不要紧张。学习用头声歌唱，避免使用胸声。可用高声朗读的感觉帮助学生找到高位置的声音，或用哼鸣找到头腔共鸣，并逐步把这种声音带到中、低声区。还要经常运用表扬来激励学生，学生得到表扬时心里有一种愉快的情感体验，有成功的满足感。坚持这样做，渐渐地，学生就能够养成良好的发声习惯。

二、养成良好的欣赏习惯

美是由内而外的，一颗美的心灵需要长期美的熏陶而成。学生的心灵纯洁无瑕，如果长期坚持以美的雨露滋润，就会开出美丽的花朵。反之，便会杂草丛生，无所追求，无以辨别。在教学过程中，选取优秀、有特点的音乐作品引导学生聆听欣赏，是引领学生走向美的殿堂的重要途径。而通过有效地选取作品、引导想象、指导聆听，久而久之，学生就会形成喜欢聆听的好习惯，从而达到懂得欣赏美、分辨美、创造美的目的。

（一）养成静心聆听的习惯

善于聆听是一种好习惯，而我们常说"静能生慧"。聆听时应重点强调的是"静"——"安静""静心"。教室保持安静的状态欣赏音乐，每个人都能排除一切杂念，在安静的环境中静静地沉浸在音乐的氛围中，这样，音乐中包含的所有美的元素就会像涓涓细流一样滋润纯洁的心田。在教学实践中，我会在每次聆听音乐前对学生进行"静心"的启发，告诉他们不懂得欣赏美的心灵是贫乏的，用美的语言、亲切的表情引导学生明白，只有静静地聆听，才会领略音乐中的美好。这样长期下来，学生就形成了习惯，老师一说到要听音乐了，他们马上有意识要安静下来，不仅不应该影响别人，更应该自己做到排除杂念，静静聆听。

（二）养成想象的习惯

音乐是抽象的语言，如何引导学生理解这种独特的语言，需要教师根据乐曲特点创设恰当的情境。例如在欣赏歌曲《小鸟，小鸟》时，就根据乐曲的特点，用生动的语言，结合音乐的旋律，创设出情景："蓝天里，有小鸟在自由地飞翔着，瞧它们忽上忽下欢快的样子……你听！"学生在这样的情境中静静聆听，根据自己对音乐的理解与想象，欣赏的兴趣自然就被激发出来了，善思考、爱想象的好习惯也就自然形成了。

（三）养成创设问题、解决问题的习惯

音乐欣赏中最常见的坏习惯是虎头蛇尾地听，往往在开始的几分钟能安静聆听，听一会儿便走了神，产生这种现象的主要原因是没有聆听的目的，只是浅层次上的听觉感受，达不到深层理解的境界。因此，教师在引导学生欣赏的时候，每一遍的

聆听都应该有明确的目的，可以创设一定的问题，也可以引导聆听乐曲的某一音乐要素变化，通过问题的层层深入，让学生在每一遍聆听后都有不同的感受和收获。

又如欣赏《动物狂欢节》里的狮子时，我首先提醒学生："听，谁来了？"这时，学生的注意力完全集中在音乐上，谁都想从音乐中找到答案。然后引导他们注意听音乐中的节拍、节奏，乐器演奏的音区、音色。根据节奏类型和大提琴、低音提琴浑厚的音色，学生就知道是庞大又威武的动物。这样，学生就学会了欣赏音乐的方法，养成了带着问题、有目的地去聆听的习惯，以后在其他场合聆听音乐时，也会根据自己的喜好选择乐曲或者侧重聆听乐曲的某一方面特色和风格。

三、养成良好的演奏习惯

随着乐器进课堂的教学实践开展，演奏乐器已经成为音乐课堂的重要内容，也是提高学生音乐表现能力和创造能力的重要途径。通过演奏乐器，学生进一步掌握了读谱知识，提高了手、眼、脑、耳的协调配合能力，增强了内心的音乐感悟力和音乐表现创造力。器乐教学要避免课堂上的自吹自奏，我们更应该给器乐课堂制定相应的规则约束，帮助学生形成良好的乐器演奏习惯。

（一）吹奏听指挥

以我们现在进课堂的乐器——竖笛为例。从学生接触到竖笛的第一天起，我们就应该给他们确立规则：竖笛摆放的位置固定、演奏姿势应正确、吹奏时看老师统一指挥等，学生在规则的约束下形成统一有序的习惯，就能避免器乐课堂声音混乱的现象，也就能保障教学内容有序顺利进行。

（二）音色须和谐

集体进行的器乐教学最大的弊端是吹奏者的互相干扰，如果不能保证齐奏时的音色统一纯正，学生就不能形成美的演奏体验。而在自由练习时也就更容易形成互相干扰的情况。因此，在每一节器乐课堂上，教师都要在保证正确演奏姿势的基础上重点强调音色的纯正统一。通过集体吹奏、个人吹奏比较音色差别，引导学生辨别纯正的音色，然后再练习，每人都力求达到这种音色，长期下来，学生就养成了用耳朵找均衡、求和谐的好习惯，而不会盲目吹奏，只顾指法正确而不求声音统一和谐。

四、结　语

歌唱、听赏、器乐演奏是音乐课程学习的主要内容，是学生理解、表现、创造音乐的重要途径，也是形成美好心灵、高雅审美素质的重要因素。随着课程改革的不断推进，美育中音乐教育发挥着越来越重要的作用，作为一名教师更应该不断思考、探索和创新，去迎接新的困难和挑战。在课堂教学实践中，教师应根据学生的年龄和心理特征，从细节入手，严格把好习惯培养关，有了良好的音乐学习习惯，所有的音乐教学活动都得以有序、高效开展，学生更能在这些好习惯的影响下形成良好的审美品质及理解美、表现美的能力，进而在音乐美的浸染中自然形成一种优良向善的道德品质、积极向上的情感体验和乐观进取的性格特征，从而达到美育的目的！

器乐教学探究与实践

——以竖笛为例

绵阳市涪城区教育研究与发展中心　张　伟

在常规音乐课堂教学中，器乐教学是重要的教学内容之一。搞好课堂器乐教学，不仅是培养学生情商、锻炼其思维反应能力的重要手段，更是让他们走近音乐、体验感知音乐、表现创造音乐最重要的实现途径。在我国，没有规定哪些乐器必须要作为中小学课堂教学乐器之用，但竖笛相对于口琴、口风琴而言具有价格低廉、便于携带、入门容易、音准稳定等优点，成为了各种教材、各类学校的首选。中小学音乐教材中安排了一定的内容来专门教授竖笛，这使得课堂器乐教学有了一个基本的定量定性依据。新音乐课程标准对此也有明确表述："培养学生演奏的初步技能，让学生乐于参与各种演奏活动、学习课堂乐器的演奏方法。能选择适当的演奏方法表达乐曲的情绪，并对自己与他人的演奏进行简单的评论。"

但是再简单的器乐演奏，与唱歌、舞蹈等表现形式比起来，还是有它自身的难点。这也是我近几年教学实践中遇到的困惑与问题，那就是：教学内容不够系统，学习周期长，短时期很难见到成效。新版的小学音乐教材，从四年级开始，每学期有三个完整课时的竖笛教学内容，六个学期，总共十八个课时，很显然只依靠这些时间学习是远远不够的；另外竖笛学习需要坚持不懈地重复训练，课后练习又往往是枯燥、单调的，这对学生的坚持力与忍耐力是一个考验；再就是对学生表达音乐的能力要求较高，它不像唱歌、跳舞学起来那样快。器乐学习，必须要有一定的音乐基础知识，要能视唱曲谱，要与自己身体的某些机能对抗，比如手指与舌头的灵活度等；再加之班级学生多，兴趣爱好、水平参差不齐，很难做到让每个学生均衡发展，老师教起来、学生学起来都有一定的难度。所以这些年来，课堂器乐教学整体水平是相对滞后的。对课标中关于器乐教学的任务目标，最终达成的效果也不是很明显。针对这些问题，我这几年在具体的教学实践中有意地去关注并试图想了一些方法。归纳起来，主要包括以下几个方面。

1. 徒手练习的重要性

在学习竖笛之初，学生都会很兴奋。竖笛入门简单，一吹就响。如果学习习惯不好，不加控制，总会有一部分同学从头到尾吹个没完，该停的地方停不下来，在不该有声音的地方会冒出一些奇怪的声音，不能静下心来听老师的讲解与示范。一堂课结束，许多同学都一知半解。为了提高课堂教学效率，我要求学生在吹奏之前都要做徒手无声练习，就是先不急于吹奏，只用手指按孔。几遍之后再轻轻唱出要吹的内容，唱与手指按孔完全同步。由慢练开始，反复数次，等手指熟悉了再加入吹奏，进度就要快得多。因为手指不灵活、不熟练是学乐器之初最普遍的问题。

2. 吹奏与视谱同步

一开始就养成看谱的习惯，对学乐器的同学很重要，竖笛学习也是如此。有很多同学喜欢凭感觉、凭记忆演奏。虽然音乐大的线条不会有什么问题，但往往会忽略谱例中一些细节的地方，比如力度记号、表情记号、速度记号等，最后影响到的是音乐的美感与完整性，对以后更高阶段的学习也会埋下隐患。所以从最初就要求学生，哪怕拿到的是最简单的谱例也要边看边唱，然后再边看边唱边按指孔，最后再看谱吹奏。也可以分成小组，让一部分视唱，一部分视奏，老师用琴加入伴奏，这样不仅气氛好，和声效果丰富，而且无形中提高了学生视唱视奏的能力以及与他人合作的能力。长期进行这样的训练，到高段学习起来就会很轻松。

3. 注重音阶练习

音阶练习是所有乐器学习中最重要的、必不可少的内容之一。它是保证音的准确性和节奏与速度准确性的基本练习，更是在潜移默化中让学生慢慢感知理解音乐的调式调性。音阶的练习方法很多，有级进练习，有组合的三度、六度、八度等各种音程的练习。吹级进音阶时，告诉他们要像爬楼梯一样，从低往高一级一级地上行，再从高音一级一级地下行。注意音与音之间的间距，强弱要均衡、清晰，不能漏音，看谁能稳稳当当地从低到高再从高到低吹奏。往往同学们会争先恐后地练习，在一种竞争的氛围中，不知不觉地把音阶吹得越来越好。这些最基础也是最简单的练习在一节课中虽然只占很少的一部分时间，但是有了轻松热烈的学习氛围，就会带动那些后进的同学找到学习乐器的乐趣。

4. 连音与吐音

竖笛与其他管乐器一样，连音与吐音不仅是重要的演奏技法，更是表现音乐的重要手段，在实际吹奏音乐中几乎无处不用。在具体的训练过程中要特别注重气、指、舌的配合，连音与吐音就是依靠这三者密切配合来实现的。气息是竖笛的发声源，训练气息的最好方法当数长音练习，让学生把一口气均匀分配，尽量延长，保持音的直、平、稳，这个训练是要贯穿整个教学始终的。但是我们现在使用的竖笛比较简单初级，所以实际吹奏中要不断提醒他们轻吹，否则低音稍不留意就会吹成高音，甚至啸叫，失去了音乐的美感。手指练习中，绝大多数都是拇指和小指不够灵活，可以要求孩子们利用课余时间，在课桌上或在自己的腿上模仿按指的练习；吹竖笛时则要求手指平按指孔，按严实，手腕放松不僵硬。舌的训练可以循序渐进，先单吐，后双吐，再三吐。竖笛虽然有固定音高，但初学时，有的因为气息过猛或者过弱，有的因为按孔不严都会造成音准不好。除了纠正外在的这些毛病以外，一定要用键盘乐器，让学生一个音一个音地跟着吹，形成正确的音准概念。总之通过技巧训练的目的就是要让音乐演奏自然流畅、悦耳动听。

5. 练习时间的合理分配

课堂竖笛教学的容量是有限的，仅仅依靠音乐课的时间显然不够。可以借鉴其他乐器的训练方式，每天必须保持一定的训练量。最现实的方式是督促每个同学利用晚上大约二十分钟的时间进行练习。在学校没有更多可供支配的时间，老师不可能跟班到每个学生。在课堂上可以把吹得好的同学挑选出来，让他们来当小老师。再将其他同学分成若干组，每个小老师分别负责指导几个同学，小朋友的管理能力往往会超出我们的想象。事实证明他们的督促是认真有效的。课后，绝大多数都能完成老师课堂布置的训练任务。这也是同学之间很好的一种激励方式，相互指出缺点与不足，又能看到别人的优点，知彼知己，也符合课标中有关课堂评价的基本要求。

6. 以赛带练、以赛促练

舞台有多大，目标有多大，训练的动力与激情就有多大。我区开展了一年一度的班级竖笛比赛就是以赛带练、以赛促练的最好方式。每年提前计划、布置，演奏曲目有规定的也有自选的。赛前抽班，保证了让每个孩子拥有均等的训练量，避免了特长班式的训练方式出现。同时有了任务，有了目标，老师的压力有了，学生的积极性有了，学习的效果自然也就有了。很多学校还搞了校内的班级比赛，让每个同学都有了展示与表演的机会，保证了竖笛学习的普遍性与全面性，使课堂器乐教学的任务真正落到了实处。

当然，法无定法。想特别说明的是，针对这些问题的解决方法也只是我的一己之见，相信每个参与课堂竖笛教学的老师都会有自己独到的见解。在实际教学训练中遇到的问题也远远不止这些，比如有关音准的问题、有关用什么样的打击乐器为竖笛伴奏更合理、怎样使打击乐器的音色与竖笛的音色融合的问题等，都需要我们深入地思考与探讨。我坚信，只要每个人都愿意为此作出尝试与努力，竖笛教学的效果就会越来越好，课堂器乐教学就会更多元、更丰富、更出彩。

参考文献

（1）王耀华、王安国、吴斌，《义务教育音乐课程标准解读（2011年版）》，北京师范大学出版社2012年出版。

（2）胡结续，《笛子基本功练习》，云南人民出版社1984年出版。

如何提升小学音乐课堂教学效果之浅见

绵阳市实验小学　张赛君

　　小学音乐教育对于发展儿童的想象能力和创造才能以及培养儿童正确的审美观具有十分重要的意义，它是小学基础教学不可缺少的重要组成部分。小学音乐教育包括演唱、聆听、知识与技能、编创与活动几部分内容。如何提升小学音乐课堂教学效果，我们小学音乐教师一直在努力探索，这里，谈谈自己的一些粗浅认识。

一、积极主动的学习态度是提升教学效果的关键

　　常言道：徒弟随师父。教师的习惯和态度会深刻地影响学生。作为老师首先要重视自己的课堂教学，对每一节课都要一丝不苟，认真负责，使学生无形中受到感染和影响。针对那些态度不端正的学生，老师要了解学生，把握他们的思想脉搏。教学设计无论做多好，只能抓住学生一时的心，却不能让学生从内心深处改变对音乐课的态度。所以一旦发现有学习态度松懈的现象，教师可以利用上课几分钟的时间让学生讨论：音乐课学什么？音乐课有什么作用？怎么学好音乐课？同学们会讲出很多很多感想感受。通过老师针对性的引导，在一次次的讨论中，让学生明白学好这门课的意义，从被动学习转化成自觉学习。

二、培养情感合作意识，在共鸣中愉悦完成教学

　　合作学习论认为，教学过程是一个信息互动过程。丰富的情感合作是实现成功信息互动的重要因素。音乐在许多情况下是群体性活动，教师以音乐为纽带，采用恰当的教学方式培养学生积极的情感合作意识，是必要而可行的。

　　例如：教师教唱《过新年》时，先领学生复习一年级时学唱的歌曲《新年好》，将学生的记忆带入过新年的欢乐气氛之中。而后告诉学生这是一首英国儿童歌曲，歌曲表达了英国小朋友过圣诞节时的愉快心情。当学生的激情被点燃后，老师问：

"同学们喜欢过年吗?"孩子们会高兴地齐声回答:"喜欢。"老师接着说:"今天我们就来学唱一首中国小朋友祝贺新年的歌曲,歌名叫《过新年》。"于是学生欢喜地、轻松地学会了歌曲,同时学生收获了情感合作的成功体验。

三、多媒体的灵活运用,有效提高教学效果

网络多媒体教学音画齐趋,听觉和视觉并进,既活跃了课堂,又能充分调动学生学习的积极性。学生在学校学习音乐的时间是有限的,要想在有限的时间内尽量让学生多学知识,教师充分运用多媒体教学手段是十分必要的。音乐教师需要多搜集、多整理、多制作视频材料,让学生尽情享受动听的音乐,通过丰富的画面展开想象的翅膀,这样的课堂其乐无穷。

例如:学生在聆听芭蕾舞剧《天鹅湖》选曲时,我做了一个测试。一个班初听音乐,谈感受,讨论,复听音乐后,再谈感受,讨论。另一个班视听结合,边看舞剧边聆听音乐。测试得到的结果是:只是聆听作品的情况下,学生的学习兴趣一般,甚至有些同学没有听。而视听结合的班级学生表现出了浓厚的学习兴趣,他们在观看和聆听的同时,有的学生还会不自觉地随着视频哼唱乐曲,并能随着律动打着节拍。多媒体的运用使两堂课的效果截然不同。可见,多媒体教学在音乐课中激趣的重要性。

四、在演唱课教学中,教师的"范唱"是提升教学效果的重要因素

教师的范唱,能充分激发学生学习的积极性。多媒体手段不能代替老师范唱带给学生的直观感受。因为教学是师生共同活动的过程,在小学生心目中他们最爱听老师的范唱,通过范唱、学唱、跟唱,师生间更容易产生情感的共鸣,达到优质的教学效果。

要实现好的范唱,音乐教师需要课前作好充分准备,多听、多实践、多练习。小学低中段的歌曲,老师用美美的、自然的原声范唱,富有代入感。常常有孩子在语文课的写作中这样写道:"某某同学的声音真好听,跟老师的声音一样好听。"成功的范唱让孩子们有了对歌曲的整体感知,对歌曲的学习跃跃欲试。所以,有质量地完成范唱这一环节,能达到启发学生学习唱歌的兴趣,有效提升教学效果。

五、适当的音乐课作业是提升教学效果的有效措施

作业是巩固、提高学习知识的重要途径，现在的小学音乐课本中的"编创与活动"，设计得非常合理，图文结合，只要引导好孩子，变被动学习为主动学习，运用已学知识，完成"编创与活动"设计的练习。课后的合页练习也要跟随教学进度落实完成，并一定要进行作业评价。对于音乐欣赏课，可以安排学生课前先查阅作者情况和音乐背景情况。对于课后作业，可以让学生根据自己的喜好，自己学习和欣赏音乐作品。例如，让学生回家后在家人面前表演在课堂上学唱的歌曲或者竖笛吹奏，让学生在家人的鼓励之中感受到成功带来的喜悦，从而激发热情，促进教学。

六、教师自身素质的不断提高才能促进教学效果的有效提升

成功的课堂教学离不开教师自身的优秀素质。一个自身素质较差的教师，即使具有好的教学方法，也不可能运用自如，达到理想的教学效果。

一方面，在音乐教学中，教师要磨炼教学基本功，锤炼教学方法；要多思考，多创造；要努力出新招、出奇招、出绝招，高效完成教学任务。另一方面，教师要不断提升自己的音乐专业素养，要在课余时间不断学习音乐理论，不断提高自己弹、唱、跳、谱（谱曲）、编（编舞）的技能技巧。常言道："交给学生一杯水，教师要有一桶水。"说的就是这个道理。

总之，如何上好小学音乐课？怎样才能提升教学效果？怎样在课堂教学中发现并挖掘学生的潜力，让学生在学习音乐的过程中感受音乐，欣赏音乐，爱上音乐，增强学习的信心？是小学音乐教师一直探索研究的问题。我们相信，只要我们每一位音乐教师充分发挥自己的主导作用和能动作用，不懈努力，一定能实践探索出一系列提高课堂效果的有效方法。

浅谈小学音乐教学中的导入

绵阳市实验小学　易虹宇

在小学音乐教学中，我们常常会遇到这样的情况，当你满怀激情地走入课堂时，学生们还在打闹嬉戏；当你精心设计好一堂很完美的教案时，却发现学生们根本没有随着你的思路走；当你在充满激情地教学时，却发现学生的注意力完全没有在你身上……其实对于小学生来说，他们的注意力本来就不容易集中，出现以上的这些问题是非常常见的。要提高学生的注意力，让他们的全部心思都在课堂上，关键在于教师如何引导。教学时除了要设计好完美的教案以外，教学过程中新课的导入也是非常关键的，它起着一个穿针引线的作用，可以通过它来完成组织教学和新课的连接。我相信一堂课有了好的开始，也一定会有好的结果。

新课标强调的是以"学生发展为本"，以前的教学方法和手段都建立在"教师中心论上"，从而使学生往往处于被动的学习状态中。在课改后的课标很明确地指出，要建立"以学生为主体，以参与实践和探索研究为手段，以培养学生创新实践能力为目标"的新的教学模式。为了满足新课改的要求，我们在设计课堂教学时要强调学生的学，以培养学生创新和实践能力为主要的目标，而课前导入则是引领他们进入课堂的纽带。为了促使学生主动地获取课堂中的信息来解决自己发现的问题，我们不能放过课堂中给学生传授的每一个环节，甚至包括导入等这些看似细小却很重要的环节。

小学生思想单纯可爱，对任何事物都好奇，充满着神奇幻想，他们学习自觉性相对较差，为了更好地贯穿新课标的思想，提倡素质教育，为了提高学生学习的兴趣，在课堂导入的时候，就更需要花心思、动脑筋。通过接近二十年的教学揣摩，我总结了以下几个导入方法。

一、教学导入故事化

自新课改后，除了对教师的综合素质要求更高了以外，在教材的编写方面也做了很大的改动。作为教师我们必须先要熟悉教材，吃透教材。从教材编写上来看，以往的音乐教材往往单纯从音乐到音乐，很少把音乐和实际联系起来。而如今的教材，除了从内容上强调了音乐与实际以外，还强调了音乐与社会、音乐与大自然的联系。因此，在课前导入时为了符合教材以音乐知识技能为主线的要求，我们可以把课堂导入故事化。学生们都有一颗好奇心，对故事以及故事中的事和物都特别感兴趣，可以采用通过一个简短的与课堂教学内容有关的小故事导入新课教学中，这样既吸引了学生的注意力，又同时让导入变得更自然，也在不知不觉中把学生们导入到课堂教学中来，让学生的注意力都围绕在这个故事里，围绕到新课的教学中。例如，小学一年级教学中的《小象》采用3/4拍，歌词风趣，有故事情节，课前我通过一个故事导入，让他们通过故事理解这些内容。教学导入故事化，既使课堂教学的导入程序连贯，显得更自然，也使课堂教学更为生动活泼。

二、教学导入游戏化

在教学的时候我们不能选择学生，要以生为本，每个班学生的音乐素质都不一样，其中还包括其他科成绩都很好，可对音乐却一点不感兴趣的学生。对音乐没有兴趣，又怎么去学习音乐呢？兴趣才是学生最好的老师，兴趣是促使学生学习音乐的重要保证。就学生而言，爱玩是他们的天性，再调皮、好动的孩子都爱玩游戏，如果在导入的时候，加入与课堂教学有关的小游戏，这样会使整个课堂活跃起来，生动起来，从而达到提高学生学习兴趣的目的。例如，教学《摇船调》时导入，师："孩子们，我们现在来做游戏好吗？"生："好！"师："什么圆圆挂天上啊？"生1："月亮。"生2："镜子。"通过游戏既充满了童趣又为后面的编创活动埋下了伏笔。教学导入游戏化就恰恰达到了提高学生学习兴趣的作用。

三、教学导入简介化

每一个作品、每一首歌曲都有其特定的创作背景，在学习某作品的时候，一定要结合作品的创作背景，深入了解作品的产生过程。在课堂导入的环节，我通过介绍作品有关人物、事物或导入新的教学，使学生深入了解作品，引导学生产生情感共鸣，从而推动课程有目的地开展。例如，在欣赏三年级下册《红旗颂》这首作品中，我首先介绍了乐曲产生的历史背景，在了解了背景后再欣赏作品，学生既掌握了音乐知识，也了解了历史，欣赏的时候就特别投入，也很快与音乐产生了共鸣。教学导入简介化目的在于培养学生的创造性思维，解决音乐语言的模糊性、求异性和不确定性。同时让学生通过聆听、感受、欣赏，融合姊妹学科的教学，达到融会贯通。

四、教学导入人文化

教师用书上明确指出，"以人文主题组织教科书的内容，从横向体现音乐文化的人文情怀"。为体现以学生为本的理念，我们的教科书人文主题的名称往往贴近学生的生活。例如小学一年级第八课《过新年》刚好也在元旦前后授课，在这一课的导入中，我选择了一首贴近生活的儿歌，孩子们学起来很喜欢。再例如，四年级下册《摇篮曲》，我播放音乐，让孩子们模仿妈妈哄婴儿入睡的动作，回忆儿时妈妈哄自己入睡的场景，迅速地将孩子们带入了摇篮曲的意境。我们的教科书立足于音乐的基点，因此，我们抓住人文主题的线条，从导入到授课贯穿全课堂，从而达到高质量完成教学目标的目的。

在新课标的引领下，全面向学生实施素质教育乃是中小学教育的理想价值观，是所有教育界同仁共同奋斗的目标。基于这种教育理念，设计课堂教学的时候，我们必须考虑到每一个学生，其中包括那些对音乐并不敏感或兴趣不浓的学生。因此要想上好自己的课，高质量地完成自己的教学任务，关键是自己愿不愿意做个教育战线上的有心人，把学生反映好的每一堂课都做一个小结，然后记录在自己的工作笔记上。我相信一定会有新的收获！

学生们其实是很棒的，他们活泼可爱、热爱生活，对任何事物都充满着强烈的好奇感，只要我们抓住学生的心理，设计教案的时候尽量设计让他们感兴趣的活动，丰富课堂教学，我相信这样的课堂肯定会令学生难以忘怀。"夫乐者，乐也，人情之所以不能免也，故人不能无乐。"何为音乐，"乐"就是指"快乐"！而教师就是快乐的传播者，让学生们在音乐中体会快乐，让学生们在快乐中健康成长，是我们每个教师的心愿。我相信在新课标的指引下，在老师们精心设计的课堂上，通过有趣的导入手法、丰富的教学手段完成的每一堂课，学生们一定会记忆犹新。

小学音乐教育教学方法的研究

绵阳市富乐实验小学　严文利

小学音乐教育在小学生接受教育的整个过程中具有重要的启发和引导的作用。小学生正处于人生的起步阶段，需要人生的启蒙老师进行指引，是人生观、价值观和世界观初步形成的阶段，音乐教育有助于培养少年儿童良好的身心健康素质和思想道德素质，同时有利于智力的开发和审美艺术能力的形成等。所以小学音乐教育在小学教育中的地位不容忽视，但是目前在应试教育的影响下，小学音乐教育一直不被重视，有很多学校的音乐老师只是应付式地完成课程目标。本文通过对小学音乐教育目前所采用的一些应试教育教学方法进行研究，进而提出新的音乐教学方法来发挥小学音乐教育的重大作用。

一、小学音乐教育的重要性

小学音乐教育在小学教育的整个过程中发挥着举足轻重的作用。音乐带给人的是意境的重塑、心境的开阔，同时也是鉴赏能力和想象能力的提升，也更能够培养儿童的表演天赋等。

（一）音乐教育带来心境的开阔

在音乐教育的教学过程中，除了学习一些音乐基础知识外，还要进行音乐欣赏，在进行音乐欣赏的过程中，可以逐步使得自由活泼的儿童慢慢变得安静下来，去倾听，去感受音乐所带来的快乐和美好，得到心灵的放松，心境慢慢变得开阔，让他们懂得不仅仅可以用眼睛去看世界，还可以用耳朵去听世界。由动至静的一种转变，是心智的一种培养，也是心境的一种提升，学会从不同角度，运用不同方式去看问题。

（二）音乐教育提升鉴赏能力和想象能力

老师在音乐欣赏前对音乐意境的描绘，可以极大地激发儿童的想象力，使他们发挥自己丰富的想象天赋，用语言来描述自己的想象，幻想自己融入老师所描绘的音乐意境中，在意境中欣赏音乐才能使他们更加确切地领会音乐艺术家们的真实感受，才能在想象的激发下、在意境的催化下，提升音乐鉴赏能力，继而能够不断地培养他们发现美、感受美的审美能力，审美能力在音乐教育中不断得到提升对于儿童在以后的成长过程中世界观、人生观、价值观的形成具有铺垫的作用。

（三）音乐教育培养表演天赋

在音乐的学习和欣赏过程中，可以鼓励学生把自己听到的、自己想象到的内容用自己的语言或肢体语言表现出来，可以以小组的形式来组织表演，不仅增强了他们对于音乐课堂的兴趣，提高了学习注意力，而且把他们的表演天赋激发出来，在表演过程中也能够提升他们的心理素质，自信心和勇气得到锻炼和培养，同时在小组的配合协作过程中也能够锻炼小学生的团队意识、集体荣誉感。

二、小学音乐教育教学方法

小学音乐教育的教学方法不能再像以前一样按部就班，把基本的知识传达给学生，而不去考虑学生的接受能力和接纳的效果。所以必须采用新式的教学方法，加强老师与学生之间的互动，激发学生学习兴趣，培养审美能力，更加注重音乐欣赏。

（一）编造故事，营造意境

儿童在其成长的过程中更喜欢听故事，即使很枯燥的内容用故事进行表述，他们也较容易接受，所以在音乐教学的过程中采用故事的形式更容易吸引他们，激发其学习兴趣，也更能够进行想象力的培养。在进行音乐教学之前，先要把音乐所要表达的情感用故事的形式表述出来，也可以作为音乐的背景，即使没有故事老师也尽可能地发挥想象，把音乐与故事联系起来，同时营造出一种美好的意境，启发他们去找寻和捕捉艺术家所要表达的各种跌宕起伏的情感，启发他们去联想，去创造故事，培养其想象力，同时也能让他们真切地感受到音乐的魅力。

（二）注重音乐欣赏课程

音乐的最大魅力在于欣赏，但是如果不能完全投入反而会带来烦躁感，必须发挥音乐课程的魅力，而且不能仅仅用耳朵去听，这样很难达到满意的效果。

（1）拍手法、拍腿法或跺脚法。就是跟随音乐的节拍或者旋律拍打，自己拍自己或者相互协作拍打，或者一高一低，一快一慢地打节拍，当然拍打适用于比较活泼、欢快、节奏感比较强烈的音乐，能够吸引小学生的注意力，同时还能够锻炼其协调能力。

（2）指挥法。学生在音乐的欣赏过程中，如果思维稍微不专注，就会开小差，迷失在音乐的节奏中，因此教师适当的指挥会引导学生更加专注、更加容易跟随音乐的节奏。教师采用的指挥法必须是灵活多变的，要根据所欣赏音乐的节奏，所要表达的情感等来选择适当的指挥法，使得小学生在欣赏音乐的过程中能够感受到音乐的变幻和情绪的波动。

（三）演唱和表演相结合

在小学生音乐学习的过程中，主动学习的方式比被动学习带来的效果要强很多，"动"是儿童的天性，所以要结合这个"动"的天性来带动他们学习音乐，利用动静结合的方式，在学习和欣赏音乐的过程中可以附加演唱和表演的环节吸引他们主动学习，激发学习兴趣，提升演唱和表演的能力，从中体会到快乐。

（四）灵活的教学方式

在教学过程中教学方式要灵活多变，要适应教学内容和教学对象的特征，提升课堂质量，比如采用奥尔夫教学法，以做游戏的方式，同时选择欢快紧凑的音乐作为背景音乐，在紧张的气氛中边玩边学，不仅得到了欢乐，还能很轻松地学习所教授的音乐旋律，达到双赢的效果。

音乐教育在小学生教学过程中不容忽视，并且要采用新型的教学方式，灵活多变的、有重点的、结合小学生特点的教学方式才更容易使他们接受且达到的效果也更明显。

运用信息技术建构有效的音乐课堂

——翻转课堂音乐教学模式初探

绵阳市跃进北路学校　刘　旭

　　如何运用信息技术建构有效的音乐课堂，让课堂40分钟焕发出无限的生命活力，使学生真正成为学习的主人，让孩子喜欢上音乐课，让孩子获得主动学习的和健康发展的快乐。如何翻转音乐课堂来引导学生感受音乐，启发学生自主学习，帮助学生理解音乐，发挥学生主体作用？新的教育理念需要运用哪些方式来体现？这又是摆在我们广大音乐教师面前的一系列课题。

一、传统音乐欣赏课现状分析

　　在传统小学音乐欣赏课教学中，我们注重一次次地反复聆听乐曲，讲解各种知识点和分析音乐要素。音乐欣赏课模式单调、枯燥，音乐知识的传授单凭教师的讲解，使得大多数学生不喜欢上音乐欣赏课。

二、什么是翻转课堂

　　"翻转课堂"是从英语"Flipped Classroom"或"Inverted Classroom"翻译过来的术语，一般被称为"反转课堂式教学模式"。翻转课堂通过把直接教学从集体学习空间转移到个人学习空间，把集体空间变成一种动态的、交互的学习环境，从而让课堂时间变得更愉悦、更有效、参与度更高。互联网的普及和计算机技术在教育领域的应用，使"翻转课堂"教学模式变得可行和现实。学生可以通过互联网去使用优质的教育资源，不再单纯地依赖授课老师去教授知识。而课堂和老师的角色则发生了变化。老师更多的责任是去解决学生的问题和引导学生去运用知识。

三、翻转课堂音乐教学模式初探

（一）翻转课堂，打开音乐之门

我尝试在每节音乐课前五分钟设置"才艺达人"展示环节，把孩子们的艺术特长录制成小视频给全班同学播放。有的孩子表演小提琴独奏，有的表演声乐独唱，有的表演竖笛独奏……鼓励孩子们进行自由组合，自己编排，自己导演，利用课余时间排练。在老师和家长的帮助下录制小视频并进行后期剪辑制作。一学期下来全班三分之一的孩子展示了艺术特长，多种多样的艺术表演让全班全年级的孩子们大开眼界。这样不仅能激励孩子们学习音乐的兴趣，还能锻炼孩子们的表演能力，又拓宽孩子们的视野。这些艺术实践的视频贴近他们的生活，原来小明星就在身边。孩子们都盼望下节音乐课早日到来。

（二）翻转课堂，深入感悟音乐

学生在教师引导下通过明确任务、合作探究、练习巩固、反思总结等方式来实现知识内化，使学生从被动接受者变为主动探究者和主动建构者，在欣赏教学中教师为学生提供丰富的具有欣赏价值的信息来让学生感觉音乐、触摸音乐。学生在课堂外也可以自主选择、多次聆听各种主题的音乐，还可以把自己欣赏后的感悟分享到班级平台和同学老师交流。

1.唤醒学生参与激情

音乐欣赏课前一周发布自主学习任务单，提出问题和任务，把收集的相关资料介绍分享到乐教乐学班级页面。学生自由观看后，对作品有了初步的了解。例如，六年级上册第三课的《魔法师的弟子》一课可以通过观看迪士尼动画《幻想曲》来了解故事情节和人物形象。故事情节和有趣的动画结合让音乐变得生动有趣。接下来引导学生观看由中国交响乐团演奏的交响诗《魔法师的弟子》，做到视听结合，图谱与音乐结构结合，通过引导学生欣赏交响音乐，消除"高雅音乐高高在上"的心理障碍，层层深入体验音乐，感悟音乐的无穷魅力。

2.激发音乐课堂活力

"成功的教学需要的不是强制，而是激发学生的兴趣。"学生学习音乐的兴趣很大程度上来源于对形象具体、形式新颖的事物的好奇。为学生营造一个色彩缤纷、声像同步、能动能静的教学情境，从而充分调动学生的视觉、听觉等多种器官，使每个学生都尽可能地投入学习中来。在人音版小学二年级上册《老虎磨牙》一课教学中，乐曲运用了七件乐器：座鼓、大锣、大镲、圪塔钹、组木鱼、双云锣和拍板。它们之间的精彩配合，使音响多彩、层次丰富、形象鲜明。如何让学生直观形象地感受这七件乐器的演奏方法和音色呢？我尝试用微课讲述的方式表现整首乐曲，课堂内容变得生动有趣、新奇神秘。孩子们养成良好的倾听音乐的习惯，增进对民族打击乐的喜爱之情，从而激起进一步学习的愿望。

（三）翻转课堂，提高音乐表现力

在翻转课堂中教师由知识的传播者变为学生学习的引导者、促进者，使课堂由预设性走向生成性，从而不断创新音乐欣赏课堂教学，唤醒学生参与音乐课堂活力。在人音版小学二年级上册《老虎磨牙》一课中，教师带领学生随视频尝试性地模仿演奏乐器动作，体会它们所表现的音乐形象，让学生大胆运用丰富的肢体语言与面部表情表现乐曲的强弱力度，体验震撼的音响效果。老师带领学生寻找与探索身边的音源并根据作品内容和表现方式创编打击乐小作品，在这过程中孩子们遇到困难，老师可以指导帮助并运用多媒体录制剪辑成短视频展示给大家。鼓励学生在音乐表演中与其他同学协调配合，相互帮助，体验与他人合作表演的快乐。培养学生的团结协作精神，激发孩子探索音乐的动力，提高学生的创新能力。信息技术和音乐深度融合下孩子们对音乐欣赏课产生了极大的兴趣，能更加深入体会创作的乐趣。孩子们能更深刻地感受民族打击乐的风格和特点，增进对民族打击乐的热爱。翻转课堂教学模式让学生尽可能投入到学习中，实现个性化教学，让课堂内容很充实。

（四）翻转课堂，拓宽音乐视野

所谓"操千曲而后晓声"，通过大量的音乐欣赏来积累音乐语汇、丰富音乐信息量、拓展音乐文化视野。我们的音乐课不再局限于音乐教科书的内容，音乐教师要充分利用各种多媒体网络资源选取优秀的作品推荐给学生，以开阔学生的音乐视野，提高学生审美能力。在五年级上册第七课《冬雪》的学习中围绕"雪"这一主题，让孩子们体验冬天的乐趣，我以"雪"为主题给孩子们分享了不同形式、不同风格的乐曲，让孩子们感受冬天美丽的景色。如观看我校合唱团《铃儿响叮当》演出视频，体会不同的演唱风格。通过欣赏《初雪》的片段，看到身着洁白服饰的舞蹈演员们用她们形态各异的身体造型表现了雪花的形象，栩栩如生。推荐孩子们观看2022冬奥会宣传视频，让我们这些南方孩子也能感受到北方孩子冰雪游戏的快乐。以"雪"为主题的音乐作品有很多，比如《我爱你，塞北的雪》《我像雪花天上来》

《滑雪歌》《踏雪寻梅》《堆雪人》等。教师引导学生课外聆听后思考：人类与大自然有着很密切的关系，让学生懂得我们每一个人都有责任保护大自然。

　　以上是我在教学中运用现代信息技术建构有效音乐课堂的尝试和探索，教育的任务就是把学生的潜能变成发展的现实，每个孩子心里都有一颗音乐的种子。合理运用信息化教学建构有效的音乐课堂，翻转课堂让我们的音乐课带给孩子更多的快乐。

初中音乐教学方法探索

绵阳市实验中学　聂孟君

　　大力推行素质教育是党中央、国务院发出的伟大号召，音乐教育要改革，要进步，要切切实实提高其教学质量，就要在素质教育之大环境中，依据新课程标准，改革音乐教学，积极踏实地探索初中音乐教法。素质教育要求我们的教育要灵活、多样，寓思想于教学之中，全面提高学生的素质。过去，有些学校不重视音乐教学，以种种理由"砍掉"音乐课。党的十九大报告指出，"中国特色社会主义进入新时代，我国社会主要矛盾已经转化为人民日益增长的美好生活需要和不平衡不充分的发展之间的矛盾"，并提出"为把我国建设成为富强民主文明和谐美丽的社会主义现代化强国而奋斗"。"美好""美丽"得到充分重视，也成为我们各项工作的一个努力目标。落实到教育事业上，倡导美、引导美，塑造美丽国民、美丽社会、美丽中国，也是一项需要充分重视、细致落实的宏伟事业。以艺术教育提升国民文化艺术生活水平。"音乐让孩子知道，何为美，如何学会美，如何把美传递给更多人。"一位受访者说。教育的春天来了，音乐教学受到重视、欢迎，有些地方甚至达到火热的程度。音乐毕竟是一门教学功课，也是一门教学艺术课，尤其初中音乐教学并不是随随便便就可以教好，随随便便就可以学好的，而是应该遵循素质教育原则、音乐教学规律。我就多年的教学实际，试论如下。

　　人们很早就懂了以音乐艺术手段作为教育人的工具。古希腊哲学家柏拉图认为，音乐有潜移默化和美化心灵的作用，我国早在商周两代，就已把音乐列入学校教育的必修课程"六艺"之中，清末改良主义的政治家梁启超曾说："盖欲改造国民主义之品质，则诗歌、音乐为精神教育之一要件。"抗日战争时期，音乐家聂耳的一首《义勇军进行曲》，唤醒了亿万中国人民的觉悟，鼓舞了亿万抗日军民的斗志，加速了抗日战争的胜利。所以，新中国成立以后，国家明确规定了学校教育的任务，并具体规定了中学普遍开设音乐课程。目前，我国教育改革和发展的趋势，已由应试教育向素质教育转变，而音乐教育理所当然应走在素质教育的前列。作为一名音乐教师，如何才能顺应教育改革的潮流，适应新世纪的教育需求呢？我的具体做法是：

一、寓教于乐

寓教于乐符合青少年身心发展的规律，使初中生在娱乐中产生积极情绪，受到美的感染。乐理知识表面看来比较乏味，我们可通过有趣教学，调动学生的学习兴趣。如，在教学"re，mi，fa，sol，la"五个唱名的音高时，在课前用不同颜色的纸做出五组头饰，分别写上唱名。游戏时，将学生分成 5 人一组，老师弹一遍 C 大调音阶，然后改变顺序弹奏五个音，各组学生听到后边唱边迅速排列，开展比赛。这样的趣味游戏，使学生在玩中通过听、唱形成准确的音高概念，并培养了学生一定的听辨能力。

音乐欣赏教学是音乐课中不可缺少的环节。音乐欣赏教学能培养学生的音乐兴趣和爱好，扩大学生视野，陶冶他们的情操，美化他们的心灵，提高他们的审美能力、鉴别能力，使学生热爱祖国的音乐艺术。教学时，我们应引导学生进入音乐的情境，使他们在美的旋律中产生丰富的联想、想象，从而提高学生的审美能力和审美情趣。

譬如，在欣赏《龟兔赛跑》这部童话故事音乐时，引导学生展开丰富的想象，使学生陶醉在欢快、活泼、优美、动听、有趣的音乐声中，他们情不自禁地舞动起来。有的学生抢着要扮演动物角色，有的争着扮演大树、小桥及各种花草，为乌龟加油的呐喊此起彼伏，学生兴趣盎然，自然表演得非常精彩。通过欣赏，提高了学生的审美能力、鉴赏能力和辨别能力。

二、积极开展课外音乐活动

开展课外音乐活动，可以激发学生的积极进取精神，培养学生关心集体、团结友爱、遵守纪律的良好品质，减轻学生的课业负担，丰富学生的课余生活，促进学生身心的健康发展，巩固与提高学生在音乐教学中所学的基本知识技能，扩大音乐视野，丰富音乐经验，增强学生对音乐的兴趣爱好，促进学校的精神文明建设。下面主要以大型团体表演为主的课外音乐活动来谈谈体会。

课外音乐活动既能提高学生对音乐的理解能力，又能丰富学生的想象力、创造力。在大型团体表演的排练当中先让学生听唱，理解歌曲，逐步培养学生感受音乐的诸方面表现要素，使学生在美的素质、美的陶冶中潜移默化地受到美的思想教育，培养学生感受音乐和理解音乐的能力，并能在此基础上展开丰富的想象和联想。例如，在排练器乐合奏《我们多么幸福》时，学生通过对音乐的理解，感受到音乐所表现的快乐和幸福，由音乐联想到我们今天的幸福生活，提出表现这段音乐的情绪应加大动作幅度和力度。更改后，经学生一表演，确实达到了比较完美的效果。这样一来，充分发挥了学生的主动性，培养了学生的感受力、表现力、想象力、创造力，从而发展了艺术素质，提高了艺术能力。

课外音乐活动对学生良好品质的形成起着催化作用。在活动中，要善于发现学生个性特点，鼓励学生充分表现，学生的表演才能得到施展，潜能才能得以挖掘，"我能行"成了学习生活的动力。在鼓励学生个性表现的同时，要注意培养学生的协作精神，使学生感受到和谐美，从而培养学生的集体主义精神，并学会协调人际关系。

学生参加音乐活动之后，往日的"娇""骄"二气没有了，再也不任性了，不但能吃苦耐劳，而且为集体争光，以集体利益为重，遵守纪律，团结协作思想不只是口头上的慷慨激昂，而是闪烁着行动的光芒。尤其体现在日常生活学习的一言一行中，这让所有关心爱护他们的人感到无比的欣慰。

通过音乐教学的改革与创新，换来的不仅是全体学生音乐知识的丰富，更主要的是对学生道德素质、心理素质、文化素质方面都有促进作用。因此，音乐教育是素质教育的突破口，在素质教育中占有重要地位。作为一名一线音乐教师我们更应该立足实际，认真研读和分析教学大纲，勇于创新，大胆实践，真正让孩子们在初中音乐教学中感受音乐学科的艺术美。

羌歌进课堂实践

绵阳市涪城区教育研究与发展中心　　张　伟

我国是一个统一的多民族国家，每个民族都有最具特色的音乐和文化。羌族，被誉为"云朵上的民族"，羌族人民在岷江上游地区生产生活，世代繁衍，创造出了绚丽多姿的羌族文化和丰富多彩的羌族民歌。羌族民歌的形成，与羌族人民的农牧生活方式息息相关。在长期的劳动和生活中，羌人自古喜欢用歌唱的方式来表达自己的情绪。长期闭塞的生活环境与悠久的历史，使羌族至今仍保留着不少古朴、深厚、独特的民歌。羌族有语言而无文字，羌族民歌的传承只能是口口相授，在信息化飞速发展的今天，羌族音乐文化的传承面临着严峻的考验。

一、羌族民歌的艺术特色

羌歌源于生活，人们热爱朴实的民歌，并从中得到启示，这是作曲家笔下的文字作品不能比拟的。羌歌是羌族文化精神的体现，是羌族人民的风土人情以及审美情趣的集中体现。羌族民歌在旋律、歌词、表演形式等方面各具特色，为羌族民间传统文化增添了无限光彩。

1. 调式

羌族民歌大多数属于我国古老的五声调式，例如在初中课堂上教唱的《咂酒歌》，它的尾音以6音结束，音阶中仅有1、2、3、5、6五个音，属于羽调式；又例如教唱的另一首歌曲《吹起羌笛跳锅庄》，结束音是5音，同样音阶中仅有1、2、3、5、6五个音，则为徵调式。据统计，羌族民歌也有六声调式的民歌，但很少有七声调式的民歌。学校选择《吉格惹门》和《惹门吉斯鲁》这两首简单的五声调式歌曲进行教学，不仅因为学生容易学唱，也因为它们是极具羌族生活气息的代表作。

2. 类型

羌族民歌一般分为山歌、劳动歌、节日风俗歌、巫师歌四种。这些歌曲都和羌族人民的生活密切相关，例如在劳动中或山间劳作时渐渐形成的羌族山歌。山歌后来又细分出劳动歌，成为独立的一个类别。节日风俗歌一般专用于民族的仪式活动，比如族人结婚时唱的婚嫁歌，喝酒时唱的酒歌等。羌族是一个灵物崇拜的民族，他们的历史中保存着许多古老的传说，所以巫师歌也就应运而生，只有在特殊的仪式活动上才会演唱表演此类歌曲。

羌族的多声部音乐就是和声歌曲，几个歌者同时演唱，按照自己的声部来进行合唱，旋律高亢缥缈，婉转优美。

3. 乐器

羌族常见的乐器包括羊皮鼓和响铃，其他常见的乐器还有口弦、羌笛、肩铃、指铃等，这些乐器都有一定的历史年份，成为羌族音乐文化中的瑰宝。

二、羌族音乐在中小学的境遇

1. 当代中小学生缺乏对羌族民间音乐的了解

笔者的定点羌族音乐实验学校是绵阳市成绵路小学，该学校4~6年级共36个教学班，2145名学生，笔者对该校的音乐课堂进行了简单的调查，调查的结果真是令人叹息：喜欢羌族音乐的不到5%，知道羌族文化的不到15%，能唱《唰酒歌》的不到3%，能跳萨朗舞的不到1%。

2. 非羌族地区的中小学音乐教师几乎不向学生传授羌族民间音乐

笔者所在的地区是绵阳市涪城区，对北川中学（北川羌族自治县的一所中学）、绵阳市所有城区中学（非羌族地区的中学）又进行了调查，结果发现：非羌族地区的中小学音乐教师每年所上的音乐课中几乎没有羌族民间音乐的内容。非羌族地区中小学音乐教师对羌族音乐文化缺乏了解，也没有现成的羌族音乐相关资料，再加上学校对地方非遗音乐文化的传承没有足够的重视，羌族音乐得不到很好的传承和延续。

3. 当代中小学生大多不喜欢当地少数民族民间音乐

很多的中小学生不喜欢当地少数民族民间音乐，他们认为少数民族民间音乐与他们的时代相距甚远，音乐太古老，太传统，没有通俗音乐新颖时髦；还有学生认为少数民族歌曲音调较高不易传唱，他们对演唱没信心；也有学生认为自己所在的学校没有发展少数民族民间音乐的环境，大家都喜欢流行音乐，一个人喜欢或演唱羌族歌曲，会被同学看成另类。社会传媒中，不管是电台、电视台、音乐网站，还是市场出售的音像制品，羌族民间音乐也非常少，在这样的环境下羌族民间音乐又怎能引起当代中小学生的注意呢？

4. 羌族民间音乐走入中小学音乐课堂刻不容缓

羌族民间音乐是羌族地区传统文化的一个重要组成部分，具有鲜明的民族性，体现了这个民族的性格特征、人文素质与审美情趣，是民族精神的象征，是羌族文化宝库中的珍贵财富。它是羌族民族精神与人格精神的审美体现与高度升华，是羌族人民赖以生存和发展的精神支柱。它对培养当代中学生热爱本民族精神，以及继承羌族民间音乐文化等方面有着积极的潜移默化和不可或缺的作用，尤其是在民族文化传承方面有着深远意义。

对于羌族未来的发展和羌族人民自身而言，羌族民间音乐文化传承和音乐教育艺术传播体系起到不可估量的作用。课堂上需要民族音乐，校园生活需要民族音乐，国家先进的文化需要民族音乐，民族的未来需要民族音乐。然而由于一直以来形成的教育传统观念及现代文化的侵入，使得学校教育与羌族民间音乐教育传承之间存在代沟与脱节现象。因此，学校教育应该作为羌族民间音乐文化传承的主要渠道，传承羌族民间音乐文化是学校教育的重大历史使命。让羌族民族音乐走进校园，走进音乐课堂，走进孩子们的生活，是刻不容缓的大事。

三、通过学校音乐教育保护羌族民歌

对羌族民歌实施保护，这是传承羌族民间传统文化的需要，是时代赋予的责任。羌族是中国五十六个民族中的一员，传承民族文化是每一位公民的职责和义务。学校是知识文化的传播地，学校音乐课肩负着"传承民族优秀文化"的重任，将羌族民歌融入音乐课堂中，让学生了解羌族民歌并演唱它，才能实现民族文化的传承。多年来，通过在区域内实验学校进行羌歌课堂教学实践，以及开展的一系列羌族艺术实践活动，总结出以下几个方面来更好地引导学生去了解学习羌族民歌。

1. 视觉激趣

音乐课堂不仅要用美妙的音乐来美育学生，还要引导学生从音乐的相关精神文化层面去了解作品。羌族民歌是羌族宝贵的精神文化遗产和智慧结晶，老师首先要让学生对这些文化感兴趣，才能让学生真正用心地去学习。具体的方法有：

（1）播放与羌族文化相关的音频资料。包括民族历史形成简介、民风民俗、非物质文化遗产、标志性建筑及物质文化、自然风光等。

（2）穿戴有象征性的饰品衣物。羌族饰品衣物具有浓郁的民族风格，如羌绣荷包、羌绣腰带、羌绣围裙、头饰、云云鞋等，让学生选择自己喜欢的小物件佩戴上，创造一个浓郁的羌族青少年聚会的场景，从而激发学生好奇心，激发学习兴趣。

（3）制作介绍羌族文化的课件，老师进行直观讲授。讲授法虽然缺乏创新性和实践性，但也是最为直接的一种教学方法，让学生为后面的学习奠定理论基础。

2. 听觉激情

（1）学生就羌族文化中的某一点展开自主性演讲与辩论。在笔者的课堂中，给学生介绍羌族文化：羌族的碉楼为何修建得那么高？羌族的滑索有何作用？羌家人屋内摆设的石头有什么寓意？班上有无羌族学生，邀请他演唱羌歌，让学生向他提问、学习，并交流民族文化。

（2）现场视听羌族乐器演奏的作品，并介绍乐器与羌族民歌的紧密关系以及乐器制作所体现的民风文化。笔者在课堂上为学生简单示范了羊皮鼓的演奏方式，并让他们也来尝试敲打，听羊皮鼓的音色特点，并对此产生探索愿望。

（3）以歌词为出发点，讲故事传说。例如课堂上教唱的《吉格惹门》，它是羌族人民在腊月三十晚上全家团圆时演唱的歌曲，学生能够从歌词中领略到羌族人民在过年时欢乐、祥和、温馨的画面，同时也能体会到羌历年和我们传统的新年一些不一样的东西。又例如课堂上教唱的《咂酒歌》，它是羌族人民在节日上或欢迎外来客人时，许多人围坐在一起饮酒时演唱的一首欢快热情的歌曲，学生能够从歌词中感受到羌族人民热情好客、奔放豪迈的性格特点。

3. 践行传承

如果仅仅是让学生反复听音频资料，是不能产生深刻的感受和印象的。在音乐课堂中，笔者通过多种方法（例如聆听、演唱、演奏、综合性表演和音乐创编等）来进行教学。具体的方法有：

（1）了解羌族乐器并了解如何演奏。由于羌族乐器稀少，最后只能仿造羊皮鼓的外观制作一个简易羊皮鼓，让学生为歌曲拍打节奏和创编简单的舞蹈动作，取得了良好的教学效果。

（2）设定题目，小组编排话剧、小品、舞台剧等戏剧形式来表现学生对羌文化的理解和感悟。例如笔者在课堂上给出一个题目"喜气洋洋羌历年"，要求学生按题目进行创编表演，表演到最后还要演唱《吉格惹门》，让学生感受羌历年独有的风俗特点。

（3）用体态律动教学法引导学生带上肢体动作表现音乐节奏。例如《惹门吉斯鲁》教唱过程中，衬词节奏不规律，很难准确演唱，引导学生用拍手的方式表现歌曲中衬词的节奏，同时借用律动表现音乐意境，为歌曲演唱设计表演动作。

（4）教学生跳萨朗舞。在羌族音乐实验学校绵阳市成绵路小学，就开展了以"萨朗舞"为主题的大课间活动，学校音乐教师教学生学跳了几组简单的萨朗舞，根据学校场地的实际情况进行了队列队形的变化，孩子们随着音乐跳起萨朗舞，场面热闹。

（5）创设音乐课堂小活动，让学生充分参与。例如在讲授相关文化知识过程中，用投票、辩论的方式来讨论并解决问题；在歌曲的聆听过程中，用画图的方式来画出旋律线条；在唱歌时，进行歌曲分乐句接龙演唱，优异者加小组分或个人分；"击鼓传花"游戏中选中的学生上台演唱羌歌或是跳萨朗舞，让学生在欢快的氛围中学习羌族音乐。

4.弘扬创造

"鼓励音乐创造"是课程标准的理念之一，是中小学进行音乐创作实践和发挥创造性思维能力的过程和手段。具体方法有：

（1）即兴舞蹈创编。引导学生即兴创编同羌族民歌情绪一致的律动或舞蹈，并参与表演。学生亲身参与舞蹈的创编活动，能够获得对羌族音乐最直接的经验和情感体验。笔者所在的学校开展了以"萨朗舞"为主题的大课间活动；在课堂上，请同学们结合音乐根据自己已有的经验进行即兴舞蹈动作的编创，提高学生的舞蹈技能，更好地领悟羌舞的内涵，感受羌舞的魅力。

（2）创编民族歌曲。羌族民歌具有较突出的五声调式特点，虽然中小学生对此理解得不是很深刻，但他们对羌族民歌常用五声音阶的组合以及羌族民歌常用的音乐节奏已经有了很深的体验。引导学生以简单的节奏进行歌曲创编，训练音乐创作能力，既让其体会到成就感，又感受到民族调式的音乐美，树立了学生弘扬民族精神的品质。

四、小 结

对于羌族音乐，教育工作者有将其传承下去的责任，尤其是羌族所在区域的音乐教育工作者，有责任给每一位孩子种下一颗羌族音乐成长的种子，他们就好像蒲公英，将我们中国伟大的羌族音乐或羌族文化，散播到更远的地方。保护并传承羌族民歌至关重要，特别是在汶川地震后，由于羌族地区遭受重大破坏，保护羌族民歌文化迫在眉睫。让羌族音乐进课堂，让广大青少年唱羌歌、跳羌舞，相信羌族民歌一定会永久地传承下去，继续焕发它美丽的光芒。

参考文献：

（1）佐世容，《羌族民歌的演唱特点探微》，《四川戏剧》2013年第7期。

（2）宋显彪，《21世纪前十年羌族音乐研究综述》，《绵阳师范学院学报》2011年第1期。

（3）雍敦全、宋康、周翔飞，《灾后羌族音乐文化的多元保护措施探析》《音乐探索》2014年第4期。

（4）余君华，《云朵中的民族　羌族》，《八小时以外》2010年第9期。

课堂器乐教学之口琴教学初探

绵阳市东辰学校　肖春燕

教育部在九年制义务教育音乐课程标准中早已明确，将器乐教学列为音乐教育的重要组成部分。器乐教学引入音乐课堂不仅为音乐教学增添了新的教学内容，也大大地激发了学生的学习兴趣，活跃了课堂气氛，而且对学生的智力开发和音乐文化素质的全面发展，对音乐教学质量的提高有着积极的作用。为了响应课堂器乐教学多元化，丰富学生的音乐体验，我在学生四年级时除了教授竖笛外，还引入了口琴的教学。

由于是第一次尝试，只能在教学的过程中摸索着往前走。我在竖笛教学方面已经有好几年的经验，在进行口琴教学时也会借鉴一些竖笛的教学方法，除了演奏方法和音色不同，器乐教学的方式方法还是有一些相通之处的。口琴体积小、携带方便、有固定音高、音区宽广、音色优美，适宜演奏多种不同风格的乐曲，在合奏中也能有不错的表现。但口琴的种类繁多，独奏类口琴就分为三类：复音口琴、半音阶口琴、十孔布鲁斯口琴，我们使用的是双调（C大调和G大调）复音口琴，价格在40到60元之间。下面谈一谈我在口琴教学中的一些体会与想法。

一、课堂的纪律

学生盼星星盼月亮终于升入四年级，可以学习乐器了，他们的热情和尝试吹奏的积极性极其高涨，如果你什么要求都不提，直接先把乐器发下去，那么至少这一节课都没老师什么事了。所以，在分发乐器之前一定要与学生有约在先，纪律是学习效果的保障。另外老师还要做一些其他的功课，根据以往的经验，学生的乐器都是一个样子，容易混淆，这样既不卫生，弄丢了也找不到失主，我会把班级与姓名写在标签贴上，分发一支口琴，就拿走相应的标签贴在规定的位置上，这样就解决了错拿乐器的烦恼。然后与学生约定，拿到乐器贴好标签，放回盒子，不要马上去吹，如果谁忍不住吹了，就把乐器交给老师保管。这一招很管用，没有人愿意失去心爱的乐器。这个时候老师可以出示自己的口琴为学生讲解口琴的保养知识和使用卫生习惯：（1）吹奏前要保持口腔清洁，防止发生沙音或哑音。（2）吹奏时不要用力过猛，以免簧片受损。（3）吹口处不要放入异物，以免造成堵塞或破损。（4）吹奏完毕，将吹口朝下，轻轻甩出口琴内的冷凝水，然后用专业擦布擦拭干净。（5）不使用时及时把琴放入盒内，防止落灰。（6）保管好自己的口琴，防止丢失。（7）口琴不能用水清洗，避免锈蚀。

当学生对口琴有了基本的认识以后，可以让学生尝试着吹一吹，再说一说体会。学生通过尝试可以发现有的孔能吹响，有的孔吹不响，也可能会发现吹不响的孔吸气时会响。

二、激发学生学习的兴趣

当学生自行尝试吹奏以后，由于无法吹出曲调，浓厚的兴趣随之减弱，此时就是激发兴趣的最好时机。如果老师的演奏水平不错的话，可以现场给学生们演奏几首他们熟悉的歌曲，当然观看网络上很多口琴演奏视频也是不错的选择。当学生了解到口琴能演奏这么美妙的音乐时，学习热情也随之高涨。

三、关于吹奏中容易出现的问题

（1）首先是执琴的姿势，第一节课要求一定要准确到位：头正、颈直、挺胸、肩膀放松、双手执琴、双腿自然放置、不跷二郎腿、不用脚打拍子。而且在最初阶段每一次都要强调，养成习惯。

（2）准确置琴：低音在左，高音在右，可以根据左方标记的调来确认，不要拿着就吹，很容易把方向搞反。

（3）快速找到琴孔的音位：从左至右的第九孔是 do 音，因为不能在演奏前去数格子，可以在第九孔处做一个小标记。

（4）口琴的吹奏是用手移动琴去找口，而不是口左右移动去找琴，口不离琴，换气也不能离开，这一点特别重要。

（5）吹奏口琴的口型一定要小，含孔太大会造成吹奏出来的音色不清脆，有杂音，正确的含孔就像嘴吹蜡烛的形状，用口盖住琴格。

四、关于学习进度安排

一定不能急于求成，由易到难，慢慢来，先学会"do，re，mi"三个音就可以演奏小乐曲了，如《玛丽有只小羊羔》；当学生学会简单的小乐曲，他的学习兴趣会更加浓厚；接下来再循序渐进地加入其他音阶的学习，当熟悉了Ｃ1到Ｃ2的音阶排列，就可以加入一些熟悉的歌曲尝试演奏了。当单音演奏达到一定水平时，就可以学习一些伴奏的吹奏技巧了。

五、"小老师"的作用不可忽视

虽然都是从零开始学习，但由于每个学生个体差异，有的同学学得又快又好，可有的同学总是要慢上"半拍"，甚至"好几拍"，而老师在有限的课堂时间里无法达到人人过关，这个时候"小老师"的作用就不可忽视了。根据学生具体情况，我为个别同学一对一地配上了"小老师"，"小老师"们不但个人音乐素质好，口琴吹奏水平更是遥遥领先，最关键的是"小老师"对他的学生有一套独特的教授方法，效果非常显著。

六、关于特长学生的拓展

鼓励学有余力的同学吹奏他们自己喜欢的乐曲，课前三分钟让他们给大家展示，这样在展示了他们学习成果的同时，更鼓舞了其他同学学习的信心。

无限精彩的生本音乐课堂

绵阳市涪城区吴家镇小学 徐 娟

生本教育基本方法就是学生先学，小组互学，班级交流，教师总结。生本课堂上学生个个都思维活跃、能言善辩、积极主动，课堂充满了欢欣、合作、友爱的状态。我觉得这样的课堂，学生是快乐的，教师是幸福的，生本教育展示了它的独特魅力。

《义务教育音乐课程标准（2011年版）》中明确指出："音乐课的全部教学活动应以学生为主体，师生互动，将学生对音乐的感受和音乐活动的参与放在重要的位置。"生本理念正是要让学生成为课堂的主人，鼓励学生主动思考，努力探索，引导学生参与到艺术实践活动的各个环节。

把生本教育的理念运用到音乐教学中，最大限度地让学生主动参与到音乐活动中，激发他们学习音乐的兴趣，提升他们的音乐鉴赏水平，让他们能多维度体验音乐的美感，从而使他们热爱音乐，懂得欣赏音乐，提高他们的音乐素养。于是，我尝试性地在我的音乐课堂中践行了生本教育，下面是几点体会。

一、搭建舞台，给学生提供展示的机会

我在每节课都设置了课前三分钟的才艺展示环节。但是，不是每个孩子都是艺术特长生，都敢于在台上表现自己，为了打消同学们的顾虑，给他们的首秀"破胆"，我运用生本教育所倡导的"低入"，降低展示难度，丰富展示的内容与形式。我规定：内容上你可以唱歌、跳舞、演奏乐器，还可以说相声、讲故事、念古诗，实在不行来一个你与众不同的绝活也是可以的；形式上你可以单人表演也可以多人合作。在如此低门槛的要求下，越来越多的孩子渴望站上舞台展示自我，这其中不乏那些最初对展示环节嗤之以鼻的同学以及那些一直害羞胆怯的同学。虽然有些节目并不成熟，但我从学生的脸上看到了站上舞台的兴奋、激动和喜悦。有的同学表现不尽如人意，展示后也表现出遗憾与不甘，为了能在下一次的展示中更好地表现，

他们会自发地认真准备、刻苦练习，有时还会征求我的意见，这无形中又激发了他们学习的主观能动性。当展示的质量越来越高，学生实现了自我突破与超越，老师也顺理成章地实现了生本教育的"高出"。

二、给予学生鼓励性评价，让学生体验被赏识的感觉

音乐作为为数不多的不以分数论高低的学科，老师应最大限度地让学生在音乐课堂中尽情发挥，释放天性，保护学生的自信心、表现欲，不要用专业化的评判标准来评价学生，更不能用恶毒甚至侮辱性的语言来打击学生。前些年的某些歌手选秀节目，有些导师尖酸刻薄的点评简直让人不寒而栗，也许他的一句话就摧毁了一颗热爱音乐的心，面对严厉的点评成年人都受不了，更何况是未成年的学生。教师的专业水平当然比学生强，但这并不意味着教师有更多的音乐话语权，莎士比亚说："一千个观众眼中有一千个哈姆雷特。"音乐更是如此，每个人对音乐的感受与理解都不一样，老师要秉承着尊重、开放的态度来评价学生，给学生多鼓励，在肯定学生的同时，给出中肯的建议，用谦逊温和的方式与学生探讨交流，这样的交流方式更容易被学生接受。通过老师的言传身教，在温言细语的浸润下，所有的孩子都学会了如何与人沟通。我们也将《中国新声代》的形式运用到课堂中，也会有老师、同学点评的环节，"点评嘉宾"会从各个方面看到"选手"的闪光点，当然我们并不提倡一味地赞扬，还必须提出需要改进的地方，并给出改进的建议，被点评的同学也虚心接受，收获颇丰。这样的评价有利于学生了解自己的进步，增强学习的信心和动力，同时也促进了教学质量的不断提高。

三、以学生的"学"为中心，注重"先学后教"

例如，在朝鲜族民歌《桔梗谣》的教学中，我让学生课前搜集有关朝鲜族的民族风情、民族服装、地理位置和音乐文化等方面的资料，并在课堂上展示交流。有的学生请大家欣赏朝鲜族风情的乐曲，有的学生表演朝鲜族风情的舞蹈，通过这些展示和交流，学生对歌曲的风格特点有了初步的了解。课中我采用了"先学后教，以学定教"的方法，主要分为三个大的环节，一是全班一起充分地聆听音乐、体验音乐、分析音乐、小声跟唱音乐。二是分小组学唱歌曲，学唱歌曲的方法老师可给

出几条建议，由小组参考。在学习的过程中老师监督指导，通过监督，我发现各小组的学习方法不尽相同，有的小组由唱歌好的同学教唱，有的小组借助竖笛来学习，有的小组借助钢琴来正音，这些方法都行之有效，基本能达到目标要求。第三个环节是小组分享自学成果，师生交流点评，这时我会先让同学点评，如果点评到位就此略过，如果有大家都存在的问题我会在全班进行讲解，大家一起练习。问题都解决掉了，这时全班再一起随音乐演唱歌曲，几乎就没有太大问题了。整个过程中，学生从不会到会的自主学习，我没有教唱一句歌词，只是充分地相信学生，为学生创造条件，让学生自己学习，真正转变教学方式。先学后教，让学生充分地感受音乐，从学习音乐的知识技巧向学习音乐的情感意蕴进发。不仅要使学生会唱，还要美唱，要让他们受到音乐的熏陶。慢慢地，课堂上爱举手发言的学生多了，爱打瞌睡的学生没有了，想上台表演的学生争先恐后！学生的积极性被调动了，生本课堂让我轻松愉悦，并让我明白，音乐课可以这样教，学生可以这样快乐。

四、多样化的表现形式，呈现精彩纷呈的小组展示

例如，在《走进新疆》教学过程中，在学生学唱完新歌之后，我问道："你们想用什么演唱形式来表现歌曲？"各小组开始讨论、创编、演练，最后在班级展示。有的小组展示的是新疆歌舞串烧，每人演唱一首新疆歌曲；有的小组选一位学生演唱，其余三人拿着铃鼓载歌载舞；还有的小组创编了新的歌词，唱出了对自己家乡的赞美之情。每个小组都有自己的特色，每个学生的特长都得到了展示，我感觉是在看一场精彩纷呈的音乐会，每一组演员的表演都充满创意和激情，是有效的小组合作和学生创造性的学习，让生本音乐课堂充满无限精彩。

但是，生本教育的实施也彻底暴露了孩子们在音乐基础、艺术素养方面的不足。具体表现在：（1）小组交流音乐作品所表现的情绪时，孩子们的形容词往往都只有快乐的、高兴的、舒服的等。（2）在歌曲创作方面，孩子们根据原调创作新歌词的能力不错，但是自己创编歌谱和节奏的能力就相对差了很多。（3）生生点评的深度不够，一般都是泛泛地说，你的声音有点小，你唱得不准，你唱得太慢了，具体怎么改进也说不上来。（4）上台展示时，表演的质量都不太高，表演的形式也少。

这些缺点说明了大部分孩子的音乐基础较差，音乐素养较低，因为只靠教师的讲授，学生既生疏又没有兴趣，在进行课堂活动时同学们也没有什么可展示和交流

的，整堂课单一而乏味。

　　因此，在这个生本教育的初级阶段，就更应该坚持，不被眼前的困难击退。虽然目前我只是一个生本教育的初践者，但我已嗅到了生本教育之花的芬芳，我将沿着生本教育之路坚定地走下去。

参考文献：

（1）郭思乐，《教育走向生本》，人民教育出版社2001年出版。

（2）中华人民共和国教育部，《义务教育音乐课程标准（2011年版）》，北京师范大学出版社2012年出版。

班级合唱教学中常见问题的解决尝试

绵阳市第二中学　张蜀仙

《全日制义务教育音乐课程标准（实验稿）》在演唱教学中提示我们："要重视和加强合唱教学，使学生感受多声部音乐的丰富表现力，尽早建立与他人合作演唱的经验。"

学校都有校合唱团，团员们都是从各班选拔出来的音乐精英，他们的音准、节奏、音色、发声技巧、音乐表现力等都较成熟和稳定。

《全日制义务教育音乐课程标准（实验稿）》在课程基本理念中还提到："义务教育阶段的音乐课，应当面向全体学生，使每一个学生的音乐潜能得到开发并从中受益。"

显然，这样的校合唱团面向的不是"全体学生"，不能做到"人人参与"。

"要重视和加强合唱教学"，笔者认为这里的合唱教学更多是指面向全体学生的班级合唱教学。近几年，笔者在班级合唱教学工作中不断学习和总结，针对班级合唱教学中出现的常见问题做了如下尝试，效果显著。

第一，很多学生不认识简谱。

孩子们在幼儿园就已经把音阶唱得滚瓜烂熟了，可是却不知道哪一个数字唱do，哪一个数字唱sol。针对这个问题，我把简谱和相应的唱名按音阶顺序制成音阶表贴在黑板上，每节音乐课首先指唱音阶，两三节课之后逐渐把唱名缩写成首字母，直至把唱名全部擦掉。待学生把数字与唱名对应清楚了，再任意指一个数字，学生说出唱名；或者反过来我唱出任意一个唱名，学生说出相对应的数字加以巩固。这样，学生就能跟着钢琴顺利地视唱简谱了。

第二，音准不好，没有音程意识。

学生能顺利地唱音阶，也能跟着钢琴顺利地视唱乐谱，但这并不代表他们的音准就很好。一旦没有可依靠的音源，学生视唱乐谱就只能像朗读课文一样念出唱名。针对这个问题，我用了以下三个步骤由易到难逐步解决。首先，在钢琴上弹奏旋律音程，如sol——do，让学生聆听并说出较高音和较低音。这个问题看似简单，但仍有部分同学需要经过提示和反复练习才能区别出较高音和较低音；其次，用音阶搭桥的方式找到两音之间的距离。如：sol （fa mi re） do ——sol do；接下来请一部分同学唱冠音 sol，另一部分同学唱根音 do，再引导他们从听觉上感受两个音叠在一起的音响效果。这样逐渐过渡到三和弦，条件较好的班级还可做七和弦的练习，为演唱多声部做准备。最后，演唱音程时也可双管齐下，借助科尔文手势让学生从视觉、听觉上共同建立音程意识。如：sol——do，左手保持 do 的手势，右手从 re mi fa 一直做到 sol，并保持 sol 的手势，用手势和两手之间的空间距离把抽象的音程距离变得更加直观。

第三，节奏训练。

合唱艺术既要体现声音的和谐美，也要体现声部交替的节奏美。熟悉各种基本节奏，是进行班级合唱教学迫切需要解决的问题之一。我的做法是：先让学生掌握单一的二分、四分、八分三种常见的节奏，如：

4/4 X X X X | X X X X ‖；

又如：

2/4 X X | X X | X X | X X ‖；

再按 2/4 或 4/4 的规律创作两三条不同的节奏，如：

a　2/4 X X| X X X ‖；

b　2/4 X X| X　—‖，

然后引导学生分小组用不同拟声词把 a、b 两条节奏按非洲传统"跨节奏"的方式进行叠置：

$$
\begin{cases}
\text{2/4 X X | X X X ‖: X X | X X X :‖} \\
\text{2/4 0 0 | 0　0 ‖: X X | X　—:‖}
\end{cases}
$$

学生很快就体会到合唱声部的节奏交替了。

好的音准和节奏是进行合唱教学的必要前提，但是班级合唱教学面向的是音乐素养参差不齐的全体学生，因此在实施的过程中还应注意：

1.声部旋律化难为易

音准问题不是一朝一夕就能解决好的，但也不能等解决好了音准问题再进行合唱歌曲的演唱。我们可以一边进行音准训练一边进行一些简单二声部合唱歌曲的演唱，让学生在实践中建立音程感、感受声部的和谐、积累与他人合作演唱的经验。

我的具体做法是简化声部：变三声部为二声部，或把低声部的旋律简化为一小节一个和弦音。如《七子之歌》中低声部可以简化为：

$$\begin{Bmatrix} \text{4/4}\ \dot3\ \underline{\dot2\dot1}\ \underline{\dot6\dot5}\ \dot5\ |\ \dot6\ \dot6\ \dot5\ \underline{\dot6.\dot1}\ |\ \dot3\dot1\ |\ \dot2\ -\ -\ \underline{0\dot5}\ |\ \dot3\ \underline{\dot2\dot1}\ \underline{\dot6\dot5}\ \dot5\ |\ \dot6\ \dot6\ \dot5\ \dot6\ \underline{\dot3\dot2}\ |\ \dot2\ -\ -\ -| \\ \text{4/4}\ 5\ -\ -\ -\ |\ 3\ -\ -\ -\ |\ 5\ -\ -\underline{05}\ |\ 5\ -\ -\ -\ |\ 3\ -\ -\ -\ |5\ -\ -\ -| \end{Bmatrix}$$

或者

$$\begin{Bmatrix} \text{4/4}\ \dot3\ \underline{\dot2\dot1}\ \underline{\dot6\dot5}\ \dot5\ |\ \dot6\ \dot6\ \dot5\ \underline{\dot6.\dot1}\ |\ \dot3\dot1\ |\ \dot2\ -\ -\ \underline{0\dot5}\ |\ \dot3\ \underline{\dot2\dot1}\ \underline{\dot6\dot5}\ \dot5\ |\ \dot6\ \dot6\ \dot5\ \dot6\ \underline{\dot3\dot2}\ |\ \dot2\ -\ -\ -| \\ \text{4/4}\ 1\ -\ -\ -\ |\ 1\ -\ -\ -\ |\ 2\ -\ -\underline{05}\ |\ 1\ -\ -\ -\ |\ 1\ -\ -\ -\ |5\ -\ -\ -| \end{Bmatrix}$$

待学生掌握好了这些简单的和弦音，再逐渐加入被省略的音符。

2. 高低声部交替演唱

在演唱《桑塔·露琪亚》时，我让全班同学先学唱低声部旋律，再学唱高声部旋律。俗话说"知己知彼，百战不殆"，学生熟悉了高低声部的准确旋律，在合唱的时候自然不会唱错自己的声部；熟悉高、低声部的旋律，各声部的同学还可以交换演唱，避免了高声部同学只唱高声部旋律，低声部同学只唱低声部旋律。

3. 先学习非旋律声部

一首二声部合唱歌曲，旋律感较强的声部比较容易学唱，这个声部通常是高声部，这样就更加衬托了低声部的难度。针对这种情况我的做法是先学唱低声部旋律，再学唱高声部旋律，让非旋律声部在学生的大脑中首先占据地位。

4. 适当进行生动形象的发声训练

"你有一张操场那么宽阔的嘴巴和喉咙。"这是关于口腔打开问题上我常说的一句话。初中阶段的音乐课每周只有一节，我们不能每节都上唱歌课，因此歌唱技能的训练不多，也没有充分的时间像专业声乐课那样做细致的练习。老师可以做的就是引导学生用具体的生活经验和已有的心智能力来体会发声部位的感觉，比如"气沉丹田"，再比如对比和距离较近、较远的人说话时的腰腹变化等。

5. 轻声演唱

轻声演唱削弱了学生音色中的明暗、粗细以及沙哑清澈的差别，能有效地统一音色；轻声演唱气流均匀，有助于保持音准；轻声演唱有利于提高学生的听音能力；轻声演唱还能促进团队合作意识的养成；并且初中生正值变声期，轻声演唱可以更好地保护嗓子。

班级合唱教学是普及和提高学生音乐素养的最有效的方法之一，也是培养学生音乐学习兴趣的重要途径。《义务教育音乐课程标准（2011年版）》在演唱教学提示中又作了进一步的要求："要更加重视并着力加强合唱教学"，可见合唱教学在音乐教学中的重要性。

　　班级合唱教学注重全体学生的有效参与，需要全体学生音准、音色、呼吸、表情等技能和情感的和谐统一，而学生都是独立的有个性的个体，因此在实施班级合唱教学的过程中肯定会遇到各式各样的问题。想更有效解决班级合唱教学中的常见问题，还需要音乐教师以积极的态度在班级合唱教学中不断探索和尝试，真正做到"面向全体学生"，以生为本。

浅谈农村小学音乐教育中的京剧歌唱课教学

绵阳市实验小学　淳丹阳

自1790年四大徽班进京，京剧艺术在200多年的发展过程中逐渐成熟并成为我国传统戏曲文化艺术中的一朵奇葩，被尊为"国粹"。现已进入信息高速发展时代，各类纷繁复杂的信息使学生们易受到多方因素的影响，在他们的观念里留下了戏曲是过时的、老套无趣的音乐，导致他们过少接触戏曲文化，再加上缺少成年人的积极导向，这一系列的原因影响了他们对戏曲的审美感知。党的十八大以来，特别是召开文艺工作座谈会之后，戏曲传承工作日益受到重视，古老的传统艺术和现实文化有机统一，在继承中发展，在发展中继承，振兴国粹，传承和弘扬我国优秀传统文化已经到了刻不容缓的地步，而教育作为实现文化传承的重要渠道，新课程要求在音乐教育中把"文化传承"作为一个不可或缺的价值体现。

"京剧进课堂"势在必行。通过音乐课堂上对京歌学唱，学生逐渐了解和热爱中华民族的戏曲文化。只有当京剧真正进入我们的课堂，进入我们的生活，让孩子们从小近距离接触这一文化瑰宝，使他们懂得京剧、接纳京剧、喜爱京剧，京剧作为中华民族的国粹才能真正得以传承和弘扬。小学生正处于人生观、价值观形成期，形式丰富、内涵独特的传统音乐教育在他们审美情趣的提升、道德情操的陶冶等方面起着不可替代的作用。京剧进课堂，通过实实在在的教学活动，体验感知京剧艺术美，同时浸润历史人文内涵，感受传统戏曲向真善美追求，增强民族意识和文化自信。

下面对京剧进入农村小学课堂主要存在的四个问题进行论述：

（一）流行音乐的覆盖，娱乐多元化的冲击

京剧作为一种传统戏曲艺术，在学生的日常学习生活出现的频率屈指可数，这就让他们无法较多地接触和了解京剧，再加上当今短视频平台的发展，他们更多地喜欢现代化的音乐，例如流行、摇滚，喜欢追求像流行音乐那样具有很强的符合时代感和时尚感的文化。学生们的审美能力受到局限，因此只有做到先了解，才能传承和发扬。

（二）缺乏师资力量，缺乏相关部门的经费支持

京剧是一种包含"唱""念""做""打"的综合艺术，也是一种专门的艺术，师资团队的建设就成为京剧文化进入农村小学音乐课堂的条件保障之一。很多高校毕业的大学生，毕业于钢琴、声乐专业，这就导致就业后传统戏曲知识储备不足。教师自身如果不具备戏曲教学能力，既不能传授戏曲相关历史背景，也不能承担"唱""念""做""打"的专业技巧的讲授，呈现出戏曲模块的教学无从下手、力不从心的现象。故解决师资专业化是当务之急，教师要利用闲暇之余，了解戏曲的历史文化，提升传统戏曲文化的修养，才能正确引导学生。

（三）戏曲课教学方式单一

在日常的音乐课堂中，老师仅通过听和唱教学，教学方式单一，偏重教师主导的传统课堂，在农村学校学生音乐理论基础薄弱的前提下，学生不能充分参与到活动中来。

（四）观念落后，认知偏差

在农村基层学校，很多家长觉得学习戏曲没有什么实质性的意义，这源于他们没有从传承传统民族文化的角度来理解，他们觉得学习艺术就是玩，这种落后的观念严重地阻碍了传统戏曲艺术进课堂。

由于我校接收的学生大概有三类：第一类是属于本学区或者本市户口的；第二类是外省人员的孩子；第三类为进城务工人员的子女。由此可看出我校有一部分家庭忙于生计，已无力让孩子去学习音乐和感知艺术。而知道京剧的学生当中，大部分的学生仅是知道，更深入的内容则是一无所知；在听过京剧的学生当中，绝大多数的学生是没有完整地欣赏过京剧的，一般仅是片段，观看过京剧演出的更是少之又少了。

我们在课后针对学生的家庭成员及学生了解接触戏曲的情况做了调查，结果如表1、表2所示。

表1　学生家庭成员情况调查表

家人	父亲	母亲
文化程度及所占比例	初中以上 74% 初中以下 26%	初中以上 70% 初中以下 30 %
职业及所占比例	务工　76% 单位　24%	务工　70% 单位　30%
是否接触戏曲及所占比例	不接触　65% 接触　35%	不接触　86% 接触　14%

表2　学生课外接触戏曲的主要途径

主要途径	网络、电视	培训班	老师期望	家庭熏陶	自己喜欢	其他
比例	38%	8%	20%	11%	10%	13%

调查中我们可以发现，农村小学的学生接触到的戏曲大都来源于网络或电视，也有部分是通过家人和朋友的传唱，但只占很小的比例。而从培训班中接触戏曲的比例更小，而剩下的部分学生没有这样的条件，或是家里没有意识到这样做的必要性。

对农村小学京剧课堂的建议：

（1）为渗透戏曲文化，可以在校园的走廊、楼道、教室两侧布置一些戏曲元素，营造戏曲文化的氛围，也可以贯穿在其他课程的教学中，比如美术课堂上布置画脸谱的作业，选择一些优秀的作品展示在音乐教室营造气氛；语文课上，请学生做一些戏曲主题的手抄报进行展示，定期开展教室黑板报戏曲专刊；班会课上以"我是小小京剧传承人"的主题开展活动，潜移默化地激发学生对传统戏曲的热爱。

（2）培养优质教师，增强师资力量，夯实戏曲教育基础，抓好专业教师队伍质量。请名师工作室有经验的教师指导，聘请当地专业的戏曲演员对学校在职教师进行戏曲知识的培训，提升戏曲教学水平。

（3）课堂上利用多媒体，根据学生了解戏曲的基本情况制定教学内容。农村小学大部分学生接触戏曲的机会少，特别是高段，小升初的学习压力让他们接触的机会更少了，因此老师在搜集资料的时候，要有选择性。在伴奏乐器方面，京剧作为传统的艺术，如果用西洋乐器作为课堂伴奏就不能让学生感受到传统戏曲的韵味，可以用电子琴合成的京剧节奏及音色来营造戏曲氛围，同时利用京剧多样化的服饰、脸谱、道具等向学生渗透人物性格。老师还可以通过让学生扮演京剧人物的方式，体会京剧艺术的魅力，享受京剧带来的乐趣，从而激发对传统文化的热爱。

（4）学校定期开展的艺术活动中，设置戏曲主题，每个班级表演一个和戏曲相关的节目，鼓励每一位学生都参与进来，请家长来观看表演，回家后让家长陪着学生一起勾画脸谱，并在课堂上讲解勾画脸谱的人物性格。

（5）通过工作室、协作体的指导，向经验丰富的教师请教，积极地研讨学习，取长补短，通过网络查阅大量的文献、音频及视频资料，进行探索和反思。

（6）通过积极开展戏曲讲座、主题班会、戏曲表演、手抄报等形式多样的活动，将戏曲文化引入校园，营造良好的校园戏曲文化氛围。开展手抄报活动，一方面提高了学生们的动手能力，让学生们自主设计手抄报，学会从版面设计、内容选编、配图合理等方面进行思考，完成制作。另一方面，介绍戏曲的由来、发展，戏曲角色的种类以及脸谱释义等方面内容，引人入胜。手抄报展评活动将"戏曲文化进校园"与学校教育教学实践进行了深度融合，充分展现了我国戏曲文化的博大精深，带领师生感受戏曲的魅力所在，推进了把"戏曲文化进校园"打造成素质教育的进程，是具有重要意义的传承中华优秀传统文化的平台。

（7）为了吸引小学生的兴趣和注意力，教师可以丰富京剧知识的呈现方式。如讲故事激发学生的学习兴趣，我们知道京剧大多由古代名著改编而来，每一场京剧里都有让观众为之感动、为之动容的主人公或者英雄，它是中华传统美德传承的载体，是我们中华儿女学习传统美德的重要途径，对学生有着重要的教育意义。

让音乐学法站在课堂制高点

绵阳市东辰学校   王仕衡

优质的音乐课堂，不是老师讲得有多好，而是学生学得好；不是老师技能的秀场，而是学生能力的训练场；不是"师道尊严"权威形象的树立，而是舍得放下架子和面子，用充满爱心的教育去感化学生。

在音乐课堂上，教与学是课堂的核心，学生的学习状态和方式决定着课堂的质量。学习讲方法，好的学习方法会事半功倍，课堂收益很高；好的学习方法会拉近师生距离，互相感化，培养学科素养。在音乐课堂的学法中，主要通过体验、比较、探究、合作等教学方法激发学生的学习兴趣和表现欲望，使学生在主动参与中展现自身的才华和个性，发展创造性思维能力，增强合作意识。教学法很多，如奥尔夫教学法、柯达伊教学法、达尔克罗兹教学法、铃木教学法等，但最适合学生的才是有效的，能增强学习兴趣才是最好的。那什么样的学法才是现如今学生喜欢的呢？才是最有效果的呢？我结合教学实例，探讨巧用学法的重要性。

一、探究性学习法

改变旧模式，猜想解疑惑。学生通过教师提供的线索进行猜想，增加课堂的悬念，激发学生学习的欲望。俗话说，心中有疑惑才会有兴趣解决。

例如，在歌曲《音乐小屋》一课导入中，通过老师的无声动作来猜猜他在做什么？为动作配上怎样的声音呢？声音的高低有什么变化呢？学生兴趣浓厚，很想亲自敲响音乐小屋的门。

例如，在歌曲《萧》一课的导入中，抓住萧的外形、音色、演奏姿势等特点进行猜想。学生会很快地搜索并模仿出声音，对歌曲的学习产生兴趣，更愿意用歌声来演唱《萧》。

例如，在《猫虎歌》一课中，猜想一下老鼠遇见猫会怎样？那小猫遇见老虎会怎样呢？学生说出不同的观点，歌曲中的小猫和老虎结局又会怎样呢？带着疑问去听唱,一点点揭晓谜底。把谜底揭开了,歌曲也就学会了。

再例如,在《金孔雀轻轻跳》一课的导入中,老师可以模仿孔雀的舞姿和开屏的姿态,让学生猜猜这是哪一种动物?它在干啥?对舞姿产生好奇后,学生很想围观金孔雀的舞姿,抓住傣族的音乐文化元素,学习歌曲就很轻松了。

二、深度听唱法

听唱培养乐感,独学提升专注。学生对老师的讲授听得最多,老师讲,学生容易走神。老师采用走进学生当中督促引导的方式,学生更容易哼唱,学会歌曲。

比如在《小蜜蜂》一课的学唱中,把时间交给学生。采用学生听唱和解决问题的方式,多次听唱找出蜜蜂的优秀品格,我们应该向它学习什么呢?蜜蜂嗡嗡声的位置和状态在哪呢?听唱结合,老师有更多的时间关注学生状态,规范演唱,增强情绪感染。

三、模仿体验法

声音模仿,丰富表演。低段中有很多模仿动物声音、模仿乐器声音、模拟各种场景的歌曲。通过模仿,体验声音的发声位置,激发学生的学习兴趣,更容易表现歌曲。

例如,在《小鸡的一家》学唱环节中,模仿大公鸡、老母鸡、花小鸡的声音和动作,让学生参与到歌曲的表现中来。模仿不只是形象模仿,更重要的是模仿声音状态要准确。

例如,在《小雨沙沙》的创编环节中,通过小米、绿豆、红豆装在杯子里来模仿雨的大小;也可以通过拍手、拍肩、拍腿来模仿雨的大小;如同时拍腿、跺脚模仿雷雨,还要控制声音力度,然后把声音力度和状态用到歌曲演唱中,让学生积极参与。

四、合作竞赛法

合作竞争,积极参与。合作竞赛法就是在组内合作、小组竞争,此方法可以增强学生学习的主动性和竞争力。既能增强学习氛围，又能缩小学生间的差距，还能提升班级整体质量。

例如，在歌曲《两只老虎》的教学中，尝试用卡农式的轻唱，学生兴趣浓厚，喜欢挑战。如何让学生更深入地了解卡农式的轮唱风格呢？如何让人人掌握轮唱技巧呢？我采用小组内合作，小组间竞争和挑战的方式，人人争当擂主，效果显著。

例如，在课堂创编环节中，实施小组竞赛。选择竞争小组，提出目标挑战，然后现场评价和奖惩。这样学习氛围浓厚，目标更容易达成。

五、抓住关键要素

抓住关键要素，歌声悠扬。用不同的速度、力度、情绪等音乐要素表现歌曲，感受音乐的灵魂。如果没有音乐要素就没有音乐的灵魂，但过分强调音乐要素又没有趣味。在哪里融入音乐要素呢？音乐要素只靠讲授吗？按照学科课程的"知识与技能"目标，一年级我们重视演唱的心情和力度。心情是对整首作品的理解感受，而力度的强弱可以用声音级数来估量。1级是自己能听到的音量，2级是同桌能听到的音量，3级是小组能听到的音量，4级是大组能听到的音量，5级是全班能听到的音量。学生就有空间感来表现声音的强弱。二年级要重视演唱的情绪、力度、节奏。比如节奏采用密码进行，节奏密码通过就进入下一关。同桌间互相出示密码，小组间出示密码，男女间出示密码，师生间出示密码。这样既练习了节奏，又巩固了歌曲演唱，还提高了兴趣。三年级要重视音准，找到合适的发声位置。比如重唱、对唱提高音准、增加趣味，竖笛吹奏找音高等。四年级要重视节奏的练习。比如节奏、节拍的声部练习，旋律的视唱，音准练习等。五年级要重视声音的统一性。比如歌曲二声部的融入，竖笛二、三声部的练习等。六年级要重视音乐与生活的情感表达，彰显个性化、特色化。如学科之间的融合，音乐与美术、舞蹈、语文等学科的联系。

在音乐要素中，我赞成体验感受为主，这样更深入也更深刻。比如音的高低，可采用科尔文手势来体验，同桌间你比画我来猜，我比画你来猜；或者通过画线条来体验音的起伏变化。通过实践，抓住关键要素，轻松掌握知识点。歌唱过程中掌握了节奏、音色、高低、力度等要素，歌声才会有音乐感，学习才会有兴趣，内容才会有深度。

六、游戏体验法

音乐游戏，体验感知。音乐是抽象的艺术，灵活的参与体验方式会更有效果，更会提高孩子们的兴趣。减少传统的讲授式，把课堂还给学生，老师贵在引导。如在打击乐的教学中，我会让孩子们猜猜这是什么乐器，它如何演奏，为什么这样演奏，全部留给学生去探索。在乐器间作比较，探索区分音色、音量强弱、演奏姿势、音的长短、音乐的情绪等。

在教学中，适当把知识要点创编成游戏，提高兴趣。如体验音的高低时，准备两个大小不同的碗，通过盛不同量的水，让孩子们敲击体验，讨论水的多少和碗的大小与音高的关系，体验并讨论得出结论：碗越小，音越高；水越多，音越低。其实我们生活中有很多物品都有这样的共性，学生可以去探索其他与音高有关系的生活用品。这样的探索体验，既增强了参与感，还让音乐融入生活。

对于课堂，多数人崇尚教学艺术，常说"教无定法"。其实这句话的完整表述应该是"教学有法，但无定法，重在得法，贵创新法"。"无定法"属于艺术的境界，越是艺术的东西越不容易学习，越不容易掌握，它是属于少数人的，我们多数人的课堂应从教学技术开始。"猜想法、参与体验式、模仿声音、游戏化"是我们创造优质课堂的法宝。音乐课堂要追求"严密组织，有序之美；巧妙设计，艺术之美；激活思维，创新之美；有机整合，文化之美；适度延伸，开放之美"的五美课堂。

最后，我想说，各种学法的运用，一定要尊重学段的特点，尊重自然的规律，尊重由浅入深，尊重基本的结构，才会万变不离其宗，才会扎得深、拓得宽、学得实、评得高。巧用学法，就是摒弃旧观念，学习新思想；巧用学法，就是把课堂还给学生；巧用学法，就会达成高质量的课堂目标。

浅谈新入职教师如何快速上好合格音乐课

安州区东辰学校　王　桃

　　课堂是所有新入职教师的第一个战场，他们必须要用最快的速度熟悉学校的各项制度，掌握课堂要求以及上课模式。为了给新入职的老师们提供更为有效的指引，我将从以下几个方面就新入职教师如何上好合格音乐课展开讨论。

一、做好前期准备工作，为顺利开课奠定基础

（一）确认学生名单并分组

　　新教师拿到分班安排后，应立即与班导老师联系，拿到最终的学生名单（越详细越好，为后期学生参加竞赛做准备）。在与班导沟通后，根据学生的男女比例、性格特征、学习习惯等进行4~5人的分组。分配小组的目的主要是在课堂的教学过程中，引导学生以自学、创编、展演的方式激励其主动思维、主动探索的能力，将团队意识传达给每一位学生，真正达到以生为本的教育理念。

　　1.学生推选组长，成为组内主要责任人

　　开学第一课时，让学生自主推选一名组长，其职责是当好老师的小助手，带领组员上好音乐课。具体工作有组织自学讨论、组织小组活动创编与展演、组织校外实践活动的安全和督导、分发教学器材等。

　　2.课堂积分表格

　　课堂积分可分为小组积分和个人积分。老师根据自己的要求制定奖励机制，通过学生每一次的课堂学习表现、创编亮点、展演等级予以不同程度的积分奖励。最终在每月、每季、每期、每年的总结性评价中进行表彰。

（二）检查音乐教学实施设备

　　提前打扫和整理音乐教室，提前检查智能黑板、投影、钢琴、教具等，发现问题及时联系相关部门予以解决。

　　智能黑板要提前检查音频、视频、课件、投影仪播放是否正常。提前导入人音

版教材提供的多媒体软件。

钢琴音准要提前检查，该调律的要提前申报学校及时调律。这一项是比较重要的，直接影响学生的聆听和演唱音准培养。

教具包含各类打击小乐器、学生小组评比积分贴、自制课堂呼号贴、学生凳等。

（三）加入班级微信群

请班导将我们拉进班级微信群，编辑一段简约版的自我介绍和教学规划发至群里，让家长们先认识自己，便于今后家校之间的有效沟通。

二、课堂常规的严格要求，是上好音乐课的重要条件

教师如果接收的是新班，需要在第一周内完成音乐课堂教学常规的解释和应用。如果接收的是老班，请在以下内容上精简步骤，亮化个人特色。

1. 课前清点人数、师生问好、课前呼号

课前清点人数是每一位教师必须要做的一个重要步骤，因为教师是学生安全的第一责任人。现在的音乐课大多是学生自行到多功能教室上课，往返的过程中没有教师随行。为了避免安全事故发生，教师应在上课铃响后的5分钟内完成学生人数的统计和缺席情况确认。如发现不明原因的学生缺席应及时与班导联系或者上报安全部门。

师生问好歌是音乐课堂的老传统。通过一首有趣味、有互动的歌曲拉近师生之间的感情，再配以身体动作还能起到提神醒脑的作用。

课前呼号由老师们自愿选配。我自己是在课堂上使用的，如"爱音乐，爱生活。我唱歌，我快乐！"每季或每期更换一次。教师可以自编内容，也可以摘抄名人名言。每一小句都可以配上一个手势动作和表情，让学生从身心上都能感受到音乐课堂的轻快和快乐。

2. 养成良好、正确的聆听习惯

音乐学科本身具备的独有特征之一是感受，而有效的感受则要求在安静的环境下形成。因此，音乐课的学习一定要让学生养成良好的、安静的、正确的聆听习惯。这也是第一次与学生见面时需要告知的，让学生了解了老师的想法，后面的课程才能顺利开展。比如：在初步感受乐曲或歌曲时，学生需要感受音乐表现的要素，安静聆听才能得到答案。在学唱乐曲主题旋律和新歌时，学生也要安静地聆听音频范

唱或老师的示范，以及老师对疑难点的解释。只有安静，才可以提升课堂的有效率和目标达成率。

当全班同学都能养成好的聆听习惯，班级学习的专注力、班风班貌都会在一定程度上得到提高。师生的感受会升华，课堂气氛会融洽，教师的教学会愈加轻松、有效。

3. 小组探究答疑

很多老师在课堂上都喜欢用小组探究答疑环节，这个方式非常有效，也极受学生欢迎。在每一次的知识探索时，教师优先抛出问题，再以小组为单位进行探究、讨论、归纳、总结、记录等，这样的方式既能锻炼到学生的思维力、团队意识，还能培养良好的语言表达能力。

那这个环节的课堂常规该如何把握呢？小组内设立小组长，组长起引导带头作用，组员在组长的带领下，针对问题积极思考，各抒己见，最终汇集出统一的答案，在老师允许的情况下，选取一名代表进行发言。发言完毕后，面向小组说："请问组内同学有没有补充？"如果有就补充，没有就说"没有"。代表在组内的补充结束后再面向全班说："请问组外同学有没有补充？"……以这样的一套方式操作下来，各方意见我们都能收集到，课堂秩序也不会混乱，学生回答问题的语言也是条理分明。最后老师总结。

这样优秀的课堂常规相信你一定会很感兴趣的！

三、学生创编和实践展演是音乐教育实施成功的有力体现

音乐教学过程中，学生通过课中活动创编、课外实践展演来检验学习成果，已经成为了达成五育并举目标的重要途径之一。

我们的音乐教师需要着重关注的是学生在活动创编过程中的指引和疑难问题的解决。低段的学生需要教师优先示范，在形成一定的意识形态后模拟老师动作、方法进行编创和展示。高段的学生已经具备了基础的编创能力，老师可以引导如何更新、更有创意地编创，在开发学生的创造能力和协作能力上多花功夫。

教师将成效突出的、有新意的、协作能力强的小组节目以视频的方式记录下来，在学校的各种媒介平台上进行展示和宣传，还能起到激发学生学习兴趣的效果。

四、规范的课程模式是新入职教师快速上好音乐课的重要基石

义务教育音乐课的课型主要有新授课、复习课。而课程内容主要是聆听欣赏综合课、歌唱综合课和器乐综合课。以下列举范例供老师们参考：

（一）新授课

1. 聆听欣赏综合课模式

（1）导入。

（2）揭题。

（3）完整聆听：乐曲情绪、音乐要素、曲式分析（高段）。

（4）作者、创作背景介绍等。

（5）分段聆听欣赏：主旋律学唱、乐理知识渗透、分析旋律走向、识唱乐谱。

（6）动态感受、体验（学生讨论、展示、创编）。

（7）归纳全曲中心含义。

（8）完整聆听全曲。

（9）知识拓展延伸。

（10）课后总结、小组评优。

2. 歌唱综合课模式

（1）导入。

（2）揭题。

（3）一听：歌曲情绪、音乐要素。

（4）二听：歌词关键字、词、句。

（5）了解歌曲背景、作曲作者介绍等。

（6）朗读歌词（纠正普通话发音、分角色朗读，理解歌曲含义）。

（7）随琴（音乐）学唱。

（8）解决疑难（难唱乐句、分析曲式结构、乐理知识等）。

（9）完整演唱。

（10）小组合作练习、创编（演唱、乐器伴奏等）。

（11）小组展示、评价（先说优点再说建议）。

（12）拓展延伸。

（13）课后总结、小组评优。

3. 器乐综合课模式

（1）导入。

（2）揭题。

（3）基本功训练。

（4）本节课内容初步感知（情绪和音乐要素），部分内容自学。

（5）学生展示自学效果，师生点评并解决疑难问题。

（6）小组探讨，相互学习、纠正。

（7）教师辅导、纠错。

（8）全班展示、交流。

（9）拓展延伸。

（10）课后总结、小组评优。

（二）复习课

（1）回顾和复习：将计划内的本堂课内容进行复习和抽查，有代表性的重点知识可以单拎出来再讲解一遍。

（2）学生实践：分小组进行自主复习演唱，由组长汇报结果及评定等级。

（3）教师示范：教师针对出错量较多的知识点予以示范，并讲解原因引导学生纠错。

（4）展示评价：学生个人或小组登台汇报表演，全班同学采取自评、互评和师评的方式予以评价及积分奖励。

（5）课后总结：对本堂课进行总结，对学生给予肯定和鼓励，激励学生勇于表演，乐于展示自己。

五、抓好教学的趣味性，让学生玩中学、乐中学

音乐教学多年来倡导教学的趣味性，让学生从兴趣出发，给予学生快乐的同时传递知识。但很多新入职教师有不同的观点，有的认为先把常规管理好，一节课顺顺利利上完就很不错了；有的认为有些班级总有调皮的孩子让自己没有办法放开手脚去实施趣味，一着急什么都顾不了了；还有的认为，我们也想要趣味呀！但一天的课上下来太累了，没有心思搞趣味。

那如何能让趣味实施到所有的教学工作中,可借鉴以下方法。

(1)有效起用班级"小干部"来协助教师完成趣味活动。班干是教师工作的得力帮手,只要教师把任务解说清晰,班干就可以带领全班同学分工合作。这样教师既能轻松上课,还能达到把学习主动权交给学生的效果,何乐而不为?

(2)从一开始就要建立完善的课堂常规意识,每一项制度有言在先,奖惩分明。充分利用学生团结心来约束调皮的孩子,让他不敢破坏课堂氛围,教师就可以放开手脚开展活动了。

(3)低段年级教师要多做示范,用游戏、互动等方式实施教学,课件制作可爱一些,多用通俗易懂的语言来解释专业的词汇。积分榜也要与高段年级有所区别,既有竞赛对抗的成分,还要有耳目一新的感觉。

(4)高段年级教师要多接触学生的知识领域,课堂上可以说一说他们了解的"网红语言";学习内容上也可以采用一些游戏、"电视节目"竞赛方式激励学生学习好奇心。

(5)现在有很多有趣、有新意的网络素材可以运用到课堂教学中,学生很感兴趣,他们会认为老师与他们的距离很近,接地气,他们就更愿意上音乐课。

(6)在原本教材的基础上多挖掘新鲜的、校外的知识,让学生的眼界开阔,自然课堂就趣味丰富了。

上好一堂成功的音乐课是我们共同的目标。学生能够在课堂上获得丰富的营养、实现美育的滋养就是我们音乐教师奋斗终身的目标。从学生的安全考量,到学生的课堂学习、校外实践,音乐教师都是相伴左右的伙伴。愿我们的学生早日拿到走入音乐殿堂的"金钥匙",成为具有一定音乐知识技能、具有深层次审美能力和创造力的新一代。也愿我们新入职的音乐教师能够在音乐教育这片沃土上幸福快乐地成长,早日成为卓越的音乐教育人!

声音的艺术：用声音激趣

绵阳市南街小学　余建秋

兴趣是最好的老师，如何激发学生的学习兴趣是每一位老师的必修课。作为一名音乐老师，我常用不同的声音激发学生的学习兴趣，收到了较好的效果。

一、用方言激趣

我国地大物博，民族众多，许多地方都有自己独具特色的地方方言及歌曲，孩子们对此充满了好奇。每当我上到这些具有浓郁的地方特色的音乐课时，我就会用当地的方言与学生交流。

如教学台湾民歌《月亮月光光》时，我会用闽南语与学生交流："下面我用闽南语与同学们对话，请你猜猜我说的是哪种动物——鸟啊（猫），告啊（狗），鸟器（老鼠）。"然后再教学生用闽南语演唱歌曲。再如教学河南民歌《编花篮》时，我用河南话与学生交流："今天咱们来学一首河南民歌，中不中？"并教学生用河南方言朗读并演唱歌曲。

有时教学戏歌，比如《蛐蛐与蝈蝈》，我便会用戏曲中念白的腔调与学生交流："同学们好！你们辛苦了！"说时声调高低起伏，抑扬顿挫更为夸张，"苦"字拉得特别长，学生们都兴趣盎然。

二、用节奏激趣

我常常把语言与节奏结合起来，既培养了学生的节奏感，又极大地激发了学生的学习兴趣。如：音符 下面的 横 线·叫 减时线 就叫减时：

每当有学生精彩地回答出老师的问题时，我便会带领同学们拍密集的节奏以示喝彩。如：×××　×××　××××　×。

课间十分钟教室里一般都很嘈杂，老师想让大家安静下来绝非易事。每当此时，我就拍各种不同的节奏短句，让学生模仿，模仿拍节奏的学生似星星之火可以燎原，随着拍节奏学生人数的增多，声音也会越来越大，调皮学生的吵闹声也会逐渐被淹没，直至全班同学注意力都被吸引到老师这里来，既完成了组织教学，又调动了学生学习的兴趣。

三、用不同声调、不同强弱记号、不同语言激趣

有时，教学内容相对枯燥，我便会用高低不同的音调说话来吸引学生的注意力。如讲拉弦乐器时，我会模仿男低音浑厚深沉的音调，声音位置沉到最下面，说："这个个头最大的是低音提琴……"我会模仿女高音尖、细的声音，高位置地说："这个个头最小的是小提琴……"，既吸引了学生的注意力，又让学生体会到了两种提琴不同的音色特点。

在讲强弱记号时，我会用很强、强、中强、中弱、弱、很弱六种不同的力度说话，并让学生模仿；在讲渐强渐弱记号时，我说话的声音便会越变越大或越变越小，以诠释记号的含义。

小学生特别是低段小学生的注意力集中的时间比较短，为了吸引他们的注意力，我常常普通话、英语、各种方言轮换讲，还时不时冒一些网络流行语，有时也模仿一些孩子们感兴趣的影视人物来讲课。比如讲反复跳跃记号时，我先模仿小猪佩奇稚嫩的声音边走边唱，当唱到一号房子时我就模仿《熊出没》中的光头强的声音说："欢迎来到一号房，我是光头强。"孩子们虽然笑得人仰马翻，但却全神贯注。

四、用音效、象声词激趣

有时我也说一些象声词来调侃：讲上滑音时，我便拖着长长的声音"嘚儿"，声音位置由低变高，像抛物线一样；讲反复跳跃记号跳房子时，便会模仿蹦跳的声音，声音拉得长长的，还要转好几个弯，孩子们都会模仿个不停。

有时，孩子们课上得兴奋了，半天安静不下来，我便会在钢琴上弹奏一组小二度音程，营造一种恐怖的氛围，孩子们好像对这种恐怖音效情有独钟，都会很快安静下来，一双双眼睛好像在问："发生什么了？"

　　每当面对这一双双专注、期待的眼睛，我都希望自己有一堂精彩绝伦的音乐课奉献给孩子们。如何能让我的课堂妙趣横生而又内涵丰富？变幻无穷的声音无疑发挥了巨大的作用。我将继续探索发掘这神奇的声音魔术，把它的魅力发挥到极致！

浅析"尤克里里"进课堂的可行性

绵阳市先锋路小学 代 雨

音乐是一门艺术，音乐是生活中的一股清泉，音乐是陶冶性情的熔炉。随着我国教育的转型，越来越多的家长意识到，音乐教育对开发的孩子智力、陶冶孩子的情操、激发孩子的自信、锻炼孩子的意志起着举足轻重的作用，一些家长已经开始有针对性地培养孩子。从我校家长开放日活动中越来越多的家长走进音乐课堂旁听可以看出，家长们越来越关注孩子的音乐教育。

新课标明确指出：没有乐器的音乐课不是一堂完美的音乐课。然而，选择什么样的乐器进入课堂，一直是一线音乐教师面临的难题。今天笔者将针对"尤克里里"进课堂的可行性作简要论述。

下面，我将阐述各种乐器的特点以及"尤克里里"与其他乐器相比的优势。

1.简易乐器

器乐教学是音乐课堂教学的一项重要内容，因而课堂器乐教学是每个音乐教师必须面对的，目前我国的课堂器乐教学中较普及的是竖笛、口琴等。这些乐器在单身部旋律教学方面使用便利，但是它们明显的缺点是难以胜任较复杂的节奏。

2.键盘乐器

键盘乐器包括了钢琴、电子琴、手风琴、风琴、管风琴等，只要是以键盘形式出现的都统称为键盘乐器。

键盘乐器有一个共同的特点：有固定音高、入门简单、上手容易，但学精很难。尤其是钢琴，钢琴学习是器乐学习的一个大平台，经过钢琴启蒙的孩子，想要学习其他乐器或者从事其他音乐活动也会容易些；但其投资大，价格比较昂贵，在我们的课堂上是无法普及的。

3.弦乐器

弦乐器的表现力很丰富，以小提琴为例，小提琴演奏灵活，携带方便，是最具表现力的乐器之一。拉小提琴很有高大上的感觉，能培养孩子的毅力、耐力、气质，使孩子的感情更加丰富、细腻，能很好地提高孩子的音乐素养，但却很难上手，所以很难坚持；而且光是乐器的资金投入就不少，学费更是昂贵，因此普及起来更是难上加难。

4.木管乐器

木管乐器的发音原理是，空气经吹孔或吹嘴进入管内，激起管内气柱振动而发音，类似于我国民族乐器中的吹奏乐器。木管乐器根据其发音方法，划分为三类：

由气流直接吹入吹孔，激起管柱振动发音。如：长笛、短笛。

由气流通过双簧吹入，引起管柱振动发音。如：双簧管、低音管、大管等。

由气流通过单簧吹入，引起管柱振动发声。如：单簧管、低音单簧管、萨克斯等。

各种木管乐器的音色都十分优美动听，色彩丰富，表现力十足，各有特色。其优势是容易携带，且入门容易，进展较快，不受场地限制，随时可以练习。缺点是有一定的学习条件限制，太小的孩子不适合学习（一般八九岁以后开始学），且最好牙齿整齐，嘴唇不要太厚，学习起来很耗气，且女生比男生要困难一些。这些乐器都是长效性乐器，需要花费大量的时间和精力来练习，因此大多半途而废。

5. 铜管乐器

铜管乐器的学习特点是，有一定难度，特别是圆号，它被认为是最难控制的铜管乐器，需要强大的肺活量，因此吹奏的人一般都是体形魁梧。

小号音色清脆、嘹亮、高亢、辉煌，同时也能表现温柔、抒情。在交响乐团、吹奏乐团、爵士乐团等各类乐团里，小号是不可或缺的乐器，其地位很高，就像小提琴一样。教授铜管乐器一定是经验丰富的专业老师才能给孩子打下良好的基础，不科学的方法会给吹奏者造成严重的后果，不容易上手且难以普及。铜管乐器的价格比木管乐器还要高一些。

我们都知道"专业"二字就意味着需要耗费大量的时间或精力来成就，不管是键盘乐器、弦乐器，还是管乐器似乎都更适合有针对性的培养。

6. 尤克里里

尤克里里（又译为"乌克丽丽"），英文名为"UKULELE"，又名"四弦琴""夏威夷小吉他"。它属于吉他乐器一族，起源于夏威夷群岛，1897年由葡萄牙人发明制造，后流行于全世界。

尤克里里小巧可爱便于携带，简单易学入门快，价格便宜（学生练习琴在100~200元之间），能弹奏出丰富的节奏型，其音域跨度大，可像吉他一样，一边弹一边唱（这是很多乐器所不具有的特点），这不仅有利于学生音乐综合能力的培养，还能使学生对音乐形成稳定、持久的兴趣。

（1）尤克里里在基础乐理方面的优势。

与上述其他乐器相比，尤克里里在乐理方面的优势有：

尤克里里只有四根弦，比吉他少两根（低音弦），在音域、和声、演奏技巧、表现力等方面虽无法与古典吉他相提并论，但一把尤克里里就可以完成识谱、视唱、和声、乐理、音乐表现等一系列课程。音乐教师都有同感，在音乐课堂中穿插的理论知识对于学生来说是很枯燥乏味的，教师不易调动学生的兴趣。尤克里里是弹拨乐器，不仅仅需要读谱能力，还会涉及丰富的音乐理论知识。最重要的一点，因为简单容易上手，在潜移默化中学生就掌握了乐理知识，而且还能激发学习兴趣和热情，真是一举多得。

（2）尤克里里对唱歌技能方面的积极影响。

近年来国内开始流行尤克里里，很多琴行都在销售尤克里里，一些影视作品里也经常看到尤克里里的身影，很多文艺青年也开始拿起尤克里里唱起歌，小朋友也开始学习起了尤克里里。这是适合全家人一起玩，并且好听易学又可爱，又能激发节奏潜能的乐器。只要它在手中，没有你不会弹的歌。

孩童时期，孩子们对于唱歌是抱有极大的热情的，因此常常用力过猛，有时候因孩子音量过大导致课堂很难进行下去。如果在课堂上，每人持有一把尤克里里进行自弹自唱，为了能听到自己的伴奏，孩子的音量会不自觉减小，让他们能自主地去感受音乐，一些音准稍差的孩子也不会因为音准不好而不敢张嘴唱歌，从弹奏中也能找到乐趣与成就感。这跟老师用钢琴伴奏给学生范唱的效果是完全不同的，自弹自唱能给学生独立表现的机会，会鼓舞学生独立地感受音乐，使学生的积极性得到大大的提高。

（3）尤克里里对学生音乐感觉的培养。

乐感是音乐教育中的重要内容，包括对音色、音准、节奏、力度、速度等的把控。尤克里里音色优美，富于变化。随着右手拨弦位置的变化，可以弹出轻柔圆润的木管音色、柔和优美的弦乐音色、清晰结实的弹拨音色以及嘹亮尖锐的铜管音色。它特殊的奏法也能产生独特的音色。例如：拨奏能得到有如叩击木料短促闷沉的琴音；泛音清亮饱满，有如钟声；滑奏独特优雅，引人注目。不仅如此，它的演奏形式也是多种多样，无论是传统的探戈、华尔兹、波尔卡，还是具有浓厚现代气息的摇滚、民谣等，学习不同的歌曲就会学习到不同的伴奏织体，加上歌唱的旋律声部与节奏不一样，歌唱的时候会自然地聆听自己的歌声是否与乐器伴奏融合，懂得聆听就会得到提高。由此可见，尤克里里有助于学生音乐感觉的培养。

综上所述，我认为通过学习尤克里里，掌握一些和弦节奏型后就能为歌曲伴奏或舞蹈伴奏，一把尤克里里对于小学生来说绝对受益匪浅，优势显而易见。

浅谈小学音乐课堂中的激趣教学法

绵阳市先锋路小学　卫亭竹

"为什么总是有一小部分孩子在上音乐课的时候坐立不安？又为什么总是和同学在课堂上搞小动作？"带着这样的思考和疑惑，我进行了分析和总结，得出的结论就是：学生不爱听课多数是因为在学习的过程中缺乏兴趣。

俗话说："强扭的瓜不甜。"如果这个人对这项事物和活动根本没有兴趣，这个人怎么会自发地去学习呢？为最大限度激发孩子们在音乐学习过程中的主动性和学习热情，我在过去十几年的教学工作中不断探索，总结出以下几点行之有效的教学方法。

一、趣味练声法

练声是枯燥乏味的，在练声的时候可以用一些有趣的方法以及贴近生活的声音来带动学生的情绪。根据学生的年龄、心理特征等设计和教学内容相符合的"趣味练声"。

教学片段：《嘀哩嘀哩》

1. 老师播放一组春天的图片。

设问：同学们，从刚才老师播放的这组图片中，你们能看出这是什么季节吗？

追问：春天有哪些好听的声音呢？你们能模仿出春天里的声音吗？

学生积极地思考并且回答出春天的声音，例如：滴答的春雨声，沙沙的春风声。

2. 老师按照学生的回答跟着旋律来模仿春天的声音。

教学总结：通过让学生模仿春天里的声音，一方面能开拓学生思维、激发想象力，另一方面能很自然地达到新课导入以及练声的目的。

二、创设情境法

情境教学是深受学生喜欢的教学方式，通过创设色彩丰富、形象生动的场景，引起学生的体验兴趣，将其认知行为和情感活动结合起来，充分调动学生学习的积极性和主动性。

教学片段：《放牛山歌》

1. 老师背着小背篓为学生表演唱《放牛山歌》，引导学生用肢体语言来表现音乐形象。

2. 学生自由表现，再现放牛娃在山上放牛的情境，感受放牛娃的生活。

3. 老师引导学生听全曲。听、看、想象、创编故事。

教学总结：游戏是儿童对周围现实生活主动积极的反映，是儿童生活中最基本的活动。游戏对孩子来说，就像吃饭和睡觉一样重要。在这堂课中，教师充分尊重学生对音乐的直观感受，让学生通过自主合作、互相启迪对歌曲进行创编，通过游戏的方式进行教学。学生从旁观者的角色转变为参与者的角色，积极主动参与课堂教学活动，在轻松愉快的氛围中就得到了锻炼和成长，在不知不觉中就掌握了音乐知识，这比被动灌输知识的效果要好得多。

三、求知激趣法

美国"好奇号"火星车的名字就是一个六年级小女孩取的，好奇和求知欲是小朋友最珍贵的特质。在小学音乐教育中，根据小学生的性格特点，合理运用丰富多彩的教育手段，激发学生的好奇心和求知欲，激发出他们对于音乐艺术的浓厚兴趣，会使音乐教育达到事半功倍的效果。

教学片段：《国旗国旗真美丽》

老师准备一面五星红旗。

设问：同学们，这面国旗是什么颜色的？你们仔细观察一下这面旗帜上有什么图案呢？

追问：同学们知道国旗的颜色为什么最终选用红色吗？咱们可不是随便挑了一种颜色哦，这里面的故事非常精彩，大家想听听吗？

　　教学总结：同学们顿时被小故事吸引了，展开了积极的思考，引发了学习这首歌曲的兴趣。其实，小朋友是最喜欢问"为什么"的，他们对一切新鲜事物都有远超成年人的好奇心和求知欲。只要我们在课堂上想办法激发出他们对于音乐的好奇心，他们就会从被动学习转换到主动学习。

四、图示激趣法

　　从本质上来说绘画和音乐都是我们对内心感情体验、思考的表达，只是表达的基础要素不同罢了。音乐和绘画在本质上都是相同的。梵高正是在听到贝多芬的《命运交响曲》时灵感乍现，画出了传世之作《星夜》。所以，在音乐教学中，如果能用图示来进行辅助教学，会更好达到艺术通感的效果，学生会更有兴趣参与其中。

　　教学片段：《放牛山歌》

　　1. 师：今天是一个晴朗的日子（师画太阳与连绵不绝的山，如下图①），放牛娃站在高高的山上，唱着歌放着牛（如下图②），天上的云随着放牛娃的歌声缓缓地移动（如下图③），地上的草儿也随着放牛娃的歌声快乐地舞蹈着，请同学们拿出你们的小手，跟着老师一起随着小草舞动起来（师画小草与流水，如下图④）。

　　2. 教师引导学生一边画旋律线一边演唱歌曲。首先画下图③：两朵云一高一低，表现出"哥儿啰喂，哥儿啰喂"两个乐句的强弱对比。然后画下图④：画小草与流水体现乐句中的跳跃与连贯。

　　3. 学生跟音乐伴奏完整演唱歌曲。

　　4. 师：同学们动听的歌声让老师仿佛置身于这样一幅美妙的画卷中。

粉笔画图示①	粉笔画图示②
对应歌词： 1. 太阳出来(哟喂)照北(哟)岩。 2. 太阳落坡(哟喂)西山(哟)黄。	对应歌词： 1. 赶着(那个)牛儿(啥)上山来,背上(那)背个(哟啥)大背兜啰,又放(那个)牛儿(啥)又捡柴。 2. 牛儿(那个)吃得(啥)肥又壮,背上(那)背兜(哟啥)装满柴啰,赶着(那个)牛儿(啥)回村庄。
粉笔画图示③	粉笔画图示④
对应歌词： 1. 哥儿啰喂　　哥儿啰喂 2. 哥儿啰喂　　哥儿啰喂	对应歌词： 1. 又放(那个)牛儿(啥)又捡柴。 2. 赶着(那个)牛儿(啥)回村庄。

《放牛山歌》教师教学配图

教学总结：通过生动的图画，创造身临其境的感觉，让学生迅速融入放牛娃的生活情景，借助图画让学生对歌曲情感的表达、演唱更加准确，同时达到帮助学生记忆歌曲的目的。

综上所述，音乐是一门很有趣的艺术，学习音乐本应是一件轻松惬意的事。作为在教学一线工作十几年的音乐教师，应该始终贯彻"寓教于乐"的中心思想，不断激发学生对音乐的兴趣，让学生爱上音乐课，让他们在音乐艺术活动中接受美的熏陶，萌发感受美、表现美的情趣。这样的音乐教育才是合格的音乐教育，才能点燃孩子们学习音乐的热情，才能真正达到育人的初心。

合理应用乐器，优化唱歌教学
——乐器在《真善美的小世界》二声部唱歌课教学中的应用

绵阳市石塘小学　鲁　庆

《真善美的小世界》（人音版小学五年级下册）是一首迪士尼乐园的主题歌，G大调，2／4拍，ABA结构，A部分欢快活泼，B部分优美抒情，为二声部合唱。为保证二声部演唱的音准和声部之间的和谐，笔者合理应用竖笛为合唱正音，并收到了良好的效果，以下便是笔者在课堂中的操作方法。

课堂中，笔者在正式教唱前先引入竖笛对音阶的吹奏，再过渡到简单的二声部吹奏练习，让学生对二声部的音响效果有初步的了解，也让学生掌握演奏（唱）二声部的时候需要聆听，从而保持声部的和谐的技巧。

待学生把两个声部的旋律都熟悉、能演唱后，将学生分为两个声部，一部分学生吹奏低声部，一部分学生吹奏高声部，再将两个声部融合，并强调学生的聆听与声部之间的和谐。

当学生对二声部的音响效果完全掌握后，再请学生离开竖笛完整演唱二声部合唱。有了前面的铺垫，学生对高、低声部有了一个形象生动的概念。这时，进入双声部演唱歌曲时，学生便能轻松驾驭了。

乐器在二声部唱歌课教学的应用，仅是合理应用乐器，优化唱歌教学的一个方面。通过笔者的小学唱歌教学中的实践与探索，发现在唱歌课上合理使用乐器，不但可以作为歌曲伴奏，还有其他的妙用。

一、乐器激趣，让学生唱得进

兴趣是最好的老师，要让学生津津有味地走进唱歌教学当中，教师须不断丰富教学形式。合理引入乐器，增加歌曲情景的声效，让学生身临其境地感受歌曲要传递的情感，并在演奏乐器的基础上，把歌曲唱得有声有色。

笔者在唱歌教学实践中，要做到在备课中，就把什么学段使用乐器、怎么使用乐器等内容融合到教学流程中；在正式上课中，根据具体的内容，加入乐器。例如，笔者在一年级上册唱歌课《龙咚呛》中，一方面，教学生使用锣鼓镲，"齐得隆咚呛咚呛"，学生在打击乐器中，形象感受有节奏的声音所营造的过年时欢天喜地的热闹的情景；另一方面，笔者在示范演唱时，一边唱，一边使用锣鼓镲，让学生感受到旋律的节奏感，迅速进入歌曲所营造的喜庆气氛之中。同时学生演唱时的节奏也起到一个佐证的作用。

在课后，笔者还通过唱歌教学目标的达成度、学生唱歌积极性调动等评价维度，对引入乐器优化唱歌教学进行反思，认为乐器呈现的时间和调度使用是关键因素。笔者一般是在让学生感受歌曲情景和歌曲节奏时呈现。为了让学生使用乐器活而不乱，笔者的做法是用任务驱动的方式来调动使用，即在使用之前，先明确任务，再进行活动。例如在教唱一年级下册《时间像小马车》中，笔者以小组使用串铃模仿马铃铛的声音为任务驱动，让学生分小组使用，接着以小组为单位展示模仿的声音，让学生通过串铃身临其境感受小马车跑动时发出的轻快的声音，轻松掌握"×× ×0"节奏。

二、乐器正音，让学生唱得准

"唱会歌，唱好歌，会唱歌"是吴斌老师评价唱歌课教学达成度的标准，而只有唱准调，唱正音，才能达到这三个标准。因此唱准调，唱正音，便是小学唱歌教学中最基本也最难以达到的目标。要保证每一个学生在有效的课堂时间里，事半功倍地实现这一目标，笔者的实践是在教学过程中引入相应的乐器，通过使用乐器来校正学生的音准，尤其是在双声部唱歌教学中，这一方法尤为适用。

在唱歌教学正音阶段引入竖笛过程中，笔者发现，明确乐器的辅助功能至关重要，即乐器使用是为唱准歌曲服务的，不能喧宾夺主，同时要收放自如。为了充分发挥乐器的辅助功能，笔者在唱歌教学中，先让学生在无乐器校音时自由演唱，让他们自己在演唱中发现音不准的问题，接着引导他们使用乐器现场解决问题。这样有目的性的引导，旨在让学生懂得乐器在唱歌教学中的工具性作用，并让学生在使用乐器时专心致志倾听自己吹奏竖笛的声音，为下一步演唱歌曲奠定音准的基础。

三、乐器提质，让学生唱得好

在唱歌教学中，根据歌曲内容，引入多种乐器，不断激发学生唱歌的兴趣，增加唱歌教学的魅力。

笔者在观看第七届全国优质课比赛时，一堂五年级《美丽的夏牧场》唱歌教学课中，从始至终运用木琴的低音哼唱，让学生感受到丰富的音响效果。同时，为了让学生通过生动形象的声音感受哈萨克风情，在学生演唱过程中，还加入三角铁、手鼓等乐器，让学生沉浸在自己的演唱声音和乐器声音的完美融合中，感受到歌曲传递的美好情感。

在引入乐器时要注意两个度，一个是教师要根据教唱歌曲的内容来选择乐器，不能把毫不相关的乐器硬塞进唱歌教学中；另一个是教师要根据学生对乐器的使用熟练度，把学生易学易上手的乐器选进唱歌教学中。如何让乐器只在该发出声音的时候才发声？笔者的做法是：一是提醒最认真的孩子可以先玩乐器，再让乐器传起来，传到另一部分听课专心的孩子手里；二是让两个孩子共同使用一件乐器，既可以让更多孩子参与乐器的演奏，同时还能让孩子学会相互配合。

在低年级可以通过对声音的探索，让学生自制小打击乐器如：沙锤、响板等，再将学生的这些自制乐器运用在唱歌教学中，既能增加学生对生活中各种音响的探索兴趣，又能补充课堂小打击乐器不够这一现实问题。

在中高年级教唱时，笔者还有一个尝试，就是组织班级内有乐器演奏特长的学生，让他们自带乐器到课堂中。经过教师的先期排练，让班级学生乐队参与歌曲伴奏，这样不仅调动了学生唱歌的积极性，同时增加了唱歌课的魅力。

浅谈立足小班化课堂如何实践新音乐教育理念

绵阳科技城新区云泉路学校　刘　悦

音乐是打开人类智慧的一把金钥匙，是提升人类素质的一种重要手段。把新课程标准渗透到教学实践中，更要结合我校封闭式小班化的音乐教育特色，使现在的音乐教育更加容易被受教育者所接受。拓宽艺术视野，提高小学音乐综合技能，大力发展小学音乐教育是当前艺术教育的重中之重。我作为一个师范类音乐专业毕业的教师，在此对当前小学的音乐教育作出现状分析和对策建议。

一、立足封闭式小班化课堂，倡导新音乐教育理念

新课程标准的提出和实施是我国基础教育改革的核心内容。在新课程标准的贯彻过程中既要结合封闭式小班化的特色教学又要落实新音乐教育的理念。新课程标准的出台，给教师们提出了更新的标准和要求。同时也给教师们的教学提供了创新的教学空间，加之科学技术的飞速发展，竞争压力也越发激烈。所以，对于我们的音乐教学来说，新课程标准的出台既是难得的机遇，也是很大的挑战。我们很清楚现在的音乐教学中已经出现了很多不适应音乐教育发展大趋势的问题，比如课程过多注重知识的传授，学生自主学习的机会很少。课程的安排和设置过多强调学科本位，缺乏综合性和选择性。而且，受传统应试教育注重选拔的方式和淘汰体制的影响，这种评价教学的方式变成了对教学进步的一种阻碍和伤害。所以，如何加强音乐教学的自身建设，完善音乐教学的课程体系，为推进美育发展作出贡献？经过几个月的教学实践，我发现封闭式小班化的特色教育背景是非常有利于推进新课程标准的观念形成的。

我想每位音乐教师首先必须进行理念的更新，结合封闭式小班化教学模式的实际情况，成为不断与新课程标准同步的教师。从传统音乐教育到封闭式小班化新课标下的新音乐教育有以下几点变化：

（一）教育视角的变化

传统音乐教育偏向学生的应试性，用最终考核的成绩作为评价音乐的教学成果。而封闭式小班化新课标下的音乐教育要求音乐教学内容联系学生的实际生活，更加有力地关注到每个孩子本身，细致到关心每个孩子生理和心理的变化，培养他们解决社会问题的能力，从而提高他们的音乐修养。

在封闭式小班化教学的背景下，新课程标准的观念很容易就深入到学生的思想，封闭式小班化也更有利于新课程标准课堂的开展。

在如今的社会生活中，音乐无处不在。例如：礼仪音乐（节日、庆典、喜丧、迎送、队列）、背景音乐（休闲、影视、餐饮）、适用音乐（健身、娱乐、广告、舞蹈等）。这些音乐都和我们每个人息息相关。我们明白音乐与生活的关系，我们的教学目标就是让学生热爱音乐，热爱生活。在我们的实际教学过程中，我们应该做到引导学生从生活体验入手，从自身的音乐体验出发，鼓励学生主动探索、思考音乐与人生、与生活的关系，让音乐学习成为一种生动、具体、艺术化的学习体验。比如：在我的一节音乐公开教研课上，学习的是人音版小学五年级上册《苹果丰收》，这是一首朝鲜族音乐风格的儿歌，我关注到每个学生，让他们自己去认识朝鲜长鼓这种乐器，发现这个乐器的音色与特点。细化到让每个学生都能观察、实践敲击一下。这就是封闭式小班化的优势，学生很乐于参与其中，寓教于乐，学生也得到充分的信任和肯定，不但增加了自信，更加学会了观察和发现身边的音乐现象。

（二）教学方式的转变

（1）按照新课标的理念从课内延伸至课外，在实际的音乐课堂中，每位学生学习音乐的方式和手段由课内转变成了挖掘和发现课外资源。在封闭式小班化环境中这些方式得以转变，实现音乐创新的能力培养。更有甚者，可以把音乐的教学活动拓展到课外。例如：以很多学生们观察到的生活中的音乐现象为素材，让学生们利用网络等手段收集资料，并用自己的音乐语言尝试表现自己的音乐。

（2）从本学科到跨学科，很多现象表明，小学生接受音乐教育的途径是多种多样的。所以，音乐教育必须保持开放的姿态，还必须有宽阔的视野，要发现音乐学科与其他学科的联系和融合。这也正是符合了新课标所强调的"注重学科综合"。课外的音乐活动和社会的音乐现象，也渐渐成为了新课标概念下音乐教学的有机组成部分。如：结合舞蹈来表现音乐，用美术使音乐更加形象，语文中的各种诗词和音乐有着很多的融合美感等。

（三）教学重心的转变

1.从知识技能评价到丰富情感体验，培养表现力

新课标提出要以审美为核心，把音乐教育从以前传统的知识技能评价转变成以丰富情感体验培养音乐表现力。培养学生自信的演唱、演奏能力及综合艺术表演能力，发展学生的表演潜能及创新潜能，使学生能够灵活地运用音乐来表现自己的才能，表达自己的情感并与他人良好沟通、融洽感情，在音乐实践活动中使学生享受到音乐的美感，提高学生的音乐审美，通过音乐来陶冶情操。

音乐教师在音乐教学活动中，每节课、每个音乐的知识点都要投入正面的音乐情感，从而影响学生，帮助学生树立正确的人生观、价值观。音乐教师要做好正确的启发和导向工作，让学生在每次的音乐学习过程中有自己积极的音乐体验，享受到音乐的美。强调创造和探索精神，鼓励音乐创造，体现创造性发展的价值。音乐是一门创造性很强的学科，因为音乐的模糊性、自由性和不确定性给人们对音乐的理解与表现提供了想象和联想的广阔空间。在中小学音乐教学的活动中，音乐创造不能作为一个单一的学科融入音乐学科，必须作为一项中小学音乐教育的重要内容完整地建立起来加以强调，才能充分地发挥音乐教育的审美育人的作用，这样的中小学音乐教育才能得到最大的音乐教育效益。比如，在实际的音乐教学活动中，让学生自主选择生活中的物品来发现这些物品的音色，创造出属于自己的乐器。在这些创造性的音乐实践中，学生体验到生活中音乐的美，从而达到提高学生音乐审美，陶冶学生音乐情操的目的。这些都是与我们的新课标中音乐教学理念不谋而合的。在培养学生创造性学习音乐的同时，我们的教育教学方式也要有创造和探索的精神。

2.音乐教学要体现音乐教育的人文内涵

在实际的音乐教学活动中，音乐是具有人文属性的。所以，在教学中要注重培养学生们的合作精神和团队意识。比如：在排练合唱中，学生要明确自己的声部所处的位置、应该所负的责任、声部进入的时间、与别的同学音色的配合、力度的把握……这一切只有把握好自己的分寸，才有可能配合默契创造出完美的合唱效果。

音乐的文化和内涵是毋庸置疑的，因此，音乐教育不应只给学生带来享受，还应让学生体会音乐丰富的人文内涵。新课改关注音乐的人文内涵，只有将小学音乐教育置于音乐文化的大背景中，音乐教育的本质方能得以实现，才能具有蓬勃的生命力。

（四）教学评价的转变

教学评价是教学进行的一个重要基本环节，音乐教育也不例外。同时，它也是提高教学质量的重要手段，也是教育科学研究的一个重要组成部分。新课标要求：应该在体现素质教育目标的前提下，以音乐课程价值和情感目标的实现为评价的出发点建立综合评价机制。这就与传统应试教育有着本质上的不同。新课标的评价是包括对学生的学业成绩，对教师的教学成果，对学校教学的管理、教学质量，以及对本课程的改革成效建设等一系列指标进行全面的评价。而传统应试教育只评价教育成果。教师只有在不断的思考和探索状态下认真学习，不断反思，不断进取，不断认识到音乐的生活化、多元化、社会化与个性化，才能真正成长为一位适应封闭式小班化环境的符合新课程标准的合格的音乐教师。

二、改善课堂教学模式，开展形式多样的教学活动

（一）大量进行高雅艺术的赏析，但是也要牢记艺术源于生活

音乐之所以能够陶冶人的情操，是因为它源于生活，只要人们能够接受它，感知它，接纳它，音乐就能发挥其真真切切的教育作用。由于现在的社会环境非常复杂，有些学生对低俗的艺术形式很是推崇和喜欢。低俗音乐是不需要介绍的，而高雅艺术是必须要有人介绍的，没有人介绍是没有办法让人接受的，只有先让人了解才能喜欢上。就像我国民族艺术的瑰宝——京剧，每个人都说京剧好，但是真正了解这门艺术的人少之又少。为什么会出现这种现象呢？这就是在教育的过程中忽略了介绍的环节，没有真正落到实处，没有真正让学生了解到这门艺术的魅力所在。这个时候就要真正体现教育的意义了，要让学生喜欢上这些艺术瑰宝，教育是不可或缺的途径。而恰恰在这一点上，封闭式小班化教学模式的优势得以显现。

（二）封闭式小班化课堂上运用乐器

在封闭式小班化的教学模式中，音乐课堂上运用乐器更具有可行性。音乐课是一门创造性很强的艺术课，乐器的演奏对于音乐课堂的活跃性及创造性有着至关重要的作用。新课标指出：乐器对于提高学生音乐修养，激发学生音乐内涵有着很大的积极性。器乐的运用，还可以提高学生对音乐的理解能力。在新课标中，器乐的教育是和歌唱的教育意义并列的。并且，在感受和鉴赏、创造等领域都浸透了器乐教学因素。器乐教育可以说是通往更好体验音乐的最好桥梁。事实上，器乐教育是

包含了很多音乐知识的学习体验。在学习器乐的过程中，学生的各方面艺术能力都会得到不同程度的提高。

1.兴趣是最好的老师

提高学生对学习的兴趣是很有必要的，小班化教学注重每个学生的兴趣培养。小学的学生正处于人生中求知欲最强的阶段，对什么事情都很好奇，这个时候培养学生们的兴趣是完全有必要的。兴趣是最好的老师，在对乐器的好奇中激发学生的兴趣，在趣味性超强的器乐教学氛围中，缓解学生对单一的唱歌教学的抵触情绪。

2.器乐有效提高学生音乐素质

众所周知，器乐的学习是一门手脑同时协作的课程，是一个大脑与肢体密切配合的活动，所以器乐的学习对训练学生手脑配合、开发学生左、右脑是很有帮助的。比起单一的歌唱教学，器乐的学习对学生智力和创造力的开发有很大的益处。

器乐学习的优势如下：（1）选择音乐课堂上简单易学的乐器，学生在学习的过程中自信心会增强，同时让学生形成很好的音准概念。器乐的学习对孩子的音乐知识的积累会起到很好的促进作用。因为孩子在学习器乐过程中必然涉及识谱，这样就会学习更多的音乐知识，丰富孩子的音乐内涵。（2）学习一门乐器，对学生的身心发展有非常好的辅助作用，器乐演奏时，口、耳、眼、鼻、脑同时协调工作。我们学校使用的竖笛就是呼吸型乐器，对锻炼孩子的心肺功能有很好的帮助。生理学家曾说过：手指上越高级越复杂的训练，越使人变得聪明。所以器乐的学习是脑部的体育运动，对提高学生的智力也有很强的作用。在学习器乐技能的同时也锻炼了身体。（3）器乐的学习，还能培养学生的音乐创作能力。有了识谱和音乐知识的积累，孩子在以后的音乐学习中更加提升了自主学习的能力。

3.陶冶学生的性情，促进"差生"转化

音乐是陶冶情操的最好途径。学生在进行器乐的学习和演奏时，不仅自控力得到提高，同时接受音乐美的熏陶，心灵得到净化，情感得到升华，还可以为孩子们略显枯燥乏味的生活充当一个调味剂，为孩子们带来乐趣。而有些在主科中所谓的成绩"差生"在音乐方面有很好的天赋，在音乐中能找到自信、自尊。有了在器乐学习上树立起来的自信，再加以正确的引导，他们就会把对音乐的热情和精力转移到主科上，成绩也会由"差"变"好"。

总而言之，封闭式小班化教学对践行新课程标准理念非常有利。让学生积极地参加音乐活动，参加音乐实践，把课堂音乐教学和课外音乐艺术紧密结合，开阔音乐视野，发展音乐才能，提高音乐的综合素质。同时，我们教育工作者也应该集思广益，不断更新观念。相信在我校封闭式小班化教学的大背景下，在新课标的指导下，小学音乐教育会有长足的进步，呈现出崭新的面貌。

参考文献：

（1）毛放、张锦堂、金礼福等，《小班化教育的实践与思考》，《上海教育科研》1998年第6期。

（2）李秉德，《教学论》，人民教育出版社1991年出版。

（3）叶纯之、蒋一民，《音乐美学导论》，北京大学出版社1988出版。

（4）缪裴彦、章连启、汪洋，《中小学音乐教育词典》，上海音乐出版社2012年出版。

（5）孙默，《新课标小学音乐教学法》，电化教育音像出版社2005年出版。

实效课堂，与你共乐

绵阳市先锋路小学　张金碧

当今教育将全面贯彻实施素质教育，将大力推进学生全面发展放在了首位。我们学校学生入校就有一个"五会能力"的培养目标。因此，每届毕业的学生都要求务必"五会"过关。

具体的"五会能力"为：

会一口流利标准的普通话；

会一手漂亮典雅的毛笔字（或钢笔字）；

会一种体育锻炼方法；

会一种观察生活的方法；

会一门艺术或体育特长。

其中"会一门艺术特长"实际上就是要求孩子们会一样乐器。可喜的是近几年，教材里编写了竖笛教学的专版，涪城区在教研员张伟老师的带领下，开启了班级竖笛比赛活动来助推我们的课堂教学。可是器乐进课堂说起来容易，实施起来且要取得良好的成效是需要我们音乐教师狠下心来才能有所收获的，因为器乐进课堂如果教师在引导、组织等方面稍有偏差，极有可能将孩子们眼里的"乐"变成老师心中的"苦"。因此，需要我们教师下功夫，能根据孩子们的年龄特点，有针对性地激发他们的学习兴趣，设计实效生动的教学环节，充分调动他们的积极性，便能让孩子们达到"乐在课堂、与你共乐"的学习境界。现将我的常态化教学感悟作如下分享，仅供参考。

一、比赛活动催生课堂教学质量

竖笛教学已经全面融入我们常态化的音乐课堂，我从二年级开始引导学生认识竖笛，熟悉基本入门技能，激发学习兴趣；三、四年级竖笛学习便是一个级进阶段，逐渐掌握吹奏技能；五、六年级是一个实战、拔高的展示阶段。根据我们涪城区艺术教育推进安排，以赛促学，很荣幸我所教学的班级在区内首届班级竖笛比赛就被抽中了，看起来是又多了一项任务，可实质上是大大促进了课堂教学质量，同时孩子们又掌握了一样"不起眼"的小乐器。

（一）轻松课堂摸索前行，增强班级凝聚力

比赛固然重要，但筹备过程更可贵。在得知有这项比赛时，我就开始在所教学班级开展竖笛教学。由于之前在板房教学支教时积累过少许经验，我开始了自己的竖笛教学模式摸索：从竖笛外部构成介绍、音色聆听、成品曲子的示范演奏等切入；加上老师神秘的语言引领、自身的人格魅力，使得课堂设计环环紧扣，孩子们学习兴趣大增，班级的音乐课堂教学也随之更加有趣和轻松起来。

（二）比赛平台助推兴趣，让班级器乐教学常态化

比赛既是一种考核更是一次好的展示平台。每年比赛如期进行，不过都是以抽签形式决定参赛班级，这样就会有小部分同学因为掌握起来比较困难，非常紧张，害怕自己班被抽到，担心自己影响班集体的荣誉；而学习得比较好的同学又非常希望自己班能被抽到，可以登台展示自己……

鉴于此，我想尽量让竖笛教学融入自己的音乐课堂中，将它常态化，让孩子们喜欢竖笛，唱到喜欢的歌曲就能用竖笛吹出来。根据所教班级的孩子年龄特点，层层递进地设计教学内容：单音吹奏、音阶有序练习、双音和三音组合、简短旋律吹奏、朗朗上口的小曲子等；让每个孩子都能选择自己能驾驭的曲子进行吹奏和展示，让每个孩子都有一定的成就感。这样常态化的器乐进课堂，既能让班级轻松完成比赛，又能让孩子们将枯燥、不易掌控的课堂变得有序、有趣，更能提升班级音乐的教育教学质量。笛声悠扬，与你共乐，让音乐融入孩子们的学习、生活。

二、脚踏实地、谱写竖笛教学新篇章

（一）从呼吸做起

"万事开头难"。很多孩子拿着竖笛都是做样子，或者一吹便是尖叫声，吹不出好听的音色，我想那一定是孩子们的起步不扎实。好的呼吸会使歌声更美，好的呼吸能使乐曲充满生命力。本学期我又有两个班级要开启竖笛教学，我想我会根据之前的经验打好基础，做好呼吸入门练习。

（1）让孩子们知道什么是"呼"？什么是"吸"？老师的示范非常重要，以此来揭开神秘的呼吸概念。

（2）可以借用身边的物品，例如蜡烛、餐巾纸等来进行训练。老师组织恰当，孩子们会非常有兴趣，且会收到不错的效果。

（3）引入音乐里规范的呼吸：缓吸缓呼、缓吸急呼等。

（二）音阶训练的重要性

（1）有了呼吸的起步，让他们再感受吹一吹、听一听等环节。把竖笛用正确的方法吹响，再让他们听一听老师的范吹，感受中音、高音。一般都从 C 调（全按作 1）起步，do，re，mi，三个音都足以训练几周，分别用上行、下行、波浪形等不同方式鼓励孩子们大胆吹奏。

（2）此时加入老师自编的 3 个音简易旋律，来提升孩子们的学习乐趣。用同样的方法将音阶的后几个音教完，让孩子们小有成就感。每节课都以游戏"音阶大变奏"形式开课，这样循环巩固，脚踏实地，有了扎实的基础，再寻找一些适合孩子们的歌曲训练，他们会每节课都希望有这个环节，我的竖笛教学就迈出了一大步。

（3）老师可以根据学生接受程度适当调整教学顺序，比如整个班级素质较好可以按音阶正常推进教学；如果班级学生呼吸起步没有解决好，吹奏时尖叫声一大片，可以试试让学生从中音"sol"开始吹奏，因为中音"sol"容易吹出正确的音色。

（三）乐在舞台，重视作品选择

（1）练习曲应选择音区适度、朗朗上口的小曲，最好是老师自己创编或者学生自己创编的 4—8 小节曲子。

（2）从班级学生的特性、吹奏能力等选择最适合的曲子作为比赛作品的候选；再从曲子的情绪、速度、声部组成等进行分析，最终确定参赛曲目。

三、加强课堂教学艺术环节，为孩子们提供展示平台

吹响很容易，吹好听可不太容易。此时要层层递进了，加入专业的吐音训练，增加乐曲声部的训练，提升音乐的艺术性等。这个过程中班级凝聚力逐渐加强，孩子们个人表演欲望增强，合作意识明显提升。人人天生都喜欢表演，人人都渴望有自己的舞台。学会了基础竖笛，务必抓住他们的心理，让其用不同的形式在班级表演、分组展示、回家给父母表演等。

俗话说："兴趣是最好的老师！""心有多大舞台就有多大！"

　　孩子们通过课堂上对竖笛的学习和展示，不仅仅是学会了一样小乐器，更是搭建了他们心中的舞台，激发了对音乐的感悟和兴趣，同时增强了表演和学习能力。一般来说孩子们能吹奏出自己满意的曲子时，就已经到毕业季了，我们的育人目标已经悄然达成，无形中音乐已经在孩子们心中埋下了生长的种子……

随笔反思

萌娃记

——第一堂音乐课随笔

绵阳科技城新区玉泉路小学　陈　淼

2010年，带着传播音乐艺术的神圣使命，我走上了三尺讲台，人生中第一节音乐课至今仍记忆犹新。那是我第一次以音乐老师的身份和一年级的萌娃们见面。课前我好好准备了一番：一首悠扬的歌曲演唱，一段优美的舞蹈表演，一曲优雅的钢琴独奏，就这样我成为了他们眼中唱歌最动听、舞姿最优美、钢琴最厉害的全能老师，他们对我崇拜不已。凭借这份崇拜我带领他们走进音乐课堂，在音乐游戏中我让他们学会坐、听、看，为了帮助他们养成良好的习惯，每一项我都严格要求。我的严要求让他们既爱我又怕我。课堂上我对孩子们说："你们的眼睛会发光，陈老师最崇拜眼睛里闪烁着智慧光芒的人。你们知道怎么才会有智慧的光芒吗？我来告诉你们：当你在认真听讲时，认真思考问题时，你的眼睛就会闪烁智慧的光芒，陈老师最喜欢明亮的大眼睛，我希望你们能一直看着我，让我欣赏你们的光芒，成为我崇拜的宝贝。"孩子们被我的话深深地吸引了，一个个坐得端端正正，睁大眼睛仔细地听着。40分钟的快乐时光很快就结束了，下课铃声响起，孩子依依不舍地离开音乐教室，我也回到了办公室休息。办公室的老师们都在议论一年级的小萌娃们，办公室外一个小男生引起了大家注意，当办公室的门一开他就露出小脑袋，睁大眼睛看着里面，进来的老师问他："你在这里干什么呀？"小男孩稚嫩的声音回答："我在看。"老师接着问："你看什么呢？"小男孩说："陈老师说要我们一直看着她，我想让她看到我的智慧光芒。"当时，我差点把喝进嘴里的水吐出来，多么可爱的孩子啊，我赶紧放下杯子抱着他，告诉他上课的时候看着我，认真听，下课的时候可以自己休息！小男孩点点头，笑眯眯地走了。

　　孩子们的童真让我深深地感动，也让我明白老师在他们心目中有着无可比拟的分量。在后来的教学中，我也时刻注意自己的言行，课堂上从激发学生的兴趣出发，使课堂真正活跃起来，让每一个学生在课堂上真正动起来。爱因斯坦说过："兴趣是最好的老师。"个人的兴趣所在就是他的力量所在。师生只有在不断交互实践的过程中，才能发展学生的认知。

音乐是人类最古老、最具普遍性和感染力的艺术形式之一。音乐课程的价值则在于：为学生提供审美体验，陶冶情操，启迪智慧；开发创造性发展潜能，提升创造力；传承民族优秀文化，增进对世界音乐文化丰富性和多样性的认识和理解；促进人际交往、情感沟通及和谐社会的构建。

在十余年的从教生涯中，我始终鼓励学生张扬个性、发挥潜能，积极培养学生终身喜爱音乐的兴趣。在不断的探索实践中，依托共鸣的师生情感，我充分利用音乐艺术的独特魅力，引导学生自觉自愿、积极主动并富有创造性地在无拘无束、轻松愉快的氛围中参与音乐活动，逐渐形成了"情知互动，寓教于乐"的个人教学风格。我享受课堂带来的快乐，也愿意用音乐搭建起师生交互的桥梁，继续带领孩子们在学习之路上一路探索，一路芬芳！

弘扬传统音乐文化，传唱家乡歌曲

——《这里不跳哪里跳》歌唱课教学随笔

绵阳职业技术学校　郭子琪

为了弘扬传统音乐文化，提升校园美育功能，更好地继承并传唱家乡歌曲，四川省举办了名为"唱家乡的歌"的微课比赛，笔者选择了家乡四川省绵阳市平武县白马藏族的一首非常有代表性的歌曲《这里不跳哪里跳》作为参赛曲目，通过比赛的方式展示白马藏族的民俗风貌，取得了较好的效果。

本课的教学对象为中职学前教育专业一年级学生，在本堂课中学生体验到了白马藏族载歌载舞的愉悦心情，在游戏中完成了课程学习。

一、教学题材的选择

我通过查阅资料，到当地采风学习，询问家乡的亲朋好友，观看平武木座清明歌会等多种方式，了解到白马藏族生活在寒冷的高山峡谷地区，长年需要饮酒保暖，而他们饮酒必有歌，有歌必有舞。所谓"黄发白首齐醉舞，携手踏歌程复程"，在这个过程中白马藏族的歌舞文化在我脑海里留下了深刻的印象，有的歌曲表现了他们打猎时的快乐，有的歌曲表现了他们劳作时的艰辛，有的歌曲表现了他们欢聚一堂不愿散场的心情，还有的歌曲表现了青年男女对爱情的忠贞不渝……歌曲早已成了他们生活中的一部分，而他们对生活乐观积极的态度也深深感染了我，让我由衷地爱上了这个民族的音乐文化。

作为一名音乐教师，如何将这些音乐文化带进课堂，并以音乐为载体，让学生通过音乐了解白马藏族的民俗风貌，我做了许多思考，认为选材非常重要。最终我从当地的歌曲中选择了《这里不跳哪里跳》，这首歌表现了白马藏族人欢聚一堂喝酒、跳舞、游戏的欢乐场景，也展现了白马藏族人热情爽朗的性格。

通过对歌曲的理解，我也将在本堂课中要传递给学生的几种文化做了以下归纳与构思：（1）酒文化：白马藏族人端起酒杯就会唱起酒歌，跟随着歌曲节奏还会左右托举酒杯，表示对客人的尊重，这是喝酒时的最高礼仪。（2）游戏文化：当白马藏族人玩到特别高兴时会玩一种游戏，叫筛糠游戏，像筛子来回摇晃糠一样将朋友托起摇晃再抛上天空，表示对朋友的欢迎，抛得越高祝福也就越深。（3）舞文化：白马藏族不仅能歌而且善舞，其中最有特色的就是"火圈舞"，又名"圆圆舞"，也称为"呆舟"，是白马人最喜欢的一种自娱自乐的集体舞蹈。（4）唱词创编：白马藏族的唱词多是即兴而作，想到什么就唱什么，看到什么就唱什么。（5）三弦琵琶弹唱：三弦琵琶弹唱是当地非常特别的一种音乐表现形式，源于四川省九寨沟县，又称"南坪曲子"，属于汉藏文化的融合。

二、课堂环节中所使用的教学策略

　　审美感知、艺术表现、文化理解是高中音乐学科的核心素养，本课中所用到的教学策略有视听感受、体验感悟、实践创新等。通过对各个教学环节的设计，在歌曲的体验中融入白马藏族民俗文化，也是音乐学科育人价值的集中体现。

　　1. 视听感受

　　在导入环节，教师用三弦琵琶弹唱歌曲并介绍民歌"口传心授"的传承方式，之后再次用三弦琵琶弹唱歌曲，学生聆听歌曲，对歌曲的节奏、曲调、风格等有了初步的感受。

　　2. 体验感悟

　　（1）教师通过端酒杯配合敬酒动作演唱歌曲，并引导学生在跟唱歌曲的过程中体验白马藏族敬酒迎宾动作，让学生身处白马藏族敬酒迎宾情境体验之中，感受白马藏族饮酒唱歌的礼仪，在歌唱中学习白马藏族的酒文化。

　　（2）教师在歌曲演唱中展示白马藏族圆圆舞动作，带领学生在歌曲演唱中体验圆圆舞，学习白马藏族的舞文化。

　　（3）教师展示"筛糠"照片并介绍白马藏族"筛糠游戏"，学生分组体验"筛糠游戏"，以更加愉快的情绪演唱歌曲，学习白马藏族的游戏文化。

　　（4）教师引导学生用双响筒、酒杯、碰铃演奏谱例中的节拍并再次演唱歌曲。通过乐器为歌曲伴奏，创设白马藏族三弦琵琶弹唱情境，感受白马藏族三弦琵琶的弹唱形式，学习白马藏族的乐器文化。

3.实践创新

（1）在圆圆舞的体验环节中引导学生在歌曲中创编舞蹈动作并展示。

（2）教师介绍白马藏族歌曲的歌词特征，给学生练习时间尝试创编歌词，部分学生展示所创编歌词。通过欣赏、尝试创编歌词，学生体会到了白马藏族所见所想所听皆可即兴歌唱的特点。

三、课后的反思与总结

本节课学生的参与度高，教学效果良好，学生在教师创设的各种教学情境中，通过最原始的"口传心授"的方式学唱歌曲，体验白马藏族民俗文化，真正地将学生的情感带入了白马藏族的歌声中，环环相扣，逻辑清晰。学生在体验中学习，并对白马藏族的音乐文化产生了浓厚的兴趣。这是对当地民歌在音乐课堂中的传承的一个探索，希望有更多的音乐老师们加入传承当地民歌和文化习俗中来。

在这个过程中，我也遇到了许多的困难，比如构思各个环节的衔接设计，需要大量了解白马藏族的相关知识；其中也有一些曲折，三弦琵琶的稀少导致费了很大的工夫才能买到，学习它的定调和演奏方法，也考验了我的专业能力。我深深感受到一个道理："要给学生一碗水，自己得有一桶水。"教师只有专业能力和教学能力不断提升，才能更有自信面对每一堂课。

浅析初中音乐课中的美

——听周海宏教授谈美有感

绵阳市实验中学　庞小丽

从事音乐教育工作十年有余，大部分时间是在从事初中音乐教育工作，我一直在思考一些问题：怎样上好初中音乐课？怎样让孩子们热爱音乐课？怎样让孩子们在我的音乐课堂感受美、体验美、收获美，从而最终得到美的净化，让美作用于他们的学习、生活和以后的工作中，甚至让美浸透到他们的骨子里，让他们受益终身呢？

都说学好数理化，走遍天下都不怕。中央音乐学院周海宏教授却这样认为：要想成功幸福，须从小热爱艺术。艺术的范畴是广泛的，如音乐、舞蹈、美术、戏曲、歌剧等。尤其音乐艺术，周教授倡议中国的每一位公民一定要会演奏至少一门乐器。他认为人有两大心智能力：理性素质和感性素质，理性素质管科学，为人类认识世界、征服世界提供力量；感性素质管艺术，为体验人生幸福、创造美好生活提供基础和前提，二者必须兼得。但现阶段的教育现状是，二者严重失衡，学文化课程的人大多认为艺术是边缘学科，无足轻重。

实践证明感性素质低的人缺少对美的体验，更没有对美的追求，生活缺乏情趣，情感也不丰富，更不追求生活品质，不欣赏高雅艺术，甚至觉得音乐是噪声。

缺乏感性素质的人难成功，很多企业之所以能从小做大做强，成为行业中的佼佼者，甚至成为上市公司，是因为他们的管理者不仅有商业头脑、核心的高科技研发团队、强有力的管理团队，更多的是他们视科学技术为第一生产力，融艺术与技术于一体，生产出来的产品既有技术的含量又有艺术的分量。大到企业的品牌整体形象、公司的整体环境，小到员工的着装、言谈举止等，都是很有讲究的，所以对审美品质的追求也是企业成功的核心要素，企业与企业之间的竞争也包括审美能力的竞争。

缺乏感性素质的人不幸福，幼年没有受过美育的孩子，长大不会去发现身边的美，不会因为美而被感动，更不会用美去影响和感动别人，因此他的生活变得枯燥而乏味、冷漠而无情。更有人由于生活和学习压力大，看不见生活的希望，钻牛角尖，走入极端，因为他缺乏疏导情绪的窗口，从而成为社会的负担。

音乐审美是通往成功的桥梁，音乐审美是净化心灵的灵丹妙方。故而艺术教育必不可少，音乐课堂应该提升孩子们的感性素养、感性智慧、感性体验、感性认知，让艺术教育为孩子们的成长添砖加瓦。

音乐可以提升人的审美素养，不会享受音乐的人生是遗憾的人生，周教授认为我们应该热爱音乐，通过音乐热爱艺术，通过艺术热爱生活，通过生活体验幸福。

我该怎样将"音乐艺术美"的种子播种到每个孩子心里呢？我该怎样通过音乐课堂去传递美呢？带着这一连串的问题，我阅读了很多美学书籍，如《谈美书简》（朱光潜著），《美学散步》（宗白华著）等，从中汲取了丰富的营养，我如获至宝，开始研究起来。

何为美？仁者见仁，智者见智，一切令人赏心悦目，正确的事和人都为美。一位学者这样解释美：美是符合人类社会生活向前发展的历史规律及相应的理想的那些事物。

著名美学家朱光潜先生曾在影片《巴黎圣母院》中获得美的定义！故事是这样的：一位既聋哑又奇丑的敲钟人在见到那位能歌善舞的吉普赛女郎时，就喜欢上了她。朱先生认为这位敲钟人一定不知道什么是美，但通过他一生的经历，足以证明他的喜欢确实是发自肺腑。这位敲钟人原本是一位孤儿，受尽颠沛流离的苦难好不容易才当上圣母院的敲钟人，圣母院的副主教对吉普赛女郎动了杂念，差遣敲钟人去把她劫掠过来，在这个过程中敲钟人惨遭群殴，奄奄一息，差点渴死，吉普赛女郎不但不跟群众一起打他，反而给他水喝，救了他一命，可见这位吉普赛女郎不仅面貌美，心灵也是美的，就是这一口水之恩唤醒了敲钟人，让他感受到了什么是人间真、善、恶、美、丑。当然这毕竟是法国文豪雨果笔下的艺术创作，是用夸张和虚构手法创作出来的，敲钟人的样貌丑对比他的灵魂美，也是自然丑升华为艺术美的一个过程。

美，从何处寻？宗白华先生这样认为：如果你在自己的心中找不到美，那么，你就没有地方可以发现美的踪迹。诗和春都是美的化身，一个是艺术之美，一个是自然之美，二者都需要我们去感受和发现。当我们的心灵起伏万变时，不必深处矛盾纠葛之中无法自拔，因为这样你所尝到的肯定是苦闷，而未必是"幸福"和

"美"。

初中音乐课程价值主要体现在审美体验价值。音乐新课标第一点：以音乐审美为核心。要求教师在教学中强调音乐的情感体验，根据音乐艺术的审美表现特征，引导学生整体把握音乐表现形式和情感内涵，领会音乐要素在音乐表现中的作用。周海宏教授还说过："音乐教育即美育，就是培养孩子们的真、善、美。"

音乐课程中的美大致分为四种：旋律美、节奏美、意境美、教师的仪态和语言美。旋律：它是由各种高低、长短、强弱的乐音按一定的调式和节奏组织起来的音的进行系列。旋律是音乐的基本要素之一，音乐的内容、风格以及民族特征等首先由旋律表现出来。节奏：音乐中交替出现的有规律的强弱、长短的现象。意境：音乐所表达的情感、背景故事，听到音乐内心所引起的情感变化。教师的仪态：教师在课堂上所展现出来的精神状态、表情、举手投足的动作。教师的语言：咬字吐字的清晰度、抑扬顿挫的语调、组织语言的艺术性等。一堂音乐课就是一场美的见证，就是一次寻美的过程，教师引导学生去感受旋律和节奏的美，体验情感的美，收获灵魂的美。例如，我们在欣赏交响序曲《御风万里》时，首先引导孩子们去了解它的创作背景：香港回归，举国同庆，感受作为一名中国人的自豪感；其次了解它的曲式结构、贯穿全曲的汉族民歌《黄河船夫曲》的存在意义；最后采用各民族民歌先后交替出现的作曲手法体现各民族儿女在祖国母亲的爱护下团结友爱，互帮互助。教师在整个课堂的引领和启发也很重要，以传递美为核心，自身的穿着、仪态和语言都要以美为核心。我们在演唱《爱我中华》时，除了对全曲曲式结构进行分析，了解歌曲创作背景外，更要感知节拍韵律、歌词之美，还要注意用正确的歌唱状态、顺畅的呼吸来演唱，从而真正获得音乐课带给大家的美好体验和享受，唱到"爱我中华，健儿奋起步伐"时应发自内心地唱出我们的爱国热情，从而为我们身在这幸福的时代而感到骄傲和自豪。

努力上好我们的每一堂音乐课，在孩子们的心灵深处播下"美"和爱的种子，让爱永存，让美生根发芽，开花结果。

总而言之，音乐即艺术，艺术即生活，生活一定要幸福。在生活和学习及工作中善于发现美、享受美、传递美、珍惜美。音乐课堂也不例外，客观地看待和分析音乐本身之美，从而徜徉于音乐艺术之大海洋中。

参考文献:

（1）朱光潜，《朱光潜谈美》，华东师范大学出版社2012年出版。

（2）宗白华，《美学散步》，上海人民出版社2015出版。

（3）朱光潜，《谈美书简》，浙江文艺出版社2006年出版。

回归音乐课堂原点，摆正"三本"正确位置

——参加涪城区"四课"活动的心得

绵阳市石塘小学　鲁　庆

一堂随堂展示课，展示的不仅是"生本""课本""师本"这"三本"相融相生的和谐关系，还有对怎样构建这种关系的教学理念、教学方法的重塑。重塑的过程就是提高课堂教学成效的过程，其间经历的自我否定、课堂重构、展示呈现，就是一个痛并快乐着的过程。我在这过程中全身心投入，获得成长。

——题记

2016 年 5 月 16 日，在涪城区教师进修学校的推荐下，在石塘小学王校长的鼓励下，我有幸参加了涪城区"四课"展示课中的音乐展示课上课活动，执教的《真善美的小世界》获得了同行们和音乐教研员的肯定。

从接到学校通知到最后登上展示课的课堂，其间仅十来天的时间，这十来天对于我来说就是挑战，就是涅槃，有紧张的备课，有针针见血的磨课，有不厌其烦的试讲，有正式上课的兴奋，有到达胜利终点的喜悦。现在回过头想一想，参加展示课上课活动，就像坐过山车一般，有爬坡上坎的畏惧与胆怯，有面对不知尽头的轨道产生的迷茫，有艰难爬上最高点一冲而下时那种畅快与喜悦。

现在，我将自己参加展示课上课活动的所思所想完整记录下来，以此沉淀展示课对我教学理念、教学方法的洗礼，铭记备课磨课过程中同行和音乐教研员对我真诚的帮助。

一、立根"生本"，课堂教学组织要为学生成长服务

在以往的课堂教学过程中，我自认为只要今天上课感觉对路了，学生的学习状态和效果也就对路了。但是，磨课过程中，面对始终坐在教室后面听我试讲的同行——

张蜀仙、欧冬梅，两位都是全国音乐课赛课一等奖的获得者，还有一针见血、不留情面指出问题的涪城区教育研究与发展中心教研员张伟，我就心里没底了。原本以为能把控的课堂乱成了一锅粥，就连写在教学设计上的程序都没有完成，急得张伟老师冲上讲台，想用他的经验挽救我的试讲。未完成教学设计，往小了说是教师水平问题，往大了讲就是教学事故。

当局者迷，旁观者清。张伟老师在听完我的试讲后，直言不讳地指出这堂课教学目标中的人文性体现不够，学生演绎这首歌的声音和歌曲中应有的情绪是脱离的。"欢乐和热烈是学生演绎这首歌应有的情绪。"张伟老师的一番指点，让我恍然大悟，看来以往我在课堂教学组织过程中对学生的忽略，才是造成我现在课堂教学组织失控的最大因素。

找到迷津，立根"生本"。我按照磨课中同行和教研员对我的指点，修正了原来的教学设计，注重从阶段目标推进、衔接，到课堂教学氛围营造，都以学生学到、悟到、体验到为根本。我不再以要直接呈现完美的二声部为最终目标，而是对全体学生尤其是个别学习进度慢的学生进行有针对性的指导。在组织教学中，反复调整学生们的坐姿、音准、动作和歌唱状态，小到他们唱出的一个音，演奏时的抬指和盖指等。这一番调整，才有了正式上课时的活而不乱、活而生效的好结果。

二、立足"课本"，用好教材是有效的课堂教学组织的前提

或许是我好高骛远、不自量力的原因，我在第一次选课时，选择了五年级下学期二声部歌曲《铃儿响叮当》。结果，第一次试讲就因任务未完成而宣告失败。

面对越来越近的展示课，听过我这堂失败的试讲后，涪城区音乐中心教研组老师没有放弃我，而是当机立断，建议我重新选择教学内容。我第一次试讲失败，就是未能立足"课本"，而是想着如何走捷径，综合网上现成的教学实录，囫囵吞枣，移花接木，变成自己的执教理念与教学方法，而没有想过从课本出发，所以才有了不是教师在上课，而是东拼西凑的教学设计在上课，当然会有漏洞百出的失败结局了。

痛定思痛，重新选择教学内容的我，老老实实地钻研教材、学习教学参考资料，按照中心组老师们的建议，从导入到流程再到结束，每一个过程都从吃透悟懂教材内容设计开始，写在教案上的字字句句都是经过仔细斟酌、反复推敲的。立足"课

本"，我就像一个刚刚扔掉拐杖的人一样，还需要大家的搀扶。张伟老师建议我坚持每天试讲来实战化打磨教案，同时安排中心组的老师每天至少有一位来听我的试讲。为了让我用最短的时间在跌倒的地方重新爬起来，张伟老师又请中心组的欧冬梅老师负责帮我整理教案，张蜀仙老师教我正确处理这首歌曲。在同行们和教研员的手把手的指导下，我用一次比一次有效果的试讲来验证我的教学设计，虽是七易其稿，六次试讲，但我最终站在了全区"四课"展示课的讲台上，较好地展示了如何运用竖笛引导学生主动学习演唱歌曲这一课堂教学活动，得到了听课教师和教研员的一致肯定。

三、立稳"师本"，教师教学基本功要精准为课堂教学服务

曾有很长一段时间，我自认为我是一个获得"四川省音乐教师教学技能基本功一等奖"的音乐教师，唱艺术歌曲都不在话下，何况是小儿科的儿童歌曲。这种自以为是的想法让我没有真正把自己的声乐优势用在课堂教学服务上，这才有了试讲中，听课教师和教研员反复对我强调的"只有你先把这个歌唱得美，你的学生才会唱得美"。

到了课堂，才知自己真正有几斤几两。我想方设法把自己的教学基本功精准地运用于课堂，为课堂教学服务，为学生成长服务。在大家的指导下，我从如何先让自己唱好这首欢快热烈的歌开始，虚心向名师请教，掌握正确的演唱方法，苦练自弹自唱。我唱得好听了，仅仅是万里长征的第一步，引导学生把这首歌唱美了，让他们在演唱过程中感受到学习音乐带来的快乐，这才是关键。

万丈高楼平地起。立稳"师本"的我，不再心浮气躁，而是平心静气地分析歌曲的特点、处理歌曲教唱中的难点，同时精心设计竖笛的使用。在试讲过程中，我一遍又一遍地修正自己的思想，刚才那个环节，我的教学技能是否精准服务于课堂教学，是否真正调动了学生内在的学习主动性和创造性。当试讲结束，听课的老师给我指出教学上的问题后，我就及时调整。在学校的试讲时间是有限的，但我想提高自己教学基本功的愿望是无限的。时间不够，就把功课带回家里补，坐在家里的钢琴前，自弹自唱教学歌曲，让家人当学生，给自己提意见。空间不够，就把自己的范唱录音和试讲录像发给中心组的老师和教研员，请他们指出我的不足，给我提意见。

　　从未想过，一个小小的随堂课，竟也成了检验教师课堂组织教学的一块试金石。幸运的我，在涪城区音乐中心教研组的老师们和涪城区教育研究与发展中心教研员张伟老师的指导下，清醒地回归音乐课堂原点，正确摆正"三本"位置，让我和我的学生获得了成长。

　　正如张伟老师在点评我的这堂课时所讲的，音乐老师不是教音乐的，而是用音乐这个载体进行教学活动，和每一个学科一样都是"育人"的。这堂随堂展示课也教育了我，育人者先自育并不断提升自己。这或许就是比最终获得掌声和肯定，更让我觉得意义的所在吧。

《狮王进行曲》教学反思

绵阳市东辰学校　殷　瑞

《狮王进行曲》是法国作曲家夏尔·卡米尔·圣桑所创作的管弦乐组曲《动物狂欢节》中的第一曲。这首雅俗共赏的标题性音乐作品由13首带有标题的小曲及终曲组成。其中，有四首小曲被编录进了人音版音乐教材：一年级第一册教材"可爱的动物"里的《袋鼠》、一年级第二册教材"长鼻子"里的《大象》、二年级第三册教材"咯咯哒"里的《母鸡和公鸡》和二年级第四册教材"兽王"里的《狮王进行曲》。

在设计《狮王进行曲》这堂课之初，教学过程的导入是以情景描述开始的。我用语言创设了一个绿树成荫、梦幻花园似的音乐森林，在这音乐森林里面住着各种动物，他们唱歌、跳舞、玩乐器，每天都生活得十分快乐。这些快乐的小动物们请孩子们跟随音乐，一起来森林里做客。随后开始播放乐曲，请孩子们边聆听乐曲边感受森林的神秘气氛。

可是，《狮王进行曲》引子部分是用钢琴颤音形成了森严的森林气氛，还用弦乐那独特的、朦胧的音色，进一步渲染这种神秘的气氛，再加上由远及近逐渐增强的音响，使得孩子们感受到的不是神秘气氛，而是有些害怕和恐惧。特别是一些小女生听音乐的时候，有全身紧缩在凳子上面的、有与邻座同学相互依偎在一起的、还有皱着眉毛捂着眼睛咧着嘴巴的……更有小男生听完之后说："殷老师，你确定小动物们生活在这森林里是十分快乐的吗？"孩子们表现出一副上当受骗的模样。

我忽然明白，无论在听音乐之前我说了些什么，孩子们在听音乐时当下的感受才是重要的，我不应该用我的想法和说法来左右孩子们的感受啊！那么，用语言来情景描述的导入在这里是无效的，我得换一个更有效的导入方式。

还记得我在上本册教材"飞呀飞"这一单元中的《蜜蜂》一课时，我请孩子们聆听乐曲《蜜蜂》，听完之后说一说作曲者想为我们表现一个怎样的音乐形象？因为这个问题提得有些开放，没有限定音乐形象是哪一类别，所以在完整听完第一遍之后孩子们的答案是天马行空的。有的说是按了快进键播放的天空中变化莫测的云朵，有的说是偷了东西不知道该往哪里跑的小偷，也有的说是高速公路上穿梭的汽车。孩子们的听觉是很敏锐的，抓住了节奏密集、速度快的音乐要素，所以描述的音乐形象也都是很快速的事物。

然后，我请孩子们再次聆听乐曲《蜜蜂》，边听边想乐曲表现的是哪一种动物。这次的聆听缩小了思考的范围，孩子们的答案就中规中矩一些了。有的说是夏天里飞来飞去烦人的苍蝇，有的说是快下雨了着急回家的蚂蚁，更多的说是在花丛中辛勤忙碌的蜜蜂。虽然描述的动物和场景各有不同，但是孩子们却不约而同地给出了同一类别的答案，都是小型动物。我想应该是孩子们觉得音乐演奏的音区比较高，声音听起来比较"尖"，所以不会想到是笨重的大型动物。我及时地肯定了孩子们的想法，作曲家就是自始至终都保持使用"三连音"这一重复的节奏，营造了一个忙碌的、轻盈的音乐形象，加上旋律音区连续上升，确实使人联想起一群可爱的蜜蜂在盘旋起伏，漫天飞舞的画面。

接着，我们又聆听了一遍《蜜蜂》，请孩子们关注乐曲音色的特点，让他们猜一猜这首乐曲是用哪种乐器来演奏的。对乐器很敏感的孩子听出来是小提琴，然后我们再边听边总结出本首小提琴乐曲具有飘逸、朦胧、柔美的音色特点，这也像极了蜜蜂个头小小、翅膀透明的这些形象特点。

最后，在完成了本节课的教学任务之后，我发出挑战令：如果你也是一位作曲家，今天在聆听了《蜜蜂》这首乐曲之后，也准备创作一首关于动物的乐曲，请你设想你会运用哪种乐器和怎样的旋律来表现这一种动物呢？孩子们思考了两分钟之后，开始在四人小组内讨论，我在教室里四处聆听孩子们的想法。有孩子说想用架子鼓来表现大象，鼓点不能很快，因为大象的脚步很重又比较慢；有孩子说想用大提琴来表现天鹅，旋律要轻柔婉转一些，就像天鹅在湖面上独自跳舞一样；还有孩子说想用吉他来表现小猴子，还是一只穿着皮鞋和牛仔裤的西部牛仔猴，那么旋律就要幽默滑稽一些。

伴着孩子们的欢声笑语，我当时就思考着能不能把他们这些想法变成可行的音乐游戏一起来玩玩。看来，这次在《狮王进行曲》中遇到的难题，可以试着用音乐游戏的方式来解决了。

二年级的学生，无论在生理还是在心理上，都不同程度地带有低龄儿童的特征。他们天性喜欢动物，如果让他们伴随音乐来模仿动物的动作，他们应该会十分愿意的。而且他们的思维以具体形象思维为主，抽象思维处于初步发展的阶段，所以也会对有具体形象的音乐作品感兴趣。

结合这个年龄阶段孩子们的特点，再结合我比较擅长钢琴演奏，想着运用节奏、速度、力度、情绪等音乐要素的变化，我可以在钢琴上即兴弹奏一些乐曲小片段来让孩子们模仿动物的动作。

但是，我并不想将模仿动物的动作作为这个音乐小游戏的教学目标。因为，相同的一段音乐，每个人会根据自己的理解与喜好不同感觉出不同的动物，音乐会让大家产生共鸣但绝对不会是一模一样。所以，我将聆听感受音乐，再对音乐要素做出反应，从而激发孩子们的学习兴趣定为本环节的教学目标。而且，在上新课之前，孩子们能跟随音乐游戏热热身、放松一下，这也是个不错的体验呀！

第一段旋律是敲门砖，让孩子们能轻松地感受并联想出动物是开始这个音乐游戏的关键。我选择在钢琴的中音区，用中速稍快的速度，即兴弹奏带有跳音、轻快的旋律。之后问孩子们："这段音乐听起来比较像哪一种动物呢？"孩子们会说："像是兔子、松鼠。"我会继续追问："为什么像这些活蹦乱跳的小动物？"孩子们会说："因为这段音乐听起来就像小兔子走路一样蹦蹦跳跳的。"这个时候我就会给孩子们总结："没错！你们的感觉是准确的，因为我弹奏了很多的跳音，表现出了欢快、活泼的情绪！"

然后，第二段我选择在钢琴的高音区，用中弱的力度、中速稍慢的速度，即兴弹奏流畅、优美的旋律。开始之前我说："请同学们仔细聆听接下来我要弹奏的这段旋律，并用你们手上的动作来表达你所听见的旋律，你觉得旋律是怎样起伏、流动的，你就用手怎样来表现。"这段旋律我弹得长一点，好让孩子们能够充分地感受和表现。听完之后，我挑选做得很优雅的孩子来说："你刚刚伴随老师的旋律是在表现哪种动物啊？"孩子们说："表现的是小鸟、金鱼。"我继续追问："为什么像这些动作很连贯、流畅的小动物？"孩子们说："因为这段音乐听起来就像金鱼在游泳的时候，它的大尾巴随着身体一起游动的样子。"这个时候我再次给孩子们总结："没错！因为这段旋律我全是用连奏在高音区弹奏的，速度慢了下来，力度也比较弱，这就像是一幅阳光洒在水面上，鱼儿在水中自由自在地游泳、波光粼粼的画面，你们感受到了这段旋律优美、抒情的情绪！"

接着，第三段我选择在钢琴的低音区，用很强的力度、慢速，即兴弹奏笨重、沉闷的旋律。开始之前我说："刚才大家手上的动作都做得很优美呢！但是光是手上的动作太单一了，现在我想请同学们都站起来，接下来的这段旋律我们就边听边用你们身体的任意部位来表现啦！"听完之后，我请做得准确的孩子来说："你刚刚是在模仿哪种动物？为什么会模仿它？"孩子们说："表现的是大象，因为大象的身体很庞大，走路的脚步很笨重，而且大象的叫声也很大声、很低沉。"接下来我总结："所以当我在低音区弹奏很慢、很重的旋律时，你们会想到身材笨重的大象，这是你们感受到了旋律沉重的情绪！"

　　经过上面三段旋律的聆听与分析，孩子们学会运用音乐要素来分析旋律，表达自己的感受，这真是让我欣喜若狂啊！

　　接下来，我再继续运用情景引导，我们就跟着这群动物继续往森林里面走，这时森林传来了一阵这样的音乐，播放《狮王进行曲》引子部分，听完之后让他们来谈谈感受。这时孩子们随着刚才的音乐片段浮想联翩，各抒己见。他们述说完毕之后我们一起完整聆听《狮王进行曲》的全曲，让他们边听边猜测，接下来可能会遇见什么动物，会发生什么样有趣的故事。有了之前钢琴听辨动物的音乐游戏铺垫，在这个部分的聆听时，孩子们都能通过音乐的基本要素来展开联想了。

　　这一次，孩子们聆听完音乐之后，再没有了之前上当受骗的模样了，而是表现出一副迫不及待想继续下去的模样。

　　最后，在孩子们交流完毕之后，我就揭示课题，简单地介绍乐曲。《狮王进行曲》是一首具有鲜明音乐形象的管弦乐曲，采用联想音乐人物、音乐故事的方法让学生关注音乐，激发学生的学习兴趣。

　　在音乐欣赏课的课堂上，孩子们的注意方式为不随意注意，需要在问题的引导下，不断地引起他们的注意、不断地激发他们的思考，这样他们更会积极投入音乐学习之中。由此，围绕着这个年龄阶段学生们的情况，激发他们的想象力，将音乐本体与音乐形象相结合，就能使他们更容易理解音乐的内涵。

寓情于景，竖笛生情

绵阳市第五中学　胡　琴

青山绿水伴歌声，声声竖笛情自现，风吹笑声盈满园。作为一名乡村音乐教师，我观察到竖笛教学课，是孩子们笑得最开心的时候。竖笛教学，在于引导小学生把握竖笛演奏技巧，掌握竖笛技法，并在此基础上，深化竖笛教学，由技法向审美感知方向过渡，寓情于景，竖笛生情，为学生的全面发展及进步打下良好的基础。竖笛教学，教师要立足于时代的发展变化，把握城市与乡村的教学差异，让竖笛教学真正地融入学生的生活当中，引导学生感知竖笛演奏之美，进一步深化竖笛教学的效果及质量。

有些孩子因父母的要求，为了考级和发展特长而学习乐器，只是娴熟于器乐的演奏技巧，无法领略到学习器乐带来的快乐及那份畅然的心情。在我的班级，由于孩子们平时接触到的乐器较少，人手一支的竖笛成了他们最爱的乐器。每每上竖笛课，孩子们总是激情盎然，用心吹奏着竖笛，即使有时控制不好力度，尖音骤起，但是那快乐的笑声也是一曲动人的歌。竖笛教学，要寓情于景，借景生情，引导小学生能够积极、主动地参与到竖笛学习当中，带给小学生良好的学习体验感，为小学生更好地成长及发展打下坚实基础。这一过程中，我认为竖笛教学要情景交融，将"情"和"景"进行有效的结合。

竖笛的音乐课程，不仅教授孩子们学习乐器演奏的技巧，更要陶冶孩子们对美的追求，让他们真正地爱上器乐，用心演奏，而非纯粹地提升技巧。在竖笛课上，我会播放幻灯片，让学生观看竖笛的形状，对竖笛有所了解后，再学习竖笛的吹奏方法。如学习八孔竖笛演奏方法的时候，介绍竖笛的起源，对竖笛的构造、发声原理进行生动、形象的教学，从而让小学生对竖笛加深了解，之后再深入到竖笛的演奏学习当中。

在寓情于景的教学过程中，竖笛选曲问题成为竖笛教学工作开展必须把握的一个重要内容。在选曲时，教师要把握儿童成长及发展的特点，选择儿童熟悉的乐曲，使竖笛教学有效地融入儿童的学习和生活当中，使儿童在竖笛演奏过程中，感受到成就感，从而更好地把握竖笛吹奏技巧。这样一来，儿童有效地学习了曲谱和乐理知识，使竖笛符合儿童的认知水平和发展特点，竖笛演奏课堂将焕发出新的生机与活力。如在竖笛教学过程中，选择《小雨沙沙》《我有一只小羊羔》《小星星》，在演奏时，结合乐器演奏技巧和儿童的情感体验，实现二者的交融，能够有效地提升竖笛演奏的效果及质量，并充分地激发儿童的学习兴趣，使儿童沉浸在竖笛演奏当中。以情感体验作为竖笛教学的出发点，使儿童的情感融入竖笛演奏当中，真正地实现"竖笛生情"的教学目标。又如，在竖笛教学过程中，教师要注重拓展竖笛演奏的范围，注重将竖笛演奏与其他表演形式进行结合，从而做好竖笛演奏与其他乐器演奏的有效交换，使竖笛演奏融入音乐课堂学习当中，并激发小学生的学习兴趣，更加有效地提升竖笛教学的效果及质量。新的教育教学形势下，竖笛教学工作的创新发展，要注重对技巧进行创新，寓情于景，使学生们在竖笛学习中获得更好的情感体验。

在竖笛的课程中，为了能够激发孩子们内心对课外音乐美的追求，有时，我们将课程开设在山野，面对着"青山绿水"开展竖笛的音乐课程。孩子们在这种美如画的大自然中，身心愉悦，对音乐的热情高涨，自然对音乐的学习也产生了浓厚的兴趣。在竖笛教学中，结合乡村小学的教学特点来看，将乡土资源融入竖笛教学中，为儿童学习竖笛、进行竖笛演奏营造一个良好的学习氛围，更加有助于激发儿童的积极性和主动性，使竖笛课堂教学焕发出新的生机与活力。

作为一名乡村音乐教师，个人以为在学习的过程中，不仅要注重器乐技巧的传授，更要注重学生内心对音乐美的追求，让学生们真正地爱于心，学于行，做个器乐演奏的"精灵"，而非高技巧的"木偶"。源于兴趣，学生们才会有更多的内心感悟，伴随着青山绿水，学生们对艺术美的追求也会由心而动。竖笛演奏教学能够提升小学生的演奏技巧和演奏能力，拉近小学生与竖笛演奏的距离。但是单纯的技巧传授，无法引导小学生感受竖笛演奏之美，使竖笛演奏教学的效果和质量可能会受到一定的限制。针对这一情况，在竖笛演奏教学时，教师要注重由技巧的传授，逐渐引申为情感的感知，竖笛生情，让小学生在竖笛的学习及演奏中，感受音乐之美，感受生活之美，帮助小学生树立正确的价值观念。竖笛生情，要借景抒情，寓情于景，使"情"和学相结合，让"情"在演奏中得到体现和升华。在实践演奏中，注重利用生动有趣的歌曲，引导儿童在演奏中感受竖笛歌曲的节奏之美，陶冶小学生的情操，使小学生感受竖笛美的内涵。

　　总之，竖笛走进乡村小学课堂，要把握器乐教学发展的新特点和新形势，使竖笛学习与音乐学习有效地结合；小学生在音乐课堂学习中，掌握竖笛演奏技巧，并由技法的学习向情感感知过渡；教师深化竖笛的教学效果及教学质量，使小学生有效地感知竖笛学习之美，感知竖笛学习的内涵，为小学生更加全面的发展及进步打下良好基础。通过引导小学生感受竖笛学习之美和引导小学生对技巧、技法进行深刻的感知，从而激发小学生学习竖笛的兴趣，使竖笛的学习由被动向主动过渡，让小学生在竖笛学习时能够兴趣盎然、热情洋溢。在竖笛的学习及演奏中，教师进一步引导学生感受竖笛之美、音乐之美，使小学生的情感在竖笛演奏中得到释放。

爱学生、爱课堂，做幸福老师

绵阳市先锋路小学　张金碧

有本薄薄的册子一直在我办公桌上比较显眼的位置，闲暇之余我就会翻看学习；而每一次翻阅都会有不同收获和思考，它就是《教师专业成长手册》。这本册子加上封面不过50页而已，可仅仅浏览过目录就会让我有足够的反思和遐想。比如："你的课堂够'精致'吗？""特级教师于永正老师：轻松来自哪里？""记住这些课堂用语，效果马上不一样"等。近年来我教授小学低段1—3年级音乐，虽然已经在三尺讲台二十余年，但一听又要接手新一年级的教学工作，心里难免开始打鼓，因为刚刚进入小学的孩子太稚嫩，交流起来比较困难。不过我已经连续承担低段教学三年了，居然有种喜悦和成就感。我随时都想把教学中的精彩点滴记录下来，与老师们分享的冲动，于是有了这些稚嫩的文字。

一、乐教善教，乐学爱学

因为爱，所以爱。作为普通人只要你带着一颗善良、美丽的平常心，就会发现世界到处都是美丽的风景；作为老师只要你用心去热爱学生，多给他们一份关爱，就会收获自然产生的积极的情感反馈。回望二十多年的教学生涯，感慨万千。对学生的"三心"教育常伴左右：爱心、耐心、细心。因为只有我们老师乐教善教，学生才会乐学爱学。

1. 重视与学生第一次的音乐见面课

一定有人会说："刚刚幼儿园毕业的小不点们有什么重要的，他们什么都不懂，都不记得。"我想说，大错特错，俗话说："良好的开端是成功的一半。"对于幼小的他们来说刚刚进入小学，要认识那么多老师，确实不会一下子记得音乐老师叫什么，但漂亮的歌声、有趣的游戏、别样的音乐教室、不一样的气质的音乐老师一定会让他们牢牢记住你是独一无二的老师。因此，我们要把功夫用在课前，设计好简洁、精心的教学环节，提前备课，将课堂常规要求贯穿其中，为第一次音乐见面课做足功课，为自己后面的乐教乐学打下爱的基石。

2. 对低段学生要信守承诺，课堂教学层层递进

在学生眼里老师就是他们最信任、最尊敬的人。因此，老师的话一般具有"权威性"。老师在当堂课讲的事件或要求，或者班级上课的进度自己一定要先牢记，因为孩子们会因为喜欢你的课而记得清清楚楚，下次课他们肯定会私下或在课堂问你，如果你此时说"不好意思老师忘记了"或类似的话，他们会感到非常失望。更可怕的是你不经意一次、两次忘记，那么你在班级学生眼里的印象就会定格，音乐课就是游戏课、耍耍课、无所谓。当然由于我们音乐老师一般都会上多个教学班，进度不容易准确记住，此时我们可以用笔、纸随时做好记录，老师做到心中有数，学生会认为音乐老师是非常严格、完美、信守承诺的老师，你以后的课堂将会顺利高效地进行，同时教学效果、班级学风也会随之提升。

对课堂把控要层层递进。老师在内容上有计划、清晰的脉络，确保学生保持对音乐学习的自信和兴趣。比如在三年级上册的几个单元中，连续学习各民族代表歌曲：蒙古族、维吾尔族、彝族、藏族等，每个民族都有自己的音乐特色。因此，在歌曲教学时，不仅要进行歌曲的学习，还要简易分析这个民族的地方习俗、服装特点、舞蹈代表动作等，这样学习完一首歌曲后，就能快速记住这个民族的部分特色，以后只要唱起类似歌曲便能用相应的动作来进行展示。

二、乐教乐学、趣味课堂

兴趣是最好的老师！怎样在常态化的课堂中让学生保持趣味性呢？一直以来我是这样做的，效果还不错。

1. 神话音阶演唱，进行多样化教学

音乐课必然从趣味音阶入手，可对于小学低段学生直接教唱音阶，估计是无人理会，因此，我采用了科尔文手势、卡片展示、讲故事等方法进行形象、生动、趣味的教学。

认一认：用出示卡片的方式让学生和音符打招呼。

唱一唱：每学一个音就让他们用一拍、两拍、三拍等进行跟琴轻声演唱，同时提醒用手画一画，加深印象。

动一动：每节课先让学生起立动一动，按所学音的上行、下行做科尔文手势演

唱，集中他们注意力。

此方法看似有点枯燥，但长期坚持下去对基本音的认识、音高的掌握、简短旋律编创等都是一个非常不错方法，更重要的是学生对音乐学习的自信和兴趣都在逐渐提升。

2. 用儿童语言巧妙贯穿音乐知识进行教学

根据学生年级特点设计不同教学语言（他们能听得懂的语言）并提出要求，以此来培养他们会进教室、会坐、会听、会说等课堂常规事项；同时根据教材内容用多样化的方式（唱、讲、玩）引入每首歌曲，以及把音乐知识用儿童化的语言巧妙地教给学生。比如：一年级认识音符、休止符，都是说音符宝宝、休止符爷爷；二年级有八分休止符，为了区别四分和八分休止符的时值，就用拟人化的称谓，四分休止符时值一拍就叫休止符爷爷，因为爷爷年龄大些，需要休息得久一点；八分休止符半拍就叫休止符小叔叔，因为小叔叔年轻身体好可以休息少点。而认识音符也是一样：音符下面有减时线，我们称它为"风火轮"，因为有风火轮就需要加快速度；如果十六音符两个风火轮就会更快；等等。这样用儿童化的语言进行巧妙而有趣的知识教学让学生乐学爱学。

3. 确保每首歌曲教学时学生都有事可做

我一般选用情景、故事、语言激趣相结合的方法，记歌词都是通过有规律特性的律动来牢记，分组、分段、分主题等。这样集趣味、知识于一体，时刻能抓住他们注意力的教学方法非常受孩子们欢迎，不仅课堂不枯燥还大大激发了学生对音乐课堂的学习兴趣和对下一次音乐课的期待。

三、爱学生、爱课堂，做有魅力的幸福老师

幸福是什么？幸福在哪里？我想说，幸福是我选择了学习音乐；幸福是我是一名音乐老师；幸福在我的课堂中，幸福在舞台上；幸福在学生们灿烂的笑容里；幸福在学生稚嫩的歌声里。

有人说："音乐老师天生就是演员。"我们把课堂想象成自我实现的舞台，老师的感染力、表现力越强烈，班级学习氛围就越浓；还要牢牢抓住学生的注意力，力争让全部学生与自己在同一舞台上倾情表演。是的，音乐老师只有抛开个人的情绪，忘我地投入音乐教学中，爱学生、爱课堂才能收获成功的教育。与此同时，音乐老

师必须具备相应的教学魅力，才能自如地享受教学过程。那么教学魅力从何而来呢？我认为应该有以下几点：

1. 教学经验的积累。这一点多半靠阅历和后天的努力，从眼神、话语、背影中，甚至举手投足间流露的气质，让学生们一听便能专注，一看便能喜欢。

2. 岁月的成长。随着年龄的增长，阅历不断丰富，我们除了保留对音乐的那份挚爱和对学生的饱满热情，还需在成长过程中不断学习，丰富自己，不断修正、创新自己的教学方式。

3. 文化熏陶和思考的结晶。我们音乐老师应该不断加强知识储备，接收不同文化的熏陶，吸收多元文化的营养来丰富自己。

自身教学魅力提升了，驾驭课堂能力增强了，就能得心应手地面对自己的学生和课堂了；面对多项活动从策划、组织到实施都能如鱼得水了；自己便会时刻感觉到幸福满满，享受到音乐给我们带来的快乐。

时间抓起了就是黄金，虚度了就是流水；路曼曼其修远兮，吾将上下而求索；不忘初心，牢记使命——爱音乐、爱学生、爱课堂、爱教育，争做一名幸福老师而继续努力！

陶笛教学漫谈

绵阳市南街小学 崔 娟

一、陶笛教学开设背景

器乐教学一直以来都是中小学音乐教学中的一个重要内容。让每个中小学生掌握一件乐器，是每个音乐教师美好的愿望和孜孜不倦的追求。"器乐进课堂"更是我校音乐教学一贯的坚持，而且学校领导一直强调课堂器乐的多元化，从最开始的竖笛、口琴、葫芦丝慢慢衍生、优化到现在的陶笛。在不断的摸索中我们渐渐发现课堂器乐的选择尤为重要，应该选一件适合小学生且集趣味、音色好听、易学上手、便于保管于一体的乐器。

之前的竖笛、口琴、葫芦丝进课堂效果还是不错的，但也发现了一些问题。比如葫芦丝声音很大，对孩子的听力有一定的影响，而且葫芦丝的音域很窄，很多歌曲被限定了；葫芦丝属于民族乐器，具有很典型的云南特色，对于孩子的音乐学习有一定的局限；葫芦丝需要很足的气息才能吹响，低年级的孩子基本吹不了。又如竖笛，我们学校学习的八孔竖笛，入门快，便于掌握，便于携带。其不足之处是由于气息控制影响音高，齐奏或合奏时对整体音色、气息控制的要求较高。再如口琴，主要用的双面双调（C调、G调）二十四孔重音口琴。口琴入门也较容易，但比竖笛入门难一些，主要是吹孔不够直观，孩子不易很快找到音的位置，且吹一个音，容易把相邻的音也吹出来；而且口琴既要吹，还要吸，特别需要干净、卫生，清理时也相对麻烦一些；但口琴优点很多：音质好，融合性强，独奏、齐奏、合奏效果都很好。但是有一个乐器没有上述的这些弊端，并且已经在亚洲风靡了很久，它就是陶笛。陶笛简单易学，小巧便携，造型艺术性强，款式多样，是名副其实的"贴身音乐宝贝"；陶笛兼具古埙、笛子、箫多种乐器音色特点，音色悠扬优美、表现力丰富；陶笛的音域较宽，最多能吹出三个八度并且能吹出十二平均律，对孩子的音乐启蒙、定音定调有很大的帮助；同时也不受场合的限制，不受空间的制约，在任何时候、任何空间都可以演奏，担任独奏或合奏的角色；学习陶笛的最大好处在于提高艺术修养、陶冶情操，其次就是开发智力潜能。因为学习陶笛必须要用眼看谱，用手开孔或闭孔，用耳分辨音高和音色，用心体验音乐的发展和意境；所以我校毅然从四年级开始将原有的竖笛、葫芦丝改为竖笛、陶笛，力推十二孔陶笛进入音乐课堂。

二、陶笛教学具体的操作模式

科学、合理地选择乐器是实施器乐教学的前提。同时，还需要科学的教学进度、良好的课堂秩序、多样化的学习方式等方面的支持，才能实现课堂器乐教学的可操作性和实效性。

（一）因材施教，科学、合理地安排教学进度

《义务教育音乐课程标准（2011年版）》明确要求：教学要根据学生的年龄特点由浅入深地进行，要遵循循序渐进的原则，切勿操之过急。教师要把陶笛的器乐曲目按难易程度来划分，还要根据学生的实际接受能力加以阶段性总结分析并及时地调整教学进度，进行系统化的教学（见表8）。

（二）讲究教学方法，打造高效的器乐教学课堂

科学的教学方法是实施有效教学的前提和重要保障，而组织有序的课堂在陶笛教学中也同样重要。小学生对新事物充满了新鲜感和好奇心，这对陶笛的学习有利也有弊，利在于他们必定会被激发起强烈的求知欲和浓厚的学习兴趣，弊在于很难有足够的耐心认真地听老师讲解、看老师示范，总是迫不及待地拿起陶笛开始吹奏。为了使学生尽可能朝有利的方面发展，教师应该运用一些教学手段促使学生养成良好的课堂学习习惯。

1. 约法三章，管理有序

在第一节陶笛课前，教师跟学生约法三章，制定相应的课堂纪律。约定演奏相应的音乐片段，在听到钢琴弹出的音乐片段时做出停止、预备、演奏的统一动作。教师在讲解某一演奏技巧或示范动作之前，可以要求学生把陶笛放下，仔细聆听。想打断学生的自由练习时或抽学生展示时，也可以用钢琴弹奏一段固定的旋律作为指令，让他们统一放下手中的陶笛，聆听、观看并进行下一环节的教学。课堂练习时须听钢琴发出的信号统一练习、统一终止。长此以往，学生一定可以养成良好的学习习惯，有了良好的课堂秩序，提高课堂效率才不是一句空话。

表 8　陶笛教学计划表

年段	教学内容与阶段性目标	评价方式与方法
四年级	1. 认识陶笛，了解其特点、构造、流传区域及独特的音色 2. 能正确掌握持笛姿势、吹口含法和运舌法 3. 掌握标准的呼吸方法（腹式呼吸和胸式呼吸） 4. 基本气息控制练习（长音练习、连音练习） 5. 学习基本技巧（吐音、连音的区分和基本运用） 6. 学习并熟练地掌握 C 调指法 7. 单声部齐奏曲目：《小星星》《多年以前》《故乡的亲人》《送别》《我们大家跳起来》《漫步神秘园》《安妮之歌》等 二声部重奏曲：《理发师》《粉刷匠》《萤火虫》等	（1）形成性评价与终结性评价相结合（陶笛教学的时间过程，是评价的一个重要方面，应予以充分的关注，在教学过程中经常进行。采用观察、谈话、提问、讨论、抽奏等方式进行，合理地利用音乐课堂课前三分钟才艺展示时间，对学生的陶笛学习进行抽查） （2）定性评价与定量评价相结合（在陶笛教学活动中，对学生的兴趣爱好、情感反映、参与态度、交流合作、知识与技能的掌握情况等，可以用较为准确、形象的文字进行定性评价，也可根据需要和可行性，用学分或者等级进行量化测评；用积分制的形式在期末评选出金、银、铜卡） （3）运用"攀登足迹"手册，实现多元评价。（对于学生在校练习情况，教师在每个课时给予评价，用表格的形式进行过程评价，用☆和△留下学生的进步足迹，必要时可用文字给予表扬和鼓励；周末和假日，家长给予孩子评价；月底，学生回顾一个月来的学习过程，用文字给自己评价） （4）以学期为单位进行年级的陶笛比赛，形成学习效果阶段性评价
五年级	1. 掌握标准的持笛的姿势和呼吸法的运用（呼吸法包括：胸式呼吸法和腹式呼吸法） 2. 气息控制练习（长音练习、连音练习） 3. 进一步规范常用的基本技巧（陶笛发音时需要用舌头作"TU"或"KU"的方式运舌吹奏，方能使吹奏出的音色更为饱满扎实） 4. 能熟练掌握 C 调、G 调指法，能准确吹奏装饰音（变音、倚音、波音、打音） 6. 能用附孔吹出准确音高 7. 能准确识别前十六、后十六、切分节奏类型 8. 单声部齐奏曲目：《思念的季节》《木偶兵进行曲》《美丽的梦神》《爱情故事》《山楂树》《珍重再见》《天空之城》等 三声部齐奏曲：《鹦鹉》等	
六年级	1. 掌握标准的持笛的姿势和呼吸法的运用（呼吸法包括：胸式呼吸法和腹式呼吸法） 2. 气息控制练习（长音练习、连音练习） 3. 进一步规范常用的基本技巧（陶笛发音时需要用舌头作"TU"或"KU"的方式运舌吹奏，方能使吹奏出的音色更为饱满扎实） 4. 能熟练掌握 C 调、G 调、F 调指法 5. 熟悉基本乐理知识 6. 能很好地发挥颤音、叠音技巧 7. 熟练运用双吐、三吐、气震音 8. 乐曲的情感处理（软吐、滑音） 9. 单声部齐奏曲目：《在路旁》《天鹅湖》《快乐的"索索"》《彩云之上》《送给妈妈的歌》《森林狂想曲》《燕子啊》《故乡的原风景》等 二声部齐奏曲：《木偶舞曲》等	

2. 寓教于乐，方法多样

教学前要充分运用直观的教具（如视频和音频等）让学生聆听、观赏，激发学生的学习兴趣。也可以"寓教于乐"，将适合儿童心理特点的游戏引入陶笛教学课堂，让学生在"玩耍"中充分体验和感受陶笛的特色和魅力，从而接受并喜欢上它，然后切入教学主题。切勿一上课就马上进入技法的教学，以免学生望而生畏。在教学中要经常进行角色的转换，让学生当主角，教师当配角，变学生被动学习为主动学习。

（三）运用多样化的学习方式，优化学习效果

1. 树立整体意识，培养团队精神

音乐课堂的陶笛教学是集体性的，每名学生手中都有乐器，如果只顾自己随意演奏，不听教师授课，也不愿意与小组或班级其他成员配合的话，既不能完成学生个体的学习任务，也会影响整个班集体的教学成果。所以集体荣誉感强的班级，学习效果就好。在陶笛齐奏上，也需要学生心齐，大家一起来表现一个完整的艺术形象，而不是突出某一个人。要提倡做到速度统一、节拍重音一致、力度变化一致。要达到这些要求，每位学生心中要装着集体，才能做到统一、整齐。又如，老师还可以选用或改编一些二重奏或者含有二声部的合奏曲目作为陶笛教材，一开始曲子难度不宜过高，练习时可先分句、分段教学，然后分声部进行练习。一个声部在吹奏的时候，其他声部的同学可以一起轻打拍子，让学生互相监督、互相指正，组与组互相点评，教师再作归纳总结，也可以充分利用我校一直沿用的四人小组学习模式（对学、你吹我听、拜师求艺、一对一帮带制等）。通过相互学习，实现共同进步，如此科学的训练既加强了学生的音乐节奏感，也加深了学生对乐曲整体性概念的理解，还能培养学生互相合作的团队精神。

2. 树立榜样，激发学习动力

在陶笛课堂教学中必然会涌现出一批有天赋、才能出众的学生，教师要善于发现和培养，特别是有一定的器乐学习基础的学生。对这些学生除了完成课堂上的练习，课外还可给予适当的练习，如安排独奏、重奏或者安排他们课堂辅导学习能力较弱的学生，实行帮带制，做好老师助教，使这些学生成为班级中的榜样，提高其他学生的积极性，提高整体演奏水平。

三、提升教师个人素质，开展专题选修课，实现器乐教学的长远目标

首先，器乐教学对教师和学生的要求都高于普通的音乐课。要想呈现一堂融入器乐教学的优质音乐课，教师必须有较为深厚的音乐基础，不仅要懂得演奏，还需要掌握一定的乐队配器等方面的专业知识，这样既可以将乐器的演奏技巧传授给学生，还能编排多种多样的器乐演奏节目，有效提高学生的音乐素养。

其次，开展专题选修课，让学生在不同风格、不同文化背景的乐曲的演奏欣赏中不断获得各式各样的情感体验，能够培养他们的人文素养，达到教学的长远目标。

美国著名的音乐教育心理学家詹姆士·莫赛尔曾经说过："器乐教学是通往更好音乐体验的桥梁。"我们将陶笛作为学具进入中小学课堂，探索科学的教学方式，使之得到合理有效的充分利用，必能使小学音乐课堂的内涵更加丰富，同时提高学生的音乐素养，为多彩的音乐课堂铺设更美好的教学之路，为学生的终身音乐学习奠基！

小学一年级音乐课中的组织教学

绵阳市新皂小学　田　静

时间像从指尖流过的细沙，在不经意间悄然滑落，一转眼我到新皂小学已经15个年头了，这么多年学校都只有我一个音乐老师，这15年来我教遍了一到六年级的所有音乐课程，让我最深刻的还是一年级的音乐教学。

还记得最开始上一年级的课时，每每上完一节课我都会累得满身是汗、声嘶力竭，感觉元气大伤，真拿这帮孩子没有办法，他们上课时注意力集中不到五分钟，然后就开始各种小动作，这也在说话，那也在说话；这也在告状，那也在告状。一节课下来我被他们牵着鼻子走，搞得我身心疲惫，看着他们一张张稚气可爱的小脸蛋，想想上课时我被他们欺负的模样，真是让我又爱又恨。每天一看到课表，下一节如果是一年级的课，我都很紧张很害怕，可是我们学校只有我一名音乐老师，大家都知道一年级的新生刚进校门最不好教，所以每年这个重担都会落在我的身上，怎么办呢？我不能一直这样被动啊，一定要想想办法来"对付"这帮孩子。

一年级新生刚刚进入小学，还不能一下子由小朋友转变成小学生，他们一只脚迈进童年，另一只脚却还在幼年，身体进入了学校，心理却还依恋着幼儿园里自由自在的玩耍生活，他们性格活泼好动，注意力集中时间短，自控能力也较差，现在正是他们两个身份的转换期。要想上好一年级的音乐课，有效地组织教学是最基本的保证，也是衡量一节课成功与否的重要标准。

首先从第一节课的上课师生问好开始，用音乐课的特有方式边唱歌边问好，拉近老师和学生之间的距离，让他们先感受到你不仅是他们的老师还是他们的朋友，让他们先从心里接受你，接受你这个陌生的老师。让他们在你的课堂里完全地放松，尽情去享受音乐带来的快乐。组织教学是一门艺术，放得太开孩子会不怕你，不听你的指挥，课堂就会乱成一盘散沙。教育孩子像是在放风筝，有紧有松，风筝才能飞得更高更远，那肯定得有一个口令，在他们即将成为散沙之前及时地控制住他们，我就利用孩子们都喜欢做游戏的特性，用音乐的方式来吸引他们。作为一名母亲，充分的带娃经验告诉我，幼儿园里的小朋友基本上都喜欢看少儿频道的《智慧树》，而里面有段音乐也是小朋友耳熟能详的，我就利用这段音乐配上我创作的歌词"听听听是谁的声音，看看看是谁没坐端"，再配上简单的肢体语言，那效果简直太棒了。还记得第一次上新生班的课，师生问好结束后没等到几秒钟，教室里就吵得像菜市场了，我开始唱了一遍，可能很多孩子没有注意到，后来我又唱了一遍，教室里马上就鸦雀无声了，所有的孩子都很安静地看着我，这段熟悉又陌生的音乐就像充满了魔力，一下子就把他们的注意力"拉"了回来。我忍不住在心里窃喜，但是我不可能一直这样唱下去啊，孩子们也会听烦的，想到孩子们喜欢做游戏，我就把每一堂课设计成一个故事或者是一个比赛。

　　一年级的小学生有一个优点，就是他们有很强的集体荣誉感和自信心，他们虽然年纪小，但是他们都会觉得"我最棒"，我就利用这一点从课堂的导入部分开始设定故事的模式，比如：我会在黑板上按同学们的座位划分出小组，再在每个小组对应栏下面画上一个鱼缸，里面画条金鱼，然后告诉孩子们："同学们，今天我们每个小组都在鱼缸里养了一条小金鱼，小金鱼特别喜欢听你们唱歌，如果上课的时候你们表现好了，小金鱼就会兴奋地吐出来一个泡泡，但是如果你们调皮了，不遵守上课纪律了，小泡泡就会'砰'的一声爆掉了，在下课之前我们来看看哪一个小组的泡泡最多就是获胜小组，就会获得意外的惊喜哦！"小朋友们对这种游戏很感兴趣，不仅自己自觉遵守纪律认真听讲，还会主动去监督身边的同学，如果是因为哪位同学不认真而被老师爆掉了好不容易挣来的泡泡，那么整个小组的同学都会向这位同学投来严厉的批评眼神，让这位同学深深陷入自责中，并且以后不敢轻易再次违反纪律了。当然音乐课堂上的奖惩是很分明的，表现好的小组也会获得奖励，这个奖励也是多种多样的，比如让全小组的同学上讲台很正式地接受全班同学的掌声，或者是把他们的名字写在光荣榜上，让全班同学向他们学习，增强了孩子们的学习积极性。除了养金鱼吐泡泡外，还有搭高楼、摘苹果、争夺小红花等孩子们都很感兴趣的游戏。设计更加灵活多变的教学活动，课堂小游戏、小表演、猜谜语、男女生比赛、小组间比赛，这些环节都能很好地把孩子们的注意力吸引到课堂中来。儿童天性好动，运用这个特点我让我的音乐课"动起来"，从节奏入手，以语言、动作、舞蹈、表演、音乐游戏等方式，去训练学生的节奏感，引导学生用自己的身体语言去解释和再现音乐。

　　小学教学中的组织教学不仅能稳定教学次序，而且能够保障教学活动正常运行，激发学生自主学习的热情。总之，有效的组织教学，是一年级音乐教学顺利开展的重要前提，也是让孩子们爱上音乐课的关键所在，如何把一年级音乐课堂的组织教学变成一门艺术，如何有效地进行课堂组织教学，从而培养一年级学生形成良好的音乐学习习惯，增强一年级学生学习音乐的兴趣，还需要我们每一位音乐教师在以后的教学工作中不断地去摸索实践。

浅谈新教师如何上好一堂音乐课

绵阳市青义小学　王　玲

在过去的两年时光里，在区教研员的带领下，我作为涪城区音乐教师一员，多次参加了绵阳市和涪城区的音乐教研活动，也有幸参加部分舞台表演活动，得以锻炼和成长。更有幸在欧老师的指导和帮助下，我在四川省名师工作室的课堂交流研讨会上上了一堂展示课，得到现场多位前辈、专家、老师的点评及鼓励。一次次的学习，一次次的积累，我不仅个人得到了成长，对教学也有了越来越多的感悟及反思。下面，我将从一名年轻教师角度在教学感悟及反思方面进行总结和分享。

一、降低专业化程度

两年的课堂教学实践下来，我深刻体会到音乐课不仅仅只是一门音乐课，而是一门音乐综合类课程。在这门音乐综合类课程里共包含"歌唱综合课"和"欣赏综合课"两大课型，两者相辅相成，且教学目标的设定都紧紧围绕"感受与欣赏""表现""创造""音乐与相关文化"四项课标领域展开并确定具体内容。由于小学阶段的音乐教育为非定向教育，故在小学阶段的音乐课程中，教师为了激发并保持学生对音乐的兴趣，降低专业化程度就显得尤为重要。好比，一首歌曲同时有声乐表演、歌唱和唱歌三种呈现方式，其中声乐表演对演唱者有较高的专业要求，这些专业要求不在绝大多数小学生的学习能力范围之内，所以是最难的。其次是歌唱和唱歌，前者多用于正式场合的艺术表达，对于存在个性差异和能在他人评价中获取自身价值的小学生们来说，若经常达不到教师的要求，久而久之会导致他们失去学习音乐的兴趣。而后者不一样，专业化程度在三者中最为低，学生只需要在课堂中掌握科学的发声，稍作思考便能用不同的声音表达心中的情感，在轻松快乐的学习氛围中学习音乐，享受音乐带来的快乐并保持对音乐的兴趣。所以，教师在教学过程中，降低专业化程度很重要，切忌让学生学会了这门技术，却抛弃这门艺术。

二、音乐是听觉的艺术

音乐是听觉的艺术，这也是我在观看指导老师的课例中，留下印象最深的一个点。在她的课程设计中，总是能将这句话的真正含义运用得无比巧妙，学生的学习效果也相当好，所以每当有向指导老师学习的机会，我都会将指导老师的课录像并反复观看和学习，并做详细笔记以便查阅。通过对录像和笔记的反复观看和思考，我总结出了以下几点并结合自身实际运用于课堂，也取得了较好的效果。第一点，给足学生安静聆听歌曲的空间和时间。学生的有意注意时间有限，在开课前的5—8分钟，是学生有意注意力最集中的时间。其中一、二年级学生的注意力只有不到5分钟，三到六年级学生的注意力不到8分钟。所以，在需要学生认真聆听的时候，老师一定不能用动作去干扰学生，要以学生为主体，让学生安静地去听。第二点，明确告知学生听什么，听哪里。面对低段学生，教师告知的方式除了用语言，还可以用动作。而面对高段的学生时，教师则可直接带领学生在音乐中用动作参与表达。第三点，及时抓住学生的注意力，通过感受和体验巩固并强化所听内容，这一步，是巩固并强化第二点中所听内容，形成记忆。第四点，聆听过程中，前奏不要有任何动作，为学生建立恒拍感。这个习惯可以从小学一年级开始训练，要重感受和体验，而非讲述概念。第五点，聆听的内容可以从最小单位开始，顺序依次可以是节奏（听典型节奏型）、节拍（感受体验帮学生建立稳定的节拍感）、旋律（基于音高和乐句的写实、写意两种旋律线，其中小学阶段听旋律进行的方向）、乐句（听数量和特点）、乐段（中学再开始听）、力度和速度（对比聆听）、情绪、音色（童声、女高、女低、男高、男低）、演唱形式（独唱、重唱、童声、女声、混声部合唱等形式）。

三、感受要在做中学

学生对音乐的感受、体验与表达一定要自己参与，而参与音乐的方式方法多种多样，结合向优秀前辈学习和自己课堂实践，简单总结出以下几种方式方法。第一种，把听音乐的感受用语言、文字、图画表达出来。需注意，语言和文字可以描述音乐，但不能明确音乐形象，因为音乐作用于每个人是不一样的，所以音乐感受没有标准答案，教师也不能给予正确和不正确的评价。第二种，采用唱、奏、律动、表演等方式参与聆听。其中，唱如果有难度，教师可以降低难度，选择慢速唱一句或一个片段，或采用模唱、教唱等方式，总之，过程要有新意，让学生觉得有趣又好玩。小学一年级就开始给音乐配打击乐器进行伴奏了，教师在选择或让学生自主选择打击乐器的过程中，一定要引导学生选择规范的，且音乐声音与音乐形象相吻合的乐器。同时，在配器过程中，还要注意配器的材质与音质是否与音乐吻合。教师设计律动动作力求简单，力求学生能够直接模仿，不能为了做动作而忽略学生感受音乐本身。学生在音乐中获得他该有的表现，而非事先排练。第三种，在音乐中联想、即兴创作、综合表现，且这些都要基于先学好音乐要素。

最后有一点要时刻谨记，音乐不分贵贱、高矮胖瘦、健康残疾，每一个人都是平等的，在所有的学习过程中，教师和学生都要做到尊重每一个人。

我知道自己还有很多的不足，需要改进的地方还有很多。在未来的日子里，我会继续跟随指导老师好好学习，也向其他优秀前辈老师学习，并积极主动参加音乐方面的教研和培训，抓住每一次学习的机会，认真踏实上好每一堂音乐课，关注到每一个学生，引导学生喜欢音乐，爱上音乐，并能够享受音乐带来的快乐，努力为更多的孩子开启对音乐世界认知的又一扇窗。总之，我希望自己的音乐课堂能够为每一位孩子带来快乐，为每一位孩子的童年留下一份美好的回忆。

教育者的姿态

绵阳市东辰学校　　肖春燕

今年的低段合唱团里，新加入了一批一年级的新生，其中有一个姓贾的男孩，眼睛滴溜溜转，一看就是调皮捣蛋又聪明的孩子。

第一节课他就显现出与众不同的气质，他嗓门很大，想说话就说话，完全无所顾忌，随性自由。一节课不停地闹腾，我用眼神、动作提醒他很多次，他完全视而不见。教学已经无法正常进行，我觉得我应该做些什么。于是我向他走过去，严肃地问道："你干吗呢？叫什么名字？"他抬起头，歪着脑袋，不说话，眼睛斜睨着我，然后开始眨，不停地眨，我从他的眼神里读到了挑衅的味道。

我深吸一口气，心想："你个小刺头儿，不信还治不了你！"于是我也拿眼睛瞪他，但我万万没想到，我一个几十岁的人，居然瞪不过一个几岁的小孩儿。我们四目相对，他继续保持着刚才那个姿势，对我眨巴着眼睛，一点儿躲闪的意思都没有，我也板着脸，瞪着眼，心里嘀咕："看你有多能耐？我绝不会先把目光移开。"这个时候教室里静悄悄的，孩子们都聚精会神地看热闹呢！不知道过了多久，真的很久，我的意志力已经不足以支撑我的眼睛了，他还在对着我眨巴着他的眼睛，他真的是无所畏惧，虽然我的眼睛还在挣扎，但在我的心里，这一场眼神的对决，我已经败下阵来。

这场对决最后是怎么结束的，我已经不记得了，尴尬肯定是免不了的。

接下来的几节合唱社团课，他继续我行我素。

后来，我和团里的另外一位老师交换了一下意见："要不，请他去别的社团？"这是一个最省事的决定了。因为纪律是一切的保障，这么难对付的一个小孩，一定会对我们的课堂造成不良影响，给我们的管理增加很大的难度。

放弃是我们最省事的选择，但改变才是最好的教育。

最后，我们决定，让他留下，我们用一个教育者的姿态去包容他，爱他，尝试着改变他。

后来的每一节课，我把更多的注意力放在他的身上，努力去发现他的优点，并及时给予鼓励。其实他很聪明，学东西快，他也很爱提问，回答问题也很积极，我也给他很多的机会。就在一问一答之间，我给他的肯定越来越多，他也变得越来越自律，最后当上了他们组的小组长，还成为了一名"小老师"，还是很负责任的一个"小老师"。

这个小孩我不敢说我们的教育对他有多大的影响，但是至少让他发生了很大的转变，这让我们看到了一种可能性，教育的确有一种化腐朽为神奇的力量。

教育者的姿态就是做最好的教育，而不是做最省事的选择。

小学音乐启蒙教育随笔

绵阳市安昌路小学　赖星佚

小学低段的音乐教学，是孩子入学后初次系统学习音乐的开始。和其他学科一样，音乐学科也要养成良好的学习习惯。针对低段孩子的年龄特点进行音乐课的常规训练。比如低段的孩子，他们天性活泼、好动，可以利用这一特点设计课前律动操，配合上简单易学的动作，在老师的示范下孩子们自然而然地参与其中。以这样的方式引导学生进入音乐课堂的学习，既活跃课堂氛围又满足孩子好动的天性，为后续的教学做好铺垫。在课堂教学中我们还可设置一些音乐提示语，比如进行分小组活动时，弹奏分解和弦提示孩子们开始小组活动，结束时弹奏整体和弦提示孩子们保持安静。在他们发言时，用上行的琶音表示赞同，用下行的琶音表示疑惑。渐渐地在音乐声中建立起规范有序的课堂教学秩序。

一、歌唱教学

1. 初步树立歌唱概念

歌唱是音乐学习的基础，是音乐教学中的重要手段，让孩子们学会通过歌唱的方式感受和传达情感。低段孩子在歌唱上还没有建立一定的概念，这时我们首先要求学生用正确的姿势进行歌唱，无论是坐还是站立，姿态要自然，背部、头部要端正直立，眼睛平视前方，手臂打开放松，等等。其次引导学生用适当的音量和符合歌曲情绪的力度进行歌唱，纠正学生在歌唱概念上的误区。在唱歌前朗诵歌词也是非常重要的步骤，通过朗诵熟悉歌词，感受歌词表达的含义，打开口腔的同时解决孩子在归音吐字上存在的问题，为后续的学唱环节做好准备。学唱过程中，除了掌握歌曲最基本的音准和节奏，还要强调表情、体态与声音的完美结合，引导学生声情并茂地演唱歌曲。教师对学生歌唱要求是持续性的，孩子需要重复性的训练才能养成正确的歌唱习惯。

2. 教师范唱对学生歌唱教学的影响

音乐教师在教学中的范唱可直接影响学生的学习情绪，通过教师的范唱可以让学生感受到歌唱的魅力，激发他们学习唱歌的兴趣。因此，在课前教师要反复练习，对歌曲的情绪、速度、力度以及歌曲曲风特点和主题思想进行分析，运用正确的声乐技巧表现歌曲，让自己的范唱具有感染力，呈现给学生一个较为完整的艺术形象。低段的唱歌课多以教唱的方式进行教学，因此教师要结合低年级儿童的心理特点，切忌演唱上过于美声化，把儿歌唱得成人化，这样的范唱不但不能引起学生的共鸣，还会让他们失去学习的兴趣。教师要尽量贴合学生的声音特点，以便他们模仿学习。科学的发声方法和演唱技巧除了教师言语上的强调，更加需要师生间"口传心授"的传统训练方法。

二、欣赏教学

1. 找准教学途径，激发学生欣赏兴趣

学生年龄越小，专注于某一件事物的时间就越短。这一年龄特点给低年级的欣赏课带来了一些难度，面对不同的欣赏内容时要采用不同的学习途径，比如根据课程内容将欣赏课与唱歌课进行整合，让教学内容变得更加丰富，满足低段学童的好奇心，提高学习兴趣。再者是借助多媒体教学的综合性，使抽象的知识变得直观。比如民乐合奏《三个和尚》，如果采用完整聆听和讲故事的教学方式，会显得教学方法单一，学习过程枯燥，再加上学生无法持久地注意，就很难让他们找到欣赏的乐趣。因此，我们可以将乐曲进行分段欣赏，感受每段音乐的特点，首先引导他们对音乐展开想象，提升学生的音乐感知能力。其次再结合《三个和尚》的动画片片段进行欣赏，更加直观地感受到音乐的表现力和音乐的塑造力。最后认识塑造三个人物的主奏乐器，了解它们的音色特点并围绕为什么会选择它来表现人物而展开讨论，让学生自主对音乐进行探索。在低段的音乐教学中，还可以运用游戏、图画等方式，将无形的音乐可视化，让学生全方位地去感知音乐。

2. 体态律动在欣赏课中的作用

体态律动学说是由瑞士音乐教育家达尔克罗夫提出来的，目的是通过听觉与肢体语言的有效结合，帮助学生更好地把握音乐的内涵，并通过动静结合的方式，激发学生的思维，培养学生的音乐感知能力。体态律动这一方式可以很好地与音乐欣赏课相结合，提炼出它的特质，使它在低段音乐教学中发挥作用。比如《同伴进行曲》，这是一首管乐器演奏的进行曲。通过踏步、旋转、行走、下蹲、站立等体态律动教学让孩子们认识并记住进行曲风格，轻松地听辨出重复出现的乐段以及分析乐曲的结构。体态律动突出音乐的动态特征，使低段的欣赏课生动有趣且充满活力。

低段的音乐教学内容上看似简单，但实际上在简单内容的背后需要我们做更多的教学思考和充分的课前准备，需要运用多种适合儿童心理的教学方式，满足儿童的内心需求，激发他们对音乐的热爱，提升各项音乐能力，为今后的音乐学习打好扎实的基础。

润物无声　教育无痕

绵阳市涪城区吴家镇初级中学　林　梅

在开学第一天上班的路上偶遇了一位镇小学的同行，她刚带完的那届毕业生正好是我今年即将要接手的新生，于是她主动展开了"交接仪式"般的话题：某某某是个品学兼优的孩子，某某某学习好胆子小，某某某总爱偷拿别人东西……她"如数家珍"一样描述着我的新一届学生，可我就单记住了"小豪"。在这位同行的记忆里，小豪就是她的"克星"！我也开始忐忑，这样一位天不怕地不怕，没人收拾得了的"小霸王"我又怎么让他能够规矩下来呢？

军训后初一年级正式上课，各班先后上了第一节音乐课，我一直关注着"小豪"这个名字，在周五最后一节音乐课我终于见到了他。被汗水浸湿的头发泛着黑亮的油光，一双浓密的眉毛叛逆地向上扬起，长而微卷的睫毛下面有一双明亮的眼睛，皮肤黑黑的，左脸颊有一块更深的黑，那是刚用手擦过汗留下的印记，一件洗得发黑的深红色短袖衫罩着瘦小的身体，右边袖子高高地挽起，露出细细的胳膊，一双凉鞋满是尘土已看不出原来的颜色，只看见脚趾抬起来时形状分明的脚趾印，我猜他下课一定兴奋地奔跑着去熟悉这个新环境。

上课铃声响起，按多年惯例我和孩子们开始聊天，聊他们对新学校的感受，新学段的学习目标，喜欢什么音乐，对音乐课的认识，等等。随即我提出了上音乐课的常规要求：提前进教室，入室即静，端坐，认真听讲，积极回答问题，等等，收发书本也作了具体安排。然后开始新课，和往届一样，孩子们在第一次见面的老师面前都极力地表现出一个乖学生的样子，包括小豪同学！我深知，小豪同学一定还处于刚到新环境的适应期，很多特点蛰伏着还没有显现出来。

接下来的两节音乐课里，小豪同学上课回答问题还算积极，参与音乐活动也很活跃，偶尔不守纪律的时候，我一个眼神过去他也能立刻投入学习，跟那位同行嘴里的"小豪"简直判若两人，我甚至已经相信小豪就是在新环境重塑自己的成功案例！

但是很快小豪就用实际行动证明了我还是过于乐观了。他上课开始东张西望，板凳上仿佛有钉子似的让他坐不住，总爱左挨右碰地影响旁边同学，我的眼神提醒、肢体示意、语言激励等对他也不再有作用，他也不再积极举手回答问题，有时刚讲过的知识请他复述他也答不上来。终于在一节音乐课上我提前结束了教学活动，安排同学们看书巩固，我走到小豪身旁，俯下身悄悄地对他说："下课后留一下。"他诧异地望着我，迟疑又不安地点了点头。

为了保护小豪同学的自尊心不受到伤害，不被其他同学嘲笑，待其他同学都离开了，我才开始我们之间的谈话："知道为什么留下你吗？"他想了想："上课没有认真。"我接着他的话说："怎么没有认真的？""没有专心听讲、和其他同学说话、打扰其他同学。"我笑着对他说："看来你能够清楚认识到自己课堂上的表现呢！"我告诉小豪，你的乐感很不错，对音乐的认识总能得到老师和同学的认同，大部分时候都能够认真听讲，你应该能做得更好！

再次上音乐课，小豪有了很大转变，又回到了那个认真听讲、积极回答问题的新生状态，但是，快下课的时候终究还是没能管住自己。我再一次悄悄地留下他，这一次，他自己先不好意思了，红着脸忙着给我道歉。我告诉他养成一个好习惯本来就不容易，坏习惯会跟好习惯竞争，所以会反复，这很正常。这节课你已经做得不错了，老师相信你下节课会坚持完一节课！他愉快地咧开了嘴，露出洁白的牙齿说："一定！老师我下节课一定坚持一节课！"说完还和我像朋友似的击掌为证。通过聊天我才了解到，原来他爸爸妈妈都在外地打工，常年不回家，只是偶尔通个电话，他和爷爷奶奶一起生活，但二老身体年迈也没有足够精力给予他更多的关爱和引导。我告诉他，你已经是初中生了，可以试着安排自己的学习，给自己树立学习目标，试着自己照顾自己，还可以照顾好爷爷奶奶。

农村学校留守孩子很多，每个孩子的背后都有令人心酸的故事。自从那次击掌后小豪主动把位置调到最后，他说这样可以随时接收我发给他的秘密信号，我尊重了他的决定，并且允许他有三次犯错的机会。我们也时常在课后聊天，聊老师、聊同学、聊父母、聊学习、聊音乐……

学校的操场我们走了一圈又一圈，音乐课上的孩子来了一轮又一轮，时间飞逝着，小豪也在发生变化，三次犯错机会他一次也没用，上课总是端正地坐着，满眼都是我。他虽然嗓子沙哑唱歌不好听，但他学竖笛很快，音乐感受力也不错，每当我提出问题他总是第一个举手，他的表现感染了所有同学，音乐课上全班都保持着高涨的积极性。在区班级器乐比赛中，这个班还获得了特等奖的好成绩！

音乐课带给他的自信让他也对其他学科慢慢地有了信心。2021年9月，他和班上大多数同学一样升入职业学校就读，在区内各类艺术活动中我们还时常碰面，看着他自信阳光的样子，我自豪我曾是他的音乐老师。

故事激趣二三例

绵阳市东辰学校　王仕衡

学生喜欢听故事，故事生动，蕴涵道理。故事能够实现学科目标的文化渗透。在音乐课堂中，讲故事就是讲知识，既生动，又易掌握，一举两得。

一、讲好名人的故事

小学音乐课中的音乐作品，大多数都是名家名作片段，也是某个时代的经典。听故事，学榜样精神；听故事，懂学科素养；听故事，树远大志向。

故事一

一次，贝多芬走进一家餐馆就餐，刚坐下来就聚精会神地构思他的乐章。他构思完毕以后，高兴地把服务员喊来说："算账，多少钱？"服务员先是一愣，接着"噗"地一声笑了，说："先生，您还没有吃东西呢！怎么就要付钱呢？"贝多芬说："我今天享受到了人生最宝贵的财富，比食物还美味！"说完，贝多芬把钱放在桌上，激动地飞奔出去了。贝多芬最终完成了九大交响曲，举世闻明！

学生可以从这个故事中学到认真和专注的态度。

故事二

孔子喜欢乐器，早年分别学习演奏琴、瑟、钟、磬，还有箫、管、笙、竽等乐器。但是他并不满足，在他五十岁时，还曾跟着当时的著名音乐家师襄学习弹琴。

这一天，孔子学了一首琴曲，规定练习十天后再学新曲。十天过后，师襄来到孔子练琴的地方，提醒孔子说："这首曲子已经弹熟，可以学新曲了。"孔子连忙站起来，认真地说："我刚学会了曲调，但演奏技法还很生疏呢！"说完继续练习下去。过了几天，师襄对孔子说："你的技法已经熟练，可以弹新曲了。"孔子却说："不行，我还没明白歌曲表达的内容呢！没有弄明白内容，就不能算是真会。"于是又埋头练起来。再过几天，师襄说："你不仅熟悉了曲调、技法，也明白了琴曲所表达的内容，可以弹新曲子了！"这次孔子却说："我尽管熟悉了曲调和技法，也知道了其中的内容，但我却不知道这首琴曲的作者是个什么样的人，不知道作者的为人，这怎能表现琴曲的思想和感情呢！"师襄觉得有理，从此就不再催孔子学新曲了。时间一天又一天地过去了，有一天师襄来到孔子练琴的地方，坐在孔子身边，闭目静心聆听孔子练琴。琴曲结束，只见孔子对师襄说："我已经知道琴曲作者是怎样一个人了！他身躯魁梧，脸膛黝黑，两眼炯炯有神，直射远方，是个具有王者风范的人。这除了周文王，我看别的人是很难写出来这样的词。"师襄不禁大惊，连忙说："是啊！我的老师就是这样告诉我的，这首琴曲就叫《文王操》，作者正是周文王。"师襄对孔子精益求精的精神佩服不已，接连躬身几拜。孔子连忙回礼说道："我可以学新曲了！"

通过孔子的故事学生可以学到做好一件事要有思想、有智慧，唯有坚持不懈，才会领略到精华，达到卓越的水平。

二、讲好规则的故事

关于规则的故事，想到了"课堂习惯常规、交往习惯常规、生活习惯常规"三大板块。比如在音乐课上学生容易弯腰驼背、腿脚乱放……不仅没有状态，而且学习效果不好。我想，利用故事吸引他们注意力，在潜移默化中使他们养成良好的习惯。但重要的是故事从哪里来？故事是否生动？经过思考，我觉得故事可以根据孩子们喜欢的动画片进行改编。

故事三

在学生课堂习惯不好时，老师可讲《农夫与农场》的故事。从前，有一位农夫，他管理了一片农场，农场里有56棵小树，农夫每天都给他们浇水、施肥，想让小树快快长高、长大，可是有几棵小树开始懒惰了，经常不认真"喝水、吃饭"，经常睡懒觉，让农夫很困惑。于是他想到一个办法，把这几棵小树移栽到另外一块土地上，让它们独自生长，多经历些阳光雨露。这些小树很高兴，感觉再也不受农夫的管理了，于是就开始了独立生活。可是到了晚上，当小树要睡觉时，有很多蚊子、害虫爬到树干上，开始吸收营养；白天，当小树吃饭、喝水时，旁边的杂草说："我们也需要营养和水分。"冬天到了，寒风呼啸，吹得小树直打哆嗦。就这样，小树很难吃饱饭，很难睡好觉，饿得又矮又瘦，和农场的小树比一点精神都没有。这几棵小树后悔不已，很怀念以前的农场生活，于是他们就向农夫承认错误，争取回到果园和小树们在一起。最后，农夫答应了，可是它们却错过了最佳的成长时期。

小树懂得了成长不能偷懒，那我们该怎么做呢？学生们回答道："懂得遵守课堂规则，不然会走弯路。"

三、讲好音乐知识的故事

音乐知识是基础，趣味学习很关键。音乐老师不仅要有扎实的技能，还要有会讲音乐故事的方法。故事从哪里来？结合教材老师进行二次创编，就会创造更高的价值。

故事四

比如在学习音符时，用故事讲述学生们记得更深刻。从前，有一个音符生活在幸福的家庭，五世同堂。有曾祖父，有爷爷，有爸爸，有"我"，有儿子。曾祖父的年龄最大，接下来是爷爷、爸爸、"我"、儿子。于是，曾祖父就叫全音符，爷爷叫二分音符，爸爸叫四分音符，"我"叫八分音符，儿子叫十六分音符。我们用"拍"表示，爸爸"一拍"，"我""半拍"，爷爷"二拍"，儿子"半半拍"，曾祖父"四拍"。于是他们就知道在音乐里面要唱多久啦！

通过讲解，学生懂得音符的名称与时值的关系。对巩固节奏练习，丰富音乐知识有很好的效果，潜移默化地丰富了知识的储备。

故事五

比如在认识高音谱号时，创编儿歌。如"高音谱号当队长，引导高音向上行，样子很像小风车，字母G演变G谱号，写在五线最前端，高音谱号完成啦；低音谱号当队长，引导低音向下行，样子很像小耳朵，字母F演变F谱号，写在五线最前端，低音谱号完成啦。高、低谱号一起走，大括号变大谱表，中间线上中央C，美妙音乐不离谁，唱歌弹琴最常用，学好音乐靠行动。"老师不仅读出来，而且还画出来，让学生形象记忆，在画的过程中得到巩固。

学好音乐技能，增强课堂效益；讲好音乐故事，传播音乐文化。让音乐课堂成为有文化美、趣味美、创新美的高雅课堂。教师心中要有故事，会讲故事，会拓展故事背后的教育意义。学生才会有兴趣，学得更轻松，既掌握知识技能，又能升华情感。这才是师生需要的美育。

反思是美丽的

绵阳市南街小学　崔　娟

再回首，审视我的课堂，发现在课堂变革的洪流中我一路蹒跚，一路风雨，终于有了现在的渐趋成熟的常态面孔。"三环四步"教学也在不断完善中，慢慢有了音乐的灵气和个性的元素。我越来越坚信：音乐课堂应该是一个让人情感飞扬的地方。情感的飞扬就意味着一种全身心的投入，一种生命的自由呼吸与舞蹈！这道情感飞扬的彩虹，必须要在变革的风雨后才能更加绚烂。怎样让我的课堂一步步趋于高效、智慧、灵动，趋于完善？为此，我一直在教学中学习着、摸索着、实践着、反思着。

作为一名音乐教师，我们首先应该做到实现自己课堂的有效性，然后再去追求一种理想的课堂。

有效的音乐课堂应该是"有所得"的课堂。我们常常会到不同的场合去观课，有的课展现了教师对时代课程资源拓展与选择的敏锐眼光；有的课堂教师与学生们玩在一起，孩子们能够在游戏中享受音乐；有的课教师以自己器乐的特长带动学生，进行图解式的音乐文本解读，很有成效；有的课教师温润如玉、举重若轻的教态令人感到舒服。每当我们听完课总喜欢问："这节课怎么样？好不好？"却全然不知，不能简单地用"好"与"不好"来评价一堂课，我们要看到的是这堂课带给了我们什么，给了学生什么，给了上课老师什么。

课堂是一个包容的场所，可以包容多元的教学理念，只要这种理念是有可取之处的。技能也罢，文化也罢，都是学生需要的，我们教师就应该在合适的学段，以自己的教学理解把握分寸。假如说评价一堂课只有一个标准的话，我认为就是"有所得"，无论是在知识、技能方面，还是在情感、态度方面都要让学生有所收获。毫不夸张地说，我随时都在审视和反思自己的课堂，哪些环节是无效的？哪些是低效的？哪些是有效的？例如，在五年级上册第二课音乐作品《嘎达梅林》的欣赏教学中，我设计了一个"最强大脑"的游戏。老师先弹唱《嘎达梅林》，请学生听辨旋律中出现了哪些音，进而听音乐将曲谱排序，让学生在多次听辨的基础上视唱整首歌曲，为后面深入欣赏《嘎达梅林》奠定基础。结果在这个环节中花费了大量时间，只有个别学生听得出零零散散几个音，学生在乐谱排序的这个环节中更是无从下手。显然这个环节是低效的，甚至是无效的。我在接下来其他班的课堂中，改变了教学方法，直接让学生聆听歌曲，体会男低音音色的特点，复听歌曲，边听边模唱旋律并思考歌曲的分句，最后跟着钢琴视唱乐谱，直接让学生记忆主题、熟悉主题，为后面深入欣赏马头琴五重奏《嘎达梅林》奠定了基础。可以说这样的设计达到了事半功倍的效果。

当然，为达到更高的要求，我们对音乐课堂教学艺术的追求不能止于有效，应该是学生在拥有课堂幸福感的情况下有所得，这样理想的音乐课堂应该是宽松、和谐、民主、平等、真实、活跃的，这也是我们一直追求和奋斗的目标。

记我们的"竖笛四人小组"

绵阳市实验小学　张赛君

竖笛进课堂很多年了，在竖笛教与学的过程中，我想老师们都感受到了酸甜苦辣吧，因此都一直在摸索中前行，不断尝试、归纳、总结。

又进入了新一届学生的竖笛学习阶段了，我组织同学们成立了"竖笛四人小组"。按学号顺序四人依次组成一组，我要求孩子们自由选出小组长（组长可以轮流做），每期末评选优秀小组长，分发奖状。既然组长是自由选出来的，小组成员们首先要学会服从，然后就是协作。

我想说的是，这个"竖笛四人小组"可是解决了以前学习中的很多困难！孩子们的相互督促、相互学习，大大地提升了学习效率，更重要的是在学习的过程中，同学们学会了服从、合作、沟通，懂得了团结协作的意义。

1. 解决了每堂课竖笛带不齐的问题

我要求组长建了"竖笛四人小组"群，每次音乐课前一天互相提醒带好用具用书。

2. 互相学习事半功倍

一周只有两节音乐课，而每节课上竖笛学习时间也有限，更多的是需要孩子们自己课后练习，孩子们利用学习群，以视频的方式把自己吹奏的指法、练习曲发在群里，相互学习，对课堂上没有掌握的孩子，帮助很大。

3. 避免了厌学情绪

竖笛学习进行一段时间以后，就会有分化现象。面对老师，学习进度慢的孩子心理非常紧张，可以说费时费力，还没效果，有的孩子还越来越没信心，有的还放任自流，开始厌学，而通过小组内孩子们相互学习，没有了紧张的情绪，学习效果反而很好。

4. 增强了沟通交流意识

我要求组长检查每个组员的吹奏练习，也要求组员主动给组长"交作业"，在这个过程中，他们就会相互交流，有不会和不对的地方，就会互相学习。

5. 培养了团结合作意识

每节音乐课下课前，我会布置作业，将在下一次音乐课中，抽一至两个小组吹奏，吹奏好的小组，每人发星星（与班级奖励机制一样），这样就有了课间随处可见的小组围在一起吹奏竖笛的画面了。

6. 集体荣誉感倍增

期末检测竖笛吹奏，我提前布置规定曲目，四人小组每人都能完整流畅地吹奏就能得满分并加星。孩子们为了小集体的荣誉，为了满分，每天都会自觉练习，其实每天也只需花费几分钟就可以完成。

一学期的时间结束，期末竖笛吹奏表演，最终呈现了很好的效果，我觉得"竖笛四人小组"这种方式效果显著。

如何开展班级音乐会

绵阳市跃进北路学校　刘　旭

我们的孩子心里有这样的梦想，他们渴望上台表演的机会，希望得到鲜花和掌声。我在教学中尝试了"班级音乐会"，让学生实现他们的梦想，从中我也收获了许多快乐。现在把我的一点体会和大家分享。

"班级音乐会"是一种生动活泼的评价方式，能充分体现评价的民主性，营造和谐、团结的评价气氛。期末的班级音乐会是一个展示学生音乐学习成果的舞台，也是趣味性的一种评价方法。班级音乐会这个载体，使学生成为一个独立的个体，让他们在活动中发现和认识有意义的新知识、新事物、新方法，充分展示了学生的个性和才华，培养了学生团结协作的精神和热爱艺术的情操；同时，能让学生在把握音乐形象的基础上，发挥自己的个性，大胆展开联想、想象，进行二度、三度创作，能直接而充分地培养学生的创造意识。由于兴趣、经历、知识、阅历等不同，孩子们对音乐也会有多种多样的理解，能在音乐会上体验不同的快乐。

一、开展班级音乐会的意义

1.给学生表现音乐的机会

以前，只有少数同学有幸在"六一"儿童节上参加演出，现在的班级音乐会给了每个学生一个表现自己的机会。这是一件多么快乐的事呀！在传统的音乐教学中，音乐教师总把表现的机会给了少数学生，而忽略了大多数同学。有的学生偶尔被请到台上表演，却因为害怕出错心里紧张，没有好好表现，导致对自己失去信心。从心理学的角度讲，少儿心理发展的主要特征为好表现、爱表扬。这样就不利于孩子的身心发展。班级音乐会，能让学生充分准备，为学生提供了表现的机会，使他们从中体验表演的乐趣。班里一位性格十分内向的女孩，平时都不敢大声说话，课堂上也很少主动举手回答问题。在一次班级音乐会上，她和几个同学一起演唱《甜甜的秘密》这首歌曲，她的音色甜美，表情自然，表达出了学生对老师的尊敬和爱戴之情。她的表演得到了大家的一致好评。这次成功的体验为她在以后的音乐活动中逐渐施展出了自己的才华打开了大门，经过不断提高，后来参加了区级和市级的歌唱比赛，最后取得了"十佳歌手"的称号。

2.能提高平时课堂效率，有效减轻学生课业负担与心理压力

音乐课并非"唱歌课"。若简单地以一曲来断定学生的音乐成绩，必定要挫伤那些嗓子条件不佳学生的积极性。音乐是一门综合性的学科，不同特长的学生可以用不同的形式来表达。班级音乐会由学生自由组合按教材内容选用唱、奏、跳等方式来进行表演，学生自己选出评委，分组进行比赛，在分组比赛后进行个人才艺表演。实践证明，用这种方法可以减轻学生对考试的恐惧心理，增强了学生参与音乐活动的积极性。另外，课堂内和课堂外的音乐技能和知识都融入班级音乐会中，使学生更深地了解音乐课的内涵，无形中达到了学习的要求，激发了学生平时学习的兴趣。

3.能培养学生的合作意识和创新精神

艺术的生命在于创新，创造性是人的主体性发展的最高表现。创造能力不仅表现为具有强烈的创新意识，而且表现为具有丰富的想象力、敏锐的直觉、创造性思维和动手实践的能力。班级音乐会让学生自编、自导、自演，极大地唤起学生的创作热情，让学生不断品尝到创新的快乐。有的自编剧情把一些歌曲的歌词改写成小型的音乐剧；有的组织了一个小型的乐队；有的还为古诗创作了曲谱来演唱；有的根据歌曲编排了舞蹈。在这个过程中大家享受到了创作的喜悦。学生的积极投入、热情参与更加坚定了教师的信念，和学生一起分享音乐带来的快乐。这样教师也会以更大的热情投入到工作中。

二、开好班级音乐会需注意的几个方面

1.自选自己喜欢的节目

自选或改编音乐教材内容，创编舞蹈、小品、诗歌朗诵、时装表演。节目人数不限，学生自愿寻找合作伙伴，每人最少参与一个节目。

2.表演形式不限

班级音乐会一般有两周的准备时间，可用吹、拉、弹、唱、舞、赏、说、诵等不同形式来表现；可自由组合，单人、双人、小组表演均可以。

3.充分利用老师和同学的力量

利用音乐课和课外时间进行排练，教师分别进行指导。帮助学生解决排练过程中的难题，鼓励学生自己动手设计制作表演道具。并推选出组织能力强的同学担任主持人，评委也由学生推荐产生。

孩子心里都有着美丽的梦，班级音乐会就是实现音乐梦想的实践平台。让我们共同努力，让学生心中"梦的光点"在班级音乐会中闪亮。

舞蹈社团传"非遗"，川剧百态进校园

绵阳市安昌路小学　张　兰

中国近代教育学家蔡元培提出了"以美育代宗教"的理念，希望可以通过美育的形式来建设新的文化和教育。今天，我国仍然重视美育教育，尤其是重视传统文化的传承与发展。随着艺术教育的理念不断地推进，舞蹈教育得到了前所未有的发展，我们的舞蹈社团也在与时俱进，思考着如何挖掘美育当中所蕴含的内涵，并提出通过舞蹈来传承"非遗"文化，让舞蹈作品彰显其价值，运用舞蹈传承非遗的形式逐渐走进了大众的视野。

说到非遗，我们舞蹈社团以川剧为载体，推崇"川剧百态进校园"，通过运用舞蹈素材来推广川剧，我们社团坚持将传统文化的推广作为特色，以非遗传承作为己任，在"舞蹈社团传'非遗'，川剧百态进校园"中唤起心灵的觉醒，开启生命的无限潜能，催生出一片传统艺术教育的新绿。

现如今，舞蹈领域对于"非遗"文化价值的认可，以及通过舞蹈的形式来进行川剧文化的传承仍然有很多的意见。为此，我们舞蹈社团通过对成功的"非遗"舞蹈的实践案例进行分析、阅读相关的文献、观看相关的视频，齐心合力为构建新时代背景下的非遗舞蹈添砖增瓦，实现"川剧百态进校园"的大好愿景。简单来说，通过舞蹈来传承非遗与传统的专业舞蹈和学院派舞蹈有很大的差别。专业的舞蹈艺术家应该和民间的艺术家们形成合力，通过博大的艺术胸怀以及豁达的智慧来共同探索出"各美其美、美美与共"的中国特色的舞蹈文化体系。我们学校是省艺术研究院的基地，排练的舞蹈得过省中小学生艺术节一等奖，通过学校舞蹈社团的展演，可以欣喜地看到守护民族舞蹈传统、维护民族生态的多元化和传承民族文化的血脉，已经后继有人。

我认为，想要通过舞蹈来传承"非遗"文化，让川剧的百态走进我们的校园，可以从以下三点入手。

第一，要搭建更好的平台，将川剧这一非遗文化渗透到舞蹈社团当中。我们这一代的年轻群体，对川剧这一"非遗"文化往往都是比较陌生的。大多数的学生都是在电视上看到一些川剧的表演,却很少有人真正地了解川剧文化,明白川剧表演的内容。川剧"非遗"文化的保护和传承是经过一代又一代人的努力,而学校作为培养人才的主要场所,将川剧引入舞蹈社团当中,无疑是为川剧这一"非遗"文化注入了更多的新鲜血液,创设了一个很好的发展平台。我校又是省艺术研究院的基地,有着很多高素质、高学历的研究人才,能够有效地发挥创造川剧和舞蹈的艺术价值,并对川剧舞蹈进行深入的挖掘和探索。经过专业的训练,我校的舞蹈社团能够呈现出较强的表现力,使得川剧在传承的过程中完整地表现出来。利用校园文化来进行传播,也能够将川剧百态推向一个更高的层次,让更多的人去了解川剧,去感受"非遗"文化,去实现对"非遗"文化的传承。

第二,要结合学校的实际情况,建立"川剧"舞蹈特色社团。想要让川剧真正地走进校园,就需要结合学校的舞蹈社团来建立特色的"川剧舞蹈"项目,将川剧与舞蹈内容有机地结合,实现对川剧的传承。当然,建立"川剧"舞蹈特色社团,首先要立足于我校的文化资源,对适合川剧的一些舞蹈进行整理和筛选,从川剧的角度出发进行舞蹈的创作,进而形成富有川剧特色的舞蹈内容。对于社团的建立,可以分为三个阶段,第一阶段的成员需要对川剧有粗浅的了解,在进入社团之后处于认知学习的阶段,前期以知识的学习为主,实践练习为次要,后期则循序渐进地增加练习的次数。在不断深入地了解川剧文化的过程中坚定学生学习的信念,主动地进行文化传承。第二阶段的成员需要进入到提升技艺、承担演出的一个层次。经过第一阶段的磨炼,学生对于川剧的服饰、道具、舞蹈表现形式都有了一个比较完整的认识,但是其艺术表演力还有提升的空间。在社团辅导员的引导下,成员们需要不断地进行锻炼,力求突破,通过一些汇报演出来实现川剧的传承和发扬。第三阶段的成员已经掌握了一定的技艺,这个时候便可以通过演出来实现学生的迅速成长,并且尝试从舞蹈改变的角度来进行川剧的融合,实现能力的综合提升。

第三,确定川剧学习内容,在传承的基础上实现舞蹈创新。在传承川剧的过程中必然少不了的是发展川剧的内容,实现川剧与舞蹈的融合创新。让川剧走进校园的第一步,就是通过向老艺人们请教,学习一些经典的川剧内容。在尊重川剧原生态的前提下,通过舞蹈动作的创新,进行科学的编排。然而,对于川剧文化的传承和保护不能故步自封,而是要不断地进行创新,在社团排练的过程中,还需要教师和学生在保持川剧原本的风格的基础上,对一些舞蹈动作进行创新,形成独具特色的川剧舞蹈。

　　总之，川剧是我们国家历史流传下来的较为经典的文化，而"舞蹈社团传'非遗'，川剧百态进校园"对青少年的影响也是巨大的，我们社团成员以及学生都应该积极地响应国家的号召，承担起"非遗"文化传承的这一责任，积极地学习川剧相关的知识，在舞蹈社团中对其进行创新，使得川剧百态能够更好地走进校园，融入舞蹈动作当中，进而得到更好的传承和发展，让莘莘学子能够在"非遗"文化的浸润当中拥有一技之长，可以更加健康、快乐地成长。

中学合唱排练实践初探

绵阳市实验中学　邹　施

今天我想谈的是关于2021年5月举行的艺术节中自己第一次参与排练的合唱比赛的相关感受。这次排练，我是以钢琴伴奏也就是艺术指导的角色协助排练。在近一个月的排练里，对于这支临时组建的合唱团，每走一步都让我感悟颇多。

先说说选曲吧。

（1）因为自己没有未雨绸缪的意识，所以，在选曲时想要尽快地找到合适又好听的合唱作品，是有难度的。所以，素材积累意识要建立起来。

（2）选择的作品难度要适合合唱团的水平也要适合指挥的水平。作为新老师，宁可小而精致不可大而粗糙。

选好曲目后不能急于排练。作为指挥，要分析作品，研究透作品。从作品的创作背景、情绪情感，到横向的声部旋律、纵向的和声变化、作品难点等都要了如指掌、熟记于心。做好充分的准备后才能开始排练。

接下来是非常重要的排练过程了。回想排练过程我的感受如下：

（1）老师需了解学生，学生也要懂得老师。例如指挥图示、手势动作等在最开始排练时就要向学生解释清楚，让学生看得懂。动作尽量简单固定，避免花里胡哨。

（2）我的师父告诉我，一个优秀的指挥，"会听"是重中之重。合唱团的音色好不好听、各声部唱得音准不准、情绪处理有没有到位、咬字是否清晰等，都是要通过耳朵的检验，指挥员就是第一检验员。并且发现问题要及时解决问题，不能听而不闻。

（3）作为指挥要"会看"。音乐是听觉艺术，那在舞台上表演的音乐就是视听艺术，是听觉和视觉的审美。所以，在平时的排练中，就要对学生的表情、体态、动作等外部表现有所要求，并且发现问题要及时解决问题，避免视而不见。

（4）别把自己装进盒子里。虚心请教、多思多问，避免闭门造车。

最后就是演出了。为了保证演出顺利，应做到以下几点。

（1）时间安排充足，避免因时间紧促造成不必要的慌乱。

（2）情绪会传染，所以老师要营造一个愉悦轻松的氛围，避免大声呵斥、批评学生等，影响学生心情。

（3）指挥不要随心所欲，不要在临近演出时对合唱团的表演内容进行改动，这样极大可能是会出错的。

关于第一次参与学生合唱排练的感受就这些，看着合唱团从不会到会、从怕唱到敢唱、从不和谐到和谐，这是学生们的成长，更是我的成长。

唱歌课中的情感渗透

绵阳市东辰学校　黄　倩

唱歌课中，我们常常需要解决的三个核心目标，就是"唱会、唱对、唱好"。这是一个过程，学生能有感情地演唱歌曲，是"唱好"歌的关键。

没有"情感"这个核心，音乐就会变得苍白无力。音乐教学中通过学生对音乐的感知、理解、想象等活动，引发学生的情感共鸣、情感体验、情感交流、情感抒发，才能达到音乐的审美境界和教育的终极目标。针对歌唱中的情感渗透，我做以下几点感受分享。

1. 教学准备，铺垫情感

充分分析教材，找准歌曲的情感核心。在课前三分钟环节开始铺垫情感。《游子吟》这一课的情感核心是"母爱"，歌颂了母爱的伟大与无私，表达了诗人对母爱的感激以及对母亲深深的爱和尊敬。所以，我在课前三分钟设计了欣赏《烛光里的妈妈》，让学生从进教室开始，就感受到母爱的气氛。

2. 情景创设，再现情感

利用谈话、图片、提问等方式，使学生在特定的情境中，通过情感共鸣获得情感体验。通过图片、谈话，再现"临行密密缝，意恐迟迟归"的画面，体会母亲的用心良苦。通过诗歌朗诵和解析让学生理解"谁言寸草心，报得三春晖"，从而产生情感的共鸣，感受母爱的伟大。通过提问交流，让学生回忆母爱，引发共鸣。

3. 有效设问，激发情感

充分利用教学资源，将音乐基本要素与学生情感体验结合起来。在解决力度、情感、音色、装饰音记号的过程中实现情感渗透。在《游子吟》一课教学过程中我设计激发情感的提问："波音在歌曲表达情感中有什么作用？"通过有波音和无波音的对比，学生认为没有波音，情感很直白，有了波音情感更婉转……波音像作者想到自己的母亲的爱，内心感动时的颤动……波音像描绘年迈的老母亲缝补衣服颤抖的手……师："波音像我们波动的心弦，诉说着对母亲的深情……下面我们一起想着母亲触动我们心弦的爱，一起来唱一遍……"通过这样的问答，不断激发学生心中的情感。

4. 以情带声，融声入情

通过教师语言启发，让学生感受歌曲蕴含的情感，引导学生用优美的声音来表达丰富的情感。通过对歌曲结束句的处理，引导学生感受对母亲源源不断的爱，唱出意犹未尽的感觉，仿佛母亲从远方听到我们传来的歌声；通过对学生提出歌唱五要求，让学生用自然、圆润、饱满的声音诉说对母亲的感激。

5. 寓情于教，以情激情

教师首先进入"角色"情不自禁，学生随师"入境"自然而然。教师通过丰富的语言、真实的情感进行描述启迪，并通过丰富的声音、神态、眼神、体态等感染学生。

通过以上几点，在《游子吟》这一课中我注重对学生的情感渗透，以达到"唱好"的目的。

我眼中的乡镇小学音乐教育

绵阳市金峰小学　黄　玲

教师的教导是爱的传播，教师的帮助是冬日的暖阳。入职以来，在音乐教学上，我积累了一定的经验。我发现乡镇的教育问题是难点问题，这其中还是和乡镇孩子的家庭教育有关。乡镇义务教育中所接受的教育资源不对等，骨干教师流失，教师老龄化现象严重，英语、音乐、体育、美术等学科教师缺少，这些也是主要的问题。所以各地区要促进教育资源合理配置，创新教师招聘思路，留住一些好老师，采用定向培养的方式培育出一大批优秀教师。

育人之道，爱心为先。儿童尤其是小孩子自学能力比较差，必须要有老师去引导他们，这个时候教师就要起到一个管理者的作用。我们音乐老师应该与孩子进行良好的沟通，不管是在课上还是在课下，尽量和孩子成为好朋友。在教学过程中，与孩子相处时要充满人文关怀，时常关心爱护孩子，了解每一位学生的实际情况，注重与家长的沟通，发现问题及时告知家长，一起寻求解决办法。要重视家校合作，充分利用学生的家庭资源，促进学生身心健康、和谐发展。另外，作为老师有耐心是很重要的。有耐心的老师能够让孩子充分地表达自己的想法，挖掘出内在的潜力；而缺乏耐心的老师，只会破坏学生的想象力，淹没他们的创造力，阻碍孩子未来的发展。

在教学中，我们应拓展一些相关的训练游戏，让孩子全面发展，把这些知识融入游戏中，激发孩子的兴趣爱好，培养孩子的创造能力，让孩子养成良好的学习习惯。学习习惯的培养应该成为小学阶段的教学常态，老师也一定要树立习惯意识，在平时的教学活动中，要加大对孩子良好学习习惯的培养，让习惯成为孩子的一种行为准则。教师要针对实际，面向不同的孩子，因材施教，言传身教，对孩子们循循善诱，一点一滴教会他们，逐步改变他们的不良习惯，督促他们养成良好的习惯。还要给孩子留下思考的空间，比如给他们布置几个小问题，让他们在思考中不断迸发想象力和创造力，尽可能多地鼓励他们问问题，解决他们的疑惑，尽量让他们在课堂上收获到更多的东西。

"师者，所以传道受业解惑也。"在上音乐课时，我想我们教师应该做到：在教学中，不仅仅要教给孩子美的东西，更要教会他们如何发现美，都说"授人以鱼，不如授人以渔"，传授方法比直接告知的效果要好得多。我们要让学生敢于大胆地唱出来，帮助他们找到一个好的歌唱教学方法，让学生热爱歌唱，快乐地歌唱。在给学生上音乐课时，我会先介绍出歌曲的词曲作者，以及它的内涵。这样可以让学生的注意力更加集中，更有效率地完成课堂教学任务，激发学生学习音乐的兴趣，培养他们的自学能力和歌唱实力。

苏霍姆林斯基说过，"追求理想是一个人进行自我教育的最初的动力，而没有自我教育就不能想象会有完美的精神生活"。我认为，教会学生自己教育自己，这是一种最高级的技巧和艺术。每当上课时，看到孩子们一双双清澈的眼睛里透露着求知的欲望，我就会有一种被认可的幸福感，就会看到平凡的工作中有着不平凡的意义。因为孩子都是有血有肉的，老师的一个眼神或者一个动作都会影响他们。在这个特殊的学习阶段，我们更应该用特殊的方法去对待他们，要做一个心中有光的老师。在我看来，教师就是要将自己所学传授给孩子，为教育事业贡献自己的一份力量。

让童年的音符更美妙

绵阳市御营小学　李　应

爱因斯坦曾说:"如果把学生的热情激发出来,那么学校所规定的功课就会被当作一种礼物来领受。"音乐,本身就是情感表达的最重要的方式。让音乐点燃孩子心中的美好感受,是激发他们音乐审美、音乐实践的重要方法。身为音乐教师的我,面对具有不同音乐细胞的孩子,思考应该通过哪些有效的形式,作为孩子喜欢上音乐的兴奋剂,让每一个学生都能够在课堂中收获更多的成长。

有人说,音乐是流动的绘画。一个个音符,高低起伏,长短不一,时而悠扬,时而短促,时而高亢,时而低沉。当我感受到音乐与线段、图形、色彩也有如此关系的时候,我便尝试着通过绘画的形式,让学生参与到音乐课堂的学习之中。

去年秋天的一个下午,我执教五年级上册第三单元《丰收锣鼓》一课。上课伊始,我像往常一样,声情并茂地描述着,希望我播放的音乐,能够让孩子们兴奋起来。然而,让人沮丧的是,教室里似乎只有我一个人陶醉在音乐当中,一个人在讲台上表演着"独角戏",台下的孩子们依然一副无精打采的样子。我气急了,三步并作两步冲到一个正拿着笔在本子上乱写乱画的孩子身边,怒目圆睁。孩子看着我怒不可遏的样子,当然吓坏了,她忙不迭地将本子压在自己的双臂下面。我一把将她的手挪开,扯出本子一看,上面歪歪扭扭地画着一些线段和不规则的图案。

"这是什么?"我问道。

"这是我听着音乐画的画……"她显然被我的气势吓住了,吞吞吐吐地说。

"这么说你还有理了?"我不依不饶,"那你说说看,刚才的音乐跟这些有什么关系?"

没想到,经我这么一问,孩子居然兴奋地讲了起来。音乐欢快的时候,就用折线表示,舒缓的时候就用波浪线表示。高音的部分,画一个尖角,低音的部分就画一个圆弧……

听着她的讲述,我猛然醒悟:这不正是我所期待的教育效果吗?孩子们能够用自己的方式表达对音乐的理解,这何尝不是一件好事呢?

想到这里，我兴奋不已，马上发给学生每人一张纸，让学生画出自己从音乐中听到的"节日"。同时我告诉孩子们，画得好的，有创意的，在上课结束后有神秘的奖品。孩子们听到这里，纷纷表示希望再播放一遍音乐，他们想要从音乐里面多听一点内容，多一些体会。伴着音乐，学生们纷纷拿起画笔，将"音符"绘在纸上。有的孩子一边欣赏着跳动的音符，一边通过色彩的变化来描述自己对音乐的感受。

在后续的课堂中，每一个学生都沉浸在音乐的世界之中。欣赏结束后，我展示并让孩子们评选出最有创意的作品，并奖励了他们糖果。虽然奖品并不贵重，但在孩子们看来却是一种荣耀。

后来，我在走进课堂之前，便多了一份心思，思考音乐和生活的联系，思考如何用孩子们喜闻乐见的形式来展示音乐。有时候我会让他们通过肢体语言来表现音乐，有时候用表情的变化来表达感受，有时候会让他们描述听到音乐后想到的情境。

在一次次尝试中，我看到了学生眼中闪烁的光芒，也看到了他们在课堂上热情的样子。我渐渐懂得：在教学中，学生对于教学内容的兴趣，以及他们参与学习的主动性，远远要比老师详细的讲解更加重要。

为乐而歌

绵阳市西山路小学　唐　静

光阴荏苒，时光如水。不知不觉，绵阳市涪城区校园歌唱比赛已经走过了十八个年头。小小舞台，大大梦想。这里既是学生歌唱的乐园，也是音乐老师炫技的去处，更是无数怀揣音乐梦想的孩子走出四川走向全国乃至走向世界的起点。一群热爱音乐教育的人（老师）涵养着一群热爱演唱的人（学生），为乐而歌。

——题记

演唱歌曲是中小学音乐教学的基本内容，也是学生最易于接受和乐于参与的表现形式。每一年的校园歌唱比赛，既是小歌手个性发展的情致表达，更是歌唱教学的艺术实践活动，梳理自己多年训练小歌手的教学心得，总结经验教训，益于日后培养更多为乐而歌的声乐苗子。

一、小歌手的选拔立足扎实的日常歌唱教学

演唱歌曲是音乐课中重要的教学内容，老师在每一次歌唱教学过程中，始终积极调动每一个学生参与的积极性，重视学生的演唱姿势、呼吸方法、节奏和音准等，创设与歌曲表现内容相适应的教学情境，激发学生富有情感地演唱。老师在他们尽情演唱表现中，关注有辨识度的嗓音，寻找好歌声，初选声乐苗子。

在日常音乐课中，我喜欢关注学生课堂里的一歌一行，我也对动听的歌声很敏感。一次，在歌曲《清晨》副歌的学习中，两个连贯而清脆的童声在全班演唱表现中显得尤为突出。下课后，我轻松地与两个小男孩聊天，了解他们对演唱的喜好程度，喜欢唱哪类歌曲，会唱哪些歌，有没有参加过课外声乐培训，有没有崇拜的歌手等问题。最后问他们想不想进学校唱唱团并参加训练，俩男孩爽快地答应了。两年后，因为热爱，因为努力，因为科学的声音训练，他们在涪城区校园歌手比赛中崭露头角，分获佳绩。看着那时他们为乐而歌的幸福笑脸，刹那间悟到：扎实的日

常歌唱教学是培养小歌手的摇篮。

二、小歌手的训练注重音乐层次感的自然歌唱

音乐层次感的自然歌唱，简单地理解就是歌唱时用自然的声音表现歌曲的强弱对比或者节奏变化。

怎样做到音乐层次感的自然歌唱？

首先最关键的是在正确姿势下有气息控制地歌唱。声乐专家捷米采娃说得好："姿势是呼吸的源泉，呼吸是声音的源泉。"可见，歌唱姿势准确，就能获得深呼吸的有力支持，音乐层次感的自然歌唱才能得以实现。训练小歌手姿势和气息方法很多，其中小歌手歌唱站姿的养成，我常用的方法是踩莲花游戏法，即小歌手两脚略分开，各踩在地面勾画的莲花上，姿势挺拔，气息通畅，歌唱与发声的调控有了保障。因为形象有趣，备受学生喜欢，且有效打开了小歌手的气息通道。

其次，演唱歌曲要有画面感。歌唱是人们抒发情感的艺术。某种意义上说，在歌唱艺术上最为感人的并不是声音，而是激发声音且蕴涵于声音之中的情感，以情动人，以情感人，唯有情动于衷发而为声，才是最为感人的演唱，以情带声才是训练学生发出优美声音的有效途径。小学生年龄一般是6—12岁，对歌曲作品的理解随着年龄递增而增长。有一年，我在训练四年级学生康同学演唱《小小少年》之前，让他和家人一起看电影《英俊少年》，了解主人公海因切的生活与遭遇，一个正直善良、热爱家人、对美好生活充满热情的少年形象深深打动了康同学。之后的情感训练就显得顺理成章，康同学脑中有海因切的形象，并加上他自己的理解，他说自己有时也有不开心的时候，将纠结忧伤的情绪带进这句歌词"但有一天风波突起，忧郁烦恼都来了"，脑中有画面感，心中有意境，声音自然有情感，音乐层次感清晰，有血有肉的歌声让人沉醉。在参加第八届绵阳市涪城区中小学歌唱比赛中，他一首声情并茂的《小小少年》深入人心，打动了现场的评委和观众，以高分荣获"十佳歌手"的称号，并在绵阳市的中小学歌唱比赛中喜获一等奖。看着从开始胆怯到后来自信表演的这个孩子，我的幸福感油然而生。

以赛促技，以赛育人。歌声飞扬，载着梦想，我们这群涪城音乐教育人以执着的追求为马，为乐而歌，永远在路上。

浅谈校外教育和义务教育的异同

安州区东辰学校　王　桃

自大学毕业起，我怀揣着对音乐的热爱，坚守着想要成为音乐教师的初心，加入了教书育人的队伍。那时的我还只是一个初出茅庐的小年轻，凭借热情和勇气在这条任重道远的育人路上静心探索、研究反思。

在成为义务教育学制内的音乐教师之前，我的教学经验更多来自校外声乐特长培养。首先，我们先要了解校外教育和义务教育两者的异同之处。

一、关注学生安全，不松懈、不侥幸

有关学生的活动，安全都必须放在首位。这也是校外教育和义务教育的共同关注点。

基于音乐专业的特殊性，我们每年都会有很多机会带学生参加各级、各类别的竞赛及会演活动。在往返的整个区间内，学生的安全主要责任人是我们。因此，没有完善的安全预案的活动方案是不成立的，无效的。无论活动的大小，我都会在活动实施前制定较为详细的活动方案，其中安全预案是首项。内容包括配备随行教师及后勤保障人员、化妆人员、服装管理人员、学生出行路线安排、车辆安排、住宿保障、遇雨天的备用方案等。同时，会在活动正式实施的前一个星期到活动举办地点踩点。如果地点不方便提前踩点，我们就会在活动开展的前一天召集所有参与人员（教师、工作人员）开会，落实每一项细则和注意事项，排查一切安全隐患。

活动结束后，第一时间召开总结会，就安全管理和其他工作进行总结，反思工作中的不足。这一举措既可以为下一场活动积累经验，还能培养组内老师之间的协作能力。

二、充分尊重学生，促进特长培养

校外教育和义务教育两者都很重视学生的艺术特长发展，虽然培养的角度不同，但两者在培养学生上都很专业。

校外教育中的音乐培养主要是专业性、有针对性的教学。为不同年龄段的学生实施较为专业的特长导向指导。学生自愿报名参加，学习了一段时间之后，在专业老师的辅导下，可以通过考级、比赛、展演等方式实现个人水平等级的鉴定。这种培养方式的特点很鲜明：（1）自由。学生可以根据自己的时间，自选老师、自选上课时间。考级或比赛均自愿参加。（2）梯队建设结构好。校外机构具有充足的时间段来合理分配班级，任何一名学生都能根据自身专业水平程度选择相对应的班级。从启蒙到高阶，一目了然，非常有利于学生阶段性的培养学习。

义务教育中的音乐课主要采用人音版音乐教材，面向大众学生普及音乐常识知识，培养较为成熟的歌唱技能。在此基础上，利用校内其他时间有针对性地挑选音乐特长生进行专业培养，如器乐团、校园合唱团等。这种培养方式兼具了校外培训的所有优点的同时，还有一项特别的优势，就是能在教体局等各类官方机构组织的活动中，通过竞技为校争光，含金量极高。但是，校内学生培养也有一个问题是需要老师们关注的。有兴趣特长的学生都很喜欢唱当红的流行歌曲，这些是教材上没有涉及的。为了弥补这一缺失，老师既需要严格选曲把关，还要利用休息时间辅导学生，这一情况也算是老师们的常态了。我想，大家都跟我的想法一样吧！只要能出成绩，辛苦一点也觉得很值得。

三、深入钻研课程，将知识全方位地传递给学生

校外教育在声乐和器乐培训时，更多选用的是中国音乐家协会、四川省音乐家协会等出版的考级教材，再结合老师们多年的一线教学经验，以及学生学情实施教学。

义务教育音乐课四川地区均选用的是人民音乐出版社出版、教育部审定的义务教育教科书（音乐）教材，再结合老师们多年的一线教学经验，以及学生学情实施教学。

从以上叙述来看，两者各有千秋。从各自的教学角度来看，都有很好的指导性。校外教育更加精准，针对性更强。义务教育音乐课更系统化，知识点更丰富。想要更精确地掌握好教材之间的知识联系，老师们还需要自拟一套思维导图来协助教学。

以上仅仅是自己的一些浅薄的心得分享，不周全之处还请大家多多指正！

和声飞扬，童心成长

——打造学校童声合唱艺术特色的策略与方法

绵阳市南街小学　桑　玥

有人说，世界上最纯净、最美妙的声音是孩子们的歌声。在艺术教育蓬勃发展的今天，童声合唱这种艺术形式更是受到师生们的喜爱，它对于孩子们道德的培养，性格情操的熏陶，形象思维的丰富，艺术修养的形成，音乐视野的扩大，以及聪明才智的发展，都发挥着巨大的作用。通过合唱这种艺术实践，学生能够真正感受到艺术的美、和谐的美、生活的美和健康人格的美。

童声合唱也是课堂艺术教育的有效延伸，是学校艺术教育和学校文化建设的重要组成部分，是学生传承和传播优秀文化艺术的重要载体。打造具有自身特色的学校童声合唱艺术教育，有利于提升学校办学水平和品位，培养学生积极向上的艺术品德。现以我校"小鸽子童声合唱团"为例，阐述打造学校童声合唱艺术特色的策略与方法。

一、注重课堂，夯实基础

小学阶段的课程中，每周都有两节音乐课。教师要抓住并充分利用好这宝贵的课堂时间。从学生步入小学的第一学年开始，巧妙地利用教材，及早地融入一些合唱方面的教学内容，使学生在平时的音乐课堂中就能接触到合唱方面的训练，让他们慢慢养成一种良好的音乐听觉和音乐感知，有意识、有顺序地培养学生的合唱能力，等到第一次接触教材中的合唱歌曲时，学起来也就轻松自如了。

合唱教学时激发学生的兴趣是教学成功的前提。其中的好方法是多开展一些优秀合唱歌曲的听赏活动，培养学生的和声听觉与兴趣。老师围绕每个单元的教学主题，有针对性地选取合唱作品进行欣赏感受。在聆听中丰富他们的耳朵，使他们对和声感觉更亲切，从而激发学生对合唱的兴趣，帮助其建构内心对合唱的认识。

二、梯级建团，分层训练

鼓励以班为单位组建有自己特色的班级合唱团；各年级再组建一个年级合唱团，选拔该年级优秀学生参加；学校选拔四至六年级音乐尖子学生组建校合唱一团，挑选一至三年级音乐尖子学生组建校合唱二团，形成均衡发展的合唱团梯队。这样，既加强了合唱的普及性，又提高了全校学生的参与率。

结合小学音乐教材内容，根据学生年龄特点及各级合唱团的不同要求，有针对性地确定训练计划，并组织开展不同层次的合唱教学训练。低年级开始，着重抓好节奏、音准、正确的发声训练，培养学生良好的歌唱习惯，唱好齐唱，为学习合唱打好基础；中年级开始进行合唱的基本训练，由二部轮唱过渡到二部合唱；高年级既加强声音控制力的训练，又逐步提高合唱要求。

通过规范的训练，进一步提高学生的演唱水平和演唱技巧。通过练唱少儿合唱歌曲，提高学生的音乐感受力和表现力，培养学生的合作意识和集体观念，促进学生素质不断提高。

三、师资提升，示范引领

加大合唱团师资培训力度，采取校本培训、外出学习培训等多种培训方式，提高专、兼职音乐教师的专业水平。音乐教师必须不断地提高合唱作品的改编能力、学生练声曲的写作能力、敏锐的听辨能力、更高层面的听赏能力、熟练的合唱总谱阅读能力以及音乐的记忆能力，熟练掌握声乐知识和技能、较高的钢琴伴奏水平及弹奏能力，掌握娴熟的指挥技能，具备扎实的音乐理论知识，具备基本的音乐知识美学修养等。

我校与当地大学开展合作。合唱指挥专业的大四学生到我校参加班级合唱及梯级合唱团的基础训练，合唱指挥专家教师与我校合唱团的校外辅导老师，逐步建立起一支稳定的校内外合唱指导教师队伍。

四、创造条件，营造氛围

学校教学综合楼的主楼梯设计打造了以"合唱"为主题的楼梯文化，图文并茂，形象生动地展示了童声合唱的相关知识及我校童声合唱团的团文化及多年来比赛的演出成果。

制度如渠，行为如水。渠道怎么设，水就怎么流。我校合唱团不断完善制度建设，规范日常管理。合唱团有自己的团名、团徽、团歌、团旗等团文化，还制定了规范的、操作性强的合唱团章程以及活动、训练、奖惩、安全、经费保障等相关管理制度。

逐步规范团员管理，建立科学合理的团员遴选制度，实施团员注册登记制度和团员激励机制，形成了既适应当前合唱团内部管理需要，又与学校整体发展规划相匹配的制度管理体系。

合唱团还组建家长QQ群，向家长及时发布训练、比赛、演出的相关安排和注意事项。合唱团指导教师也通过QQ群加强和家长的交流沟通，赢得家长的理解支持，促进团员的不断成长，保障各项活动的顺利开展。

充分利用微信公众号、校刊、电视台等媒体宣传童声合唱团的团队活动、训练比赛成绩等，为合唱团赢得了良好的口碑、家长的信任和社会的赞誉。

五、活动交流，实践展示

艺术是大众的，是要与大众分享的；艺术又是流动的，是需要不断创新发展的。因此，艺术需要对外交流，艺术教育的发展也在于交流。作为校园文化的特色窗口之一，学校童声合唱团还应注重以交流为媒介，参加或举办各种合唱艺术交流与展示活动，不断提升学生的艺术鉴赏水平和演绎水平，在交流中不断巩固学校童声合唱的艺术特色。

校内，通过举办班级合唱比赛、校园艺术节、开学典礼和六一庆祝等活动，将经典和精彩的合唱艺术奉献给全校师生，并形成校园文化特色项目。合唱团还要走出学校、走进社区、走进养老院，参与到社会实践活动中去，用歌声传达积极健康的时代之音，让合唱团队成为学校的一张名片，让学生用歌声为学校的特色艺术代言。

在活动中，团员们不仅提高了音乐素养，培养了舞台表演气质，也体验到了团队协作能力与责任感的重要性。同时，丰富了孩子们的课余文化生活。尤其在各种演出交流活动中，在把歌声带给听众的同时，也必然会给孩子们带来欢乐，增强他们的自豪感和荣誉感，提高他们的自信心和进取精神。

童心可贵，童音清脆，童声合唱艺术的魅力在于童声之美。为此，在打造学校童声合唱艺术特色时，要"和声飞扬，童心成长"，将童声合唱作为学校艺术教育的一扇窗，为学生童心童真童趣的释放插上飞翔的翅膀。

童声合唱是学校建设特色文化的重要体现，童声合唱团是校园特色文化的重要传承者和传播者。通过组建学校童声合唱团，结合学校情况和地域文化，在传承、创新与交流中打造学校童声合唱艺术特色，提高学校素质教育质量和办学水平。

浅谈古筝教学初级阶段方法研究

绵阳市新皂小学　　张青青

　　古筝这一传承千年的民族弹拨乐器，因其音色古朴优雅，结构独特，且容易弹奏，喜得孩子们和家长的青睐。随着现代生活水平的不断提高，丰富的物质生活已经不能满足孩子们的精神文化需求，而古筝的学习成为一些热爱音乐的孩子们的选择。

　　那么作为社团的老师，怎样通过科学合理的教学，在培养学生音乐审美能力的同时发展学生形象思维，在音乐中放松大脑，激发学生创新意识和创新能力？秉着陶冶情操，传承民乐，全面提高国民素质的教育理念，结合本人的教学实践，谈一谈古筝教学中的几点体会。

一、根据年龄特点，以兴趣为起点

　　俗话说，兴趣是孩子学习最好的老师。在我的日常教学中常常遇见这样的状况：有的学生在初次学习古筝时很是喜爱，但是随着时间推移，孩子们的兴趣不再浓厚，有的学生甚至"谈筝色变"。原因是文化课程学习时间紧迫，没有多余时间练习古筝，从而形成恶性循环。学生个体在外界没有得到充分的肯定，逐渐就没有了兴趣。可见，兴趣作为古筝学习的支撑并不持久。孩子作为一个独立个体，他们的身心发展不成熟，而老师是孩子们的引路人，一直伴随着孩子们的学习，老师的教育教学显得尤为重要。

　　新学生加入古筝社团，老师的课程设置很重要。老师的课程设置应科学合理，根据学生年龄、心理特点设计教学内容。老师应注意上课语言要生动活泼、抑扬顿挫，以此来吸引学生注意力。

　　初级学生课堂教学形式切不可太单一。我在上新生课程的时候，会给学生即兴表演几首大家耳熟能详的儿歌，如《虫儿飞》《小燕子》等，让学生有继续深入学习的欲望。孩子们会把我围成一圈，问："老师，我们什么时候才能弹这些好听的曲子啊?"可见,只要学生对学琴产生了兴趣,这时候再进行更深层次的教学和学习,学生就会更加积极主动,学习效率也比较高。

二、关爱学生,尊重学生

现在的学生都具有独特的个性和超强的自尊心。教师要尊重学生、欣赏学生,也要与学生保持一段美妙的距离,做学生的良师益友。教师要以鼓励孩子为主,批评孩子为辅,批评中伴随鼓励;多去了解学生的内心,并及时跟家长沟通;家校合作,共筑孩子们的"筝途"之路。

三、循循善诱,因材施教

在古筝的学习过程中,学生多少都会存在问题。有的孩子记不住音区,有的孩子手腕绕来绕去,有的孩子弹奏时手指弹奏发力点不对……其实学生会出现这些问题都是在老师的意料之中,老师要有解决这些问题的能力,要让学生对古筝的新鲜感、好奇感转变为稳定的内在兴趣与练琴的习惯。在教学中,针对记不住音区的孩子,我会采取形象的比喻,把音符比喻成小动物穿鞋子或者戴帽子,一个音符下方穿了两个鞋子(两个点)的为倍低音组,一个音符下方穿了一个鞋子的为低音组……用通俗易懂的比喻让学生快速地记住音区,并通过游戏闯关的方式再次巩固音区的学习,加深记忆。

对于左手按音不准的学生,在复习巩固的时候放慢步骤。我会示范一首孩子们熟悉的乐曲《小星星》让孩子聆听感受,最后再让学生练习他们熟悉的曲目。学生在练习的时候,可让学生弹唱,加深巩固视唱、音准和节奏感等。

最后,想要孩子们在"筝途"上越走越远,只有老师不断地去了解学生,做学生的良师益友,因材施教,才能摸索出一套适合学生的、科学的教育教学方法,才能培养学生持久的学习兴趣。在整个教学过程中,教师要不断反思,总结学生给的各种反馈,让热爱古筝的孩子持久学习,体会到古筝的魅力,感受到音乐的魅力。

竖笛教育随笔

绵阳市实验小学　胡　玲

所谓教育随笔，我的理解为除去华丽的辞藻修饰，记录下课堂中或教育中的困惑并找到解决的方法。

在音乐教室里等待孩子到来的过程中，楼道间急速的奔跑声中还夹杂着此起彼伏、震耳欲聋的竖笛"啸叫"声，仔细一看各个年级的孩子都有，我皱了皱眉，这问题出在哪？

为了避免我的学生也出现这样的问题，对于才开始学习竖笛的孩子立规矩相当重要。在竖笛教学最初，一定要解决在走廊途中竖笛"啸叫"的问题。

第一，让孩子学会换位思考。

"当你在课堂中静享音乐时，走廊上传来刺耳、不成调的竖笛杂音，你会怎样想？"

问题一提出来孩子们的反应十分强烈，各抒己见，争先恐后地举手述说，感觉自己深受其害，等他们一一愤愤不平说完之后，转而我问："那你们说怎样才能解决这一问题。"有了开始的铺垫，孩子们意识到制造杂音，影响到别人上课，这种行为是不当的，己所不欲勿施于人，这个浅显的道理让孩子们深思并开始约束自己。

紧接着，老师用竖笛吹奏一首旋律优美、曲调动听的儿歌，让孩子们用比较的方式，学习正确的竖笛吹奏方法，并引导学生对美做出正确判断，也恰当地激发了孩子对竖笛的学习兴趣。

第二，制度约束。

低段孩子，自我约束能力较差，在思想教育之后，加以制度的约束，慢慢形成习惯，久而久之，定能改善。

首先，在竖笛上绑上绳子，每个班级使用不同的颜色，若哪个班上音乐课经过其他班级时发出"啸叫"声，经举报会扣掉班级红花。

其次，小组监督。每班按学号分成小组，并委任小组长，组与组之间，组员与组员之间相互制约，相互监督，若学生教室到音乐教室中出现竖笛"啸叫"声，一经提出，小组会扣分，反之一月未被扣分者，小组晋级加分。

这些措施，激发了孩子们的班级荣誉感、小组责任感，并提高了孩子们的自我约束能力。在制度的约束下、思想的浸润中，"啸叫"声得到了有效的控制，还走廊和校园一片宁静。

当然，只有老师具备足够的耐心与恒心，从细节入手便可静待花开！

表白的力量

绵阳市第二中学　张蜀仙

"今天有学生在我的思想品德课上向你表白哦！"湘湘老师课间回到办公室兴奋地告诉我。湘湘刚入职不久，担任思想品德课教师。在她的课上，她让学生说出自己喜欢的老师以及你认为哪个老师喜欢自己。据她说轮到这位学生回答的时候遭到了全班同学起哄，同学们认为他上课习惯不好没有老师会喜欢他的。但是他却大声自信地说："音乐老师喜欢我！"因任教班级太多，我确实不能把湘湘老师说的这个沈同学与某一张脸对应起来。我刻意写下这个名字，好奇地等待下一周他们班的音乐课。原来是他！黑瘦的脸，身子像缺乏骨头支撑一样斜靠在墙上，一会儿右手撑着下巴，一会儿换左手撑着下巴，常常盯着窗外，一旦教室内出现除我讲课之外的其他声音，他那耷拉着的小脑袋和呆滞的小黑眼珠总能灵巧地追随过去。记得在学唱《彩色的中国》的过程中，孩子们总把一房子、二房子的曲调混淆，于是我停下来让孩子们反复聆听，反复唱乐谱，进行对比，为什么一房子结束音是 re，二房子结束到 do 呢？这涉及调式调性的终止问题，是在大学里学习的知识，我鼓励他们根据自己的音乐经验猜一猜。同学们很积极，纷纷举手，五花八门的答案，可谓想象力丰富啊！沈同学也被吸引过来了，小眼睛盯着我但是没举手，此刻教室里已经没有别的同学举手了，我示意他起来回答。他说 do 比 re 更有结束感！我很惊叹他能想到这样的答案，于是表扬了他，说他有很强的乐感，并且告诉全班同学这是学习音乐非常宝贵的基础。我的课堂从来都是以鼓励为主，但也许对沈同学来说，鼓励和肯定显得更有意义，更难得，所以他记忆深刻。我也很欣慰我的鼓励给他注入了阳光、自信的力量，为他后来战胜所面临的困难点燃了希望。沈同学笑着坐下来，得意地扫了一圈周围的同学，从那以后他每节课总要举手回答问题。

再后来沈同学生了重病，是一种需要花费昂贵医疗费用的血液病，全校师生为他筹款募捐，我也献出了自己微薄的力量。据说得了这种病的病人免疫力特别低，全身乏力，探望他的班主任回来说，沈同学特别想读书，治疗之后本来应该好好休息，可他还挣扎着做作业，做一会儿趴一会儿，稍微好点就吵着要回学校。这是属于沈同学的生命礼赞！

又一年的春天某一节课后，一位又白又胖又高的孩子蹦到我面前："张老师，你还记得我吗？"我愣了一会才反应过来，原来是沈同学！"我休学一年，所以又读初中一年级了，"他轻描淡写地自报着家门，"因为生病用了很多激素，所以现在很胖，医生说以后会慢慢瘦下来的……"我又惊又喜，不知道说什么好，一边拍着他的肩膀一边不停地说着："回来就好，回来就好！"

在初二的游学活动中，很巧，我被学校安排在沈同学所在的大巴车上。几位男同学摇摇晃晃地聚在一起闹闹嚷嚷的，一会儿他们围过来说："张老师，我们在玩游戏，沈同学说如果他输了就给你唱《甜蜜蜜》。""哦？我真是太荣幸啦！"结果，沈同学果然输了，我真开心！他走过来准备开始演唱，"等会儿！我拿手机录下来，这么有意义的时刻我一定得记录下来，哈哈！"夹杂着同学们的各种笑声、说话声，沈同学断断续续地唱着，到现在我电脑里还保留着沈同学给我唱的《甜蜜蜜》。一路上我反复回放着沈同学的演唱，旁边美术老师冰冰告诉我："沈同学想给你唱，他故意输的。"那一刻我真的感动了，这样的表白怎能不让我感动呢？

在我的音乐课堂，我尽量选择温和的语调、温暖的语言与学生交流，我希望给更多孩子以力量。"老师喜欢你的演唱！""老师喜欢你这种说法！""老师喜欢你这种学习态度！"……在沈同学的影响下，我也学会了"表白"！

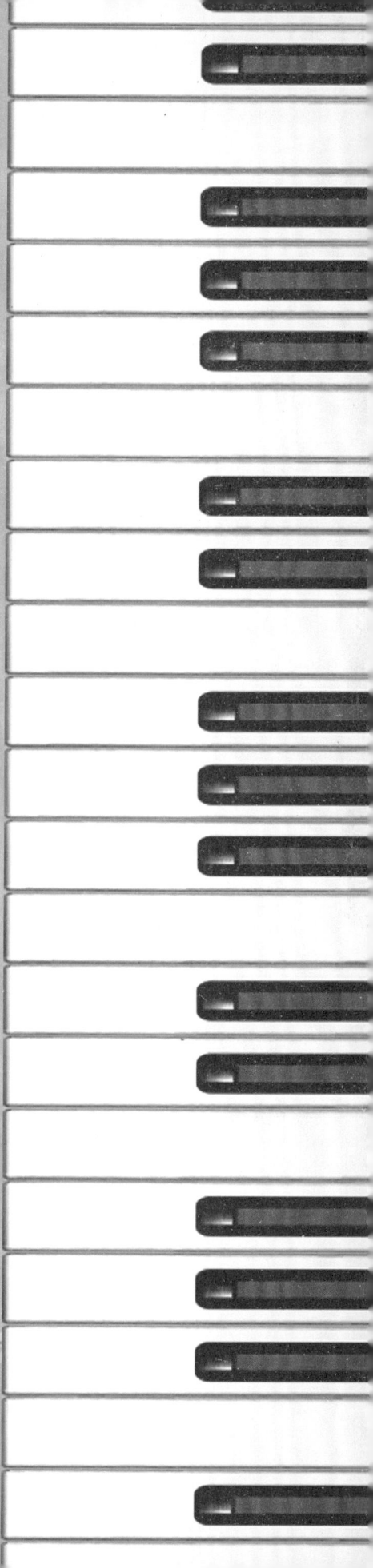

编委简介

张伟，四川省特级教师，中学高级教师，四川省绵阳市涪城区教育研究与发展中心音乐教研员，中国合唱协会会员，中国音乐教育学会会员，"壹基金"全国音乐教师公益培训特聘专家，绵阳师范学院音乐与表演艺术学院客座教授，四川文化艺术学院音乐舞蹈学院客座教授，西南科技大学文学艺术学院兼职副教授，四川省教育厅教科研专家成员，四川省教育厅艺术测评网络题库命题组成员，四川省第一批高中音乐专家组成员，四川省教育厅艺术科目进中考政务调研专家组成员。在中央音乐学院进修期间师从著名女高音歌唱家单秀荣教授和著名教学法专家韩瀚副教授。参与编写人民音乐出版社中小学《音乐》教材（四川单元），参与编写人民音乐出版社《名优教师设计音乐课教案与评析》，主编四川民族出版社《少儿声乐基础教程》、参与编写西南财经大学出版社《核心素养背景下高中音乐鉴赏模块教学设计与评价》、主编四川民族出版社《我们的音乐课》，主研省级课题4项，发表论文10余篇，获省级教育教学成果一等奖8个，曾获四川省第六届音乐优质课比赛一等奖，指导张蜀仙、欧冬梅、鲁庆分别获第六届和第七届全国音乐优质课比赛一等奖、全国第二届新常态教学研讨一等奖，多次在安徽、上海、甘肃、陕西、贵州、重庆、福建、成都等地作交流和讲座等。

杨瑜，副教授，硕士生导师，四川师范大学音乐学院中小学教师能力训练中心主任，国培项目首席专家，人民音乐出版社教材培训专家。主要从事中小学音乐教学设计课、音乐（学科）课程标准与教材研究课的教学。担任主编的《高等师范音乐教育专业微格教程》，由科学出版社出版，作为本科教材使用。担任副主编的《名优教师设计音乐课教案评析》1—12册，由人民音乐出版社出版。主持国家级科研课题4项，厅级课题2项。参与的"中小学校美育评价制度试点推进研究（学业指标之基础知识网络测评研究）"项目，2019年获教育部体卫艺司专项任务项目良好证书。参与的"扎根区域 弘文立美——音乐师范生'四力'培养的探索与实践"项目，获四川省教学成果二等奖等。

牛琴，四川省教育科学研究院高中音乐教研员，教育部课程教材研究所普通高中音乐学科四川教研基地常务负责人，教育部"国培计划乡村教师培训专家库成员"，四川省省级骨干教师，校长培训专家库成员，中国音乐教育学会理事，四川省教育学会音乐教育专业委员会秘书长，四川师范大学硕士生导师，成都师范学院、长江师范学院"王光祈"卓越音乐教师实验班导师，四川文化艺术学院、成都文理学院外聘教授。多次指导青年教师在国家级平台进行课例展示，曾担任教育部举办的首届高校教师基本功大赛评委和教育部基础教育课程教材发展中心（现课程教材研究所）主办的第五届全国基础教育课程教学改革研讨会音乐学科示范课指导教师。领衔课题成果获2021年四川省基础教育教学成果奖二等奖。

徐伟，高级教师，国家教材审查委员会艺术审查组专家，四川省学术和技术带头人后备人选，四川省第三批中小学名师工作室领衔人，四川省教科院义务教育、职业教育阶段音乐教研员，中国教育学会音乐教育分会第七届理事会常务理事，四川省教育学会音乐教学专委会副理事长，四川省教育学会舞蹈与戏剧教育专委会秘书长，四川省音乐家协会理事，四川音乐学院艺术教育系研究生实践教学导师。曾参与编写教育部审定义务教育教科书《音乐》教材、教参各两套，并担任单册副主编。著有教育教学专著《美的绽放》《小学民歌教学法》《唱家乡的歌》等。担任《四川艺术教育年鉴（2015）》《四川艺术教育年鉴（2016）》副主编。参与编写地方教材《神奇的川剧》《川腔蜀韵》等。主研国家级课题4项、主持和主研省（部）级课题13项。主持、参研的课题获省政府二等奖1次、三等奖1次，省教育厅教学成果奖一等奖6次。发表教育教学论文30余篇，2篇论文在国家级核心期刊发表，同时被人大复印期刊全文转载。

　　欧冬梅，绵阳市成绵路小学教育集团滨江校区执行校长，绵阳市骨干教师，涪城区首批专家教师，涪城区欧冬梅名师工作室首席名师，绵阳师范学院音乐与表演艺术学院特聘讲师，四川幼儿高等专科学校特聘讲师。曾荣获第七届全国中小学音乐课观摩活动小学组一等奖，西南地区首届中小学唱歌课教学交流观摩评选活动一等奖，四川省第六届中小学音乐教师教学基本功比赛一等奖。参与编写人民音乐出版社《名优教师设计音乐课教案与评析》，四川民族出版社《少儿声乐基础教程》，九州出版社《美的绽放：四川省寇忠泉名师鼎兴工作室民歌教学研究录》，多次应邀在杭州、西安、西昌、成都、宜宾等地上示范课，作专题讲座。

　　张蜀仙，绵阳市第二中学音乐教师，绵阳市骨干音乐教师，张蜀仙名师工作室首席名师，全国第七届中小学音乐优质课比赛指导教师，第四届全国"新常态"中小学音乐教学研讨会指导教师。曾荣获全国中小学音乐教师基本功比赛一等奖，全国中小学音乐教师优质课比赛一等奖。参与编写人民音乐出版社出版的《名优教师设计音乐课教案与评析》，四川民族出版社出版的《少儿声乐基础教程》、电子科技大学出版社出版的《学习·探索·创新》；多篇教案收录于西南师范大学出版社出版的《音乐教师用书》。先后在北京、重庆、资阳、泸州、宜宾、西昌、南充等地做教学展示及经验交流。

　　林梅，绵阳市涪城区吴家镇初级中学高级音乐教师，中国合唱协会会员，四川省音乐教育学会会员，四川省教育厅艺术测评网络题库命题组成员，四川省音乐学科教师远程培训优秀辅导员，绵阳市音乐骨干教师，绵阳市优秀教师。执教的音乐课获第四届全国新常态中小学音乐教学研讨会二等奖，绵阳市音乐优质课，教学设计一等奖。参与编写四川民族出版社出版的《少儿声乐基础教程》《我们的音乐课》。多次受邀作为国家级、省级国培专家。

康妮，绵阳市东辰学校音乐教师，绵阳市骨干教师，国培项目优秀辅导员。多次荣获涪城区"优秀教师"及"师德先进个人"荣誉称号，在四川省第六届音乐教师基本功比赛中获得全能一等奖，负责组建和训练的东辰一小七彩民乐团获评为"四川省优秀艺术社团"。多次在各级各地音乐教师培训活动中献课，多次在国家、省、市、区各级教学设计比赛中获得一等奖，多篇论文在《现代中小学教育》等国内公开刊物发表。

麻莉，绵阳市实验中学音乐高级教师，四川省音乐教育学会会员，涪城区音乐学带教师、中学音乐中心组组长。曾获四川省优质课比赛一等奖，绵阳市义务教育阶段优秀骨干教师，省国培计划授课教师，绵阳师范学院音乐与表演艺术学院外聘教师。指导青年教师和学生多次获得国家、省、市一等奖，被评为国家、省、市优秀指导教师。

蒲春元，绵阳市东辰学校校长助理，工会主席，小学高级教师，涪城区优秀教师、学科带头人。曾获成都市优质课比赛一等奖，绵阳市优质课比赛一等奖，绵阳市艺术节比赛优秀指导教师，四川省艺术人才大赛优秀指导教师，全国科研论文二等奖。指导合唱获得第二十届全国校园春节大联欢金奖。

余建秋，绵阳市南街小学音乐教师，四川省音乐教育学会会员。曾获得四川省第二届音乐优质课比赛一等奖，四川省群星奖音乐舞蹈大赛二等奖，绵阳市教师声乐比赛一等奖，绵阳市教师演讲比赛一等奖，并多次担任涪城区音乐课比赛及声乐比赛评委。

易虹宇，绵阳市实验小学大队辅导员，毕业于四川音乐学院音乐教育专业，绵阳市音乐骨干教师，涪城区音乐学带教师。曾获四川省第七届音乐教师基本功比赛全能一等奖，四川省第七届中小学生优质课比赛一等奖。曾担任四川省国培计划教师培训授课教师，多次在四川省民族地区教师培训、四川省教育厅中小学网络教学培训，以及绵阳市各县、市、区中小学音乐教师培训活动中献课。

鲁庆，绵阳市石塘小学副校长，四川省音乐教育学会会员。曾获2011年四川省中小学音乐教师教学技能基本功大赛一等奖；2019年执教《螃蟹歌》获四川省首届"唱家乡的歌"微课比赛一等奖，全国第四届新常态课堂教学一等奖；获2017年绵阳市第三届教师声乐比赛民族组一等奖；论文《小学音乐学期终结性评价的"大变脸"》获四川省第八届艺术节二等奖。

张金碧，绵阳市先锋路小学德育主任，四川省音乐教育学会会员，绵阳市音乐骨干教师。曾获绵阳市音乐教师技能大赛全能一等奖，绵阳市音乐课堂教学一等奖；获绵阳市"德育先进个人"、涪城区"优秀党员""十佳歌手""优秀教师""优秀教育工作者"荣誉称号。

林玲，绵阳市实验小学音乐教师，绵阳市实验小学梧桐树合唱团首席指挥，中国音乐教育学会会员，绵阳市首届骨干教师。参编人民音乐出版社出版的《名优教师设计音乐课教案与评析》、四川民族出版社出版的《少儿声乐基础教程》，先后在四川省国培项目、四川省民族地区教师培训项目中担任授课教师并做专题讲座。曾荣获教育部基础课程研发中心首届优质课大赛二等奖，全国第六届中小学音乐教师优质课比赛二等奖，四川省第八届中小学音乐教师优质课比赛一等奖，四川省第三届教师风采大赛一等奖；带领"梧桐树合唱团"演唱的歌曲分别荣获国家、省、市各级奖励。

李冬梅，绵阳市园艺小学音乐高级教师，四川省音乐教育学会会员，涪城区音协常务理事，涪城区知联会常务理事。曾获"涪城区师德先进个人""优秀教育工作者""学优教师"等荣誉称号。多次被评为省、市、区艺术节、班级器乐合奏比赛、校园歌唱比赛优秀指导教师。参与编写四川民族出版社出版的《少儿声乐基础教程》。论文《特殊需要儿童行为障碍的音乐干预策略》获四川省特殊教育论文评选三等奖，论文《为学生搭起音乐的桥梁》获绵阳市第十二届电教科研成果三等奖。

郭子琪，绵阳职业技术学校音乐教师，涪城区张蜀仙名师工作室成员，涪城区音乐家协会会员。曾获得四川省"唱家乡的歌"微课比赛一等奖，绵阳市"唱家乡的歌"微课比赛一等奖；个人先后获得区建党100周年文艺演出"先进个人"、党史学习主题教育活动"先进工作者""十佳歌手""优秀指导教师"等荣誉称号。

郑文婷，绵阳市长虹世纪城实验小学音乐教师，张蜀仙名师工作室成员。曾获四川省第九届中小学音乐教师教学基本功比赛一等奖，绵阳市第九届中小学音乐教师教学基本功比赛一等奖，涪城区2017—2018年度优秀教师；多次获得涪城区班级器乐合奏比赛优秀指导教师、校园歌手大赛优秀指导教师等荣誉称号。

聂孟君，绵阳市实验中学副校长，四川省音乐教育学会会员，涪城区音乐骨干教师。曾荣获四川省第九届中小学生艺术节展演活动"指导教师奖"，绵阳市第七届中小学音乐基本功比赛中学组一等奖，绵阳市2009年度中小学录像课二等奖。曾在北川九洲板房学校爱心送教活动中为灾区孩子们献课，辅导学生多次在省、市、区各级艺术比赛中获一等奖。

杨敏，绵阳市西山路小学音乐教师，大队辅导员，四川省教育学会会员，欧冬梅名师工作室成员，涪城区舞蹈家协会理事。曾获"绵阳市优秀少先队辅导员""涪城区优秀教师""涪城区学优教师""涪城区优秀教育工作者"等荣誉称号。参与编写四川民族出版社出版的《我们的音乐课》。曾荣获四川省第三届"唱家乡的歌"微课比赛二等奖，编排的舞蹈获四川省第七届中小学生艺术节表演类二等奖，撰写的论文、教学设计多次获市、区级奖项，指导学生参加各级比赛获奖，个人多次荣获"优秀指导教师"称号。

叶子瑞，绵阳市先锋路小学大队辅导员，四川省音乐教育学会会员，四川省刘应兰名师工作室成员，涪城区欧冬梅名师工作室成员，涪城区音乐家协会会员。曾获四川省第十届中小学音乐教师基本功比赛全能一等奖，绵阳市第二届教师声乐比赛一等奖，绵阳市音乐课堂教学展示一等奖；主研课题获区实效科研成果一等奖；个人先后获得"全国优秀共青团员""绵阳市优秀辅导员""十佳歌手""优秀指导教师""先进个人"等荣誉称号。

卫亭竹，绵阳市先锋路小学音乐教师，绵阳市涪城区知联会第二届理事，绵阳市涪城区音乐家协会会员，欧洲钢琴教师协会会员。曾获绵阳市"唱家乡的歌"微课比赛一等奖，涪城区第九届校园歌手大赛教师组一等奖，2012年在四川省民族地区教师培训活动中担任中小学音乐示范课授课教师；撰写的论文多次在市、区获奖；辅导学生器乐比赛多次获得区特等奖，多次荣获"优秀指导教师"称号。

殷瑞，绵阳市东辰学校音乐教师，四川省音乐教育学会会员。曾获"一师一优课、一课一名师"市级优质课荣誉称号、绵阳市优质课比赛二等奖，多次应邀参加对外课堂展示及讲学，指导的学生戏剧社团荣获市级"优秀学生艺术团"荣誉称号，个人多次荣获省、市、区"优秀指导教师"荣誉称号。

代雨，绵阳市先锋路小学音乐教师，中国合唱协会会员，涪城区音乐家协会会员，绵阳市优秀社团"雏鹰之声"童声合唱团首席指挥，涪城区欧冬梅名师工作室成员。曾荣获四川省第四届"唱家乡的歌"微课比赛一等奖，绵阳市课堂教学展示一等奖；曾受邀参加绵阳市纪念"三八"国际妇女节111周年大会文艺演出；指导学生参加市级、区级比赛多次荣获"特等奖""一等奖""二等奖"，本人也多次被授予各级各类"先进个人""十佳歌手""优秀指导教师"等荣誉称号。参与编写四川民族出版社出版的《我们的音乐课》。

杨善亚，绵阳市东辰学校音乐学科中心主任，四川省音协萨克斯管专业委员会会员，四川省音乐教育学会会员，涪城区音乐家协会会员。近年来带领东辰管乐团参加"四川艺术教育工作现场会""绵阳市师生迎新晚会"的演出，曾荣获"中国第十二届优秀管乐团队展演"展演乐团奖、"四川省第十届中小学校园艺术节"一等奖、"绵阳市第十届中小学生艺术节"特等奖，个人多次荣获过省、市、区"优秀指导教师"称号。

田明武，绵阳市成绵路小学教育集团音乐教师，绵阳市涪城区音乐家协会会员，涪城区欧冬梅名师工作室成员，涪城区学优教师，涪城区优秀教育工作者，优秀班主任。曾获绵阳市涪城区校园歌手比赛一等奖，绵阳市涪城区音乐教师基本功比赛一等奖，绵阳市涪城区"唱家乡的歌"微课比赛一等奖。

田静，绵阳市新皂小学工会主席，2005年毕业于西华师范大学音乐学专业，绵阳市音乐骨干教师，涪城区学优教师。曾获涪城区"优秀教师""优秀共产党员"荣誉称号，获得校园歌手比赛教师组一等奖、区级教师基本功比赛全能一等奖。撰写的教案《唱给妈妈的摇篮曲》获绵阳市教科所教学论文评选二等奖，执教《摇啊摇》获市级赛课二等奖，执教《草原就是我的家》获得音乐课堂教学比赛一等奖。

陈健，绵阳市第三中学音乐教师，绵阳市涪城区优秀教师，师德先进个人，优秀教育工作者，四川省音乐教育学会会员。录像课《中国少数民族舞蹈——藏族民间舞蹈》曾获绵阳市课堂教学大比武活动一等奖、第四届全国中小学新常态音乐教学研讨活动二等奖，创编的舞蹈曾获绵阳市最佳创作奖，指导的节目《青春·百年回响》获四川省第十届中小学生艺术节一等奖，撰写的论文《分享我的迷茫》曾获全国教育改革与创新优秀学术成果评选活动一等奖等。

何江涛，绵阳市实验中学音乐教师，绵阳市骨干教师。曾荣获"涪城区第十届中小学音乐优质课比赛"特等奖，2016年绵阳市中小学音乐课堂教学展示活动一等奖。课例《阿玛勒火》在四川省2015—2016年度"一师一优课、一课一名师"活动中荣获二等奖。课例《正月十五那一天》在四川省第十七届校园影视教学成果展示交流活动中，荣获影视教学"课堂实录"类一等奖。在2022年绵阳市第二届班级合唱、合奏比赛中，指导的《青春舞曲》《布谷伴我走花桥》荣获特等奖。指导并领演的舞蹈《废墟上的赞歌》荣获第六届四川省中小学艺术节一等奖。两次在绵阳师范学院组织的音乐教师国培活动中献课，多次被聘请为绵阳师范学院音乐与表演艺术学院毕业生课堂教学能力考核评委。

赖星侠，绵阳市安昌路小学音乐教师，毕业于四川师范大学音乐教育专业。曾担任四川省国培项目教师培训团队研修班指导教师，2020年受邀参加四川省教育厅全省中小学网络学习课程资源研制，并担任授课教师。2023年撰写的美育案例《探寻川剧艺术校园传承新途径——绵阳市安昌路小学艺术学科川剧艺术传承创新案例》荣获全国第七届中小学生艺术展演活动一等奖；主研的教育科研课题《立德树人视角下传承川剧文化的实践研究》荣获四川省二等奖；编排指导的川剧舞蹈节目《梨园新韵》荣获四川省第六届中小学川剧传习普及展演一等奖，本人获四川省优秀指导教师奖；指导学生参加省、市、区各项艺术比赛屡获大奖，多次被评为绵阳市涪城区先进个人。

徐娟，绵阳市吴家镇小学音乐教师，大队辅导员，四川省优秀乡村少年宫辅导员，绵阳市优秀少先队辅导员，涪城区骨干教师，涪城区优秀教师。曾荣获绵阳市第九届中小学音乐教师教学基本功比赛一等奖，绵阳市第二届教师声乐比赛一等奖，绵阳市第八届中小学音乐教育论文二等奖。指导的校歌演唱荣获四川省第九届中小学生艺术节比赛一等奖。多次在涪城区课堂教学变革现场会、特色工作现场会活动中上展示课，以及到昭觉县兄弟学校上示范课。

王玲，绵阳市青义小学音乐教师，中国合唱协会会员，四川省教育学会会员，绵阳市音乐家协会会员。曾获四川省第八届少数民族艺术节涪城区"先进个人"，涪城区教师合唱团"先进个人"等称号；曾获涪城区庆祝中国共产党成立100周年歌咏晚会优秀表演奖，涪城区第十七届校园歌唱比赛优秀指导教师，涪城区第十七届校园歌唱比赛教师组一等奖，指导学生获绵阳市首届"欢歌新时代，献歌送给党"班级合唱一等奖，绵阳市第二届班级合唱涪城区一等奖。

肖春燕，绵阳市东辰学校音乐教师。曾荣获绵阳市"一师一优课、一课一名师"一等奖，绵阳市录像课评选活动一等奖，绵阳市中小学音乐教师教学基本功大赛小学组一等奖；曾为"绵阳市音乐骨干教师集中培训"上示范课，为"国培计划培训团"展示音乐示范课；辅导学生参加市、区级"十佳歌手大赛""四川省优秀艺术人才大赛"，多次获得"优秀指导教师"称号，所带合唱团也多次获得市、区级特等奖、一等奖。

王仕衡，绵阳市东辰国际学校音乐教师，涪城区优秀教师、优秀教育工作者，四川省优秀少先队辅导员，绵阳市先进个人。曾获绵阳市中小学音乐教师技能比赛全能一等奖、绵阳市中小学音乐优质课比赛一等奖、绵阳市第五届器乐大赛一等奖、涪城区中小学优质课比赛特等奖、涪城区中小学教学设计大赛一等奖、涪城区各类比赛优秀指导教师奖。

张赛君，绵阳市实验小学音乐教师，涪城区音乐家协会会员。曾获绵阳市"优秀辅导员"、涪城区"优秀辅导员"、"涪城区优秀教师"、涪城区"优秀共产党员"等荣誉称号，多次获得市、区、县级赛课一等奖和二等奖。

胡琴，绵阳市第五中学音乐教师，2009年毕业于绵阳师范学院音乐与表演学院音乐教育专业，四川省音乐教学学会会员。2013年撰写的论文荣获市级二等奖，2013年参加绵阳市第九届音乐录像课获市级优质课二等奖，2019年获涪城区教体局"先进个人"荣誉称号，2021年指导学生荣获绵阳市第十一届校园歌手赛初中组十佳歌手奖。

刘旭，绵阳市跃进北路学校一级教师。曾获绵阳市教师演讲比赛一等奖，绵阳市音乐优质课比赛一等奖，绵阳市第七届音乐教师基本功大赛一等奖。撰写的教育教学论文分别获得市、区级一、二、三等奖。

庞小丽，绵阳市实验中学音乐教师，毕业于绵阳师范学院音乐学院音乐学专业，主修声乐和古筝。曾荣获涪城区音乐教师"先进个人"称号，荣获第七届绵阳市音乐教师基本功大赛中学组全能特等奖第一名、器乐单项第一名，涪城区十佳歌手大赛教师组一等奖，指导的学生在涪城区班级器乐大赛中荣获中学组特等奖；曾在涪城区音乐教研活动中上示范课《御风万里》《春江花月夜》。

唐静，绵阳市西山路小学一级教师，四川省音乐教育学会会员，涪城区第四届中青年骨干教师，涪城区音乐学优教师。曾荣获绵阳市第五届音乐教师基本功比赛一等奖，绵阳市中小学音乐优质课比赛一等奖；曾担任绵阳师范学院音乐与表演艺术学院毕业班试讲验收评委，多篇论文在省、市教育教学论文比赛中获奖，辅导学生在省、市、区各级各类艺术比赛中屡次获奖，并获优秀指导教师奖。

江挺，绵阳市园艺小学工会主席、副校长。曾在四川省小学数学教学技能大赛中获优秀奖，在四川省艺术工作现场活动中获优秀指导奖，在2016和2018年涪城区教体局组织的体育教师技能、体能大赛中均获特等奖。撰写的《体育课中如何体现学生的主体地位》和《如何在小学体育课中"因材施教"》分别获涪城区论文评比二、三等奖。参加工作以来多次被评为涪城区"师德师风先进个人"和"优秀教育工作者"。

邹施，绵阳市实验中学音乐教师，曾获四川省第三届义务教育阶段"唱家乡的歌"微课评选活动一等奖，获涪城区教体系统喜迎新中国成立70周年歌唱教学成果展"先进个人"称号，获2020年涪城区中小学音乐教师基本功比赛全能一等奖，获涪城区第十七届校园歌唱比赛教师组一等奖，获涪城区第十六届校园歌唱比赛优秀指导教师奖，获2019年涪城区中小学音乐优质课比赛说课一等奖，获涪城区教师合唱团先进个人。

黄倩，绵阳市东辰学校音乐教师，绵阳市音乐骨干教师，绵阳市舞蹈家协会会员。曾获绵阳市"基于音乐核心素养的小学音乐课堂"现场展评一等奖，2020年绵阳市课堂展评活动一等奖；指导学生获四川省第十届中小学生艺术节声乐类班级合唱一等奖，绵阳市第十届中学生艺术节声乐特等奖，绵阳市首届"欢歌新时代，献歌送给党"班级合唱一等奖。

张雯，绵阳市警钟街小学大队辅导员。曾获第四届重庆青少年钢琴大赛专业组一等奖、全国青少年艺术展演金奖（声乐）、未来钢琴家"钢琴教育先进工作者"、涪城区中小学音乐教师技能比赛获一等奖、涪城区第十七届校园歌唱比赛教师组一等奖、涪城区第十八届校园艺术节"优秀指导教师"。

田婉琳，绵阳市东辰学校学科主任，西南大学音乐学院硕士研究生。曾获香港国际艺术节声乐类特等奖，重庆市"校园十佳歌手"，"金钟奖"四川赛区二等奖，绵阳市教师基本功比赛声乐单项第一名；指导学生获绵阳市校园器乐合奏比赛特等奖。

胥洁，绵阳市金家林学校音乐教师，中学一级教师，张蜀仙名师工作室成员。曾获绵阳市涪城区第十届中小学优质课比赛一等奖，涪城区中小学音乐、美术教育论文评选活动特等奖，绵阳市校外教育工作"先进个人"，涪城区教师合唱团"先进个人"，多次在涪城区校园艺术节、班级器乐合奏比赛暨音乐教学（演奏）质量检测等活动中获"优秀指导教师"称号。

张青青，绵阳市新皂小学音乐老师，欧冬梅名师工作室成员。2020年荣获涪城区第十七届校园歌唱比赛教师组一等奖，2020年荣获涪城区中小学音乐教师基本功比赛全能二等奖，2021年荣获涪城区第十八届校园歌唱比赛教师组二等奖。

　　王城，绵阳市成绵路小学音乐教师，毕业于绵阳师范学院音乐教育专业，涪城区音乐家协会会员。多次在涪城区说课稿、教案设计和论文比赛中获奖，并在涪城区中小学音乐教师培训活动中献课。

　　陈淼，绵阳科技城新区玉泉路小学德育主任，绵阳市中小学名师名校长鼎兴工作室成员，绵阳市涪城区舞蹈家协会理事。2020年被绵阳市教育和体育局评为"优秀教师""优秀辅导员""先进德育工作者"。2018年担任国培项目"四川省中小学音乐骨干教师培训"示范课教师，2019年在绵阳市第11届中小学音乐优质课展评活动中获一等奖，2020年在绵阳市"教学大比武"活动中获一等奖。

　　何显玲，绵阳市成绵路小学教育集团跃北校区德育主任。曾获绵阳市第二届教师声乐比赛一等奖，涪城区音乐教师基本功比赛小学组全能一等奖；连续多年获得涪城区校园歌手大赛教师组十佳歌手奖、绵阳市首批优秀辅导员、绵阳市德育工作先进个人、涪城区优秀教师；撰写的论文、案例多次在国家级刊物上发表并获奖。

　　杨菲，绵阳市东辰聚星学校小学部党政与督导中心主任，九年一贯制艺术学科主任，涪城区优秀教师，涪城区优秀党务工作者，四川省电子键盘协会会员，张蜀仙名师工作室成员。指导学生多次获得全国、省、市、区级比赛大奖，本人也多次被授予各级各类"优秀指导教师"荣誉称号。

赵丽杰，绵阳市实验中学城北校区音乐教师。2021年参加绵阳市第三届"唱家乡的歌"微课比赛获二等奖，参加涪城区"唱家乡的歌"微课比赛获一等奖；2020年参加涪城区中小学音乐教师技能比赛获一等奖（舞蹈单项第一名），获涪城区第十七届校园歌唱比赛教师组一等奖；指导作品《橱窗里的芭比》参加涪城区第十八届校园艺术节获舞蹈一等奖。

黄玲，绵阳市金峰小学大队辅导员。2020年参加涪城区中小学音乐教师技能比赛获二等奖，获涪城区第十七届校园歌唱比赛教师组一等奖，获涪城区"欢歌新时代、颂歌献给党"班级合唱比赛"优秀指导教师"称号。

朱岚，四川省绵阳中学音乐教师，中国合唱协会会员。在北京舞蹈学院进修期间师从民间舞系潘志涛教授和韩萍教授。曾获四川省普通高中音乐学科"红色音乐课程资源（微课）"一等奖；参与编写四川民族出版社《我们的音乐课》；指挥绵阳中学学生合唱团获四川省第九届中小学生艺术展演活动中学甲组声乐类一等奖，本人获优秀指导教师奖，获绵阳市第十届中小学生艺术节优秀指导教师奖等。

王桃，安州区东辰学校音乐教师，中国合唱协会会员，绵阳音协会员。获"全国百名优秀园丁奖"、"中国小音乐家优秀指导教师"、"四川省艺术人才大赛优秀指导教师"等称号。2018年担任"中新国际音乐大赛"决赛评委。2020年网课教案获梓潼县"文轩杯"音乐学科特等奖。2020年绵阳市"唱家乡的歌"微课比赛获二等奖。2020年获绵阳市中小学音乐教师技能大赛单项"自弹自唱"第一名，全能二等奖。

魏玉兵，绵阳市实验中学城北校区音乐教师，绵阳市音乐家协会会员，欧冬梅名师工作室成员。曾荣获涪城区音乐教师"先进个人"称号。曾多次指导学生参加省、市、区各类比赛获特等奖、一等奖，本人获"优秀指导老师"称号。

胡琬彬，绵阳市丰谷小学音乐教师，绵阳市涪城区音乐青年教师，毕业于四川师范大学音乐学专业。曾获得四川师范大学"尚美杯"第十四届大学生艺术节音乐类比赛一等奖，2016年被评为优秀学生干部；2019年获得梓潼县"优秀少先队辅导员""优秀德育工作者"等称号；曾多次指导学生参加区级比赛获得一等奖，多次参加省、市级专家讲座及培训。

严文利，绵阳市富乐实验小学一级教师。曾获绵阳市教师基本功比赛一等奖，绵阳市说课比赛一等奖，指导学生参加绵阳市十佳歌手比赛获一等奖，指导校合唱团参加绵阳市中小学生合唱比赛获特等奖。

张兰，绵阳市安昌路小学音乐教师，绵阳市音乐骨干教师。曾荣获2017年度绵阳市师德标兵，多次被四川省精神文明办、四川省教育厅评为中小学川剧传习展演优秀指导教师，多次荣获市区"先进个人"，参编四川民族出版社出版的《少儿声乐基础教程》，指导学生参加省、市、区各级艺术比赛多次荣获特等奖、一等奖等。

李应，绵阳市御营小学音乐教师。曾获中央电视台2017年诗词贺新春语言类节目《千字文》优秀指导教师，四川省第八届中小学艺术节艺术表演类节目（舞蹈类）《雎水谣》优秀指导教师，2017年四川省艺术工作现场会活动优秀指导教师。

胡玲，绵阳市实验小学音乐教研组组长，四川省教育学会会员，涪城区骨干教师。曾担任四川省国培计划授课教师，多次获得涪城区"优秀教师"称号。

崔娟，绵阳市南街小学音乐教师，四川省音乐教育学会会员。曾获得"一师一优课、一课一名师"省级"优课"，绵阳市优质课一等奖，市区级各类说课、教案设计和论文比赛特等奖和一等奖；曾负责的七彩民乐坊被评为"四川省优秀艺术社团"称号，指导该乐团多次获得绵阳市中小学生校园艺术节器乐比赛一等奖；个人多次荣获省、市、区"优秀指导教师"荣誉称号，受聘担任"中西部乡村教师培训团队研修班"指导教师。

淳丹阳，绵阳市实验小学音乐教师，绵阳市音乐家协会会员，张蜀仙名师工作室成员。曾获涪城区"特殊寒假 特别记忆"论文征集一等奖；涪城区校园歌手大赛教师组一等奖，涪城区"唱家乡的歌"微课比赛一等奖。

桑玥，绵阳市南街小学副校长，绵阳市音乐骨干教师，"小鸽子"童声合唱团常任指挥。2019年荣获四川省中小学生校园艺术节声乐类比赛优秀指导教师；2013年荣获四川省教师信息化教学应用赛课二等奖；2013年获绵阳市音乐优质课比赛一等奖。从事童声合唱教学十余年，带领合唱团参加各级各类比赛和演出，绵阳市南街小学"小鸽子"童声合唱团迅速成为绵阳市、涪城区优秀合唱团队。

仰文艺，绵阳市青义小学音乐教师。曾连续两年参加"北川中学音乐课改"支教活动并获得好评；曾参加中共绵阳市委绵阳市人民政府主办的2019年新春团拜会，"大蜀道，靓梓潼"第二届"文昌杯"华语诗歌大赛颁奖晚会，"到人民中去讴歌新时代"绵阳市庆祝改革开放四十周年广场音乐会等文艺演出；获得绵阳市第十届中小学生艺术节声乐类中学甲组"优秀指导教师"称号。

刘悦，绵阳科技城新区云泉路学校音乐教研组长。2014年在《广元日报》发表教育论文，获二等奖；2015年教育论文《浅谈立足小班化教学实践新课标小学音乐教育几点认识》获区二等奖；2019年获成都市"一师一优课"获课市级三等奖；2020年参加校内教育教学研讨会，教学竞赛获一等奖。

后 记

　　本书收录了近年来本地部分中小学音乐教师所撰写的教育教学科研论文及教学随笔。我们期待该书的出版，不仅仅是对本地中小学音乐教研成果的展现，更可以做到抛砖引玉，鼓励更多的中小学音乐老师在专业成长道路上，积极参与教育教学科研活动，从自己的日常教育教学实践出发，不断总结、反思，参与和坚持专业写作，拓展自身专业发展的广度和深度。

　　本书的出版，离不开四川省特级教师张伟老师的全心付出。"一个人可能走得更快，但一群人才能走得更远"，是张伟老师把我们团结在一起，鞭策我们不断进步。我们也希望更多的中小学音乐老师与我们携手共进，形成专业发展共同体，提升音乐教师的专业化水平。

　　我们的编写工作还得到了市区教体局、教研部门、音乐家协会相关领导的大力支持，得到了许多专家的悉心指导。特别是绵阳市大地乐器有限公司、绵阳雅音琴行雅马哈旗舰店对本次出版给予了大力支持。在此，向所有关心、支持、帮助本书编写出版的领导和专家表示感谢！

　　我们深知，由于我们能力水平有限，本书还有许多不尽如人意的地方，恳请各位专家、学者、同仁予以批评指正，再次向大家表示衷心的感谢！

《中小学音乐教学的教与思》编委会

2023年6月